U0098613

世界哲學家叢書

愛 因 斯 坦

李 醒 民 著

1998

東 大 圖 書 公 司 印 行

國家圖書館出版品預行編目資料

愛因斯坦／李醒民著.--初版.--臺北
市：東大，民87
　　面；　公分.--（世界哲學家叢書）
參考書目：面
含索引
ISBN 957-19-2199-8（精裝）
ISBN 957-19-2200-5（平裝）

1.愛因斯坦（Einstein, Albert,
　1879-1955)-傳記

785.28　　　　　　　　　　　87000699

網際網路位址　http://sanmin.com.tw

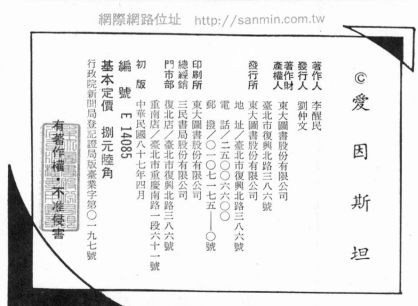

© 愛因斯坦

著作人　李醒民
發行人　劉仲文
產權人財
著作財
發行所　東大圖書股份有限公司
　　　　地址／臺北市復興北路三八六號
　　　　電話／二五○○六六○○
　　　　郵撥／○一○七一七五——○號
印刷所　東大圖書股份有限公司
總經銷　三民書局股份有限公司
門市部　復北店／臺北市復興北路三八六號
　　　　重南店／臺北市重慶南路一段六十一號
初版　　中華民國八十七年四月
編　號　E 14085
基本定價　捌元陸角
行政院新聞局登記證局版臺業字第○一九七號

有著作權·不准侵害

ISBN 957-19-2200-5（平裝）

「世界哲學家叢書」總序

　　本叢書的出版計畫原先出於三民書局董事長劉振強先生多年來的構想，曾先向政通提出，並希望我們兩人共同負責主編工作。一九八四年二月底，偉勳應邀訪問香港中文大學哲學系，三月中旬順道來臺，即與政通拜訪劉先生，在三民書局二樓辦公室商談有關叢書出版的初步計畫。我們十分贊同劉先生的構想，認為此套叢書（預計百冊以上）如能順利完成，當是學術文化出版事業的一大創舉與突破，也就當場答應劉先生的誠懇邀請，共同擔任叢書主編。兩人私下也為叢書的計畫討論多次，擬定了「撰稿細則」，以求各書可循的統一規格，尤其在內容上特別要求各書必須包括（1）原哲學思想家的生平；（2）時代背景與社會環境；（3）思想傳承與改造；（4）思想特徵及其獨創性；（5）歷史地位；（6）對後世的影響（包括歷代對他的評價），以及（7）思想的現代意義。

　　作為叢書主編，我們都了解到，以目前極有限的財源、人力與時間，要去完成多達三、四百冊的大規模而齊全的叢書，根本是不可能的事。光就人力一點來說，少數教授學者由於個人的某些困難（如筆債太多之類），不克參加；因此我們曾對較有餘力的簽約作者，暗示過繼續邀請他們多撰一兩本書的可能性。遺憾的是，此刻在政治上整個中國仍然處於「一分為二」的艱苦狀態，加上馬列教

條的種種限制，我們不可能邀請大陸學者參與撰寫工作。不過到目前為止，我們已經獲得八十位以上海內外的學者精英全力支持，包括臺灣、香港、新加坡、澳洲、美國、西德與加拿大七個地區；難得的是，更包括了日本與大韓民國好多位名流學者加入叢書作者的陣容，增加不少叢書的國際光彩。韓國的國際退溪學會也在定期月刊《退溪學界消息》鄭重推薦叢書兩次，我們藉此機會表示謝意。

原則上，本叢書應該包括古今中外所有著名的哲學思想家，但是除了財源問題之外也有人才不足的實際困難。就西方哲學來說，一大半作者的專長與興趣都集中在現代哲學部門，反映著我們在近代哲學的專門人才不太充足。再就東方哲學而言，印度哲學部門很難找到適當的專家與作者；至於貫穿整個亞洲思想文化的佛教部門，在中、韓兩國的佛教思想家方面雖有十位左右的作者參加，日本佛教與印度佛教方面卻仍近乎空白。人才與作者最多的是在儒家思想家這個部門，包括中、韓、日三國的儒學發展在內，最能令人滿意。總之，我們尋找叢書作者所遭遇到的這些困難，對於我們有一學術研究的重要啟示（或不如說是警號）：我們在印度思想、日本佛教以及西方哲學方面至今仍無高度的研究成果，我們必須早日設法彌補這些方面的人才缺失，以便提高我們的學術水平。相比之下，鄰邦日本一百多年來已造就了東西方哲學幾乎每一部門的專家學者，足資借鏡，有待我們迎頭趕上。

以儒、道、佛三家為主的中國哲學，可以說是傳統中國思想與文化的本有根基，有待我們經過一番批判的繼承與創造的發展，重新提高它在世界哲學應有的地位。為了解決此一時代課題，我們實有必要重新比較中國哲學與（包括西方與日、韓、印等東方國家在內的）外國哲學的優劣長短，從中設法開闢一條合乎未來中國所需

求的哲學理路。我們衷心盼望，本叢書將有助於讀者對此時代課題
的深切關注與反思，且有助於中外哲學之間更進一步的交流與會通。

最後，我們應該強調，中國目前雖仍處於「一分為二」的政治
局面，但是海峽兩岸的每一知識分子都應具有「文化中國」的共識
共認，為了祖國傳統思想與文化的繼往開來承擔一分責任，這也是
我們主編「世界哲學家叢書」的一大旨趣。

傅偉勳　韋政通

一九八六年五月四日

自　序

聞雞起舞夜不寐，
誰解攻書個中味？
勿嘆朝露能幾何，
中流擊水氣方銳。

——李醒民〈攻書〉

(一)

　　當我抄下1977年所寫的這首題記詩時，心裡不由自主地萌動著一種難以名狀的情感。記得那個時候，大到中國的命運，小至個人的生涯，都處在關鍵性的十字路口。所幸的是，時隔僅僅一年，百年來經磨歷劫的中國，終於挪動了沉重的腳步，走上了改革開放的正道。我本人也把握住了歷史的機遇，考取了于光遠教授等招收的自然辯證法研究生，於1978年10月進入中國科學技術大學研究生院（現亦稱中國科學院研究生院），攻讀科學哲學和科學思想史專業。其時，已人到中年。

　　十年動亂過去了，而十年動亂在每一個正直的中國人身上投下

的陰影，恐怕不是短時間就能磨滅的。在文革三十週年的今天，每一個有思想的過來人怎能不撫今追昔、思絮萬千。文革留給我們這一代人的是已學知識的遺忘和未學知識的空白，是肉體的折磨和精神的摧殘。不過，它也磨鍊了我們這一代人百折不回的意志、忍辱負重的性格和吃苦耐勞的毅力。我們這一代人中的有良知者和有良心者，命中注定當不了「玩的就是心跳」的浪子，「過把癮就死」的賭徒，「不求天長地久，只求一時擁有」的紈袴。歷史感、緊迫感、責任感、使命感無時不縈繞在我們心頭，鑄就了我們終生的夙願——「亦余心之所善兮，雖九死其猶未悔。」❶

　　人早已過「而立」之年，也不能絕對地斷言一事無成，但真正意義上的事業確實沒有「立」起來。做為一個不甘沉淪、半途出家的學子，人們就不難想像其三年研究生苦讀的情景了。在備考期間寫下的〈攻書〉一詩，也是其後幾年寒窗生活的真實寫照。功夫不負有心人，1981年7月，我在許良英教授的指導下，終於完成了〈彭加勒與物理學危機〉❷的碩士論文。這篇論文依據翔實的材料、嚴密的論證、中肯的分析，澄清了科學史和哲學史上一個被普遍誤傳和曲解的問題，並逕直對列寧(V. I. Lenin, 1870–1924) 的《唯物主義和經驗批判主義》中的諸多武斷提出批評。恕我直言：這篇論文的價值不僅僅在於它的學術意義，它也震撼了當時還在盛行的教條主義的馬列主義及其盲目追隨者的迷夢，給還未完全解凍的中國理論界和思想界的湖面投下了一粒石子。可以預期，隨著時間的推移，它在中國改革開放初期的思想啟蒙和思想解放中所起的微薄作用，

---

❶　戰國楚·屈原：〈離騷〉。

❷　該文已收入《中國人文社會科學碩士、博士文庫》（哲學卷），將於近期出版。

將會逐漸地被學人和國人認識。

(二)

就在作碩士論文前後，我被愛因斯坦(Albert Einstein, 1879–1955)的思想和人格所吸引，分出部分時間研讀了有關愛因斯坦的文獻。此後十餘年，我一直把該課題作為我的研究對象之一，發表了一系列論文和著作。1982年10月，我在寫成的處女作❸中專用一章論述了愛因斯坦及其相對論。兩年後，我分析、評論了愛因斯坦關於科學理論評價的雙標尺標準——「外部的確認」和「內部的完美」❹。接著的四年，有九篇論文接連發表。〈哲學是全部科學研究之母〉❺對愛因斯坦創立狹義相對論的過程進行了認識論和方法論的分析。〈善於在對立的兩極保持必要的張力〉❻揭示了愛因斯坦所謂哲學「機會主義」的精神實質，澄清了流行的誤解和曲解，引起學術界的關注和讚賞❼。其他的依次涉及到愛因斯坦的科學

❸　李醒民：《激動人心的年代——世紀之交物理學革命的歷史考察和哲學探討》，四川人民出版社（成都），1983年第一版，1984年第二版，頁133–185。

❹　李醒民：〈科學理論的評價標準〉，《哲學研究》（北京），1985年第6期，頁29–35。

❺　參見《社會科學戰線》（長春），1986年第2期，頁79–83；1986年第3期，頁127–132。

❻　參見《中國社會科學》（北京），1986年第4期，頁143–156。

❼　周煥濤：〈集中與發散——國內八年來愛因斯坦研究的趨向〉，《哲學社會科學動態》（濟南），1987年第5期，頁26–32。作者評論說：「關於愛因斯坦的認識論思想，近八年來的最重要的進展，是有論者用『必要的張力』一說，令人信服地解釋了愛因斯坦關於在唯理論和經驗論這兩個

觀❽、教育思想❾、經驗約定論❿、後愛因斯坦物理學⓫、探索性
的演繹法⓬、相對論發現的社會和文化背景⓭，其中❿的文獻部分
內容精煉後，於1988年10月提交給香港中文大學哲學系舉辦的「分
析哲學和科學哲學研討會」，收入該系主編的論文集⓮。進入1990
年代，我先後撰寫了論述愛因斯坦的科學信念⓯、綜合科學實在
論⓰、宇宙宗教⓱、科學創造個性⓲、科學理性論⓳的論文，拓廣

極端之間搖擺是不可避免的思想。更富有理論意義的是，論者根據愛因
斯坦的經驗和物理學史的事實，把善於在對立的兩極保持必要的張力拓
展為一般性的認識論和方法論原則。」

❽ 李醒民：〈評愛因斯坦的科學觀〉，《自然辯證法研究》（北京），第2卷
(1986)，第4期，頁16–22。

❾ 李醒民：〈愛因斯坦的教育思想和自學實踐〉，《北京科技報》（北京），
1986年1月27日，1月28日。

❿ 李醒民：〈論愛因斯坦的經驗約定論思想〉，《自然辯證法通訊》（北京），
第9卷(1987)，第4期，頁12–20。

⓫ 李醒民：〈愛因斯坦之後的物理學狀況及其革命性因素〉，《曲阜師大學
報》（曲阜），第13卷(1987)，第3期，頁122–130。

⓬ 李醒民：〈論愛因斯坦的探索性的演繹法〉，《自然科學發現經驗的探索》，
福建科技出版社（福州），1988年第1版，頁215–233。

⓭ 李醒民：〈世紀之交的物理學革命為什麼發端於德國？──一個值得探
討的科學社會史問題〉，《科學與社會》，科學出版社（北京），1988年第
1版，頁124–153。

⓮ 李醒民：〈論彭加勒和愛因斯坦的經驗約定論〉，《分析哲學和科學哲學
論文集》，新亞學術集刊（香港），第九期，1989年，頁253–262。

⓯ 李醒民：〈愛因斯坦的科學信念〉，《科技導報》（北京），1992年第3期，
頁23–24。

了研究的範圍和深度。其間，我還於1984年9月和1992年12月撰寫了兩部著作：前者歷經磨難，直至十年後才得以轉社面世❷⓪；後者❷①拖了三四年，才姍姍來遲。

（三）

　　愛因斯坦無疑是二十世紀最偉大的科學家、思想家和人，他被視為智慧的化身、力量的源泉、人性的奇蹟、道德的楷模、人類的良心、理想的象徵、時代的希望。這一切，鑄就了愛因斯坦的「三不朽」──貢獻的不朽、思想的不朽、人格的不朽❷②，也大大影響了人類歷史的進程和人類本身的自我完善。面對這樣一位舉世無雙的精神巨人，任何贊頌和評價似乎都顯得蒼白和多餘。不過，在這裡，我還是引用一下美國前總統吉米・卡特(Jimmy Carter, 1924–)

⓰　李醒民：〈論愛因斯坦的綜合科學實在論思想〉，《中國社會科學》（北京），1992年第6期，頁73–90。

⓱　李醒民：〈愛因斯坦的「宇宙宗教」〉，《大自然探索》（成都），第12卷(1993)，第1期，頁109–114。

⓲　李醒民：〈愛因斯坦的科學創造個性〉，《科技導報》（北京），1993年第3期，頁3–7。

⓳　李醒民：〈走向科學理性論──也論愛因斯坦的哲學歷程〉，《自然辯證法通訊》（北京），第15卷(1993)，第3期，頁1–9。

⓴　李醒民：《論狹義相對論的創立》，四川教育出版社（成都），1994年第一版。關於書稿遭受磨難的經過，我在〈作者附識〉中作了簡要陳述。作者在此向李光煒、何楊及四川教育出版社致意。

㉑　李醒民：《人類精神的又一峰巔──愛因斯坦思想探微》，遼寧大學出版社（瀋陽），1996年第一版。

㉒　《左傳・襄公二十四年》引古語云：「太上有立德，其次有立功，其次有立言。」此即所謂「三不朽」。

6 · 愛因斯坦

給紀念愛因斯坦誕辰一百週年學術討論會所發的賀詞：

> ……阿爾伯特·愛因斯坦是一位深刻地影響了科學形式和歷史進程的人物。
>
> 阿爾伯特·愛因斯坦為將近一個世紀的物理學定下基調。他超越了不再能夠通過牛頓概念說明現象的科學，並大大擴展了它的觀點。他的洞察形成了我們二十世紀的許多理解和控制物質和能量的基礎。我們還正在遵循他勾勒的路線前進，他的天才對未來的科學發現來說依然是強有力的激勵和指導。
>
> 但是，阿爾伯特·愛因斯坦以比他的傑出科學成就更多的東西在人們心目中留下他的印記。由於他的生活的簡樸，與他的才幹珠聯璧合的謙卑和心甘情願的服務，以及他追求全人類利益的最大獻身精神，他將被我們大家銘記[23]。

愛因斯坦的生涯是在兩個層面展開的：私人生活的層面和思想的層面。在愛因斯坦看來，前者是低層次的，僅僅從外部影響他的命運，而後者才是他真正迷戀和傾心的──他的真正世界是精神自由馳騁的思維的世界。愛因斯坦這樣說過：

> 像我這種類型的人，其發展的轉折點在於，自己的主要興趣逐漸遠遠地擺脫了短暫的和僅僅做為個人的方面，而轉向力求從思想上去掌握事物。

---

[23] *Some Strangeness in the Proportion, A Centennial Symposium to Celebrate the Achivements of Albert Einstein*, Edited by H. Woolf, Addison-Wesley Publishing Company, Inc., 1980, p. 510. 該學術討論會是 1979 年3月4日—9日在普林斯頓高級研究所舉行。

像我這種類型的人，一生中的主要東西，正是在於他所想的是什麼和他是怎樣想的，而不在於他所作的或者所經受的是什麼。❷

正是出於這個理由，愛因斯坦不顧《偉大的活著的哲學家叢書》編者希耳普(P. A. Schilpp)的力促，拒絕為該叢書寫他的傳記。在希耳普的反覆勸說下，他才同意寫他的思想「自述」，而非通常例行格式的「自傳」，他戲稱其為他的「訃告」。

　　照此看來，要理解愛因斯坦，最重要的是要理解他的思想；而理解他的思想，也就是理解二十世紀的世界，因為愛因斯坦的思想成就和精神氣質，已經內化為我們的世紀和我們生活在其中的世界的不可或缺的有機組成部分。只要我們的文明存在，愛因斯坦就會被仿效、被研究。在本書，我擬分三編剖析愛因斯坦的思想，比較全面地論述一下他的科學哲學、社會哲學和人生哲學。關於愛因斯坦的科學哲學，我以前涉及頗多。這次動筆前特地研讀了較多的新資料，尤其是霍華德(Don Howard)教授從美國肯塔基大學寄來的最新研究成果，使我獲益匪淺。我相信會在原有的基礎上有所拓展、有所深化，而且對先前的不甚成熟的觀點會有所修正。至於愛因斯坦的社會哲學和人生哲學，我以前所論不多，這次基本上是從頭做起。後兩編對於完整而深入地理解愛因斯坦也是至關重要、必不可少的。

　　談到方法問題，我擬把愛因斯坦放到廣闊的歷史與境和思想文脈之中，主要通過實證的資料證明和理性的分析綜合方法提出論點，展開論證。當然，我也想在適當的時機和地方結合運用一下心理傳

❷　《愛因斯坦文集》第一卷，許良英等編譯，商務印書館（北京），1976年第一版，頁3，15。以下該書縮寫為E1。

記分析方法或心靈史方法，這對於研究一位科學家和思想家來說也是卓有成效的。愛因斯坦本人在談到科學史時也認為，有一種內部的或者直覺的歷史，還有一種外部的或文獻證明的歷史。後者比較客觀，但前者比較有趣。使用直覺是危險的，但在各種歷史工作中卻都是必需的，尤其是要重新描述一個已經去世的人物的思想過程時更是如此。愛因斯坦覺得這種歷史是非常有啟發性的，儘管它充滿危險。(*E1*, p. 622)

(四)

當前在中國大陸，經濟改革已逐漸步入市場經濟的軌道，取得了舉世矚目的成效；儘管還有諸多法制有待健全，諸多困難尚待克服，諸多問題急需解決。但是，政治改革卻瞻前顧後、舉步維艱。這不僅嚴重地拖了經濟改革的深化和拓展的後腿，而且直接阻礙了社會的民主化、自由化、多元化、世俗化的進程。貪污腐敗屢禁不止，假冒偽劣屢打不絕，不能不說與此有關。政治上的禁錮和意識形態的僵化也直接反映到學術理論界：官方哲學依舊君臨一切，容不得自由討論和批評；指令性的計劃機器照常運轉，迫使或誘使一批學人研究那些沒完沒了的假問題；一兩篇「莫須有」的「革命大批判」檄文或照貓畫虎的官樣文章就能獲得青睞而平步青雲；形形色色的官方或半官方評獎使得那些人云亦云、毫無新意的所謂成果成為新聞「喉舌」爆炒的對象和某些大人物厚愛的寵物。哲學乃至整個學術的政治化色彩還未來得及褪色，市場經濟固有的負面效應又以迅雷不及掩耳之勢給其打上商業化的印記。一時間，攤煎餅似的文化快餐紛紛揚幡開張，穿時裝式的學術商品成批量地隨行就市。更有甚者，一小批學人也「入鄉隨俗」，幹起了（變相）「傍大款」

的營生,把哲學和學術當成乞討殘羹剩汁的飯鉢或撈取外快的手段。為哲學而哲學,為學術而學術,為思想而思想或被視為異端,或被看作蠢行。

這是哲學的墮落!這是學術界的不幸!這是學人的悲哀!愛因斯坦所注重的先輩哲學家叔本華 (A. Schopenhauer, 1788–1860) 曾經一針見血地指出:

> 沒有一個時代能這樣可恥地濫用哲學、傷害哲學:一面把它當作政治工具,一面把它當作搖錢樹。[25]

在叔本華看來,做為真正的哲學,應該是沒有顧慮,不提供生活條件[26],深入沉思的哲學。它的北斗星僅僅是真理,赤裸裸的、無償的、孤獨無偶的、每每被迫害的真理。它不左顧,也不右盼,而是對準這星辰直奔過去的。為此,他猛烈抨擊可資為生的大學講壇哲學,揭露這種哲學背著百般意圖、千種顧慮的包袱,小心翼翼地蹣跚而來,心目中無時不存在著對天主的惶恐,無時不考慮著政府的意向、國教的規程、出版人的願望、學生的捧場、同事們的良好友誼、當時政治的傾向、公眾一時的風尚等等[27]。

當然,叔本華也覺得先顧生活後談哲學這一基本原則無可厚非,

---

[25] A. 叔本華:《意欲與人生之間的痛苦》, 李小兵譯, 上海三聯書店(上海), 1988年第一版, 頁56。

[26] 愛因斯坦對此產生了共鳴, 他認為物理學是偉大而神聖的事業, 不可用它換錢吃飯。

[27] A. 叔本華:《作為意志和表象的世界》, 石沖白譯, 商務印書館(北京), 1982年第一版, 頁20–21。

也明白那些講壇哲學的先生們要生活，而且是靠哲學來生活，他們和他們的妻孥都得指靠哲學。但是，他還是贊同佩脫拉克(Petrarch, 1304–1374)❷⑧的看法：「哲學啊，你是貧困地、光著身子走進來的。」儘管叔本華本人因缺乏德行及言行不一而受到指責，可是他的下述見解無疑是言之有理的：

> 只有那些純粹為了一吐為快、不得不奮筆疾書的人，才會寫出有價值的東西。似乎寫作之業，實為對金錢詛咒之業：任何一個作家一旦為掙錢而寫作，他的寫作就會陷入一塌糊塗之境地。最偉大的作家寫出的最傑出的作品，一概屬於這樣的時候：此時他們的寫作一無所獲或只有一點報酬。正是在這個意義上，那位西班牙諺語甚為妥貼：名譽和金錢並非裝在一個皮包裡。❷⑨

在革命口號喊得震天響的時節，在一條時髦襪帶比一打哲學理論吃香的時代，哲學時而被當作官方的御用工具，時而被用作私人的謀利手段，這在從權力社會向財力社會過渡的社會轉型時期也許是難以避免、無可奈何的事。值得暗自慶幸的是，自1980年代以來，我始終沿著自己的研究邏輯和思想軌跡運行，未被外界形形色色的誘惑所動，未為承風希旨而淪為契訶夫(A. Chekhov, 1860–1904)筆下的小公務員。我也說不清，這究竟是天命、本能使然，抑或良知、良心支使？也許是各種因素兼而有之。但有一點可以肯定，為學術而學術，為思想而思想，已經內化為我的科學良心，外化為我的生

---

❷⑧ 佩脫拉克是佛羅倫斯學者，詩人，人文主義者，新思想的促進者。他的言論轉引自❷⑦，頁20。

❷⑨ 同❷⑤，頁72。

活形式——恬淡的、寧靜的、詩意的生活。在我的耳邊，時常回響著尼采(F. Nietsche, 1844–1900)的名言：

> 我們必須像母親一樣不斷地從痛苦中分娩出我們的思想，同這種思想一起分享我們的熱血、心靈、激情、快樂、情感、痛苦、良心、命運和不幸。生活對我們來說意謂著，將我們的全部，連同我們所遭遇的一切，不斷地化為光明和烈火。❸⓿

可能有人會說，這是閉門造車，理論脫離實際。然而竊以為：凡是有理論（思想）意義的東西必定會有實際意義，而有實際意義的東西卻未必有理論（思想）意義；而且，真正的思維產物並不是象牙塔內的專利品，它肯定能為樂於思維的精神所把握、所共享。何況叔本華的下述言論也可做為我的辯護詞：

> 然而在哲學的深思中，卻有這樣一種奇特的情況：凡是往後對別人有所裨益的，偏是那些各人為自己精想，為自己探討的東西，而不是那些原來是為別人已經規定了的東西。前者首先是在其一貫誠懇這個特徵上看得出來的；因為人們總不會故意欺騙自己，也不會把空殼核桃挑送給自己。所以，一切詭辯和一切廢話就都剔除了，結果是寫下去的每一段落都能補償閱讀它之勞。❸①

拙著《彭加勒》、《馬赫》出版後，引起海峽兩岸有關學人和讀

---

❸⓿　《上帝死了——尼采文選》，戚仁譯，上海三聯書店（上海），1989年第一版，頁45。

❸①　同❷⑦，頁13。

者的讚譽。這既使我感到慰藉，也使我多少有些誠惶誠恐。當我提筆撰寫《愛因斯坦》時，還真覺得有點「戰戰兢兢，如臨深淵，如履薄冰」❸之感呢。我唯有一絲不苟地寫好書，才能對得起讀者的厚愛，對得起編者和出版社的一片苦心，也才能對得起自己的科學良心和學術人格，尤其是才能對得起我所崇敬的二十世紀最偉大的人——阿爾伯特・愛因斯坦。

李 醒 民

1996年5月16日於北京中關村

---

❸ 《詩經・小雅・小旻》。

愛 因 斯 坦

目 次

第一編　愛因斯坦的科學哲學

第二編　愛因斯坦的社會哲學

第十一章　人道的社會主義

第十二章　遠見卓識的科學觀

第十三章　別具隻眼的教育觀

第十四章　獨樹一幟的宗教觀

第三編　愛因斯坦的人生哲學

第一章　愛因斯坦：二十世紀最偉大的 科學家、思想家和人

桃李不言自成蹊，

飛天靈臺蘊才思。

微命三尺騰蛟鳳，

文章千古寸心知？

——李醒民〈贈友人〉

　　談到人類的科學知識的進展，也許沒有一個人的貢獻能夠比得上愛因斯坦。關於愛因斯坦在科學史中的地位，法國物理學家朗之萬(P. Langevin, 1872–1946) 1931年這樣講道：

　　大家都知道，在我們這一時代的物理學史中，愛因斯坦的地位將在最前列。他現在是並且將來也還是人類宇宙中有頭等光輝的一顆巨星。很難說他是同牛頓(I. Newton, 1643–1727)一樣偉大，還是比牛頓更偉大。不過，可以肯定地說，他的偉大是可以同牛頓比擬的。按照我的意見，他也許比牛頓更偉大一些，因為他對於科學的貢獻深入到人類思想基本概念的結構中。❶

這種看法幾乎已經成為人們的共識。例如霍爾丹勛爵 (Lord Haldane, 1856–1928)認為，愛因斯坦「在思想中引起了比哥白尼(N. Copernicus, 1473–1543)、伽利略 (G. Galilei, 1564–1642) 或牛頓本人還要偉大的革命」❷。德布羅意(L. de Broglie, 1892–1990)指出：「在二十五歲，這位卓越的、還很年輕的學者就把在新奇性方面如此革命的思想帶進物理學，使得他成為現代科學的牛頓。」❸

愛因斯坦這顆光彩奪目的科學新星究竟是怎樣從地平線上升起的呢？

一、科學巨星，冉冉升起

(一)

1879年3月14日上午11:30，在德國符騰堡州阿爾卑斯山麓多瑙河左岸的一個古老城市烏耳姆的邦霍夫街135號，誕生了一個小生命——他就是未來的科學巨星阿爾伯特·愛因斯坦。

愛因斯坦的父親赫爾曼·愛因斯坦 (Hermann Einstein, 1847–1902)是一位平靜、好心、待人溫厚、為人喜愛的人。他愛好

❶ 《紀念愛因斯坦譯文集》，趙中立、許良英編譯，上海科學技術出版社（上海），1979年第一版，頁245。以下該書縮寫為*JNE*。

❷ W. Cahn, *Einstein, A Pictoral Biography*, The Citade Press, New York, 1955, p. 10.

❸ L. de Broglie, My Meeting with Einstein at the Solvay Conference of 1927; in *Einstein: A Centenary Volume*, A. P. French (ed.), Harvard University Press, 1979, pp. 14–17.

文學，常在晚上給全家讀雪萊(P. B. Shelley, 1792–1822)和海涅(H. Heine, 1797–1856)的作品。他在中學時代就顯露出數學才能，但卻無錢進大學深造，於是便步先輩後塵經商，並於1878年與富有的斯圖加特麵包商的女兒保莉妮・科赫 (Pauline Koch, 1852–1920) 結婚。保莉妮個性較強，有音樂天賦，是位頗有才華的鋼琴手。在愛因斯坦成名之後，許多人認為他的邏輯思維來自父親，音樂來自母親。愛因斯坦對此不以為然：他說他沒有任何天才，卻有強烈的好奇心，因此不存在遺傳問題，有的只是薰陶和影響。

赫爾曼的羽毛墊褥生意不很景氣。在愛因斯坦出世後不久，赫爾曼的弟弟雅各布(Jakob Einstein)提議在慕尼黑合辦一家安裝煤氣和自來水管道的小企業。赫爾曼把自家的一大部分資金投了進去，並於1880年6月正式遷居慕尼黑。次年，愛因斯坦的妹妹瑪雅(Maja Einstein, 1881–1951)出生，這個關係融洽、相親相愛的家裡又添了新的生氣。幾年後，兄弟倆又開辦了一家電器工廠，並合資在慕尼黑郊區購買了一棟房子。這個林木蔭翳、繁花鬥艷的花園新居使愛因斯坦和小妹妹十分陶醉，全家外出郊遊更使他格外忘情。他熱愛和崇尚大自然的種子，也許就是在這個時候無意識地播下的。

不知是智力發育較遲，還是本性使然，愛因斯坦學說話並不像其他孩子那麼輕鬆，只會固執地重複大人教給的短句。直到上小學之後，他講話還不流利，總愛沉默寡言。愛因斯坦在1954年回憶起幼年時的經歷時說：「我的雙親很擔心，因為我比較遲才開始講話，他們為此諮詢了醫生。我不能告訴我那時多大了，但肯定不小於三歲。」❹愛因斯坦後來對學外語沒有興趣，頗感困難，以及他長於不

---

❹　B. Hoffmann, *Albert Einstein, Creator and Rebel*, The Viking Press, New York, 1972, p. 14.

用語詞的形象思維或心理意象(imagery)，也許與此不無關係。他也承認他本人從未嚴格地成為一個演說家，並有重複自己話的怪癖，但是他運用德語寫作卻嫻熟自如，並被人們廣泛譽為德語文體學家。

年幼的愛因斯坦生性孤獨，好幻想，不喜歡與孩子們做大叫大鬧的娛樂遊戲，尤其厭惡做軍事遊戲。可是，他卻愛做一些需要耐心和毅力的遊戲或智力遊戲❺，如用紙牌或積木搭蓋複雜的建築物，猜一些技巧性很強的謎。甚至在孩提時代，愛因斯坦就對強迫命令、機械一律本能地畏葸不前，尤其是對軍人階層在德國社會生活中扮演的驕橫角色大為不滿。他看到和聽到軍隊行進或檢閱就恐怖得發抖。當別的孩子巴望有一天能穿上神氣的軍裝耀武揚威時，他卻詛咒這種企盼：按著空洞的鼓號聲，毫無思想地齊步行軍。可是，愛因斯坦並不膽小怕事。由於受外祖父遺傳的影響，他發起脾氣來卻粗暴得難以自制，曾用椅子打教他小提琴的家庭女教師，還用小鋤把瑪雅的頭叩了一個小窟窿，難怪保姆無奈地叫他「小祖宗」。好在這種暴躁的性情在上學後逐漸消失了。

五歲時，在愛因斯坦的生活中，出現了一個足以決定他的思想和行動的重大事件。當時，父親給他看一只羅盤，這使他的心靈驚奇不已，渾身顫抖得發起冷來。愛因斯坦承認，這件事對他「發生了巨大的影響」❻。他在1946年所寫的〈自述〉中回憶說：

❺　直到晚年，愛因斯坦還保留著這種喜好。據他的助手史特勞斯 (E. Straus)回憶，愛因斯坦在普林斯頓愛玩一種機械鳥，它能從玻璃杯裡喝水，原動力來自鳥頭上濕水的蒸發。「吃晚飯的時候，他懷著很大的興致玩弄它，用濕手指慢慢地撫摸鳥頭，使鳥得以又活動起來。不消說，我總有這樣的感覺，在玩弄這些東西和發出響亮快樂的笑聲時，他人身的一部分，在他嚴肅的眼睛後面，仍在研究重大的問題。」(JNE, pp. 231–232)

這只指南針以如此確定的方式行動，根本不符合那些在無意識的概念世界中能夠找到位置的事物的本性的（同直接「接觸」有關的作用）。我現在還記得，至少相信我還記得，這種經驗給我一個深刻而持久的印象。我想一定有什麼東西深深地隱藏在事情後面。(*E1*, p. 4)

就在這一年(1884)，父親把他送到離家較近的天主教小學就讀。他是學校裡唯一的猶太兒童。這既使他有可能享受到他後來所珍愛的孤獨，也使他首次意識到自己是一個猶太人，首次感受到來自外部的反猶浪潮濺起的飛沫，某種敵對的東西就這樣不協調地闖進了他純樸而平和的心田。同學們注意到，這位猶太孩子無論如何是出色的學生，學習成績名列前茅，而且對正義有一種病態的愛。

愛因斯坦的父母是自由思想者❼，對猶太教的戒律和儀式並不那麼在意，這為愛因斯坦的思想發展創造了一個寬鬆、自由的環境。但是，愛因斯坦還是深深地信仰宗教，或以虔敬的獨白在心裡默禱，或在上學的路上哼唱讚美上帝的歌曲。這固然與學校開設的宗教問答課有關，但更多地是源於他對世俗的生存方式的鄙棄和對高尚的人生境界的追求。誠如他在〈自述〉中所言：

---

❻　H. 杜卡斯、B. 霍夫曼編：《愛因斯坦談人生》，高志凱譯，世界知識出版社（北京），1984年第一版，頁24。以下該書縮寫為*RS*。

❼　自由思想 (freethought) 指十八世紀不受權威和傳統宗教約束的思想。自由思想者(freethinker)尤指在宗教上不受權威或傳統的信仰所左右，而有其主見的人。

當我還是一個相當早熟的少年的時候，我就已經深切地意識到，大多數人終生無休止地追逐的那些希望和努力是毫無價值的。而且我不久就發現了這種追逐的殘酷，這在當年較之今天是更加精心地用偽善和漂亮的字句掩飾著的。每個人只是因為有個胃，就注定要參與這種追逐。而且，由於參與這種追逐❽，他的胃是有可能得到滿足的；但是，一個有思想、有感情的人卻不能由此得到滿足。這樣，第一條出路就是宗教，它通過傳統的教育機關灌輸給每一個兒童。因此，儘管我是完全沒有宗教信仰的（猶太人）雙親的兒子，我還是深深地信仰宗教。(*E1*, pp. 1–2)

從1885年起，音樂教師開始在家裡教他拉小提琴。誠如愛因斯坦所說，一開始進展並不順利：「我從六歲起就跟人學提琴。但是不巧，我所遇見的老師，音樂對於他們都不外是機械的練習。我真正開始懂音樂，還是在十三歲左右，在我愛上了莫札特(W. A. Mozart, 1756–1791)的奏鳴曲之後。要想在一定程度上再現這些曲子的藝術內容和它們的獨特的優美，迫使我改進我的技巧，而我並不是經過系統的練習才從這些奏鳴曲中得到什麼進步的。總的說來，

---

❽　愛因斯坦關於「追逐」的議論，可能受到叔本華下述思想的啟示：「在根本上一切追逐都起因於缺乏，起因於對自身狀況的不滿足。因此，一天不滿足，就得有一天的痛苦。何況沒有一次滿足會持續很久，所以每次滿足總是新的追逐的肇始。我們看到的追逐，處處受阻，處處遭搏殺；而這種情形只要存在，追逐就永遠是痛苦。追逐沒有最後的目標，這就決定痛苦是個深不可測的無底洞，永無止境。」參見A. 叔本華：《意欲與人生之間的痛苦》，李小兵譯，上海三聯書店（上海），1988年第一版，頁12。

我相信喜愛是比責任感更好的老師——至少對我來說，這是可以肯定的。」(*JNE*, pp. 98–99)從此，小提琴陪伴愛因斯坦幾乎度過了整個一生：音樂給他帶來了歡樂和慰藉，溝通了他與親人和朋友的情感和友誼，激發了他的探索激情和靈感，陶冶了他的情操和心靈，鼓舞了他為和平與正義而鬥爭的勇氣。從此，音樂、大自然和上帝逐漸在他身上化合成一種首尾一貫的情結，即使在他後來擺脫了「少年時代的宗教天堂」(*E1*, p. 2)時也是如此。

（二）

1889年，十歲的愛因斯坦進入慕尼黑的盧伊波爾德中學，這是一所開設拉丁語和希臘語的古典式的文科中學。當時，德國的教育體制頗為守舊僵化，而且浸透了濃厚的軍國主義氣息，學校的氣氛顯得咄咄逼人。在愛因斯坦看來，低年級老師像陸軍中士，高年級老師像中尉軍官，整個校園猶如兵營，教師講課恰似在練兵場上發口令。愛因斯坦面對這樣的「教育機器」感到窒息，他十分反感強制灌輸的專斷教法和死記硬背的奴性學法。他不願背誦歷史中的乏味枯燥的大事記，但是盧埃斯老師關於古代文明的實質及其對古代和現代德國文化的影響的講課卻興味盎然，尤其是他幫助理解歌德(J. W. von Goethe, 1749–1832)的長詩〈赫爾曼與竇綠苔〉中的人道主義，使愛因斯坦終生難忘。關於中學時期的學習情況，愛因斯坦回顧說：「作為一個學生，我既不特別好，也不特別壞。我的主要弱點是記憶力不強，尤其是對詞語和課文的記憶差。……只是在數學和物理學方面，我通過自學遠遠超過了學校的課程，就哲學而言也遠遠超過了，就像它與學校的課程有關一樣。」 ❾

---

❾　同❹，pp. 19–20.

在醫科大學生塔爾邁(M. Talmey)的指導下，愛因斯坦度過了一生中最令人神往的自學時期之一。塔爾邁每週四晚上都到愛因斯坦家裡做客，並帶來各種科學和哲學書籍，與愛因斯坦討論讀書心得和疑難問題。據塔爾邁回憶：「在那幾年中，我從未見到他閱讀輕鬆的文學作品，也未見過他與同學們或其他同齡的男孩們在一起。」那個時期，「他唯一的消遣是音樂，在母親的伴奏下，他已經能演奏莫札特和貝多芬(L. van Beethoven, 1770–1827)的奏鳴曲了。」❿

愛因斯坦「聚精會神地」讀了洪堡 (A. von Humboldt, 1769–1859)的五卷本《宇宙》， 伯恩斯坦(A. Bernstein)的帶插圖的二十本小冊子《自然科學通俗讀本》，畢希納 (L. Büchner, 1824–1899)的《力與物質》。 這些科學普及讀物不僅激發了他對科學的興趣和摯愛，而且對於他的世界觀的形成起了舉足輕重的作用。它們使愛因斯坦認識到，《聖經》裡的故事有許多不可能是真實的，從而導致了一種「真正狂熱的自由思想」， 斷然結束了他的熾熱的宗教信仰 (他對教義上的訓示曾一絲不苟地遵從過，例如不吃豬肉)階段。雖然「少年時代的宗教天堂」是使愛因斯坦「從『僅僅作為個人』的桎梏中，從那個被願望、希望和原始感情所支配的生活中解放出來的第一個嘗試」，但他無疑把皈依科學視為使生命更有意義的第二次解放。他在〈自述〉中這樣寫道：

在我們之外有一個巨大的世界，它離開我們人類而獨立存在，它在我們面前就像一個偉大而永恒的謎，然而至少部分地是

---

❿ A. 佩斯(Pais)：《「上帝是微妙的⋯⋯」── 愛因斯坦的科學與生平》，陳崇光等譯，科學技術文獻出版社 (北京)， 1988年第一版，頁47。以下該書縮寫為SD。該書翻譯比較粗糙，有關譯文引用者有所修正。

我們的觀察和思維所能及的。對這個世界的凝視深思，就像得到解放一樣吸引著我們，而且我不久就注意到，許多我所尊敬和欽佩的人，在專心從事這項事業中，找到內心的自由和安寧。在向我們提供的一切可能範圍裡，從思想上掌握這個在個人以外的世界，總是作為一個最高目標而有意無意地浮現在我的心目中。有類似想法的古今人物，以及他們已經達到的真知灼見，都是我的不可失去的朋友。通向這個天堂的道路，並不像通向宗教天堂的道路那樣舒坦和誘人；但是，它已證明是可以信賴的，而且我從來沒有為選擇了這條道路而後悔過。❶(*E1*, p. 2)

在同樣的自由思想的驅使下，愛因斯坦得到了一種令人目瞪口呆的印象，即國家是用謊言欺騙年輕人的。他說：

這種經驗引起我對所有權威的懷疑，對任何社會環境裡都會存在的信念完全抱一種懷疑態度，這種懷疑態度再也沒有離開過我，即使在後來，由於更好地搞清楚了因果關係，它已失去了原有的尖銳性時也是如此。(*E1*, p. 2)

愛因斯坦還自學了數學，其中包括高等數學，以致塔爾邁也跟不上了。尤其是一本歐幾里得（Euclid，西元前330–前260年）《幾何學》小書，使他經歷了與羅盤的感性驚奇完全不同的理性驚奇。

---

❶　愛因斯坦在半個世紀之後所說的下述一段話，也許是對當時的第二次解放的遙相呼應：「當我把自己、把身體和靈魂出賣給科學時，我從什麼地方逃跑了——從『我』和『我們』飛到『它』。」同❹，p. 254.

小書中的許多斷言（比如三角形的三個高交於一點）並不是顯而易見的，但卻可以牢靠地加以證明，任何懷疑都對它無可奈何。「在純粹思維中竟能達到如此可靠而又純粹的程度」，「是足夠令人驚訝的」(*E1*, p. 5)。難怪愛因斯坦這樣說：「如果歐幾里得未能激起你少年時代的熱情，那麼你就不是一個天生的科學思想家。」 ⑫(*E1*, p. 313) 據塔爾邁回憶，他還給十三歲的愛因斯坦介紹了康德 (I. Kant, 1724–1820)。康德的著作，一般人都難以理解，而對於愛因斯坦來說似乎是十分明白的。在讀了《純粹理性批判》和其他哲學家的著作後，康德成了愛因斯坦最熟知的哲學家之一。

赫爾曼和雅各布的工廠不幸在1894年倒閉了，於是兩家老小遷到意大利的米蘭附近碰運氣。他們讓愛因斯坦一人留下寄讀，以便念完中學。被同學稱作「老實頭」的愛因斯坦雖說學習用心，安分守己，但老師們難以容忍他慢條斯理的談吐和主見，而不管他回答問題多麼準確深刻。預言愛因斯坦一事無成的希臘語教師向愛因斯坦下了「逐客令」：「我想請你離開我們學校！」「我並沒有過錯。」「是的，你沒有過錯，但是只要你待在班級裡，就足以破壞對老師的尊重。」

孑然一身的愛因斯坦十分思念遠方的親人，又對學校的冷酷無情感到失望。他設法弄來了一張醫生證明，說明因健康狀況必需與家人在一起，於是便於1894年4月退學了。其實，早在父母去米蘭

---

⑫　無獨有偶，羅素(B. Russell, 1872–1970)也有類似的感受：「我在十一歲開始學習歐幾里得幾何。……這是我一生中的一件大事，像初戀一樣使人眩惑。我想不到世界上有什麼東西會這樣有趣味。」 我們也最好記住美國女詩人米萊 (Edna St. Vincent Millay, 1892–1950) 的話：「只有歐幾里得面對美，赤裸裸的美。」(*JNE*, p. 99)

之前，他就決定不做備受壓抑的德國人。誠如他1933年所述，他的思想根源根深蒂固：「德國政府過分強調軍國主義精神，這與我是格格不入的，甚至當我還是個孩子的時候就是如此。我父親遷居到意大利後，在我的請求下，他採取措施，使我拋棄了德國國籍，因為我想成為一個瑞士公民。」(*JNE*, pp. 101–102)按照瑞士法律，只有年滿二十一歲才能成為正式公民，因此從十五歲到二十一歲，愛因斯坦就成為一個無國籍的人。

（三）

擺脫了陰冷黯淡的慕尼黑生活，迎來的是他一生中最美好的一個時期。他不再受學校或國家的束縛，重新找回身心失去的自由。他獨立自主地學習自己喜歡的科目，鑽研了維奧爾(J. Violle, 1841–1923)多卷本的物理學教科書，並受此啟發於翌年夏寫了一篇〈關於磁場中以太狀況的研究〉的短論。該文顯示了他對知識消化吸收和再加工的能力，也表明他早就對以太本性和光傳播問題甚為關注。他同朋友結伴，南下熱那亞，北越亞平寧山脈，自由自在地到日內瓦漫遊。他出入於意大利和瑞士的博物館、藝術展廳、教堂、音樂會、藏書室、圖書館，與親朋好友無拘無束地交流。亮麗的陽光，清新的空氣，肥美的土地，熱情的笑臉，美妙的音樂，與德國的嚴酷死板、循規蹈矩形成何等鮮明的對照。他的身體融化在青山綠水之中，他的思想翱翔在藍天白雲之上。這一切交織為一幅美妙絕倫的無聲詩與有聲畫，愛因斯坦從中重新發現了大自然，也重新發現了自我。

田園詩般的佳境畢竟不能充滿整個人生，人世間的憂患也不時襲來。赫爾曼的生意又做不下去了，父親勸告兒子必須注意未來，

學點技術謀求生計。但是，愛因斯坦與父親的想法並不相同，他喜好鑽研理論。誠如他後來所說：

> 我自己的雙親原先想讓我成為一位技術專家，我也曾希望選擇這種職業賺取我的生計。然而，我沒有同情地傾向於它，甚至在早年，這些實際目的對我來說也是漠不關心的和意氣沮喪的。❸

　　1895年，愛因斯坦投考蘇黎世的聯邦綜合工業大學，結果未被錄取。不過，這次失敗不是不可收拾的：成績差的只是語言、歷史、生物這些需要死記硬背的課程，而數學和物理學則相當出色，難怪韋伯 (H. F. Weber, 1843–1912) 教授希望愛因斯坦留在蘇黎世旁聽他的物理課。愛因斯坦採納了大學校長赫爾佐格 (A. Herzog) 的建議，在是年10月到瑞士阿爾高州立阿勞中學補習，以取得中學畢業文憑後再次投考。他碰巧寄宿在溫特勒(J. Winteler)家中，他們又把他當作自家人看待，關係甚為親密。後來，溫特勒的小兒子保爾(Paul)與愛因斯坦的妹妹瑪雅結婚，大女兒安娜(Anna)又嫁給愛因斯坦的摯友貝索(M. Besso, 1873–1955)。在這裡，愛因斯坦則與溫特勒的另一個女兒瑪麗(Marie)真誠相愛了，雙方父母都有意促成這一戀情的發展，但是不到一年，愛因斯坦卻斷然結束了這場戀愛。

　　在阿勞中學，教師是學生的朋友，課堂講授生動活潑，實驗實習多樣有趣，高年級學生還熱心關注並討論各種社會問題。這種寬

---

❸　A. Moszkowski, *Einstein: The Searcher, His Work Explained from Diologues with Einstein*, Translated by H. L. Brose, Methuen & Co. Ltd., London, 1921, p. 174.

舒而鮮活的空氣使愛因斯坦心曠神怡，終生難以忘懷。他在1955年3月逝世前一個月所寫的〈自述片段〉中，對阿勞中學十分讚賞：

> 這個學校以他的自由精神和那些毫不仰賴外界權威的教師們的純樸熱情給我留下了難忘的印象；同我在一個處處使人感受到權威指導的德國中學的六年學習相比，使我親切地感到，自由行動和自我負責的教育，比起那種依賴訓練、外界權威和追求名利的教育來，是多麼優越呀。真正的民主決不是虛幻的空想。(*E1*, pp. 43–44)

阿勞中學的宜人氣氛也激發了愛因斯坦的創造熱情，一個悖論始終縈繞在他的腦際：如果我以光速c追隨一條光線運動，那麼我就應當看到，這樣一條光線就好像是一個在空間裡振蕩著而停滯不前的電磁場。可是，無論依據經驗，還是按照麥克斯韋 (J. C. Maxwell, 1831–1879)方程，看來都不會有這樣的事情。愛因斯坦當時就直覺到，從這樣一個觀察者的觀點來判斷，一切都應當像一個相對於地球是靜止的觀察者所看到的那樣按照同樣的定律進行。這個悖論是狹義相對論的萌芽，他為解決它整整思索了十年。

　　關於這個時期的愛因斯坦，他的同學比蘭德有生動的回憶❶。他說：早在少年時代，偉大的物理學家就是一位非凡的人物，對他是不能用一般尺度衡量的。1890年代，阿勞中學盛行一種新鮮的懷疑主義空氣，我們班和另外兩個班未產生一個神學家就是明證，愛因斯坦很喜歡這種氣氛。僅就罕有的自制力這一點而言，他就比其

---

❶　C. 塞利希：《愛因斯坦》，黑龍江人民出版社（哈爾濱），1979年第一版，頁13–14。

他同學高出一籌。他把灰氈帽推到腦後，露出又亮又軟的黑髮，堅定而有力地走著，步履飛快，甚至可以說有些瘋狂，反映出他那可以包容整個世界的精力。他有一雙灰色的、炯炯有神的大眼睛，任何東西都逃不脫他那聰慧的目光。每一個同他接近的人都會為他非同尋常的個性折服。他下唇微微突出，豐滿的嘴角上總是帶著譏諷的皺紋，使那些庸夫俗子們望而生畏，打掉他們想和他深交的願望。對於他，一切清規戒律都不在話下。他帶著意味深遠的微笑觀察世界，毫不留情地用俏皮話斥責一切帶有沽名釣譽和華而不實氣味的東西。和他談話總感到充實。旅行培養起來的細緻入微的鑑賞力使他對自己的見解充滿信心。他陳述自己的觀點時無所畏懼，並不因擔心會刺傷對方而停止。愛因斯坦的整個身心都流露出這種勇敢的誠實精神，而這種精神最終甚至使他的敵手也肅然起敬。他喜歡重複俾斯麥(O. von Bismarck, 1815–1898)的一句名言「啤酒會使人變蠢變懶」， 不參加學生社團的熱鬧活動和啤酒會，但卻陶醉在康德的《純粹理性批判》之中。他樂於演奏莫札特的帶有古希臘式的美和質樸的名曲。當最後一個和弦的餘音還在耳邊繚繞，愛因斯坦用幽默的話又使我們回到人間，有意打破無盡的迷醉。

在阿勞中學，愛因斯坦寫了一篇法文命題作文〈我的未來計劃〉，表白了自己嚮往的目標和堅強決心：

> 幸福的人對現狀太滿足了，所以不大會去想未來。另一方面，青年人則愛致力於構想一些大膽的計劃。而嚴肅認真的青年人自然想要做到使自己尋求的目標概念盡可能明確。
>
> 我若有幸考取，我就會到蘇黎世聯邦綜合工業大學去讀書。我會在那裡待上四年，學習數學和物理學。我設想自己將成

為自然科學這些學科的教師，我選擇的是其中的理論部分。
我制定此項計劃的理由如下。首先，我本人傾向於抽象思維
和數學思維，而缺乏想像力和對付實際的能力❶。再者，我
的願望也在我心中激發了這樣的決心。這是很自然的事；人
們總喜歡去做自己力所能及的事。何況，科學職業有某種獨
立性，那正是我極喜愛的。(*SD*, p. 51)

愛因斯坦的目標實現了。他如願以償地考上了他所嚮往的綜合
工大師範系，主攻數學和物理學。他姨丈每月給他一百法郎資助(他
從中要扣出二十法郎以備加入瑞士國籍)，　保證了求學的開銷。他
從山腳開始向科學的峰巔攀登。

(四)

1896年10月，愛因斯坦跨入綜合工大的大門。該校於1855年建
立，師範系則成立於1866年，有閔可夫斯基(H. Minkowski,
1864–1909)這樣的知名教授。愛因斯坦同班同學共有五名，他和米

---

❶　從愛因斯坦後來的科學實踐來看，形象思維是他的一大特點，思想實
　　驗是他的重要方法，顯示了他的豐富的想像力。他相信：「想像力比
　　知識重要」，「想像力是科學研究中的實在因素」(*EI*, p. 284)。而且，
　　愛因斯坦並不是一個缺乏實際能力的人。他在大學常常泡在實驗室
　　裡，在專利局審查過許多技術發明，並參與設計、製作電位放大儀、
　　助聽器、製冷設備、測量毛細管的直徑的儀器。在上了年紀時，他對
　　實驗還很有熱情，例如1915年與德哈斯(W. J. de Haas)合做磁化引起
　　轉動的實驗。據說，他在1915年前後曾設計過飛機，還試飛過兩次，
　　但未成功。1936年，他和布基(G. Bucky)醫生還發明了光電照相設備，
　　並獲美國專利。

列娃‧瑪麗奇 (Mileva Marič, 1875–1948) 學物理，格羅斯曼 (M. Grossmann, 1878–1936)和科爾羅斯(L. Kollros)、埃拉特(J. Ehrat)學數學。愛因斯坦大都躲在實驗室，喜歡做一些有趣的實驗。其餘時間，則主要用來自學玻耳茲曼 (L. Boltzmann, 1844–1906)、德魯德 (P. Drude, 1863–1906)、亥姆霍茲 (H. von Helmholtz, 1821–1894)、赫茲 (H. Hertz, 1857–1894)、基爾霍夫 (G. R. Kirchhoff, 1824–1887)、馬赫 (E. Mach, 1838–1916)、奧斯特瓦爾德 (W. Ostwald, 1853–1932)、普朗克(M. Planck, 1858–1947)、弗普爾 ⓰ (A. Föppl, 1854–1924) 等人的著作。米列娃也常和愛因斯坦一起自學。米列娃是一位誠實謙虛的塞爾維亞姑娘，不會裝腔作勢，但性格有些沉悶陰鬱，走路有點瘸。他們二人在共同的學習生活中逐漸相愛了。

　　這種廣泛的自學是愛因斯坦原有習慣的繼續（當然也與學校的課程設置不甚合理和教學內容顯得陳舊有關），是他一生中第二個重要的自學時期。多虧瑞士學校的強制較少，使他極大地享受了自學的自由，格羅斯曼精心記下的課堂筆記使他對付了為數不多的考試。他在回憶起這段歲月時說：

　　　要做一個好學生，必須有能力去很輕快地理解所學習的東西；

⓰　據霍耳頓(G. Holton)研究，弗普爾的《麥克斯韋的電理論導論》和《空間結構》對愛因斯坦創立狹義相對論有直接的啟發和構形作用。參見霍耳頓：〈愛因斯坦早期工作所受到的影響〉，李醒民譯，《科學與哲學》(北京)，1986年第3輯，頁165–178。霍耳頓稱弗普爾是「一位被遺忘了的老師」，因為他沒有前幾位的名氣大，被愛因斯坦的傳記作者們以「等等」略而不提。

要心甘情願地把精力完全集中於人們所教給你的那些東西上；要遵守秩序，把課堂上講解的東西筆記下來，然後自覺地做好作業。遺憾的是，我發現這一切特性正是我最為欠缺的。於是我逐漸學會抱著某種負疚的心情自由自在地生活，安排自己去學習那些適合於我的求知欲和興趣的東西。我以極大的興趣去聽某些課。但是我「刷掉了」很多課程，而以極大的熱忱在家裡向理論物理學的大師們學習。這樣做是好的，並且顯著地減輕了我的負疚心情，從而使我心境的平衡終於沒有受到劇烈的擾亂。(*E1*, p. 44)

在自學中，愛因斯坦在一定程度上忽視了數學。其原因不僅在於他對自然科學的興趣超過了對數學的興趣，而且在於他的數學直覺能力當時還不夠強，無法把數學領域內中心的東西（真正帶有根本重要性的東西）和邊緣的東西（多少是可有可無的廣博知識，即沒有原則性的表面部分）區別開來，以致陷入比里當 (J. Buridan, 1300–1358) 的驢子的兩難窘境。無疑地，他在當時還沒有認識到，在物理學中，通過更深入的基本知識的道路是同最精密的數學方法聯繫著的。創立廣義相對論時遇到的數學障礙，迫使他不得不求助於數學家格羅斯曼，此時他才難過地發現到先前的錯誤。而在普林斯頓與哥德爾(K. F. Gödel, 1906–1978)結識後，他在數學中完全可以辨認出什麼是中心問題了❶。

---

❶　霍耳頓認為，愛因斯坦的發現的實質事實上是在沒有許多數學的情況下達到的。他引用了愛因斯坦的談話：「我的才能，我的特殊的能力在於使結果、推論和可能性形象化。……我多半以廣泛的方式把握事物。我不能順利地作數學計算。我不願意、不樂意作它們。」參見 G.

在大學時期，愛因斯坦關心熱電現象、金屬電子理論、物質的光譜特徵等課題，重視物理學的最新進展。貝索1897年建議他閱讀的馬赫的《力學史評》，增強了他對古典力學基礎的洞察和批判意識。而且早在1899年中期，他就對動體電動力學深感興趣，對把運動狀態歸因於以太深表懷疑。研究科學和獻身科學，已成為他的詩意的生活形式和安身立命之本，他在1897年春寫給瑪麗母親的信中明確地表露出他的心跡和情懷：

> 緊張的腦力勞動和對神聖大自然的審視，將是引導我通過此生一切煩擾的天使，它雖然冷酷嚴厲，但卻使我心情安寧，信心堅定。❶

愛因斯坦深知自己上大學確屬不易，因此他一心撲在學習上，不敢稍有懈怠之意。他在1898年寫信給妹妹說：

Holton, *The Scientific Imagination: Case Studies*, Cambridge University Press, 1978, p. 279. 愛因斯坦的助手巴格曼(V. Bargmann)不同意人們低估愛因斯坦對數學的了解。他以愛因斯坦早期關於統計力學的論文為例，說明愛因斯坦掌握了做為一個大師所需要的所有分析。他指出：「從我們的觀點來看，他必須學習的張量計算畢竟不是如此困難的，它是每一個人能夠學會的一點線性數學。我不認為他必須學習如此之多的新數學。如果人們考察一下愛因斯坦的工作，人們發現他總是了解足夠的數學，或能夠創造足夠的新數學，以便解決他想要解決的問題。」參見 *Some Strangeness in the Proportion*, Edited by H. Woolf, Addison- Wesley Publishing Company, Inc., 1980, p. 486.

❶ 許良英：〈一項宏偉的歷史工程〉，《自然辯證法通訊》（北京），第10卷(1988)，第1期，頁58–63。

> 當然，最使我感到壓抑的是我可憐的父母所遭受的（經濟上
> 的）災難。我已長大成人，可是仍然無所作為，一點忙也幫
> 不上，這真使人肝腸欲斷。我只能加重家庭的負擔。……確
> 實，如果當初根本沒有我，情況也許會好一些。唯一使我堅
> 持下來、唯一使我免於絕望的，就是我自始至終一直在自己
> 力所能及的範圍內竭盡全力，從來也沒有荒廢任何時間，日
> 復一日，年復一年，除了讀書之樂外，我從不允許自己把一
> 分一秒浪費在娛樂消遣上。(*RS*, p. 20)

愛因斯坦的大學時代也還是有歡樂時刻的，尤其是在此後不久家庭
經濟情況好轉之後。他偶爾也到音樂廳或歌劇院去，每隔兩三週與
格羅斯曼等朋友去咖啡館談天，或拉提琴，攀高山，在日內瓦湖揚
帆，他的思緒此時也隨樂聲流淌，繞青山翱翔，伴水波蕩漾。

　　愛因斯坦獨立不羈的個性並不為某些教師賞識，他經常曠課更
是引起他們的不快。愛因斯坦敬重閔可夫斯基這位優秀的數學教師，
但後者卻認為他是「懶狗」 ⑲。愛因斯坦的導師韋伯是古典物理學
的典型代表，亥姆霍茲之後的進展他一概不講，愛因斯坦只好自學
麥克斯韋理論。有一次，愛因斯坦沒有按照慣例稱呼韋伯為「教授
先生」，而叫「韋伯先生」，致使韋伯大為光火，對此違禮耿耿於懷。
他正告愛因斯坦說：「愛因斯坦，你這個小伙子確實很能幹，非常
能幹。不過你有一個大毛病：別人叫你幹的事，你一件也不肯幹。」

---

⑲　同❹，p. 85.有趣的是，正是閔可夫斯基，第一個認識到狹義相對論對
　　牛頓時空觀的變革，他在 1907 年給狹義相對論披上了精緻的數學外
　　衣。他在對愛因斯坦的成就表示驚訝之餘，不無感慨地說：「唉，愛
　　因斯坦！這就是那個經常不去聽課的學生，我簡直不相信他呀！」

(*SD*, p. 55)

　　1900年8月，愛因斯坦通過畢業考試。除米列娃未通過考試 **❷**
外，其他三人即刻留校當上了助教，而愛因斯坦卻無著落。韋伯先
是拖延不公布，後來索性作罷，因此直到年底愛因斯坦還是沒有在
母校找到工作。一杯苦酒就這樣釀成了 **❷**。

(五)

　　一開始，愛因斯坦還未意識到問題的嚴重性，他在同年9月19
日給米列娃的信中，對未來甜蜜的生活充滿憧憬。他找系主任幫助，
結果還是落了空。為了以瑞士公民的身份好找個固定工作，他花掉
所有儲蓄，在1901年2月21日加入瑞士國籍。他於4月寫信給荷蘭萊
頓的昂內斯(H. K. Onnes, 1860–1926)，於3月19日和4月3日兩次寫
信給德國萊比錫的奧斯特瓦爾德 **❷** 求職，均如石沉大海，杳無音信。

---

❷　1901年7月，米列娃補考了一次，還是沒有及格。(*SD*, p. 56)

❷　愛因斯坦對韋伯是不會完全原諒的。1912年韋伯去世後，愛因斯坦以
　　一種與平時為人大不相同的方式寫信給一位朋友說：「韋伯之死對瑞
　　士聯邦綜合工業大學來說是件好事。」(*SD*, p. 56)考慮到愛因斯坦在兩
　　年失業期間顛沛流離、生計無著、備嘗艱辛，人們也許能理解他的心
　　境。

❷　愛因斯坦的第一封信附有他1901年在萊比錫《物理學年鑑》上發表的
　　論文〈由毛細管現象所得的推論〉。他說此文曾受到奧斯特瓦爾德《普
　　通化學》的啟發，希望能在奧氏處謀求一個實驗員職位，以便深造。
　　第二封信是他在無回音的情況下寫的。他的父親背著他，也向奧氏寫
　　信懇求：「我的兒子對目前的失業狀態深為憂愁。他對自己的就業前
　　途被拋出正軌之感與日俱增。……他心中明白，自己已經成為我們這
　　個寒苦之家的累贅。悟到這一點為他平添了一樁心事。」信中還說兒
　　子對奧氏「最為」推崇，希望奧氏能為兒子的論文說句鼓勵的話。奧

他還通過貝索的介紹，在 4 月親自赴意大利向一位有影響的物理學教授求職，也一無所獲。

在1901年那些黯然傷神的日子裡，愛因斯坦只能在音樂中找到安慰，只能向米列娃傾訴衷情。不過，他仍關注著普朗克、維恩(W. Wien, 1864–1928)、德魯德、勒納德(P. Lenard, 1862–1947)等人在物理學前沿的進展，也和米列娃在通信中討論範圍廣泛的物理學問題。激動人心的科學思想和構思不時地湧入他的心田，但當思想的翅膀歇息時，他就像跌入沼澤地一樣孤立無援，無依無靠。然而，他從未放鬆對科學的迷戀，也從未失去自信心和幽默感。他面對逆境在心中吶喊：「泰然自若萬歲！她是我在這個世界的守護天使。」❷❸他在最艱難的日子（4月14日）寫信給格羅斯曼：

> 儘管如此，我還是在想方設法，並且不讓自己失去幽默感。……上帝創造了驢子，並給了他一張厚皮。我們在這裡已經有了美麗的春天，整個世界都微笑得多麼歡樂，使得人們自動地擺脫了憂鬱症這種老毛病。而且，我在這裡的音樂方面的朋友們把我從潦倒的處境中拯救出來。至於科學，我在腦子裡已經得到了幾個奇妙的想法，必須及時地把它們寫出來。……從那些看來同直接可見的真理十分不同的各種複雜的現

氏是否回信，我們不得而知。有趣的是，1909 年 7 月，愛因斯坦和奧氏同到日內瓦大學接受名譽博士學位，次年奧氏第一個提議愛因斯坦為諾貝爾(A .B. Nobel, 1833–1896)獎候選人，奧氏還把愛因斯坦的相對論與哥白尼日心說和達爾文 (C. R. Darwin, 1809–1882) 的進化論相提並論。(*SD*, pp. 57, 617–618; *JNE*, pp. 106–107)

❷❸ J. 斯塔凱：〈「阿爾伯特·愛因斯坦全集」序言〉，方希譯，《自然科學哲學問題》（北京），1988年第3期，頁64–69。

象中認識到它們的統一性，那是一種壯麗的感覺。❷❹

　　就在極度失望之際，愛因斯坦接到瑞士溫特圖爾工業學校一位
將服兵役的教師的來信，請他代理講課兩個月。失業九個月的愛因
斯坦如逢甘霖，對這份臨時工作（5月15日至7月15日）也喜出望外。
在代課即將結束時，他寫信向米列娃表示：那怕是最次等的角色他
也接受，一俟有著落就同米列娃結婚。為此，他放棄了在大學謀職
的打算，只想當一名中學教師，結果亦未能如願。幸好，9月他在
瑞士沙夫豪森找到了臨時家庭教師的工作，他心滿意足地寫信告訴
格羅斯曼：

> 你能想像我是多麼高興。雖然這樣的職位對於獨立的秉性來
> 說並不是理想的，但我相信，它會給我留些時間去從事我所
> 喜歡的研究，至少可以使我不至於生鏽。❷❺

由此可見，愛因斯坦具有忍受不快和安貧樂道的天性，微不足道的
所得就會使他歡欣雀躍。果然不出所料，愛因斯坦表現出來的獨立
性和自主性使雇主不滿，他僅幹了三個月就被解雇了。就在這個時
候，他和米列娃的女兒小麗莎（Lieserl）出生了，可憐的孩子在次年
得了腥紅熱，不幸夭折了。

　　正是老同學格羅斯曼，在危難之際向愛因斯坦拋出了救生之
錨。他向父親鄭重地談了愛因斯坦的困境，他的父親則向老朋友、

---

❷❹　《愛因斯坦文集》第三卷，許良英等編譯，商務印書館（北京），1979
　　年第一版，頁347–348。以下該書縮寫為*E3*。

❷❺　同❶❽。

瑞士聯邦專利局哈勒(F. Haller)大力舉荐愛因斯坦。在經過面試、公開招聘和考核之後，愛因斯坦終於在1902年6月23日成為專利局的試用三級技術員。他對格羅斯曼的雪中送炭終生銘感不已。他在1936年悼念格羅斯曼的信中說：「我們的學業結束了——我突然被人拋棄，站在生活的門檻上不知如何是好。但是他支援了我，感謝他和他父親的幫助，我後來在專利局找到一個跟著哈勒工作的職位。這對我是一個拯救，要不然，即使未必死去，我也會在智力上被摧毀了。」（E3, p. 377）要知道，在將近兩年的失業時期，愛因斯坦還是頑強地咬緊牙關，不停止科學思考，寫出了三篇關於熱力學和統計理論的論文。其中第二篇做為博士論文於1901年11月提交給蘇黎世大學，但未被克萊納(Kleiner)教授接受。第三篇論文所提出的熱力學統計理論與吉布斯 (J. W. Gibbs, 1839–1903) 在一年前得出的結果相同，但當時愛因斯坦並不知道吉布斯的工作。

（六）

在伯爾尼專利局的七年間，愛因斯坦共發表了大約三十篇科學論文，在物理學幾個領域作出了開創性的革命性貢獻。這是愛因斯坦科學生涯中的黃金時代。他深情地稱專利局是他「悟出」「最美妙思想」的「世俗修道院」（E3, p. 441），直到晚年他還十分懷念這一時期的生活：

> 在我最富於創造性活動的1902–1909這幾年當中，我就不用為生活而操心了。即使完全不提這一點，明確規定專利權的工作，對我來說也是一種真正的幸福。它迫使你從事多方面的思考，它對物理學的思索也有重大的激勵作用。總之，對

於我這樣的人，一種實際工作的職業就是一種絕大的幸福。因為學院生活會把一個年輕人置於這樣一種被動的地位：不得不去寫大量科學論文──結果總是趨於淺薄，這只有那些具有堅強意志的人才能頂得住。然而大多數實際工作卻完全不是這樣，一個具有普通才能的人就能夠完成人們期待於他的工作。做為一個平民，他的日常的生活並不靠特殊的智慧。如果他對科學深感興趣，他就可以在他的本職工作之外埋頭研究他所愛好的問題，他不必擔心他的努力會毫無成果(*E1*, p. 46)。

在伯爾尼，愛因斯坦度過了他的第三個卓有成效的自學時期。1902年初，在他到伯爾尼等待工作之時，他於2月5日在報紙上登了一個私人講授數學和物理學的廣告，由此在 3 月下旬結識了索洛文(M. Solovine)，商定一塊讀大師們的著作。幾週後，愛因斯坦在沙夫豪森當家庭教師時認識的哈比希特 (C. Habicht) 也參加進學習小組，他們戲稱其為「奧林比亞科學院」❷。他們主要讀的是科學和哲學名著，也有一些文學作品。例如皮爾遜(K. Pearson, 1857–1936)的《科學規範》、彭加勒(H. Poincaré, 1854–1912)的《科學與假設》、

---

❷　愛因斯坦 1948 年在給索洛文的信中談到奧林比亞科學院 (Akademie Olympia)時說：「比起後來我所看到的許多可尊敬的科學院來，我們的科學院實際上要嚴肅得多，要不稚氣得多。」 (*E1*, p. 454)他在1953年為奧林比亞科學院所寫的頌詞中寫道：「敬致不朽的奧林比亞科學院：在你的生氣勃勃的短暫生涯中，你曾以孩子般的喜悅，在一切明朗而有理性的東西中尋找樂趣。你的成員把你創立起來，目的是要同你的那些傲慢的老大姊們開玩笑。他們這麼做是多麼正確，……」(*E1*, p. 568)

馬赫的《感覺的分析》和《力學史評》、休謨(D. Hume, 1711–1776)的《人性論》、斯賓諾莎(B. de Spinoza, 1632–1677)的《倫理學》以及亥姆霍茲、安培(A. M. Ampère, 1775–1836)、黎曼(B. Riemann, 1826–1866)等人的論著。他們學習、切磋、爭論，深入到科學原理的基礎之中。愛因斯坦有時還拉小提琴助興，並強調簡單的晚餐必不可少——這真應了伊壁鳩魯（Epicurus，西元前341–前270年）的名言：「歡樂的貧困是美事。」奧林比亞科學院持續到1905年11月，它為愛因斯坦1905年嶄露頭角奠定了堅實的思想基礎。

　　1902年秋天，愛因斯坦應邀出席伯爾尼自然研究會的會議，並於次年5月2日正式成為該會的會員。他在會議上作過「電磁波理論」等講演，也聆聽過許多有啟發性的報告。該會的一視同仁、自由發表意見、純粹為科學事業而研究的精神對他頗有感染。他還和科學院與研究會的朋友遠足遨遊，尋古攬勝，觀覽自然之美景，思索天地之造化。米列娃、索洛文、貝索❷是愛因斯坦思想和靈感的激發器和共鳴板。貝索知識淵博，思想敏銳，但不專注且缺乏判斷，像「蝴蝶」而不像「鼴鼠」，但他卻是愛因斯坦新思想的「助產士」——「這隻鷹用自己的雙翼把我這隻麻雀夾帶到遼闊的高空。而在那裡，小麻雀又向上飛了一些。」❷

　　有了固定的工作,愛因斯坦有條件履行向米列娃所作的承

---

❷　1896年秋，愛因斯坦在一個家庭音樂會上與貝索相識。由於志趣相投，從此成為莫逆之交。在愛因斯坦推荐下，貝索在1904年1月受聘於專利局，並於次年3月4日正式加入研究會。關於二人的關係及貝索的簡況，可參見*E3*，pp. 510–516。

❷　同前注❶，頁71。

諾❷，組織一個安定的家了。他和米列娃是畢業前夕自訂終身的，一開始就遭到男方雙親的堅決反對，以致幾乎發展到同全家關係瀕臨決裂的地步。當愛因斯坦1900年7月告訴媽媽準備娶米列娃為妻時，媽媽大哭一場後斥責他說，娶這個「老妖婆」（米列娃年長愛因斯坦四歲）是在「毀你自己的前途」。 愛因斯坦對父母「認為妻子是男人的玩物，而男人只能允許他自己過安逸的生活」的守舊傳統很不滿，而他母親得知米列娃生了個女孩後更是火上澆油，惱恨到極點。母親無論當時還是事後一直不喜歡米列娃，父親直到臨終之時才同意兒子的婚事❸。1903年1月6日，愛因斯坦和米列娃在伯爾尼舉行了婚禮，證婚人是索洛文和哈比希特。他們無錢做蜜月旅行，只是和朋友們在飯館吃了頓飯。可是，當他們回到新家時，愛因斯坦才發現不知把鑰匙丟到哪裡去了。婚後，二十七歲的新娘不得不和灰塵、蛾子、骯髒作鬥爭，可她並不憂傷，樂於和客人分享僅有的一點東西。愛因斯坦也很滿意，他在1903年1月寫信告訴貝索：「我現在已經是一個有婦之夫了，正同我的妻子一道過著美好安逸的生活。她出色地照料著一切，飯菜做得很好，而且總是高高興興的。」(*E3*, p. 400) 婚後一年有餘，長子漢斯 (Hans A. Einstein,

---

❷ 愛因斯坦1901年7月寫信給米列娃：「關於我們的未來，我作出如下決定：我要立即尋找一個職業，不管如何卑賤。我的科學目標和我個人的虛榮心都阻止不了我去接受最次等的角色。只要我得到這樣一個職位，我就同你結婚，把你接到我這裡來，而在這一切安排停當之前，不給任何人寫一個字。」參見❸。

❸ 愛因斯坦的父親1902年10月10日因心臟病在米蘭去世。在彌留之際，他讓大家都離開，好讓他獨自安靜死去。做兒子的每當回想起這一時刻，便有負疚之感。愛因斯坦因看患病的父親而不願違反父親的禁令，所以推遲了婚期。參見(*SD*, p. 59)。

1904–1973) 問世，六年後次子愛德華 (Edward A. Einstein, 1910–1965)出生。

1905年是愛因斯坦的幸運年。是年，他不僅以〈分子大小的新測定法〉的論文獲得蘇黎世大學的博士學位，更重要的是他發表的五篇論文──尤其是《物理學年鑑》17卷的三篇所謂「三合一」論文──在物理學的三個領域作出了開創性的貢獻，全面打開了世紀之交物理學革命的新局面，奠定了二十世紀高技術和新文化的基礎。它們之中的每一篇都能使作者贏得垂諸青史的不朽名聲，其影響遠遠超越了自然科學領域，而深刻地滲入到人類的全部思想和觀念之中。

17卷中的第一篇〈關於光的產生和轉化的一個啟發性觀點〉提出了光量子概念，揭示了光的波粒二象性，使光理論革命化，同時順利地說明了光電效應，從而把普朗克的量子論推向一個新階段。第二篇〈熱的分子運動論所要求的靜液體中懸浮粒子的運動〉是關於布朗(R. Brown, 1773–1858)運動的研究，提出了一種原子實際大小的新方法，為確立原子的實在性提供了依據❸。第三篇〈論動體的電動力學〉就是著名的狹義相對論❸論文，它以相對性原理和光速不變原理做為公理，引入同時性的操作定義，從而推導出一系列新奇的結論，展現了一種全新的關於空間和時間的觀點；而緊隨其

❸　1908年，法國物理學家佩蘭(J. B. Perrin, 1870–1942)成功地進行了測量，從而使奧斯特瓦爾德等反原子或非原子論者承認了原子的實在性，從而解決了世紀之交物理學界和化學界激烈爭論的一個重大問題。

❸　關於該理論的創立經過及其認識論和方法論分析，有興趣的讀者可參閱拙著《論狹義相對論的創立》，四川教育出版社（成都），1994年第一版。

後發表在18卷上的三頁短論〈物體的慣性同它所含的能量有關嗎?〉是前文的一個推論，它推出了質能關係式$E=mc^2$，揭示了質能相當性，這是當代核技術的理論基礎。斯諾(C. P. Snow, 1905–1980)在評論狹義相對論論文的獨創性特徵時說：

> 這篇論文沒有參考文獻，也未引用權威。其中的一切都是以不同於任何其他理論物理學家的風格寫成的。它們僅包含極少的數學。有大量的評論語句。結論——稀奇古怪的結論——彷彿是輕而易舉地出現的，而推論卻無懈可擊。看起來他好像在未聽到其他人的觀點的情況下，通過孤立無援的思維達到該結論的。使人感到極其驚異的是，這恰恰是他所做的一切。
>
> 可以十分保險地說，只要物理學持續著，不會再有一個人在一年內取得三項重大突破。❸

愛因斯坦創造了人類思想領域中最高的音樂神韻和最大的智力奇蹟，一顆光耀千秋的科學巨星就這樣升起來了！

二、山不厭高，水不厭深

(一)

狹義相對論因其新奇性和革命性在當時屬於「陽春白雪」，難以為學術界理解和接受，因此難免曲高和寡。在德語世界，只有普朗

❸　C. P. Snow, Albert Einstein, 1879–1955, 同❸, pp. 3–8.

克及時認識到它的意義，並於1905年底在柏林大學作了評論性的講演。這次講演給他的助手勞厄(M. von Laue, 1879–1960)留下深刻印象，致使勞厄次年夏專程到伯爾尼訪問了愛因斯坦。到1907年，閔可夫斯基洞察到狹義相對論新時空觀的深邃意蘊，他通過引入虛時間坐標，把時空描述為四維連續區（彭加勒在1905年6月就正式提出這樣的思想）。 在德語世界之外，狹義相對論直到1911年第一屆索耳維(E. Solvay, 1838–1922)會議之後才得到認真討論。至於光量子論，連量子論的創始人普朗克直到1913年對它也難以容忍，年輕的玻爾(N. Bohr, 1885–1962)甚至到1924年還拒不承認它。

正當其他物理學家對新發現漠視、不解、猶豫、彷徨之際，愛因斯坦則一鼓作氣，向新的目標衝擊了。在量子論方面❸❹，他於1906年3月完成了〈論光的產生和吸收〉的論文，論述了光量子和普朗克公式的關係，並利用光量子假設推導出伏打(A. G. Volta, 1745–1827)效應和光電散射之間的關係。11月，他又撰寫了〈普朗克的輻射理論和比熱理論〉， 證明量子論導致對熱分子運動論的修正，並由此得到固體熱學行為和光學行為的某種聯繫，說明了固體和低溫下的多原子氣體的比熱異常。

在相對論方面❸❺，愛因斯坦一開始就對狹義相對論仍為慣性系

---

❸❹　關於愛因斯坦對早期量子論的貢獻，可參見李醒民：《激動人心的年代》，四川人民出版社（成都），1983年第一版，頁200–208。以及M. J. Klein, Einstein, Specific Heats, and the Early Quantum Theory, *Science*, 148 (1965), pp. 173–180.

❸❺　關於廣義相對論的創立，可參見❸❹中的頁173–185。以及陳恒六：〈科學史上的奇蹟〉，《思想領域中最高的音樂神韻》， 李醒民等主編，湖南科學技術出版社（長沙），1988年第一版，頁174–184。以及(*SD*, pp. 210–276)。

保留了優越地位（儘管它廢除了以太這一絕對參照系的優越地位）
表示不滿，另外在它的框架內也無法處理引力問題。愛因斯坦抱著
把相對性原理貫徹到底的信念,開始了建立廣義相對論的艱難跋涉。
愛因斯坦的確具有「識別出那種能導致深邃知識的東西，而把其他
許多東西撇開不管，把許多充斥腦袋，並使他偏離主要目標的東西
撇開不管」(*E1*, p. 8)的能力，他在1907年發表的〈關於相對性原理
和由此得出的結論〉的第五部分中，逕直地提出了兩個假設：廣義
相對性原理（是否可以設想，相對性運動原理對於相互相對作加速
運動的參照系也仍然成立?）和等效原理（引力場同參照系的相當
的加速度在物理上完全等價，亦即引力質量等於慣性質量）❸，並
由此得出引力場中時鐘延緩、引力紅移和光線彎曲的結論。該文所
提出的兩個基本假設是廣義相對論的基石，從而該文也成為建立廣
義相對論的出發點。尤其是等效原理，是愛因斯坦通過升降機思想
實驗而得到的。五年後，當他得知厄缶 (B. R. von Eötrös,
1848–1919)在1889年的測量數據時，更加堅信慣性質量和引力質量
準確相等是非常可能的。愛因斯坦稱等效原理的發現是他「一生中
最幸福的思想」(*SD*, p. 211)。對於愛因斯坦的孜孜以求，普朗克大
惑不解:「現在一切都能明白地解釋了，你為什麼又忙於另一個問題
呢?」(*JNE*, p. 292)普朗克的疑問確實不無道理，因為愛因斯坦的不
懈追求既不是為了解決理論與實驗的尖銳矛盾，也不是狹義相對論
有什麼錯誤。鍥而不舍地追求統一性和完美，這是愛因斯坦的研究
風格!

---

❸ 據A. 佩斯講，愛因斯坦在此僅把廣義相對性原理限於与加速系，直到
　1912年他才提出把它推廣到非与加速運動中去，同時首次稱自己的第
　二個假設為「等效原理」。(*SD*, p. 214)

在此前後，愛因斯坦依舊被排斥在學術界大門之外，只是在1906年4月1日被升為專利局的二級技術員，漲了一千法郎的年薪。由於愛因斯坦在失業期間受到大學和教授們的冷遇，他曾一度決定放棄學院生涯。在貝索等幾位懂得相對論的朋友們的極力慫恿下，他才於1907年6月17日向伯爾尼州教育局遞交了申請書，由於僅附已發表的十七篇論文，未附未發表的學術論文，申請被否決了。直到1908年2月10日，愛因斯坦在遞交了所要求的取得教學資格的論文並作了試講之後，才於10月被聘為伯爾尼大學的編外講師，首次成為學術界的一員。在兩個學期中，他分別開設了關於熱運動論和輻射理論的課程，聽講的僅有三四個朋友，其中包括貝索和瑪雅**❸**。

1909年夏天，愛因斯坦的科學經歷得到首次承認。有一天，他收到一個大信封，從中取出一張印製考究、妝點花哨的東西。他未細看就把它扔進紙簍，後來才知道那是邀請他赴日內瓦大學參加加爾文(J. Calvin, 1509–1564)創立大學350週年慶典，同時接受大學名譽博士學位。他在朋友的勸說下，才身著普通衣服，頭戴一頂草帽，參加了總統、校長、教授、名流出席的盛典，他的著裝與那些西裝革履、繡金長袍、楚楚衣冠的各國來賓形成奇異的對照，甚至被人誤認成勤雜人員。會後他參加了一生中最盛大的晚宴，他對身邊的一位日內瓦父老說：「如果加爾文活著，他一定會架起一大堆柴禾，把我們這些鋪張浪費的貪吃鬼統統燒死。」

兩個月後，愛因斯坦首次出席重要學術會議——德國自然科學家協會第81屆大會，首次會見了普朗克、玻恩(M. Born, 1882–1970)、邁特納(L. Meitner, 1878–1968)等著名物理學家。他在9月21日的會

---

❸　瑪雅在柏林讀了兩年書，又轉到伯爾尼大學就讀。她於1908年12月21日以優異成績獲得哲學博士學位。

議上作了〈論我們關於輻射的本質和組成的觀點的發展〉的報告，該報告和在年初發表的〈論輻射問題的現狀〉不是一般的評述文章，它們包含著最重要的新物理學。四十年後泡利 (W. Pauli, 1900–1958) 在談到那篇報告時說：「可以把它看作是物理學發展中的里程碑。」(*SD*, p. 221)

就在 1909 年，愛因斯坦獲悉蘇黎世大學理論物理學教席有空缺，便提出申請，有意獲得這個職位的還有該大學的編外副教授 F. 阿德勒 (F. Adler, 1874–1960)。當阿德勒得知愛因斯坦也提出申請時，便慷慨地放棄了這一最有可能獲取的教席❸。他在寫給蘇黎世教育局的報告中說：

> 如果我們的大學有可能得到像愛因斯坦這樣的人，那麼任命我就是荒唐的了。我必須十分坦率地說：做為一個搞研究的物理學家，我的能力絲毫也不能同愛因斯坦相比。不應當由於政治上的同情而失去可以得到這樣一個人的機會，這個人

❸ F. 阿德勒是奧地利社會民主黨的創建者和領袖 V. 阿德勒 (V. Adler, 1852–1918) 之子，他在蘇黎世大學上學時 (1897–1901) 與愛因斯坦相識。當時蘇黎世教育局掌管人事權的官員多是社會民主黨人，他們出於政治考慮準備任命 F. 阿德勒。阿德勒在給教育局和父親的信中，以及在和老師克萊納 (A. Kleiner) 的談話中，都表示了自己正直的態度。1912 年，他當選為社會民主黨書記，在第一次世界大戰期間堅決反對戰爭。1916 年，他因刺殺奧國首相而被判刑。愛因斯坦在關於營救 F. 阿德勒的信中這樣評價他：「阿德勒在教書的年代裡表現出他是一個無私、沉靜、勤勉、善良而又認真的人，並且博得大家的尊敬。……極端利他，以致顯出自我虐待，甚至自殺的強烈傾向。一種真正殉道者的天性。」(*E3*, pp. 430–431)

能夠提高整個大學的水平，將使我們得到多麼大的好處啊。
(*E3*, p. 431)

就這樣，克萊納教授提交了對愛因斯坦的鑑定：「在現代，愛因斯坦屬於最有名氣的理論物理學家之列。……他的著作的突出特點是，思路異常清晰，分析格外深刻。他的文風明晰、簡練，可以說創造了自己的語言。」❸在3月間，大學教授就愛因斯坦任職舉行秘密投票：十票贊成，一票棄權。7月6日，愛因斯坦向專利局提出辭呈。10月22日，他攜帶全家赴蘇黎世大學就任理論物理學副教授，開始了名副其實的學院生涯。

(二)

　　1909年12月11日，愛因斯坦以〈論物理學中的原子理論的應用〉為題，發表了他平生第一次就職演說。他的新職責是每週授課六至八小時，還要開討論會和輔導學生。他講過力學引論、熱力學、熱運動論、電和磁、理論物理選讀等課程。他在大多數情況下沒有講稿，僅憑記憶，但卻有很強的邏輯性，善於把注意力集中在主要的問題上。聽課的學生越少，他講得似乎越帶勁。愛因斯坦的一位學生這樣描繪他的老師的講課：

　　　　愛因斯坦登上講壇，穿著一身半舊的衣服，褲腳很短，掛著一條鐵製錶鏈。初聽講課的人對他都心存疑慮。但是他一開口講幾句話，便以獨特的方式征服了我們冰冷的心。他帶到課堂來的講課提綱都用小字寫在名片大小的卡片上。上面寫

---

❸　同⓮，頁95–96。

著準備闡述的各種問題。他的全部材料都直接來自腦海，這使我們能夠觀察他是如何思考問題的。在我們聽起來，這要比那種風格嚴謹的四平八穩的課更有意思；那種課剛開始也能吸引我們，但同時又會引起我們的失望感，因為總覺得有一條鴻溝把老師和學生隔離開來。而在這裡，我們卻可以看到有價值的科學成果是通過多麼非同尋常的途徑達到的。每當聽完他的課後，我們都覺得自己也可以講了。此外，如果有什麼不清楚的地方，愛因斯坦還允許我們隨時打斷他，向他提問。我們很快就不再擔心提出的問題會淺薄可笑。他在課間休息時也總是留下來同我們在一起，這也使得我們之間的關係更加隨便。他活躍而樸實，一會兒挽著這個學生的手，一會兒又挽起那個學生的手，同他一起親密無間地散步，並討論問題。❹

在蘇黎世大學的一年有半，愛因斯坦共發表了十一篇物理學論文，其中之一涉及到臨界乳光。在這裡，他與老同學格羅斯曼交往最多，當時格羅斯曼正在深入研究非歐幾何。愛因斯坦還和非數學和非物理學的人士保持著密切的智力交往，常同法學家、歷史學家、醫生、工程師等交談。有趣的是，他與阿德勒一家正好住在同一幢公寓樓中。為了逃避孩子的喧鬧，他們常常躲到頂樓工作和討論。阿德勒1909年10月28日在寫給雙親的信中描述了他們的關係：

> 我們與愛因斯坦處在一個十分融洽的時期，他住在我們上面，實際上碰巧是這樣。在所有大學教師中間，我正好與他處於

---

❹ 同⓮，頁98-99。

　　最親密的時期。我與愛因斯坦交談得越多——這是十分經常
　　地發生的——我便看到我的觀點贏得他的贊同越多。在同時
　　代的物理學家當中，他不僅是最明晰的精神之一，而且也是
　　最獨立的精神之一。對於那些其地位未被大多數其他物理學
　　家理解的問題，我們具有一個思想。❹

阿德勒和愛因斯坦兩家做為鄰居在一起直到1911年春。這年3月，
愛因斯坦接受了布拉格德語大學教授席位。5月底，阿德勒到維也
納擔任奧地利社會民主黨書記。

　　1911年2月，愛因斯坦應洛倫茲(H. A. Lorentz, 1853–1928)之
邀訪問了萊頓大學。從此，洛倫茲成為愛因斯坦一生中最景仰的人，
洛倫茲的「不要統治，但要服務」的名言銘刻在他的內心深處。3
月，他攜家來到布拉格，在馬赫出任首任校長❹的德語大學任正教
授。愛因斯坦對布拉格的民族主義和排猶主義風潮時有所聞，因而
在接到聘書時曾有一些躊躇。米列娃也不願再次拋棄她所熟悉的環
境，到一個歧視斯拉夫人的陌生地方忍受孤寂之苦。但是，編內教
授職務能給他以更多的自由和獨立性，可以重新開始他停滯了三年
多的引力研究，所以權衡之下還是填寫了有關表格。在宗教信仰一
欄，他填上「無宗教」，校方依據國家規定不接受無宗教信仰之人，
他只好另行改寫成「猶太教」❹。

　　普朗克在寫給德語大學的推薦報告中，這樣評價愛因斯坦的相

❹　D. Howard, Einstein and Duhem, *Synthese*, 83 (1990), pp. 363–384.

❹　李醒民：《馬赫》，東大圖書公司印行 (臺北)，1995 年第一版，頁10–14。

❹　在(*SD*, p. 232)中譯者將Mosaisch錯譯為「伊斯蘭教」，現更正為「猶
　　太教」。

對論:「其膽略或許超過了目前的純理論科學,甚至認識論中所取得的一切成就;與相對論比較,非歐幾何只不過是兒戲而已。」 接著,他把愛因斯坦比作「二十世紀的哥白尼」。 (*SD*, p. 231)因此,人們都急於目睹這位三十二歲聲名鵲起的年輕教授的風采。使一些人感到失望的是,愛因斯坦根本不像他們心目中的威嚴的德國權威,卻像一個意大利的流浪音樂家。可是,愛因斯坦的就職演說無疑征服了熱情的聽眾:

> 整個布拉格的知識界都匯集而來,擠滿了這個最大的講演廳。愛因斯坦的表現平易近人。因此,他很得人心。他從一個高超的眼界來觀察人生。一般人覺得重要的東西,對於他卻沒有意義。因此,他瞧不起任何辯術。他講得生動而清晰,從不矯揉造作,因而顯得十分自然。有的地方還穿插一些幽默的話語,使人精神為之一爽。有些聽眾感到驚訝,原來相對論竟是這樣簡單。(*JNE*, pp. 160–161)

按照慣常的禮節,初來乍到者先要拜訪諸多名流,差不多要進行四十次。這類拜訪越來越成為愛因斯坦的沉重負擔,於是他選擇那些居住寓所對他有吸引力的同事。然而,建築美學標準與職務高低並不一致,於是在等級森嚴的大學,愛因斯坦的作為反倒成了蔑視上司和權威的嚴重失禮。不過,愛因斯坦在布拉格也結識了一些在目標上志同道合、在智力上砥礪琢磨的朋友。一位作家朋友有助於他深入理解了開普勒(J. Kepler, 1571–1630)和伽利略的思想和精神氣質;一位數學家朋友敦促他研讀里奇(C. Ricci, 1853–1925)和列維－齊維塔 (G. Levi-Civita, 1873–1941) 絕對微分學和張量分析著

作。

　　在到達布拉格之前，愛因斯坦一直把量子之謎看得比引力問題重要和迫切。到1911年5月，他覺得一時無法透徹理解光量子和輻射的秘密，因而暫時不去過問和理會它們，集中精力全力對付引力問題。6月，他完成了〈關於引力對光傳播的影響〉的論文，嘗試把慣性質量和引力質量相等這個並非偶然的結果安插到一個更為普遍的結構之中。他把等效原理進而解釋為「我們不可能說什麼參照系的絕對加速度，正像通常的相對論不允許我們談論一個參照系的絕對速度一樣。」他還依據等效原理推算出，光線經過太陽附近要受到0.83弧秒的偏轉。「由於在日全蝕時可以看到太陽附近天空的恒星，理論的這一結果就可以同經驗進行比較。」❹這篇布拉格論文在黑暗的引力領域劃出一道亮光，成為通向廣義相對論的一個中途站。10月底，愛因斯坦赴布魯塞爾參加第一屆索耳維物理學會議❺，與彭加勒、佩蘭、能斯特(W. Nernst, 1864–1941)、魯本斯(H. Rubens, 1865–1922)、居里夫人(Marie Curie, 1867–1934)、朗之萬、盧瑟福(E. Rutherford, 1871–1937)等著名科學家相識。次年2月，厄任費斯脫(P. Ehrenfest, 1880–1933)來訪，愛因斯坦從此與他結為莫逆之交。

　　謙遜、善良、隨和、大多是善意的幽默，給愛因斯坦帶來不少朋友，但誰知這也給他引來了敵人。謙遜被有些人視為對教授稱號

---

❹　《愛因斯坦文集》第二卷，范岱年等編譯，商務印書館（北京），1977年第一版，頁213，222。愛因斯坦在此計算有誤，他在1915年的論文中將數據修正為1.7″（見同注，頁272），正好比先前的大一倍。

❺　李醒民：〈索耳維和第一屆索耳維會議的始末〉，《大自然探索》（成都），第7卷(1988)，第2期，頁171–178。

態度不恭；隨和冒犯了大學內外的學究集團；因為善良是針對一切人（包括大學的僕役）的，也使上流社會深感不快；幽默則褻瀆了那些妄自尊大的裝腔作勢者；就連愛因斯坦的簡樸穿著❹也被養尊處優者視為對學院式尊嚴和等級的反抗。加上當時大學因政治分歧和爭權奪利而引起的仇恨、傾軋、爭鬥、拍馬和嫉妒之風的滋生蔓延，使愛因斯坦頗為頭疼。他半開玩笑地揶揄說：「大學是美麗的糞堆，上面有時也會開出名貴的花。」❹

　　1912年，愛因斯坦依舊在渺無人煙的荒原上孤軍奮鬥。是年2月和3月，他接連準備了關於引力問題的文章，這是他為構成一個綜合了等效原理的完整的引力動力學所作的努力，因為在此之前他把引力運動學已延伸到極限。不過，這兩篇文章給人的印象與其說是已經完成的成果，還不如說是筆記本上的發展草圖，因為他還把空間視為平直的。雖然他尚未掌握引力理論，但是卻弄清了許多物理內容：洛倫茲變換不是普遍適用，需要較大的不變性群，物理定律必然相應地複雜等等。愛因斯坦在3月底寫信告訴貝索：「近來，我一直在發狂般地研究引力問題。……每前進一步都異常困難。」(SD, p. 255)

　　與此同時，另一件事也在悄悄進展中。格羅斯曼在1911年被委

---

❹　據說有一次他穿著藍工作服出席慶祝會，被人當作電線修理工。當時，按照奧地利王國的規定，正教授必須購置一套必備制服：一頂三角帽、一件裝飾著寬金飄帶的禮服、長劍和長袍。愛因斯坦離職時，把這一套無用的錦繡交給繼任者弗蘭克(P. Frank, 1884–1966)。兒子漢斯央求他在把禮服送出之前領著他在大街走走。愛因斯坦答應是答應了，但是卻說：「這倒無所謂，最多人家把我當成巴西的海軍上將就是了。」(JNE, p. 161)

❹　同❹，頁113。

任為聯邦綜合工大數理系主任之後，他採取的第一個不尋常的行動是爭取愛因斯坦回母校任教，居里夫人和彭加勒都寫了評價頗高的推荐信(*JNE*, pp. 237, 238)。1912年8月，愛因斯坦攜家重返蘇黎世。他在任職的三個學期中先後講授過解析力學、熱力學、連續介質力學、熱的動力學理論、電和磁、幾何光學。他講課很少出錯。一旦出錯，他立即爽快承認，毫不躲躲閃閃、文過飾非。對於不明白的東西，他會當著學生的面實言相告：「這個我不知道。」愛因斯坦還主持每週一次的物理學討論課，在課上報告物理學方面的新成就，並進行熱烈的討論。

在返回蘇黎世之前，愛因斯坦已經明白：用布拉格時期的單一的標量場來描述引力是行不通的，物理空時需要一種新幾何學。誠如他在1923年所回顧的：「雖然當時還不了解黎曼、里奇和列維－齊維塔的工作，但就在1912年回到蘇黎世之後，我有了將〔廣義相對論〕的數學問題和高斯(C. F. Gauss, 1777–1855)曲面理論類比的決定性思想。第一次使我注意到以上三位研究成果的人，是我的朋友格羅斯曼，當時我向他提出尋找廣義協變張量的問題，而張量的分量僅僅與二次基本不變量係數的導數相關。」愛因斯坦肯定一到蘇黎世就把自己冥思已久的想法告訴格羅斯曼了，那時他一定求助說：「格羅斯曼，你一定要幫助我，否則我就要發瘋了！」據佩斯考證，認識到黎曼幾何是廣義相對論的數學工具的轉變發生在8月10日到8月16日之間，這從此改變了他一生的物理學觀點和關於物理學理論的哲學觀點。隨後的三年是他科學生涯中最緊張的時期。正如他在10月29日在寫給索末菲(A. Sommerfeld, 1868–1951)的信中所言：

目前，我只是全身心撲在引力問題上。我現在相信，依靠這裡的一位友好的數學家的幫助，我將制服這些困難。但有一點是肯定的，在我整個一生中，我工作得都還不夠努力。我已經變得非常尊重數學，而在此之前我簡單的頭腦把數學中的較精妙的部分當作純粹的奢侈品。與這個問題相比，最初的相對論只不過是兒戲而已。(*SD*, p. 254–262)

愛因斯坦和格羅斯曼合作探索引力的度規場理論，其成果〈廣義相對論綱要和引力論〉發表於1913年，其中物理學部分由愛因斯坦執筆，數學部分由格羅斯曼執筆。格羅斯曼的貢獻包括對黎曼幾何及其張量微積分的明晰的解釋，他還給出數學細節以支持愛因斯坦的某些論證。該論文含有對於測量性質的深刻的物理洞察，有一些正確的廣義相對論性方程，顯露出廣義相對論的一些基本要素。但是，它的邏輯還不夠完整，也有錯誤的論證和粗陋的符號。尤其是沒有認識到，對廣義協變性的明顯限制是個錯誤，里奇張量是通向正確的引力方程的線索。愛因斯坦還有一段艱苦的路需要跋涉。

（三）

多年來，普朗克心裡一直在盤算一個計劃，設法把愛因斯坦請到柏林。他利用自己無可置疑的科學權威和道德權威，為愛因斯坦安排了一個令人神往的職位：領取特別薪金的普魯士科學院院士兼柏林大學教授，領導一個即將建成的物理研究所，有講課的權利卻無義務。普朗克和能斯特在1913年春赴蘇黎世探詢並說服愛因斯坦。愛因斯坦爽快地應允了，因為新職務使他會有更多的研究和思考時間。他在12月7日正式通知柏林的科學院，接受院士職位。翌

年4月6日，愛因斯坦和家人移居柏林。此後不久，米列娃和愛因斯坦因性格不合而分居，她帶孩子返回蘇黎世。愛因斯坦送走妻兒從車站回來後黯然淚下，不幸的婚姻注定要結束了。

普朗克在訪問蘇黎世時，曾問及愛因斯坦的工作，愛因斯坦向他介紹了廣義相對論的研究進展。普朗克說：「做為一個年長的朋友，我必須勸告你不要再搞它了。因為首先你不會成功，即便成功也決不會有人相信你。」(SD, p. 291)但是，愛因斯坦自信而堅忍，在既定的方向上無畏地求索。他在1914年3月表白說：「自然界顯示給我們的只是獅子的尾巴。我堅信獅子是屬於這條尾巴的，儘管由於獅子身體龐大，尚不能立即顯示出自己的面貌。」(SD, pp. 286–287)

1914年秋，愛因斯坦向《普魯士科學院會議報告》寫了長篇論文，其目的是進一步系統而詳盡地討論1913年合作論文所使用的方法和所取得的成果。這篇論文的新特點在於，反對牛頓的轉動絕對性觀點（因為人們無法區分離心場和引力場），首次提出點粒子運動的測地線（短程線）方程，表明空間的獨立性是不存在的。然而，該文在引力場方程的協變性方面沒有多大進展，依然認為引力場方程只有在線性變換下才有協變性。

直到年底，愛因斯坦仍在孤軍奮戰，幾個關鍵性的障礙把他難住了。1915年初，他未就相對論發表過實質性的新東西，而和洛倫茲的女婿德哈斯作了懸掛鐵圓柱體突然磁化而誘致轉矩的實驗，從而導致愛因斯坦－德哈斯效應的發現。直到7月，愛因斯坦還在相信「老」理論，只是在7月到11月之間，他才對以往的錯誤作法產生了懷疑，重返場方程比較普遍的協變性，而不再把實在歸於坐標系。愛因斯坦說：1915年10月是他一生中「最激動、最緊張的時期

之一，當然也是收穫最大的時期之一」(*E1*, p. 80)。在11月25日，他終於完成了〈引力的場方程〉的論文，提出了廣義相對論引力場方程的完整形式。從1907年底發現等效原理算起，愛因斯坦用了整整八年時間才建成廣義相對論。「其主要原因在於，要使人們從坐標必須具有直接的度規意義這一觀念中解放出來，可不是那麼容易的。」(*E1*, p. 30)愛因斯坦嘗盡了科學探索中的酸辣苦甜，他在談到廣義相對論的創立時深有感觸地說：

> 在黑暗中焦急探索著的年代裡，懷著熱烈的想望，時而充滿自信，時而精疲力竭，而最後終於看到了光明──所有這些，只有親身經歷過的人才能體會到。(*E1*, p. 323)

1916年3月，愛因斯坦對廣義相對論的研究成果進行了全面總結，寫成了〈廣義相對論的基礎〉的論文，這被認為是廣義相對論的「標準版本」。 廣義相對論運用邏輯上極簡單的概念和假設以及當時較先進的數學工具，把自然定律用普遍的協變方程表示出來。它涉及到範圍極大的現象領域，對一切參照系都適用。尤其是，在廣義相對論中，「空時未必能被看作是一種可以離開物理實在的實際客體而獨立存在的東西。物理客體不是在空間之中，而是這些客體有著空間的廣延。因此，『空虛空間』這個概念就失去了它的意義。」 (*E1*, p. 560)於是，廣義相對論把力學和幾何學綜合起來（物理學幾何化和幾何學物理化），正如惠勒(J. A. Wheeler)所說：「空間作用於物質，告訴它如何運動；反過來，物質作用於空間，告訴它如何彎曲。」❹玻恩1955年在報告中這樣評價說：

❹　Y. Ben-Menahem, Struggling with Causality: Einstein's Case, *Science*

> 對於廣義相對論的提出，我過去和現在都認為是人類認識大
> 自然的最偉大的成果。它把哲學的深奧、物理學的直觀和數
> 學的技藝令人驚嘆地結合在一起。❹

　　愛因斯坦赴柏林就任沒有幾個月，第一次世界大戰（1914年8
月1日至1918年11月11日）就爆發了。10月初，為德國軍國主義侵
略行徑辯護的〈告文明世界宣言〉出籠了，德國知識界的頭面人物
和名流九十三人在這個臭名昭著的宣言上簽了名。做為一個天生的
和平主義者，愛因斯坦對侵略戰爭深惡痛絕。在他的支持參與下，
10月中旬由四人簽名的〈告歐洲人書〉與上述宣言針鋒相對❺。在
此前後，他在給朋友厄任費斯脫的信中，對「歐洲在她發瘋時幹了
一些難以置信的蠢事」「感到憐憫和作嘔」。他在強烈譴責發動戰爭
的「壞透了的動物物種」時說：

> 國際大災難把沈重的擔子壓在我這個國際主義者身上。在經
> 歷這一「偉大時代」時，很難把自己與下述事實調和起來：
> 人屬於那個自恃有它的意志自由的、愚蠢而墮落的物種。我
> 多麼希望，在某處有一個專供聰明的和有善良意志的人居住

in Context, 36 (1993), pp. 291–310.

❹　F. 赫爾内克：《愛因斯坦傳》，楊大偉譯，科學普及出版社（北京），
　　1979年第一版，頁54。

❺　O. 内森，H. 諾登編：《巨人箴言錄：愛因斯坦論和平》（上），李醒民
　　譯，湖南出版社（長沙），1992年第一版，頁16–25。以下該書縮寫為
　　HPS。

的小島！在這樣一個地方，甚至我也會是一位熱情的愛國者。
(*HPS*, p. 16)

　　戰爭迫使愛因斯坦與政治結下不解之緣。做為一個以探索宇宙奧秘為己任的科學家和具有強烈社會責任感和正義感的世界公民，他不得不在「永恆的」方程和「暫時的」政治之間分配他的寶貴時間。在大戰期間，他總共出版了一本書和五十篇論文。他不僅完成了廣義相對論，計算出光線彎曲和水星近日點進動的正確值，而且在宇宙學和引力波方面也進行了開創性的研究，提出受激輻射理論（這是激光技術的基礎）。　與此同時，面對戰爭和暴行，他或者大聲疾呼，公開發表自己的觀點；或者身體力行，參加新祖國同盟等反戰活動。從此，反對戰爭和暴政，爭取和平和自由，成為愛因斯坦始終不渝的追求目標。他對戰爭和軍國主義的態度充分地體現在下面的陳述中：

　　　　這使我想起群氓生活的最糟結果，即我所憎惡的軍事體制。對於那些隨著軍樂隊的旋律在普通士兵的隊列中洋洋自得行進的人，只能讓我蔑視他們。給這樣的人一個大腦確實是一個錯誤，脊髓也許就足夠他們用了。文明世界的這種可恥的污點應該盡快地加以清除。遵命的英雄主義、無意義的暴行以及以愛國主義名義所進行的討厭的胡鬧，這一切都使我深惡痛絕！在我看來，戰爭是多麼可恥和卑鄙！我寧可千刀萬剮，也不參與這種醜惡的勾當。我對人類的評價是足夠高的，我相信，只要人們的健全常識未被通過學校和報刊而起作用的商業利益和政治利益所腐蝕，那麼戰爭的幽靈早就該消滅

了。(*HPS*, p. 156)

　　1919年，愛因斯坦的私人生活發生了重大變化，他和米列娃的不幸婚姻終於走到盡頭。2月14日，他們在分居五年後，在溫和的協商中離婚了 ❺，貝索參與了協商過程。米列娃是孩子的監護人，愛因斯坦則對三人的生活提供經濟支持。愛因斯坦還答應一旦得到諾貝爾獎（他們確信遲早會得到），便把獎金全部交給米列娃。離婚後，愛因斯坦依然喜愛兩個兒子，常帶他們假期旅行，他倆也常到愛因斯坦柏林的新家居住。大兒子漢斯學農，後來成為伯克利水力工程學教授。小兒子愛德華具有父親的面部特徵、音樂天才以及母親的憂鬱性格，喜歡藝術和詩歌，想做一名精神病醫生，但未能如願。他在幼時就有早發性痴呆徵兆，後來精神病時好時壞。他敬慕他的父親，但卻又責備父親遺棄並毀滅他的一生 ❻。兒子的病情

---

❺　他們離婚的原因主要是性格不合。弗蘭克說：「儘管她信奉希臘東正教，但她是個自由思想者，就如一般塞爾維亞學生那樣，思想很進步。她天性沉默，沒有能力和周圍的人保持密切和愉快的接觸。愛因斯坦的個性則迥然不同，他瀟灑不羈，談笑風生，這使得她常常感到不舒服。她的性格有些生硬，並且要按她的脾氣行事。愛因斯坦同她生活總不能和睦和幸福。每當他的思想源源潮湧，想和她討論的時候，她的反應是那樣淡漠，經常使他難以判斷她究竟是否感興趣。」但是漢斯不同意弗蘭克對他母親性格的描繪，他在一篇訪問記中反駁說：「苛求？嚴厲？我認為這是不正確的。她是一個歷盡艱辛的人，不可能真的厲害。我認為她能夠給予愛情，……並且也需要愛情。我的意思是說，某些人論事實質上並不近情理。」參見J. 伯恩斯坦：《阿爾伯特·愛因斯坦》，高耘田等譯，科學出版社（北京），1980年第一版，頁72–73。關於離婚後的關係，霍夫曼說他們依然是朋友（同❹，p. 39），佩斯說米列娃從不原諒愛因斯坦 (*SD*, p. 293)。

及發作給愛因斯坦帶來很大的創傷和打擊，他一想起這事就潛然淚下，有時幾乎要吞噬他的心靈。

6月2日，愛因斯坦與他的堂姊和表姊愛爾莎 (Elsa Löwethal, 1876–1936)結婚。她的父親是他的父親的堂兄，她的母親是他的母親的姊姊。他倆青梅竹馬，兩小無猜，後來也常往來，互有好感。愛爾莎剛滿二十歲時嫁給一個商人，生有兩女：伊爾絲 (Ilse, 1897–1934) 和瑪戈特 (Margot, 1899–?)。後來他們離婚，愛爾莎就帶著女兒住在柏林父母家中。愛爾莎無疑是吸引愛因斯坦赴柏林就職的重要原因之一❸。1917年初，愛因斯坦由於過度勞累以及生活無人照料，接連患胃潰瘍、肝病、黃疸病和一般虛弱症，多虧愛爾莎精心護理和全力照顧，才使他在1920年完全康復。愛爾莎是一位友善、忠誠的婦人，母性氣質很濃，而且文雅、溫柔、幽默，與愛因斯坦的性格比較接近。她從小就愛上了愛因斯坦，幾年間的接觸和親近，加上童年的回憶，濃重的鄉音，使他們終於走到了一起。她喜歡照顧她的丈夫，而他也喜歡並需要有人照顧，以便平靜而專

❷ 漢斯也曾對父親小有抱怨：「他所放棄的唯一項目也許就是我。」(*SD*, p. 557)愛因斯坦在1952年5月5日寫給塞利希(C. Seelig)的信中提到前妻米列娃時說：「她從不原諒我們的分居和離婚，她的性情使人聯想起古代的美狄亞，這使我和兩個孩子的關係惡化，我對孩子向來是溫情的。悲觀的陰影一直繼續到我的晚年。」(*SD*, p. 365)美狄亞(Medea)是希臘神話中的一名女巫或女神，善占卜，曾幫助伊阿宋取得金羊毛。她在被伊阿宋拋棄後，曾對伊阿宋進行了殘酷的報復。

❸ 1914年4月10日，愛因斯坦寫信給厄任費斯脫說：「在柏林真令人愉快……柏林的親戚更使我心情舒暢，尤其是那位和我歲數差不多的表姊，我們之間的友誼已經很長了，我十分喜愛她。」 1965年7月7日，他寫信告訴倉格爾(H. Zangger)：「我有著表姊無微不至的照顧，實際上是她把我吸引到柏林來的。」(*SD*, p. 293)

心地思考他的科學。愛因斯坦的聲望給她帶來無上榮耀，她似乎也由此而助長了原有的虛榮心，很注意社會地位和外界輿論，而這一點恰恰是愛因斯坦所不樂意的。人們有時感到，他們之間的關係並不十分親密，好像不是一對有事共同商量的夫妻。愛爾莎的臥室在兩個女兒臥室中間，愛因斯坦的臥室則在樓下的大廳內。對於自己的婚姻，愛因斯坦在1955年悼念貝索的信中說：「我最佩服的是，做為一個人，他不僅多年來同妻子過著安靜的生活，而且始終協調一致，而我卻兩次沒有做到，這是很可惋惜的。」❺❹(E3, p. 507)

同年9月22日，愛因斯坦收到洛倫茲的電報，告知他的光線彎曲的預言被證實。11月6日，英國皇家學會和皇家天文學會聯合舉行會議。愛丁頓(A. S. Eddington, 1882–1944)在會上介紹了在巴西和幾內亞的日蝕觀測數據（分別是1″.98±0″.30和1″.61±0″.30），它接近愛因斯坦的預言值(1″.74)而遠離牛頓值(0″.87)。皇家學會主席J.

---

❺❹ 愛因斯坦在許多場合說閒話時流露出，做為一個結過婚的人，他對神聖婚姻的快樂是有保留的。例如，有人看見他不斷清理自己的煙斗，就問他是因為喜歡抽煙才抽煙呢，還只是為了清除和重新裝滿煙斗呢？他回答說：「我們的目的在於抽煙，我想結果總有什麼東西堵塞住了。生活也像抽煙，婚姻更像抽煙。」(SD, p. 367) 不知尼采 (F. Nietzsche, 1844–1900)的下述說法是否有道理：「直截了當地講，一位結了婚的哲學家就是一個可笑的形象。」參見❺❶，頁129。據佩斯講，愛因斯坦1920年代初的信件表明，他對一個較年輕的女人好幾年都懷有深厚的感情，並且表達了他在兩次婚姻中都缺乏激情去表達的一種感情，這段插曲到1924年結束。(SD, p. 390) 此人是不是施奈德 (Ilse Schneider)呢？她是新康德主義者，柏林批判實在論學派首領里爾(A. Riehl, 1844–1924)的學生，在1919年前後聽過愛因斯坦的講演，這導致她就康德和相對性與愛因斯坦做了幾次長談，並在1921年出版了《論康德和愛因斯坦的空時問題》。

J. 湯姆遜(J. J. Thomson, 1856–1940)盛贊愛因斯坦的相對論是人類思想的偉大成就:

> 這次發現的不是一個遙遠的孤島,而是新的科學思想的整個大陸。這是自牛頓時代以來最偉大的發現。❺❺

緊接著,有關愛因斯坦和相對論的大字標題頻頻出現在報章雜誌之上,諸如:科學中的革命,宇宙的新理論,天之光歪斜,牛頓的思想被推翻,愛因斯坦和牛頓,傑出物理學家的見解,世界歷史中的新偉人等等。愛因斯坦的聲譽從此如日中天,他成為名副其實的世界偉人——不僅在科學界,而且在廣大公眾的心目中。

　　愛因斯坦之所以聲名大震,固然根源於他的相對論的巨大成就和迷人魅力。但是,相對論實驗證實的時機無疑是至關重要的。誠如狄拉克(P. A. M. Dirac, 1902–1984)所說:「這是由於它恰好出現在這樣的心理狀態時刻,一場可怕的戰爭終於結束了。每個人,不管是交戰國的哪一方,都非常厭惡這場戰爭,都想要一點新東西,能使他們忘卻這場戰爭,並根據一條新的思路來著手工作。相對論正好提供了這一點。」❺❻而英費爾德(L. Infeld, 1898–1968)早就發表過如下有趣的看法:

> 這件事是在第一次世界大戰結束後發生的。人們厭惡仇恨、

---

❺❺　Б.Г.庫茲涅佐夫:《愛因斯坦傳》,劉盛際譯,商務印書館(北京),1988年第一版,頁173。以下該書縮寫為*EZ*。

❺❻　P. A. M. 狄拉克:〈我們為什麼信仰愛因斯坦理論〉,曹南燕譯,《自然科學哲學問題》(北京),1983年第3期,頁13–18。

屠殺和國際陰謀。戰壕、炸彈、殺戮留下了悲慘的餘悸。談論戰爭的書籍沒有銷路和讀者。每個人都在期待一個和平的時代並想把戰爭遺忘。而這種現象早就把人類的幻想完全吸引住。人們的視線從布滿墳墓的地面聚集到滿天星斗的太空。抽象的思想把人們從日常生活的不幸中引向遠方。日蝕的神秘劇和人類理性的力量，羅曼蒂克的場景，幾分鐘的黑暗，爾後是彎曲光線的畫面——這一切和痛苦難熬的現實是多麼不同呵！(*EZ*, p. 176)

尤其是，德國人系統闡述的思想被英國人的觀察證實，標誌著敵對國科學家攜手合作的開始，其本身具有巨大的現實意義和深遠的象徵意義——這豈不是和平時代的新開端？這豈不是久旱之後的甘霖？加之這一壯麗的事件來自上天（他是揭示宇宙新秩序的新摩西，他是操縱天體運動的新約書亞），加之既熟悉又新奇的傳媒語言（光線彎曲，四維時空，有限無界宇宙）以及僅有三個或十二個人才懂相對論的風傳❺❼，更是起到推波助瀾的作用。對於這種相對論狂熱和似是而非的傳聞，愛因斯坦很不以為然，他認為這是「趕時髦」，是出自記者和作家的「活潑想像」。為了逗開心，他半認真、半諧謔地提出相對性原理的另一種應用：

---

❺❼ 1919年11月9日，《紐約時報》以「十二智者的書」為題報導：「愛因斯坦把極重要的著作交出版商的時候，警告他們說，全世界只有十二個人懂得相對論，但是出版商甘願擔風冒險。」有些宣傳說世界上只有三個人懂相對論。為此有人對愛丁頓說：「你一定是這三個人中的一個了。」愛丁頓連忙否認：「不，不！我正在想這第三個人究竟是誰呢！」

> 今天我在德國被稱為「德國的學者」，而在英國則被稱為「瑞士的猶太人」。要是我命中注定被描寫成一個最討厭的傢伙，那麼就倒過來了，對於德國人來說，我就變成了「瑞士的猶太人」；而對於英國人來說，我卻變成了「德國的學者」。(*E1*, p. 113)

　　與此同時，愛因斯坦也成為反猶主義、國家主義和法西斯主義分子的眼中釘和肉中刺，一個頗有規模和聲勢的反對愛因斯坦及其相對論的政治運動正在緊鑼密鼓地策動之中。1920年2月12日，柏林大學的反動學生受人指使，擾亂愛因斯坦講課。愛因斯坦被迫中斷講演，忿然離開講堂。在此之前，愛因斯坦就注意到，報紙發表了對他懷有敵意的影射文章。8月24日，在「德國自然研究者保持科學純潔工作小組」頭目魏蘭德(P. Weyland)的操縱下，在柏林音樂廳舉行了公開反對相對論的集會。他造謠中傷愛因斯坦是代表典型的猶太精神的江湖騙子，自賣自誇，剽竊抄襲，霸占和毒害德國的思想財富，相對論是科學上的達達主義和未來主義❸。愛因斯坦聞訊也做為聽眾坐在大廳裡，泰然自若地聽了魏蘭德的惡毒攻擊。他當時就覺得自己在柏林雖有一張舒適的床（良好的工作和學術條件），但卻遭到臭蟲的騷擾。三天後，他在《柏林日報》撰文 (*E1*, pp. 130–131)，蔑稱那個在「冠冕堂皇的名稱」偽裝下的「雜七雜

---

❸　達達主義 (Dadaism) 是二十世紀初發端於歐洲大陸某些城市的一種虛無主義藝術運動。它追求偶然性的創作技巧，是概念藝術的根源，其技巧被超現實主義和抽象表現主義者採納。未來主義(Futurism)也是二十世紀初的一種藝術運動，以意大利為中心，強調動勢和革命。

八的團體」是「反相對論公司」。他一針見血地指出，「主使他們這個企業的動機並不是追求真理的願望」，　而不過是為了攻殲像他這樣的「有自由主義和國際主義傾向的猶太人」。　魏蘭德等人的卑劣行徑激起了柏林有良知和正義感的人士的極大憤慨，勞厄、能斯特、魯本斯立即發表聲明：

> 我們不想在這裡來談論我們對於愛因斯坦產生相對論的那種淵博的、可以引為範例的腦力勞動的意見。驚人的成就已經取得，在將來的研究工作中當然還一定會有進一步的證明。此外，我們必須強調指出，愛因斯坦除了研究相對論，他的工作已經保證他在科學史中有一個永久性的地位。在這方面，他不僅對於柏林的科學生活，而且對於整個德國科學生活的影響大概都不會是估計過高的。任何有幸接近愛因斯坦的人都知道，在尊重別人的文化價值上，在為人的謙虛上，以及在對一切譁眾取寵的厭惡上，從來沒有人超過他。(E1, p. 132)

此外，愛因斯坦也從普朗克和索末菲那裡收到了友好的同情和有力的支持。

　　9月23日，在瑙海姆德國自然科學家會議上，愛因斯坦和法西斯分子勒納德(P. Lenard, 1862–1947)進行了唇槍舌劍的辯論。表面上看來這是一場學術之爭，但勒納德的用心是險惡的，攻擊方式是反猶式的，斯塔克(J. Stark, 1874–1957)也與之沆瀣一氣。從此以後，他們兩人合夥陷害愛因斯坦。勒納德杜撰所謂「德國人的物理學」和「猶太人的物理學」乃至「布爾什維克的物理學」對立的神話，

揚言「科學是由種族血緣決定的」。 斯塔克誣陷支持愛因斯坦的科學家是「科學中的猶太人」，「愛因斯坦精神的總督」。 他們的劣跡倍受希特勒(A. Hitler, 1889–1945)青睞，尤其是勒納德被捧為「具有清醒頭腦的真正哲學家」 ❺ 。就這樣，從1920年代起，消滅科學中的理性和實證標準，代之以獨裁者的意志和訓誡，就成為法西斯主義反動戰略的一個組成部分。

德國日漸猖獗的反猶和排猶濁浪喚起了愛因斯坦對猶太同胞的關注和對猶太復國主義的了解和興趣。1921年4月2日至5月30日，愛因斯坦被說服陪同魏茨曼(C. Weizmann, 1874–1953)首次訪問美國，為創建耶路撒冷的希伯萊大學籌資。他走訪了紐約、芝加哥、波士頓和普林斯頓，在普林斯頓大學就相對論作了四次講演，後以《相對論的意義》為題出版。愛因斯坦在所到之處受到極為熱烈的歡迎，他一下子成為美國家喻戶曉的人物 ❻ ，並受到美國總統哈定(W. Harding, 1865–1923)的接見。歸國途中，愛因斯坦在倫敦作短暫停留，拜謁了牛頓墓地。面對這樣一位具有最高思維能力和創造

---

❺ I. B. 科恩：《科學革命史》，楊愛華等譯，軍事科學出版社（北京），1992年第一版，頁11。勒納德在一次講話中公然宣稱：「我希望研究所成為反對科學中的亞細亞精神的堡壘。我們的元首正把這種精神從政治和政治經濟學中 —— 在那裡它被叫作馬克思 (K. Marx, 1818–1883)主義 ——驅逐出去。但是，由於愛因斯坦狡獪的推銷技倆，這種精神在自然科學中還保持著自己的陣地。我們應當懂得，一個德國人是不齒於作猶太人精神上的繼承人的。在原來意義上的自然科學完全是亞利安人的產物，因此德國人今天應當重新找到一條自己的、通向未知領域的道路。」(*EZ*, p. 221)

❻ M. Missner, Why Einstein Became Famous in American, *Social Studies of Science,* 15 (1985), pp. 267–291.

能力的偉人遺蹟，愛因斯坦也許早就想到這樣的語句：

> 想起他就是要想起他的工作。因為像他這樣一個人，只有把他的一生看作是為尋求永恒真理而鬥爭的舞臺上的一幕，才能理解他。(*E1*, p. 401)

是年年初，愛因斯坦在訪美前還先後訪問了奧地利和捷克，並去荷蘭參加國際工聯會議，討論工人運動與和平主義運動之間有組織的合作。

　　一戰結束及廣義相對論的觀察證實之後，邀請愛因斯坦訪問的信件紛至沓來。愛因斯坦也樂於外出講學、交流、建立友誼及履行和平使命（他在1922年3月至4月對法國的訪問有助於法德關係正常化）。尤其是，在國家主義和蒙昧主義籠罩的德國，愛因斯坦已成為反動分子和群氓的靶子，日益受到形形色色的攻擊、陷害乃至生命威脅，他們甚至揚言「割斷那個猶太人的喉嚨」。愛因斯坦在私人信件中這樣寫道：「黃色報刊和笨蛋們對我窮追不捨，使我幾乎喘不過氣來，就更不用說做任何像樣的工作了。」(*HPS*, p. 70)特別是德國外交部長、國際合作政策的倡導者拉特瑙 (W. Rathenau, 1867–1922)1922年6月24日在柏林大街上慘遭暗殺後，局勢變得更加險惡。愛因斯坦強烈譴責對他的猶太人摯友的政治謀殺這一卑鄙罪行，他不顧人們好心勸阻出席抗議集會，參加群眾遊行。另一方面，國家主義者的陰謀暗算，報紙上的屢屢點名，被煽動的暴民的騷擾，使愛因斯坦頗感心煩意亂。他對普朗克說：「我除了忍耐和離開這個城市，別無其他選擇。」(*HPS*, p. 84)他渴望暫時離開德國，到外邊走一走。1922年10月8日，愛因斯坦和愛爾莎從馬賽乘輪船

赴日本，沿途訪問了科倫坡、新加坡、香港和上海等城市。11 月 9 日，愛因斯坦在赴日途中獲悉他被授予 1921 年度諾貝爾物理學獎（由於他對理論物理學的研究，尤其是發現了光電效應）**❻**。1923 年2月2日，愛因斯坦在從日本返回途中順訪巴勒斯坦，逗留了十二天，接受了特拉維夫市第一個榮譽市民稱號。後經西班牙於 2 月底回國。1925年5月至6月，愛因斯坦夫婦又赴南美洲的阿根廷、巴西、烏拉圭訪問。無論走到哪裡，他們都受到當地人民和猶太組織的熱情歡迎和接待，人們嘆服他的思想、智慧和人格。

儘管外界的世事紛擾不時打斷愛因斯坦平靜的思索，儘管他出於強烈的道義責任不得不介入值得奉獻的事業，但是他畢竟不能忘懷他視為生命的科學追求。1921 年，他對測試多普勒 (C. Doppler, 1803–1853) 現象中的光發射基元（量子）過程的實驗提出新建議，並因此而激動不已。1922 年，他從量子論的觀點考察了斯特恩 (O. Stern, 1888–1969) 一蓋拉赫(W. Gerlach, 1889–1979)實驗。1922年1月，他與格羅默(J. Grommer)合作，寫出了統一場論的第一篇論文〈根據卡魯查 (T. F. E. Kaluza, 1885–1954) 的場論證明不存在到處是正則的中心對稱場〉。 1923年他與厄任費斯脫一起研究輻射平衡的量子論，還與另一位朋友發表了關於實驗物理學的最後一篇論文（測定膜的毛細管大小）。 1924年末到1925年初，他發表了三篇關於玻色(S. N. Bose, 1894–1974) 一愛因斯坦氣體的論文。1925年，

❻ 關於愛因斯坦獲諾貝爾獎的提名、爭議、評審、頒布經過，有興趣的讀者可參閱(*SD*, pp. 613–625)。人們公認，按照諾貝爾獎的評審標準，愛因斯坦至少可以因光量子假設、布朗運動研究、狹義相對論、質能關係式、廣義相對論獲獎五次。不用說，他在1915年後還有諸多重大科學貢獻。

他在〈引力和電的統一場論〉中提出創立統一場論的新見解，是該課題第一篇有深度的論文。這說明，愛因斯坦經過長達十年的孕育期才真正投入統一場論。在此前後，愛因斯坦離開物理學發展的主流，堅持不懈地追求他認為是最重要、最根本的東西。此外，他從1920年起，開始就物理學基礎、科學哲學、社會政治問題發表範圍廣泛、意蘊深刻的見解（此前僅有少數例外），並從1927年起與玻爾就量子力學的基礎和詮釋進行了長期的、極富哲學意義的爭論。

　　1928年初，愛因斯坦在瑞士由於工作過度緊張而累垮了身體，經診斷是心臟肥大症。他立即被送回柏林，臥床四個月才恢復健康，可是幾乎一年身體都比較虛弱。說起來，他倒是喜歡病房的氣氛，因為病房可以使他不受干擾地工作。在患病期間，杜卡絲(H. Dukas, 1896–1982)在4月13日成為愛因斯坦終生可靠的秘書。病癒後，他立即又投身研究工作。1929年春，他隻身躲到郊外一個花匠樸素的農舍裡，自己做飯，安靜地度過了五十歲生日，他在一年前就想好了這個迴避祝壽的絕妙方案。待他回到柏林，收到的祝壽賀卡和信件整整裝了好幾籃子，上至國家元首、學界名士，下到平民百姓、市井窮人，應有盡有。一個失業工人省下幾個硬幣，給他寄來一小盒煙草，使他深受感動。他寫的第一封致謝信就是給這位失業工人的。這年夏天，他在柏林附近哈斐爾河畔的卡普特買了塊地皮，建造了一幢別墅。每逢夏季，他都來這裡暫住，像童年時代一樣融入大自然的美之中。這種對大自然的直觀感受和純粹理性的抽象思維形成一種微妙的平衡：心靈的奇蹟表現在自然界裡，自然的奇蹟表現在崇高的智慧中。

　　從1930年起，愛因斯坦做為美國加州理工學院的特邀教授，每年冬季學期都要去那裡作學術訪問。1932年10月，他被任命為普林

斯頓高級研究所教授。他起先打算在普林斯頓和柏林各待約一半時間。誰知這年9月，納粹在國會選舉中出乎預料地大為得勢，給整個德國和歐洲投下了不祥的陰影。1932年12月，愛因斯坦關閉卡普特別墅準備前往加利福尼亞時，他對愛爾莎說：「回頭看一眼吧，你以後再也見不到它了。」 事態的進展果然不出他的所料。1933年1月30日，法西斯頭子希特勒攫取了德國的最高權力。從此，納粹分子像瘋狂的野獸一樣，慘無人道地滅絕猶太人，給各國人民帶來戰爭和災難。愛因斯坦被深深地傷害了，他再也不願回到他的出生地德國了，即使在二戰之後，他也堅決拒絕別人為他安排的許多和解嘗試。

　　納粹上臺不到兩個月，便藉口愛因斯坦家裡私藏共產黨的武器，在3月20日悍然搜查卡普特別墅。愛因斯坦聞訊在赴歐洲中途的公海上發表聲明，指出這不過是現在在整個德國發生的隨心所欲的暴行之一例而已。不久，他的財產被沒收，他的論文和書籍也被納粹在柏林國家歌劇院門前當眾焚毀。3月28日，他返回歐洲，在比利時一個海濱遊覽勝地勒科克絮梅爾避難 ❻❷。同日，他向普魯士科學院正式遞交了辭呈。他深知，科學院在納粹分子的壓力下遲早會開除他，主動辭職也免得使普朗克等正直的科學家陷入進退維谷的兩難境地。他在4月5日寫給普魯士科學院的頭一封信中，說明他

---

❻❷　當時在德國出版了一本印有納粹敵人的照片的大畫冊，第一頁就是愛因斯坦。上面還有文字說明，歷數他的罪行，第一條就是創立相對論，末尾還寫有：「尚未絞死。」為了防止意外和暗殺，比利時當局派兩名衛兵保護愛因斯坦一家。自愛因斯坦1929年首次訪問比利時王室，他和伊麗莎白王后就建立了深厚的友誼，這也許是他暫住比利時的原因。

之所以辭職和放棄德國國籍，是因為他不願生活在個人享受不到法律上的平等，也享受不到言論和教學自由的國家裡。在4月12日寫的第二封信中，他義正辭嚴地表明了自己的原則立場：

> 你們又說道，要是我能為「德國人民」講幾句「好話」，就會在國外產生巨大影響。對此，我應當回答如下：要我去做你們所建議的那種見證，就等於要我完全放棄我終生信守的關於正義和自由的見解。這樣的見證不會像你們所估計地那樣是為德國人民講好話；恰恰相反，它只會有利於這樣一些人，這些人正在圖謀損害那些曾使德國人民在文明世界裡贏得一席光榮位置的觀念和原則。要是在目前情況下作這樣的見證，我就是在促使道德敗壞和一切現存文化價值的毀滅，哪怕這只是間接的。(*E3*, pp. 108–109)

在這一期間，愛因斯坦還先後到布魯塞爾、蘇黎世、牛津、格拉斯哥作短期訪問講演，在7月二次赴英時還會見了邱吉爾 (W. Churchill, 1874–1965)等著名人物。1933年9月9日，愛因斯坦與歐洲大陸永別了，他在英國清靜地度過幾個星期，於10月17日到達紐約，並於當日被接到普林斯頓。就在這些事件發生的間隙，愛因斯坦也沒有忘記物理學。他和助手邁爾 (W. Mayer, 1887–1948) 合作，完成了兩篇關於半矢量的論文。他們把論文從勒科克絮梅爾寄給荷蘭，發表在1933年的荷蘭皇家科學院院刊上。

(四)

對於愛因斯坦到達普林斯頓高級研究所，朗之萬這樣寫道：「這

一事件只能用梵蒂岡從羅馬遷至新大陸來比擬！現代物理學的教皇遷都了，美利堅合眾國變成了自然科學的中心。」 普林斯頓大學校長也一語雙關地稱愛因斯坦是「科學界獨自遨遊思想海洋的哥倫布(C. Columbus, 1451–1506)」。❻

不管別人怎麼看，愛因斯坦像以往一樣我行我素，以平常之心過著平常的日子。所長弗萊克斯納(A. Flexner)為了不使研究人員為經濟問題分心，享有充分的獨立性，決定付給愛因斯坦年薪 16000 美元。愛因斯坦卻說，能不能少一些，3000 美元就足夠了。確實，愛因斯坦對靠純科學工作領取薪金感到難為情。這種情感也許是無意識的，但卻有著深刻的思想根源：斯賓諾莎靠磨鏡片為生而鑽研哲學的榜樣，叔本華對依賴哲學混飯吃的抨擊，無疑在他心靈上留下深深的烙印。只有不把物理學做為謀生的手段，才能全身心地熱愛它、投入它，才能有內心的自由和精神的獨立，不為外界的功利和時髦所誘惑。愛因斯坦肯定是這麼想的，誠如英費爾德回憶的：

> 他多次對我說，他倒是樂意幹體力勞動，從事某種有益的手藝，而不想在大學教物理學掙錢。這些話的背後蘊藏著深刻的思想。它們表現為一種類似「宗教感情」的東西，他就是懷著這種感情對待科學的。物理學是如此偉大而重要的事業，決不可以拿它去換錢。最好是通過勞動，比如看守燈塔或鞋匠的勞動來謀生，而使物理學遠遠地離開起碼的溫飽問題。雖然這種看法應該說是天真的，然而它卻是愛因斯坦所特有的。(EZ, p. 250)

---

❻　同❶，頁187，166。

在普林斯頓這個世外桃源似的地方，愛因斯坦恢復了他所鍾愛的寧靜和孤獨。剛到新環境一個月，他就寫信告訴老朋友伊麗莎白王后：「普林斯頓是一個令人驚奇的小地方，矮小的村民古雅而講究禮儀，像神仙一樣超然自得。由於不理某些社會習俗，我能夠為自己創造一個有助於研究和擺脫煩惱的環境。」(*HPS*, p. 327)一年半後，他再次寫信說：「我把自己鎖進毫無希望的科學問題——做為一個年長的人，我此後越發繼續疏遠了這裡的社會。」他希望不久前失去丈夫的王后能夠像他一樣在工作中找到安慰和樂趣：

> 從我自己的科學努力中，我了解這樣的工作對我們的影響。緊張和疲勞是相互接連發生的，如果一個人奮力登山而不能達到峰頂的話，情況就是這樣的。除了個人因素外，熱情地專注於事業能使人獨立於命運的變遷。(*HPS*, pp. 340–341)

隨著時間的推移，愛因斯坦愈來愈喜歡平靜的生活。他除1935年5月為取得移民簽證乘船去百慕達之外，再也沒有離開過美國。他一生沒有汽車，也沒有學過開車，總是步行上下班。為了休息，他或拉拉提琴，或在當地湖上揚帆，很少外出旅行，甚至連紐約也不常去。即使愛爾莎1936年12月20日因心臟病去世，也沒有擾亂他外表上的平靜。他在寫給玻恩的信中說：「我已經十分適應新的環境了，與我的事件繁多的生活相比，我現在覺得自由多了。由於我的老伴去世，這種熊的特性也增多了。她（比我）喜歡交際。」(*SD*, p. 367)但是，對於周圍糟糕而惡劣的政治氣候，愛因斯坦卻有強烈的感受：「簡直沒有一點亮光，一邊是壞心腸的傻子，一邊是可鄙的自私。」(*E1*, p. 381)雖說他在1940年10月1日取得美國國籍（仍保留瑞士國

籍）， 但直到晚年還沒有接受美國的精神，依舊像個老吉普賽人一樣。他深知，要想在美國不餓死的話，必須年輕時就來，通過這裡的模子鑄造才行。他諧謔地說，他之所以在這裡受到高度評價，是因為他被人看作是博物館的老古董或稀奇物品。

　　愛因斯坦在一生的最後四十年或三十年，把大部乃至全部精力都投入到統一場論的探索之中。他的目標是，把引力理論推廣到也包括電磁定律，使引力場和電磁場對應於一個統一的空間結構，同時能推導出基本粒子，從而為相對論和量子力學的綜合謀求一個邏輯上滿意的基礎，一舉消除場和粒子分立的醜陋的二元論。愛因斯坦一旦為自己設定了值得追求的目標，他就會以堅定的意志和頑強的毅力，數十年如一日地苦鬥下去。他看不起知難而退的人，他說：「我不能容忍那些拿起一塊木板，尋找容易鑽孔的最薄部分打許多洞的物理學家。」❻❹愛因斯坦當然不是蠻幹，他嘗試運用了各種數學和方法，他有敏銳的直覺：「我所具有的一切是騾子的執拗；不，那不完全是一切，我也有一個鼻子。」❻❺面對困難和挫折，他從未喪失信心，而堅信終極理論是存在的，是遲早會被發現的。對於自己花費多年辛苦形成的理論，他在拋棄時一點也不惋惜。他勇敢地承認失敗，就像發表捷報似地說：「你瞧，我又迷路了！」然後又埋頭探索新的路徑。1942年春天，他寫信給一位老朋友說：

　　　我成了孤獨的老光棍，我之所以出名是因為出門不穿襪子。
　　但是，我比過去更加狂熱地工作，滿懷希望想解決我的老問
　　題，即統一物理場的問題。這就好像是一般飛艇，你坐在上

---

❻❹　P. Frank, Anecdotes, 同❸, p. 23.

❻❺　E. G. Straus, Memoir, 同❸, pp. 31–32.

面想入非非，但卻不能明確地想像出怎麼著陸。⋯⋯也許我
能活到好時光來臨並在霎時間看見某種類似樂土的東西。
(*EZ*, pp. 333–334)

在愛因斯坦1945年4月從研究所退休前，他和助手英費爾德、霍夫曼
(B. Hoffmann)、伯格曼 (P. G. Bergmann)、巴格曼 (V. Bargmann)、
斯特勞斯 (E. G. Straus) 等人合作研究廣義相對論的運動問題，於
1937年從場方程推出運動方程。他們還就卡魯查電學理論，引力和
電的五維表示，場方程正則駐定解，二重矢量場等發表了數篇論文。
在1935年5月15日，他和波多耳斯基(B. Podolsky)和羅森(N. Rosen)
聯合發表了著名的EPR論文(*E1*, pp. 328–335)，指出波動函數所提
供的關於實在的描述是不完備的，並提出完備性的條件和物理實在
的判據❻。但是，這篇論文並不是由愛因斯坦執筆寫的，他不滿意
它的表述方式❼。

　　即使在風平水靜的普林斯頓，愛因斯坦也難以抹去歐洲戰爭陰

---

❻　完備性的條件是：「物理實在的每一個元素都必須在這物理理論中有
　　它的對應。」物理實在的判據是：「要是對於一個體系沒有任何干擾，
　　我們能夠確定地預測（即機率等於 1）一個物理量的值，那麼對應於
　　這一物理量，必定存在著一個物理實在的元素。」(*E1*, p. 329)

❼　薛定諤(E. Schrödinger, 1887–1961)在同年6月7日致信愛因斯坦說，論
　　文「公開地抓住了教條主義的量子力學的頸背」。愛因斯坦6月19日回
　　信說：「我對你就那篇小文章所言的詳盡來信十分高興。由於語言的
　　理由，這篇文章是在許多討論之後由波多耳斯基撰寫的。但是，它還
　　是沒有像我要求的那麼好就發表了；相反地，可以這麼說，主要觀點
　　被學究埋葬了。」參見 D. Howard, Einstein on Locality and Separa-
　　bility, *Stud. Hist. Phil. Sci.*, 16 (1985), pp. 171–201。

雲投射在心頭的暗影。他提醒歐洲人民警惕法西斯的罪惡企圖，認清希特勒的猙獰面目，籲請美國放棄孤立主義政策，為歐洲的前途和世界的命運著想。他也隨著形勢的變化修正了原先拒服兵役和無條件反戰的絕對和平主義立場。他說：

> 直到希特勒政權出現之前，我都持有這樣的觀點：拒絕服兵役是反對戰爭的正當而有效的武器。在那些歲月，沒有一個國家企圖用武力並以其他國家為代價把它的意志強加於人。不幸的是，情況變化了。今天在德國，正在用軍國主義和好戰精神系統地對全體居民進行灌輸。有人覺得這個事實證明先發制人的戰爭是有道理的，我堅決不同意這種看法，但是我相信，那些保持民主制度的國家必須盡其所能，通過警惕和談判制止這一危險的動向。只有當德國的篡位者逐漸認識到，武力冒險的政策證明對他們是毫無希望時，這樣的進路才能夠成功。除非歐洲其他國家在軍事上是強大的、團結的，否則德國人是不願承認這個事實的。因此，在當前的形勢下，我不相信追求一種有可能削弱歐洲民主國家的軍事力量的方針既有益於歐洲，也有利於和平事業。(*HPS*, p. 328)

正是出於這樣的考慮及對德國搶先擁有原子武器的擔憂，愛因斯坦在德國流亡科學家西拉德 (L. Szilard, 1898–1964) 的敦促和美國總統非正式顧問薩克斯(A. Sachs)的協助下，於1939年8月2日上書美國總統羅斯福 (F. D. Roosevelt, 1882–1945)，建議政府注視德國關於鈾研究的新動向，並採取必要的決定性步驟。從此之後，經過一系列戲劇性的事件和曲折，美國終於於1945年7月16日在新墨

西哥州的沙漠地區阿拉莫戈多試爆成功第一顆原子彈，並在8月6日和9日把原子彈投到廣島和長崎❻❽。當這個不幸的消息傳到愛因斯坦那裡時，他悲哀地驚呼：「哎呀！」後來，當他因發現質能關係式和上書羅斯福而受人誤解和指責時，他心平氣和地多次申述說：「我不認為我自己是釋放原子能之父。在這方面，我所起的作用是非常間接的。事實上，我未曾預見到原子能會在我活著的時候就得到釋放。我只相信這在理論上是可能的。」(E3, p. 202)至於上書，「我感到不得不採取這一步驟，因為德國極有可能從事這方面的工作，並極有可能取得成功。除了如此做，我別無選擇，儘管我始終是一個堅定的和平主義者。」❻❾「要是我不信能成功地造出原子彈，我連指頭都不會抬一下的。」❼❿「我始終譴責對日本使用原子彈。……我從來也沒有說過我會贊成對德國人使用原子彈。我的確相信，我們必須防止希特勒統治下的德國萬一會單獨占有這種武器的可能性。在當時這是真正的危險。」(E3, pp. 312–313) 愛因斯坦的說法是可信的。確實沒有證據表明，他與原子彈的具體研製工作有任何聯繫，以及了解事件的整個進展，因為「曼哈頓計劃」是在極端保密的情況下進行的，該計劃的實際負責人奧本海默 (J. R. Oppenheimer, 1904–1967)的證言也說明了這一點。雖然愛因斯坦在1943年成為海

---

❻❽　關於這一段歷史的詳盡敘述及愛因斯坦在其中所起的極為有限的作用，可參見(HPS, pp. 377–408)。實際上，直到1941年12月6日珍珠港事件前夜，美國政府才決定給原子彈研製以大力支持，羅斯福當時主要是受英國努力的影響。

❻❾　O. 內森，H. 諾登編：《巨人箴言錄：愛因斯坦論和平》(下)，劉新民譯，湖南出版社（長沙），1992年第一版，頁288。以下該書縮寫為 HPX。

❼❿　A. Vallentin, *The Drama of Albert Einstein*, Doubleday, New York, 1954, p. 278.

軍標準局的諮詢顧問，但是他的服務無論如何與原子彈製造無關。在愛因斯坦的最後十年中，除科學工作之外，他最為關注的莫過於使人類免受原子戰爭的危害了。

在普林斯頓，愛因斯坦與當地或來訪的科學家和學者保持著經常的智力交流和學術討論。1943年，愛因斯坦在家中和哥德爾、羅素(B. Russell, 1872–1970)、泡利等人討論科學和哲學問題達六次之多。他的大門始終對那些需要他幫助的人敞開著。他說：「我用同一方式對每一個人講話，不管他是廢人還是大學校長。」**⑪**他對年輕人尤為熱情，成為普林斯頓學生最喜歡的長者。由於敬畏他的盛名，青年人總怕因問問題而打擾他。他對他們說：「我將總是能夠接待你們。你們有問題，就帶著問題來我這兒。你們將永遠不會打擾我，由於我能夠在任何時候中斷我的工作。」**⑫**無論誰聽愛因斯坦講演、發言、談話還是回答問題，都能真切感受到深刻而持久的影響。你不僅學會以全新的眼光看問題，而且也改變了自己僵硬的思維方式。愛因斯坦年事已高時仍舊保持著童心。當一個小姑娘寫信給他，請他幫助作幾何題時，他很認真地給她寄去答案。難怪學生們唱著這樣的關於愛因斯坦的歌曲：「聲名顯赫的孩子，他們都學習數學，阿爾伯特·愛因斯坦指出了道路。他很少到戶外呼吸新鮮空氣，我們希望上帝給他理髮。」

愛因斯坦的生活依然簡樸，穿著隨便。他留著長髮，穿著稀奇古怪的皮夾克，不著襪子，不繫吊帶，不扣領口，不打領帶。當有人就此詢問英費爾德時，英費爾德用愛因斯坦極力想擺脫對日常事情的操心來解釋：

---

⑪ 同**❷**，p. 110.

⑫ 同**❷**，p. 76.

答案是簡單的，它也可以方便地從愛因斯坦的孤獨，從他渴望減少同外部世界的聯繫中得出。在他把自己的需要減少到最低限度的同時，他力求擴大自己的獨立性、自己的自由。要知道，我們乃是萬事萬物的奴隸，而且我們的奴隸依賴性愈來愈增長。我們是洗澡間的奴隸，自動鉛筆的奴隸，自動打火機的奴隸，電話的奴隸，無線電的奴隸，如此等等。愛因斯坦決心把這種依賴性減少到最低限度。長髮使他免去了經常找理髮師的必要性。不穿襪子可以將就。一件皮夾克可以在多年內解決上衣問題。沒有吊褲帶就像沒有睡衣一樣可以過得去。愛因斯坦實現了最低限度綱領——鞋、褲子、襯衫和上衣是必需的。進一步壓縮似乎就困難了。(*EZ*, pp. 244–245)

當然，愛因斯坦的生活方式和生活習慣也與他強烈的社會公正感，無私的奉獻精神和博愛情懷,高尚的個人良心和自律精神息息相關。事實上，他每天都在上百次地提醒自己要認識到，他的精神生活和物質生活都依靠著別人的勞動。因而，他一方面下決心盡力加以回報，另一方面強烈地嚮往儉樸的生活，並且時常覺得自己多占用了同胞的勞動果實而於心不忍(*E3*, p. 42)。

三、鞠躬盡瘁，死而後已

(一)

愛因斯坦的思想在其最後十年乃至生命的最後一刻，仍然十分

活躍，極其機敏。他繼續熱愛他的科學工作，對支配宇宙的法則的
強烈好奇心和不懈的追求絲毫不見減弱。他一如既往地關注公共事
務，隨時準備挺身而出，捍衛社會民主和個人自由，防止可能發生
的核戰爭危險。正是這種純真的愛和天賦的善，使愛因斯坦永保青
春的熱情和活力，誠如愛因斯坦1947年在一封信中所寫的：

> 你我這種人雖然同所有的人一樣到時候都得死亡，但不管我
> 們活多久我們都不會衰老。我是說，在這個我們降生其間的
> 偉大的神秘世界面前，我們永遠是充滿好奇心的孩子。這就
> 在我們同人世間所有那些不能令人滿意的東西之間隔開了一
> 定的距離。(RS, pp. 72–73)

　　畢竟在最後十年裡，愛因斯坦的年齡、健康狀況、研究的執著
以及對科學之外事件的牽掛，都需要他經濟地利用自己的時間和精
力。他雖說退休了，但還像以往那樣保持著簡單化的生活秩序。他
通常九點鐘下樓吃早飯，然後讀晨報。大約十點半步行去高級研究
所，待一個小時左右回家。愛因斯坦常在午飯後到床上躺幾個小時，
然後喝杯茶工作，或處理一下信件，或接待來人討論非個人事務。
他在六點半到七點半之間吃晚飯，然後繼續工作，有時也聽收音機
（他家裡沒有電視機），或接待朋友和來訪者。按照常規，他在十
一點到十二點之間就寢。每到星期日中午，他便準時收聽史密斯(H.
K. Smith)的新聞分析廣播。在這一小時內，他從不邀請客人。星期
日下午他常外出散步，或乘某位朋友的汽車兜風。他很少看戲或聽
音樂會，幾乎不看電影。有時他到物理研究生班去，隨和地和年輕
人交談或討論問題，這使大家肅然起敬。在近七十歲時，他不再拉

小提琴，但每天都即興彈鋼琴❼。他也聽從醫生勸告，不用可愛的煙斗抽煙了。

　　六十六歲的愛因斯坦和妹妹瑪雅、繼女瑪戈特、秘書杜卡絲生活在一起（他從1935年到逝世一直住在默塞爾街112號的一幢二層小樓裡）， 杜卡絲照料家中一切事務，從郵件到一日三餐。直到晚年， 愛因斯坦還保持著愛讀書的習慣，特別是在瑪雅1946年癱瘓臥床期間，他們倆讀了不少各個時代最好的書。瑪雅喜歡羅素，愛因斯坦也是如此。他認為羅素是語言大師和獨立思考的思想家，而且羅素的風格令人讚嘆，直到高齡依然像一個調皮的少年。愛因斯坦在生命黃昏時回顧他的讀書生活時說，在少年時代以及後來，他對詩歌和小說並不特別感興趣。部分原因是這些作品的藝術成就往往從他面前溜過，因為主人公的命運強烈地抓住了他的心，因為沒有更多地考慮文學作品的藝術技巧。他寧願閱讀研究世界觀問題的書籍，首先是叔本華、休謨、馬赫以及康德、柏拉圖（Plato，約西元前428–前348年）和亞里士多德（Aristotle，西元前384–前322年）等人的哲學著作。愛因斯坦認為， 如果文學不能教人誠實地做事，清楚地思考，那麼它就沒有完成自己的使命。他最喜歡的文藝作品是莎士比亞(W. Shakespeare, 1564–1616)的悲劇和喜劇，海涅和席勒(F. Schiller, 1759–1805)的詩，托爾斯泰(L. Tolstoy, 1828–1910)的《戰爭與和平》、《安娜・卡列尼娜》和《復活》， 陀思妥耶夫斯基(F. Dostoyevsky, 1821–1881)的《卡拉瑪佐夫兄弟》等。他說過：「陀思妥耶夫斯基給予我的東西比任何一個思想家都多，比高斯要

---

❼　有人說愛因斯坦六十五歲時放棄了小提琴。據行家說，對於某一年齡的小提琴手，比如說六十歲，就很難演奏好。對於鋼琴家來說，則不會發生這種情況。

多。他在我身上喚起了一種真正的藝術作品才能產生的不可抑止的道德力量。」❼ 他的床頭櫃上還放著塞萬提斯 (M. de Cervantes, 1547–1616)的《唐吉訶德》。

愛因斯坦晚年很少閱讀專業書,經常看的是哲學和政治書籍,如《寄生者階級的理論》等。他和瑪雅也讀希羅多德（Herodotus,約西元前484–前430/前420年）的歷史著作, 弗雷澤(J. G. Frazer, 1854–1941)的十二卷《金枝》, 甘地(M. Gandhi, 1869–1948)自傳,尼赫魯 (J. Nehru, 1889–1964) 文集（這是尼赫魯在普林斯頓親自送給他的）。 他對收藏不感興趣, 即便是收藏書籍。很少見到這樣博學的人, 他不把價值與個人擁有的眾多的、珍貴的藏書聯繫起來。報章雜誌也引不起他的興趣,《紐約時報》是手頭唯一的報紙, 但只是在吃早點時草草瀏覽一下。他把這種讀報法詼諧地稱為高血壓的「腎上腺素療法」,以暗示政治家的愚蠢。像愛古典音樂而不大喜歡現代音樂一樣,愛因斯坦也愛古典著作。他在1952年回答一家報紙的徵詢時說:

> 我認為, 誰要是只看報紙, 只在心血來潮時偶爾閱讀當代人的著作, 他就像一個患深度近視卻拒絕戴眼鏡的人一樣。他就完全處於當代偏見和時髦風氣的影響之下, 因為其他任何東西他統統聽不到, 看不見。個人的思維不同別人的思想或感受聯繫起來, 即使在最好的情況下也會是相當貧乏而單調的。思想清晰、風格明朗、鑑別力強的聰明人, 每個世紀都為數不多。他們的遺產是人類的寶貴財富。我們應該感謝古代作家, 多虧他們, 人類才在中世紀得以逐漸擺脫迷信與愚

❼ 同❶, 頁109。

昧的桎梏，迷信和愚昧曾使人類在黑暗中生活了五百年。克服當代的孤傲不會需要比這更長的時間。**⑦**

愛因斯坦向來不願把時間花在讀那些淺薄媚俗、譁眾取寵、沒有深刻內容和思想的書上。據說，愛因斯坦參觀南美一家高度現代化的印刷廠時，廠主希望聽到熱情的讚語，愛因斯坦風趣地說：「印刷廠妙極了，只是缺少一臺閱讀這些產品的機器。」

(二)

在最後十年，物理學仍占據著愛因斯坦。他一心撲在統一場論上，也深思量子論的基礎問題。他對不斷發現的基本粒子似乎未表現出很大興趣，也許他覺得要理解它們必須要有深刻的新理論。他一如既往地用他的心智——外加紙和筆——不停地思索大自然的奧秘。他在寫給貝索的信中風趣地說：「由於科學問題這個魔鬼幾乎一刻空閑的時間也不給我留下，以致我因為解決數學上的困難連最後幾顆牙都咬掉了。」(*E3*, p. 473) 鼓舞他勇往直前的是萊辛 (G. E. Lessing, 1729–1781)的名言：「對真理的追求要比對真理的占有更為可貴。」(*E1*, p. 394)他曾毫不吝惜地自己多次推翻自己辛苦多年建立起來的理論。他對助手斯特勞斯說：「從事我們這種工作必須有兩個條件：孜孜不倦的堅毅精神和隨時準備推翻你花費許多時間和心血得來的東西。」**⑦**他常勸告助手霍夫曼不要急躁和失望，要有耐心和恒心：「世界已經等待這麼長時間了，另外幾個月不會造成多大差別。」**⑦**就這樣，愛因斯坦在十年間共發表了八篇關於統一場論的

---

⑦ 同**⑭**，頁111。

⑦ 同**⑭**，頁230。

論文，一篇表明自己量子力學觀點的論文。他在完成〈廣義引力論〉後於1949年7月24日寫信給貝索：

> 經過幾年來的努力，我終於找到引力場方程的一種自然的推廣，由此我期望，它是一個切實可行的總場理論。但是，要找到有關的積分卻很難。因此，我還沒有正反兩方面的確鑿證據。一切跡象都指出今天的數學還做不到這一點。但是，我沒有放棄門爭，而是在日日夜夜地折磨自己。
>
> 一個人被工作弄得神魂顛倒直至生命的最後一息，這的確幸運。否則，世人的荒唐和愚蠢，主要在政治上表現出來的荒唐和愚蠢，就會使他痛苦得難以忍受。(*E3*, p. 479)

愛因斯坦沒有得到所希望的最終結果，這並不使他感到意外。他多次表明，由於所需要的數學還不存在，可能在相當長的時間內也難以出現，因而他在有生之年是看不到統一場論的完成了。然而，他絲毫也不懷疑，終極理論是存在的，終究會被人們發現。據杜卡絲回憶，愛因斯坦曾在一次午餐時講過，一百年後的物理學家會理解他(*SD*, p. 575)。

有人問愛因斯坦，對這種希望渺茫的純理論研究投入畢生精力是否有用，是否值得？愛因斯坦回答說：「至少我知道九十九條路不通。我同意成功的機會很小，但是我必須努力下去，這是我的職責。」❼❽也許在愛因斯坦看來，科學的偉大終歸不是一個智力問題，

---

❼❼　同❶❼中的第二個文獻(H. Woolf ed.)，p. 476。

❼❽　B. 派克：《愛因斯坦的夢》，易心潔譯，湖南師範大學出版社（長沙），1989年第一版，頁57。

它是一個品質問題。過分看重名望，只揀易取得成果的細節問題處理，等於出賣理論物理學的靈魂。他說：「你必須找到一個中心問題，然後你必須用盡一切辦法追求它，無論困難是什麼。尤其是，你必須永遠不容許自己被任何其他問題引誘，不管困難如何。」 ❼❾
愛因斯坦的一生，是與艱難困苦作鬥爭的一生，他的人格也在這種鬥爭中不斷得以昇華。他說得好：

> 通向人類的真正的偉大的道路只有一條，那就是歷盡艱險苦難的道路。如果這種苦難是囿於世俗傳統的社會的盲目和昏庸所造成的話，那麼它往往使弱者產生盲目的仇恨，而強者則因此產生高尚的道德力量，這是一種人間罕見的巨大力量。(RS, p. 76)

對於過去的成就，愛因斯坦總是以謙遜的態度對待它。他甚至認為，騎著瘦馬，拿著長矛去保衛相對論，是像堂吉訶德一樣的可笑行為。對於未來的真理，他是始終如一地追求的，而不在乎別人的規勸、誤解、非議乃至嘲諷，有時僅以適度的幽默打發那些譏笑。在七十歲生日時，他並沒有像人們想像的那樣以滿意的心情回顧一生的成就，而是另有想法：

> 我感到在我的工作中沒有任何一個概念會很牢靠地站得住的，我也不能肯定我所走的道路一般是正確的。當代人把我看成是一個邪教徒而同時又是一個反動派，活得太長了，而真正的愛因斯坦早已死了。所有這些都只是短見而已，但是

---

❼❾　同❼中的第二個文獻(H. Woolf ed.)，p. 482.

確實有一種不滿足的心情發自我自己的內心，這種心情是很
自然的，只要一個人是誠實的，是有批判精神的；幽默感和
謙虛經常使我們保持一種平衡，即使受到外界的影響也是如
此。(*E1*, p. 485)

(三)

第二次世界大戰結束後，愛因斯坦在為爭取和平與反對冷戰政
策，為全面禁止和銷毀核武器，為倡導建立世界政府的活動中，都
以前所未有的熱情擔當起主導的責任。1945年12月10日，他就尖銳
地指出：「戰爭贏得了，但和平卻還沒有。」他堅決反對美國對西德
的重新武裝，告誡人們不要受德國人的眼淚的愚弄。他號召美國科
學家以自己良心上的不成文法，拒絕政府的不義要求，乃至運用不
合作和罷工的最後的鬥爭武器。他認為戰後的世界是一個不穩定的、
危機四伏的時代，需要新的思維方式和國際秩序，因為原子彈摧毀
的不只是廣島，而且是我們過時的、落後的政治思想。1946年5月，
愛因斯坦採取了一個重大步驟：同意擔任新組成的原子能科學家應
急委員會主席。該委員會出刊《原子能科學家公報》，告誡世人核
戰爭的極端危險性及其預防辦法，這直接導致了1957年的帕格沃什
會議。愛因斯坦把建立超國家的組織即世界政府視為拯救人類和文
明的手段,視為在法律基礎上保障各國安全和維護世界和平的工具。
世界政府一直是愛因斯坦在國際政治中關心的主題和奮鬥的目標，
他於1946年5月29日在一次學生集會上說：

當前的形勢究竟怎樣？技術和軍事武器的發展所造成的情況
可看作地球在變小。各國之間的經濟交往使得世界各國比以

往任何時候都更為彼此依賴。現在擁有的進攻性武器已使地球上沒有一塊土地能免遭突然的毀滅。我們生存下去的唯一希望是在於建立一個能用司法裁決各國間爭端的世界政府。這種裁決必須依據為各國一致批准的、用精確語言寫成的法規來作出。進攻性武器全歸世界政府掌管。任何人、任何國家除非贊同一切軍事力量都應集中到一個世界政府手中，除非放棄把武力作為保衛自身利益、反對別國的手段，否則都稱不上和平主義。(*HPX*, p. 53)

在 1940 年代末美國法西斯化的迫害時期和 1950 年代初醜惡的麥卡錫(J. R. McCarthy, 1908–)時代❽，愛因斯坦又順應歷史，成為美國知識分子和公民中的反迫害的鬥士和爭自由的旗手。他在1953年 5 月給一位被傳訊的教師的信中指明美國知識分子面臨的嚴重現狀：反動政客在公眾面前虛晃外來危險，從而逞凶霸道地剝奪人的自由，把不順從他們的人置於開除公職和餓死的境地。愛因斯坦針

---

❽　自 1947 年以來，隨著冷戰的日益加劇，美國眾議院非美活動委員會、司法委員會國內安全小組委員會和參議院政府工作委員會調查小組委員會的權勢大為增強。它們傳訊成百上千美國人，其中大多是諸多領域的專家、藝術家和知識分子，盤問他們的政治信仰和社會政治關係。那些認為這些調查是對受憲法第一修正案保護的自由的侵犯，而以此為根據拒絕作答的人，將會因蔑視國會罪而被判處監禁。倘若以憲法第五修正案（證人可拒絕作於己不利的證言）為由拒絕作答，則會被處以罰款。麥卡錫是共和黨人參議員，1950年代初因駭人聽聞而又未經證實地指控共產黨在政治高層機構中進行顛覆活動而橫行一時，掀起了全國性的反共「十字軍運動」。　愛因斯坦也被麥卡錫分子指控為「美國的敵人」、「害群之馬」、「顛覆分子」，並險遭法律起訴。

鋒相對地同這種法西斯行徑抗爭：

> 為了反對這種罪惡，只居少數的知識分子應當怎麼辦呢？老實說，我看只有照甘地所主張的那種不合作的革命方法去辦。每一個受到傳訊的知識分子都應當拒絕作證，也就是說，他必須準備坐牢和準備經濟破產，總之他必須準備為他的祖國的文明幸福的利益而犧牲他的個人幸福。(*E3*, pp. 316–317)

愛因斯坦指出，假如不採取這種嚴肅的步驟，等待知識分子的只能是被奴役的命運。按照他的一貫看法，「一個天生自由和嚴謹的人固然可以被消滅，但是這樣的人決不可能被奴役，或者被當作一個盲目的工具聽任使喚。」(*E3*, p. 292)愛因斯坦是抱定「不自由毋寧死」的態度的，他以嘲諷的口吻在1954年11月發表談話說：

> 如果我重新是個青年人，並且決定怎樣去謀生，那麼我決不想做什麼科學家、學者或教師。為了求得在目前環境下還可得到的那一點獨立性，我寧願做一個管子工，或者做一個沿街叫賣的小販。(*E3*, p. 325)

有趣的是，愛因斯坦的信件和談話發表後，美國管子業工會居然正式通過決議，授予愛因斯坦榮譽會員稱號。不用說，它在美國社會和知識界激起了巨大的反響和震動，他也成為美國正直知識分子的精神領袖和象徵。1954年5月，愛因斯坦和其他著名科學家發表聲明，抗議對奧本海默的政治迫害，他把自己的憤懣之情濃縮在一句話中：「對人與人之間相互信任和信賴關係的這種有組織的普遍破

壞，乃是對社會所可能發生的最嚴重打擊。」(*HPX*, p. 312)

　　自從與魏茨曼 1921 年訪美時，愛因斯坦就心繫猶太人的事業，二戰期間猶太人慘遭德國法西斯虐待和屠殺，更激發了他對同胞的情感。他把猶太人說成「我的人民」，把以色列說成「我們」，儘管他也批評以色列政府的某些政策。愛因斯坦年紀越大，他對猶太同胞的感情似乎也越強。他可能從來也沒有找到自己真正的家，但是他卻找到了自己所屬的宗族。當以色列首任總統魏茨曼在1952年11月9日逝世時，以色列政府隨即決定邀請愛因斯坦繼任總統。在愛因斯坦正式得知這一消息時，他激動地在房間走來走去，同時不停地說：「這太棘手，太棘手了。」他想到的不是自己的得失，而是想怎樣在不傷害同胞盛情的情況下表明自己的真實想法和立場：

> 　　我們的以色列國向我提出的建議讓我深受感動，但立時使我感到悲哀和慚愧之至，我無法接受他。我一生研究客觀事物，因此缺乏做官處理世事的天生才能和經驗。單是出於這些原因，我就不適合擔當這一高位，即使年事已高沒有使我喪失精力。(*HPX*, p. 274)

愛因斯坦在作出這一決定時感到苦惱不堪，因為他與猶太人民的關係已成為他的最牢固的人間關係了。他之所以懷著真誠的歉意謝絕邀請，還在於他考慮到，以色列政府或議會一旦作出與他的良心不符的決定，他即使未參予其事也會感到良心不安。年過七旬的老人的理智是多麼清醒，道德又是何等健全！

（四）

　　愛因斯坦既知生，亦知死。他深知生命的意義，追求人生的價值和完美。他在悼念朗之萬時說：「個人的生命既然是有自然的界線的，使得它在結束時會像一件藝術品那樣表現出來，這難道還不能使我們感到一點滿足嗎？」（*E1*, p. 434）愛因斯坦同樣明白，死像生一樣，也是天地之常理，「死了也並不壞」（*E1*, p. 381）集中體現了他對死的認識。他以自然的心態領悟死亡的意義，以坦然的情感面對死期的降臨，有時還以幽默的口吻與死神開點輕鬆的玩笑：「上帝創造了芸芸眾生，並把他們收回 —— 目的在於再創造。」（*RS*, p. 72）他像斯賓諾莎那樣嚴肅地沉思生、對待生，像伊壁鳩魯（Epicurus，西元前341–前270年）那樣達觀地理解死、迎接死。在他身上，我們不難窺見中國儒家「遊方之內」和道家「遊方之外」的生死觀的積極因素的完美結合。「吾身聽物化，化極事則休。當其未化時，焉能棄所謀。」❽ 以此概括愛因斯坦對生死的態度，可謂深中肯綮。

　　早在年富力強之時，愛因斯坦就偶爾談及死亡問題。1917年在柏林，他重病在身，臥床不起。當前來探望的玻恩問他是否怕死時，他心平氣和地說：「死有什麼可怕？我和一切生靈是融為一體的，在無窮無盡的生命之流中個別生靈開始或終了，我覺得都無關宏旨。」❽ 1930年，有位英國人寫信問愛因斯坦一個原先由愛迪生（T. A. Edison, 1847–1931）提出的問題 —— 當你去世前回顧自己一生時，你依據什麼判定自己是成功還是失敗？ —— 愛因斯坦回信說：

---

❽　明·錢秉鐙：〈田園雜詩〉。

❽　這段話在（*JNE*, p. 206），（*EZ*, p. 282）和（❶，頁140）均出現過，時間和譯文不盡一致。此處作者對時間作了訂正，對譯文作了理性重組。

　　　　無論在我彌留之際還是在這以前，我都不會問這種問題。大
　　　　自然並不是工程師或承包商，而我自己則是大自然的一部分。
　　　　(*RS*, p. 80)

　　在茫茫宇宙之內、芸芸眾生之中，個人實在是「寄蜉蝣於天地，
渺滄海之一粟」❽，在時空中顯得多麼微不足道。正是對自然的謙
卑和對眾人的謙遜態度，才使愛因斯坦坦然地把死看得無關痛癢。
然而，這決不是對生的冷漠，而是對生的深沉的酷愛。愛因斯坦在
1930年代對英費爾德的一次談話中，就表露出這樣的情感：「生命
——這是一齣激動人心的和輝煌壯觀的戲劇。我熱愛生命。但如果
我知道我過三小時就該死了，這不會對我產生多大的影響。我只會
想，怎樣更好地利用剩下的三小時。然後，我就會收拾好自己的紙
張，靜靜地躺下，死去。」(*EZ*, p. 283)確實，生命和人類在地球上
出現，本來就是極其偶然的現象；特定的個人來到這個世界，也同
樣是極為偶然的，況且人的一生還要經受不知多少磨難。因此，我
們沒有理由不珍惜生命，沒有理由在有生之年不讓生命放射出人所
獨有的理性的光華。愛因斯坦1939年發表的下述言論恰好體現了這
種進取精神：「人生是一種冒險，生命必須永遠從死亡中奪取。」
(*HPS*, p. 369)
　　年過花甲之時，愛因斯坦逐漸感到老之將至。這種感覺越來越
頻繁地冒出來，隨後又平息下去。他在1944年對同有此感的玻恩寫
信說：「我們畢竟能夠平靜地接受自然的安排，讓我們漸漸地化為
塵土，如果自然不喜採取更快一點的辦法的話。」(*E1*, p. 414)其後，

────────────

❽　宋・蘇軾：〈前赤壁賦〉。

在愛因斯坦生活中發生了一連串的事件：1948年8月，前妻米列娃在蘇黎世病故；1948年12月，他作了剖腹手術，在腹部主動脈中發現腫瘤；1951年6月，妹妹瑪雅在多年癱瘓後辭世。這一切不能不給他帶來絲絲憂傷。在手術一年半後，他腹部的主動脈瘤還在生長。愛因斯坦已經十分明白，他在世上的日子不會很長了，遂於1950年3月18日立下遺囑。他像以往那樣繼續平靜地幹手頭的事情，微笑著等待安息之日的來臨。他在1952年7月寫信給老友貝索說：

> 個人的生命，連同他的種種憂患和要解決的問題，有一個了結，到底是一件好事。本能使人不願接受這種解脫，但理智卻使人贊成它。捏造死後還有個人生命的迷信的人該多麼悲慘可憐！（*E3*, p. 492）

垂暮之年的愛因斯坦似乎更能超脫、冷靜、客觀、長遠地看待人事了。他在1953年1月向比利時伊麗莎白王后談了他的體悟和感受，值得人們仔細回味：「令人奇怪的是，隨著人變得越來越老，一個人對眼前事物的親密感漸漸失去；人彷彿趨於無窮，多多少少有點孤獨，既不再抱有希望，也不再感到恐懼，只是冷眼旁觀著。」（*HPX*, p. 294）九個月後，他在向一位詢問者談及人對死的恐懼時說：

> 恐懼地想到人的生命的終結對於人這個存在物來說是有趣的平凡事。它是大自然用來保存物種生命的手段之一。理性地看待，這種恐懼是所有恐懼中最沒有理由加以辯護的，因為對於已死的或者還沒有出生的人來說，這裡不存在任何偶然事故的危險。一句話，恐懼是愚蠢的，除非它不能被阻止。❹

愛因斯坦在這裡借用了伊壁鳩魯有名的反對恐懼死亡的理由：我們活著時，死亡尚未來臨；死亡來臨時，我們已經不存在了❽。這個論據的驚人力量，被像愛因斯坦這樣的以超個人內容充實生命的人所理解、所感受、所實行。而且，愛因斯坦還從科學家的廣闊視野為它補充了新的涵義：死亡體現了物質之不滅並造就了生命之永恒。

(五)

1954年秋，死亡向愛因斯坦逼近了，死神向愛因斯坦招手了。他好幾個星期一直臥床不起，每當稍有好轉，他就繼續從事他的科學工作，關注人們向他提出的許多要求。他幾乎不能接見來訪者，從信中偶爾提及的話題中，可以看出他時常經受著身體的不適和巨大的病痛。1955年年初，他感到稍好一些，又恢復了正常工作。在生命的最後三四個月中，他的思想還像以往那樣明晰、透徹和敏銳；直到生命的最後一刻，他還保持著對科學工作和非科學事務的高度關注。請看這位年近耄耋之年，瀕臨謝世之時的智者和仁者的生命之旅吧！

1月2日，他寫信給比利時伊麗莎白王后，感謝她的新年問候。他在信中對美國推行「新殖民主義」，「竭盡全力重新武裝德國」表示憂慮和譴責，對「人類在政治事件中的健忘症」感到「吃驚」。他同時附帶說，隨著自己閱歷的增長，他對德國物理學家和啟蒙思想家利希滕貝格(G. C. Lichtenberg, 1742–1799)的印象「越來越深」，

❽　同❹，p. 261.

❽　苗力田主編：《古希臘哲學》，中國人民大學出版社（北京），1989年第一版，頁647。

並「認為誰也沒有他那樣敏銳」(*HPX*, p. 323)。

1月4日，他寫信給以色列猶太人代理處的一位著名人士。信中指出：「我們（以色列國）對東西方之間的國際對抗必須採取中立政策。……這一政策的最重要一點是，我們必須不斷表明我們要為生活在我們之中的阿拉伯公民建立完全的平等，理解他們當前處境中的固有困難。……我們對待阿拉伯少數民族的態度對我們做為一個民族的道德水準來說是一個真正的檢驗。」(*HPX*, pp. 349–350)

2月至4月間，他與羅素（以及玻爾）數次通信，商討反對核戰爭、保衛世界和平的聲明的起草問題。

2月5日，他寫信給一位英國朋友，最後一次鄭重地陳述了他對死亡的態度：

> 對於垂暮之年的人來說，死亡的降臨猶如一次解放。此種心情日益強烈，因為我已到日薄西山之時。死亡恰如陳年舊帳，到時終需還清。不過，人們本能地盡一切可能來推遲償還這筆最後的債務。這正是大自然嘲弄我們的遊戲。對此我們盡可以一笑置之，任其自然，但卻擺脫不了這本能的制約❽❻。

據說，在臨終前幾週，他還對死亡這樣的嚴肅問題保持著可愛的幽默。一位醫生朋友從柏林趕來看望他，送給他一條精製的雪茄。他微笑著對客人說：「我的上帝，我得快點吸這些雪茄，以便在死前把它們享用淨光！」❽❼

---

❽❻　同❺❶，頁216。

❽❼　P. A. Bucky, *The Private Albert Einstein*, A Universal Press Syndicate Company, Kansas City, 1993, p. 157.

2月15日，他應邀寫信給比利時一個知識分子組織的發起人，念念不忘他終生倡導的世界政府主張：「除非建立起一個由所有國家組成的、擁有作出並實施必要決定的充分權力的組織，要想消除戰爭是不可能的。」(*HPX*, p. 325)

2月21日，他在答覆一位不明白個人良心應高於現有法律這一紐倫堡原則的普通詢問者時，重申了他的一貫信念：就是冒著受懲罰的危險，個人也有權力遵循自己的良心。因為「盲目服從那些我們認為是不道德的國家法律，只會阻礙人們為改善這些不道德的法律而進行的鬥爭。」(*HPX*, p. 326)

2月28日，他覆信給一位法國歷史學家，指出「恐懼、仇恨和微不足道的個人利害關係支配著每一個人的行動，驅使各個國家和人民（包括科學家）走上災難。」他針對來信者的有關詢問解釋說：在1905年還預料不到使「鏈式反應」得以實現的條件，也沒有最微弱的技術應用的苗頭。「即使有了這種知識，而企圖把這個從狹義相對論得出的特殊結論隱瞞起來，那也是荒謬的。理論一旦存在，結論也就存在，就無法把它隱瞞起來，不論多長時間都不行。」(*E3*, pp. 330–331)

3月，他應邀為慶祝母校蘇黎世綜合工大成立一百週年撰寫回憶錄〈自述片段〉。他在其中回顧了大學時代的學習和生活以及與格羅斯曼的深厚友誼，末尾談到統一場論：

> 最近十年終於找到一個在我看來是自然而又富有希望的理論。不過，我還是不能確信，我自己是否應當認為這個理論在物理學上是極有價值的；這是由於這個理論是以目前還不能克服的數學困難為基礎的，而這種困難凡是應用任何非線

性場論都會出現。此外，看來完全值得懷疑的是，一種場論是否能夠解釋物質的原子結構和輻射以及量子現象。大多數物理學家都是不加思索地用一個有把握的「否」字來回答，因為他們相信，量子問題在原則上要用另一類方法來解決。問題究竟怎樣，我們想起萊辛的鼓舞人心的言詞：為尋求真理的努力所付出的代價，總是比不擔風險地占有它要高昂得多。(*E1*, pp. 49–50)

3月8日，他在給一位印度朋友的信中，討論了以色列和阿拉伯之間「經常存在的緊張局勢」。 他揭示出，緊張的原因在於雙方的「民族主義態度」， 在於美國新政府為了自己的「帝國主義和軍國主義的利益」(*E3*, p. 334)。

3月11日，他最後一次去信給比利時王后，除了談到嚴重的軍事衝突將必然導致全球毀滅的話題外,他還這樣清醒而謙遜地寫道：

我必須承認,我為人們對我一生工作做誇大的評價感到不安。我感到不得不把自己看成是一個不自覺的騙子。倘若人們這樣做，只會把事情弄糟。(*HPX*, p. 327)

3月19日，他寫信給勞厄說：要是他不擔憂希特勒有可能首先擁有原子彈，他和西拉德都決不會插手打開潘朵拉盒子，因為他對各國政府的不信任不僅僅限於德國政府(*E3*, p. 335)。他在此之前（2月間）還就紀念光量子和狹義相對論五十週年的邀請函致勞厄：「年齡和疾病不能使我參加這一個活動；但是我也應該指出，這是上帝的旨意帶給我的一點自由。因為我一向厭惡形形色色的個人崇

拜。」**⑱**

　　3月21日，他在悼念貝索的信中回顧了與貝索的莫逆之交，贊賞貝索「和諧生活的天賦和敏銳的才智」「兼而有之」。他接著寫道。

　　　現在，他又一次比我先行一步，離開了這個離奇的世界。這沒有什麼意義。對於我們有信念的物理學家來說，過去、現在和未來之間的分別只不過有一種幻覺的意義而已，儘管這種幻覺很頑強。(*E3*, p. 507)

　　4月初，他被請求就一本宣傳「現世普救說」的書發表評論說：「人類倘能照你所說的那樣行事，那他們真是不幸。可惜，他們不會這樣做，正如老虎不可能變成食草動物一樣。不過，只要我們醒著，我們就必須盡力去做做不到的事。(*HPX*, p. 331)

　　4月3日，他就科學史同科學史家科恩(I. B. Cohen)進行了範圍廣泛、內容新穎的談話。主要涉及到：科學、科學史和科學哲學的關係；人的高貴品質能夠超脫時代的激情；對優先權問題的正確態度；文獻證明的歷史和直覺的歷史；科學家的傳記；世紀之交關於分子存在的爭論；對開普勒、伽利略、牛頓、富蘭克林(B. Franklin, 1706–1790)、馬赫、洛倫茲等人的評價；……他最後說：本世紀初只有少數幾個科學家具有哲學頭腦，而今天的物理學家全是哲學家，不過「他們都傾向於壞的哲學」。(*E1*, pp. 619–628)

---

⑱　F. 赫爾內克：《原子時代的先驅者》，徐新民等譯，科學技術文獻出版社（北京），1981年第一版，頁201。在(*RS*, p. 88)中，最後一句話是這樣的：「因為任何同個人崇拜沾上一點點邊的東西對我來說都是難以忍受的。」

4月4日，他就紀念以色列獨立週年發表講演一事的請求，答覆以色列駐紐約總領事。他認為此時以以色列的文化和科學發展為題講演顯得不那麼貼切，講話應該試圖對政治形勢作出估量，並就西方國家的以色列和阿拉伯政策作某種批判性分析 (*HPX*, pp. 350–351)。

4月5日，他就自己以及世界聯邦主義者聯盟成員被指控為「顛覆分子」，作了針鋒相對的回答：「只有通過創建一種超國家的組織，才能夠避免普遍毀滅的危險。凡是企圖妨礙或者阻止這種非常急需的新事物出現的，倒真是名副其實的『顛覆分子』。」(*E3*, p. 337)

4月11日，他儘管覺得不很舒服，但還是致信羅素並在和平聲明上簽名。這是他一生最後的簽名。同日，他還在家中會見了以色列大使和領事，商討講稿的內容。爾後，他立即著手起草稿件，準備在廣播電視網上播放。

4月13日，他感到需要就講稿作進一步商討，於是振作精神，再次會見領事。在會見結束兩小時後，病魔給他以致命的打擊，他從此一病不起。在生命的最後四天裡，他吩咐把會談筆記放在床邊，想繼續寫下去，不幸只留下了未完成的稿紙 (*HPX*, pp. 352–353)。他在遺稿中說：「我要做的只是以我微薄的能力不惜討人厭也要致力於真理和正義。」他認為，不能把解決以色列和埃及之間的衝突看成是無足輕重的小問題。他說：

> 在真理和正義問題上，無所謂大小之分，因為決定著人們行為的普遍原則是不可分的。在小問題上對真理漫不經心的人，在重大問題上就不能予以信賴。

他一針見血地指出，「兩大敵對陣營」即「共產主義世界以及所謂的自由世界」的衝突之本質，只不過是「以半宗教面貌出現」的「老式的權力之爭」。他告誡人們：原子武器的發展「使這種權力之爭帶有幽靈般的特徵」，它若惡化為真正的戰爭，「人類注定要毀滅」。只有實行「超國家的安全方針」，才有希望帶來和平。當他寫到「政治狂熱一旦被煽動起來，就會使受害者……」時，他的那隻寫下了無數改變世界的文字的手垂了下去，再也無力寫出改變這個世界的思想了。

就在4月13日下午，他的主動脈瘤已經擴散，外壁已經破裂，幾位醫生先後趕到家裡會診。

4月14日，他問醫生臨終是否很痛苦。醫生告訴他說，或許沒有什麼痛苦，或許要痛苦幾分鐘、幾小時或幾天。在疼痛折磨時，他很堅強。他對前來看望他的人說：「我在最後時刻裡所經受的，不是人所能忍耐的——我也許再也不能忍受了。」(*JNE*, p. 234) 但是，即使在最痛苦時，他也不讓醫生注射嗎啡，堅決拒絕一切外科手術，還勸周圍的人不要心煩意亂和悲傷。他說：「我想去的時候就去了，用人工方法延長壽命實在沒有意思。我已盡到自己的責任，是我去的時候了，我將平靜地等待死神。」(*SD*, p. 583)

4月15日，他感到極度痛苦，被轉到普林斯頓醫院。人們通知遠在伯克利的兒子漢斯。

4月16日，他索要他的眼鏡想看東西。下午，漢斯趕到，和他待在一起，他顯得十分高興。

4月17日，他打電話給杜卡絲，索要前幾天未寫完的講稿和筆記本，以及他的計算手稿和圖表，以便病情好轉時繼續他的工作。對於把科學視為生命，把生與死的區別看作能否搞物理學的他來說，

這一切顯得那麼自然，那麼平常。他的女兒瑪戈特住在同一醫院，坐著輪椅前來探望他。晚上，他睡得很安詳。

4月18日凌晨1時10分，護士小姐注意到他呼吸有些異常，趕忙叫來另一位護士幫他捲起床頭。幫忙的護士剛剛離開，他含含糊糊地說著德國話。不一會，他深深地呼吸了兩下，便溘然長逝了。時值1時15分❽。

即使在心臟搏動的瞬間，愛因斯坦的整個身心還迸發出一股內在的力量——這是他的生命的最後兩秒鐘！

上午8時，消息公布了。那天早晨，醫生作了屍體解剖❾，證明死因確是主動脈大破裂，即便動手術挽救也無濟於事。下午2時，遺體被運往普林斯頓馬瑟殯儀館，三十分鐘後轉運到特倫頓的尤因火葬場。

按照愛因斯坦生前要求，他去世後不舉行任何宗教的和官方的殯葬儀式，不擺花圈花卉，不奏哀樂，不建墳墓，不立紀念碑，骨灰秘密撒放，以免時人和後人前往憑弔、瞻仰和朝聖。愛因斯坦的喪葬十分簡樸，在場的僅有十二個最親近的人。在特倫頓的小教堂裡，深沉的寂靜只有一次被打破。愛因斯坦的遺囑執行人之一、國民經濟學家納坦(O. Nathan)走到靈柩前，講了幾句話作為悼念，結束時吟誦了歌德1805年為悼念席勒而寫的《席勒之鐘的跋》：

---

❽　此處採用(*SD*, p. 584)中的資料。C. 塞利希說是1時25分(*JNE*, p. 233)；T. 費里斯(Ferris)說在1時45分，參見《科學與哲學》(北京)，1984年第6期，頁45。

❾　愛因斯坦1954年8月12日贊同，死後獻出遺體作醫學研究之用。他的一部分大腦現存密蘇里州的韋斯頓。

我們全都獲益不淺，

全世界都感謝他的教誨；

那專屬他個人的東西，

早已傳遍廣大人群。

他像行將隕滅的彗星，光華四射，

把無數的光芒同他的光芒永相連結。

四、功德不朽，惠澤千秋

愛因斯坦生也平凡而偉大，死也偉大而平凡。可以毫不誇張地說，像他這樣一個偉大而平凡的人，的確是「前不見古人，後不見來者」❾❶的。羅素說得好：

愛因斯坦是一位異乎尋常地令人滿意的人。他不管他的天才和名望，行為舉止總是十分簡樸，也從不要求任何特權。我相信，他的工作和小提琴給他帶來了莫大的幸福，但是他的廣泛的同情心和對人類命運的關切妨礙了他獲得更多的寧靜。在他身上，我從未發現一星半點虛榮或嫉妒，即使像牛頓和萊布尼茲這樣偉大的人物也沾染了這些毛病。愛因斯坦畢生都關懷個人和個人自由。他本人表現出了他的環境所需要的全部勇氣，……他不僅是一位偉大的科學家，而且也是一個偉大的人——有自知之明的和問心無愧的人。(*HPS*, p. 13)

---

❾❶　唐・陳子昂：〈登幽州臺歌〉。

做為二十世紀最偉大的科學家、思想家和人，愛因斯坦的科學貢獻、哲學思想和道德人格都具有「一種普遍的、非私人的、超私人的生命」❷，因而是永垂不朽的。它們不僅不隨個人的去世而消亡，而且還將隨著時間的推移而發揚光大，惠澤千秋。

(一)

在遺留的傳記手稿中，愛因斯坦這樣概括他一生的主要科學工作：「同時間、空間、引力、質量和能量等價新觀念相聯繫的相對論的創立。統一場論（未完成）。對發展量子論的貢獻。」❸巴格曼把愛因斯坦的科學貢獻歸結為三大方面：相對論（狹義相對論，廣義相對論，關於廣義相對論的進一步的工作即宇宙學、運動問題、統一場論）；量子論；物質的動力學理論或統計力學❹。

相對論無疑是愛因斯坦最重要的貢獻，而且可以說是他獨自一人的貢獻。但是，愛因斯坦的貢獻是廣泛的。從1905年到1916年間，他大約發表了六十篇文章，絕大多數都不是關於相對論的，而是光化學、比熱、氣體量子統計、磁力學效應等課題的論文。從1916年起，他還一直在研究光量子理論。愛因斯坦一生共發表三百五十篇論文，除相對論外，還涉及到熱力學與統計物理、量子論、光學、電動力學、量子統計等❺。量子也是他的守護神，他有意識地思考

---

❷ E. 馬赫：《感覺的分析》，洪謙等譯，商務印書館（北京），1986年第二版，頁19。

❸ 同❽，頁201。

❹ A. Einstein, *Ideas and Opinions*, Edited by Carl Seelig, New Translations and Revisions, By S. Bargmann, Crown Publishers, Inc., New York, 1982, pp. 217–220.

❺ R. 瑞斯尼克：〈對愛因斯坦的一些誤解〉，《世界科學》（上海），1981

了五十年。他有一次對斯特恩說過：「我思考量子問題比思考廣義相
對論多一百倍。」佩斯中肯地評價說：「愛因斯坦不僅是量子理論的
三位教父之一，而且也是波動力學的唯一教父。」❾⑥(*SD*, pp. 6, 538)
佩斯用一句話勾勒出愛因斯坦的科學傳記：在懂得怎樣去創造不變
性原理和利用統計漲落方面，他的高明是空前絕後的。他還用下圖
對愛因斯坦的科學工作做了高度概括的總結：

　　相對論的基本內容可以概述如下：⑴對於所有慣性系而言，不
僅牛頓定律同樣可靠，而且麥克斯韋電磁場方程同樣可靠（以及電
場和磁場具有本質上的同一性）。　光相對於所有勻速直線運動的觀
察者而言不變，是訊號及相互作用傳遞的極限速度。借助洛倫茲變
換，隨之而來的是空間和時間測量的相對化，進而其坐標成為四維
空時連續統。⑵方程$E=mc^2$把原先不同的質量和能量概念聯繫起來，
把質量守恆定律和能量守恆定律統一起來，揭示出質量和能量的等
價性。⑶空時連續統的曲率以下述方式由質量和能量決定：度規（坐
標做為無物理意義的數）在我們看來似乎變成物質—能量和引力場

　　　年第6期，頁46–48。
❾⑥　量子理論的另外兩位教父是普朗克和玻爾。波動力學的發展路線是由
　　　愛因斯坦的波粒二象性，經德布羅意的物質波，到薛定諤的波動力學。
　　　參見❸④中的第一個文獻，頁189–252。

的表示，從而去消了慣性系和空時做為物理描述的特殊角色。

> 空間—時間未必能被看作是一種可以離開物理實在的實際
> 客體而獨立存在的東西。物理客體不是在空間之中，而是這
> 些客體有著空間的廣延。因此，「空虛空間」這概念就失去
> 了它的意義。(*E1*, p. 560)

⑷世界在空間上是有限的連續統，它符合非歐幾何學並具有增長的
半徑。

　　仔細推敲一下相對論的內涵和外延，人們不難發現以下有啟發
性的看法：⑴在相對論中，物理學定律或方程都是協變的，或者說
它們的數學形式是不變的。⑵一切坐標系都是平權的，沒有所謂的
「優越的」參照系。⑶相對論的主要之點不在於強調測量數值依觀
察者而變的相對效應，而在於強調物理定律的絕對性（或不變性），
在這種意義上也可稱其為「絕對論」。⑷廣義相對論是一頭「巨獸」，
其包容量及潛能很大，也許人們至今只窺見到它的一鱗半爪；被愛
因斯坦後來稱為「兒戲」的狹義相對論只是它的極限形式（在引力
場為零或無限小區域的情況下）。 ⑸相對論是用探索性的演繹法得
到的高度公理化的理論，也即是原理理論。它在邏輯上是極其完整
的，要對它進行修改而不摧毀其整個結構是不行的。⑹相對論是一
種物理學幾何化和幾何學物理化的理論，它削弱乃至消除了動力學
的痕跡：物體在引力場中的受迫運動變成了度規空間中的自由運動
（沿短程線）。 ⑺相對論無疑變革了古典物理學的諸多基本觀念，
但不能錯誤地把它看作是與古典物理學的思想方式截然不同的思想
方式，比如它從後者那裡繼承了以可分離性為特徵的因果性思想。

愛因斯坦本人在1929年談及相對論的特點時說：

> 把廣義相對論尤其是相對論的第三階段即統一場論同其他物理學理論區別開來的特點就是：形式推理的任意成分最小，經驗基礎狹窄，理論結構的徹底性質，最後還有對自然之謎的統一性和理智能夠認識它們的堅定信心。其中還有一個特點，傾向於實在論和實證論的物理學家認為是一個弱點；但是，對進行推理的理性來說，數學是一個非常吸引人的甚至是誘惑人的特點。(*EZ*, p. 480)

愛因斯坦對熱力學、統計力學和分子運動論的研究是從1900年的處女作開始，延續了二十五年，共寫了將近四十篇論文。他在〈自述〉中回顧說：「在不知道玻耳茲曼和吉布斯的已經發表而且事實上已經把問題徹底解決了的早期研究工作的情況下，我發展了統計力學，以及以此為基礎的熱力學的分子運動論。在這裡我的主要目的是要找到一些事實，盡可能地確證那些確定的有限大小的原子存在。」(*E1*, p. 21)愛因斯坦是就1905年之前的三篇論文而言的，儘管如此它們還是包含有漲落理論的萌芽。在1905年至1925年，他把應用漲落理論的技巧運用到爐火純青和無與倫比的地步，從而作出了開創性的貢獻，例如對布朗運動的處理就是如此。

更為新奇的是，愛因斯坦把統計思想應用到量子物理學，他的光量子假設就是用統計論證得出的。事實上可以說，他對量子論的所有主要貢獻都來自統計力學，其中包括比熱、波粒二象性、光子、自發和受激輻射、黑體輻射公式的新推導，以及最後於1925年從統計漲落分析中得出的波和物質締合的獨立論證和玻色－愛因斯坦凝

聚。

在量子論領域，愛因斯坦除本人直接作出的前述諸種貢獻外，通過德布羅意和薛定諤，他自己的相對論和量子論的新穎思想還導致了波動力學的建立。尤其值得注意的是，他對哥本哈根學派有重大的思想影響。玻爾1913年的原子結構理論中的電子躍遷，就受到愛因斯坦光子概念的啟發，他的互補性觀念也是以波粒二象性作為現象基礎的。玻恩說，他的機率詮釋是直接把愛因斯坦的思想（光波的振幅被解釋為光子出現的機率密度）推廣到波函數而得出的。海森伯(W. K. Heisenberg, 1901–1976)承認，愛因斯坦的「正是理論決定我們能夠觀察到的東西」(*E1*, p. 211)的意見，啟發他在1927年提出不確定關係（測不準關係）。 另外，愛因斯坦對量子論基礎的深邃洞察和批判性分析，也從對立面激勵了量子力學的發展。有人認為，若從直接到間接，從正面到反面統而觀之，愛因斯坦的貢獻不亞於哥本哈根學派這個豐功盛烈的量子物理學家群體❼。

對於量子論或量子力學，愛因斯坦持有一種在鑑賞中反思，在肯定中批評的態度——在現實與理想之間保持必要的張力的態度。他讚美德布羅意的物質波思想「已揭開了巨大帷幕的一角」。 他詼諧地稱頌海森伯的矩陣力學「下了一個大量子蛋」。 狄拉克的體系邏輯「完美」，數學結構「完整」， 是個「美妙的結果」。 ❽他驚嘆玻爾半量子化的原子結構理論的發現是「一個奇蹟」， 是「思想領域中最高的音樂神韻」(*E1*, p. 21)。他褒揚海森伯、玻恩、約爾丹(P. Jordan, 1902–1980)關於量子態的理論「極其巧妙，極其複雜」，「真

❼ 沈葹：〈思想領域中最高的音樂神韻〉，《世界科學》（上海）， 1995年第6期，頁1–6。

❽ 同❼。

是魔術一般的計算」(*E3*, p. 453)。他多次重申量子力學「巧妙而且非常成功」(*E1*, p. 23)，「標誌著物理知識中的一個重大的進步」，「甚至是決定性的進步」(*E1*, p. 447)，是一條漂亮的「捷徑」(*E1*, p. 531)；因為量子力學「對微觀力學過程的量子特徵方面的經驗提供了一個統一的理解」，「具有貫徹一致的邏輯形式」(*E1*, p. 36)，其「數學形式體系是無可懷疑的」(*E1*, p. 591)；即使對於他「並不認真相信」的量子力學的統計處理，他也承認它「有相當程度的有效性」，以及「對於現存形式體系這個框架的必要性」(*E1*, p. 436)。

　　但是，在對量子力學的概念基礎、方法、詮釋和地位的評價上，愛因斯坦則與主流的哥本哈根學派大相逕庭。他多次強調，現存的理論是暫時的、過渡的、權宜之計的、非原則性的、表面的、不成熟的、不能令人滿意的，因為它對物理實在的描述是不完備的，對基元過程缺乏理解。他明確指出，量子力學既不能構成現有理論的堅實基礎，也不能作為新理論的出發點，它不是一種根本性的、終極的理論，「它並沒有接觸到事物的究竟，我決不相信它構成真正的自然觀」(*E3*, p. 383)。對於信守斯賓諾莎的決定論（首先是對秩序與和諧的信念）的世界而堅信「上帝不擲骰子」的愛因斯坦來說，他尖銳地批評量子力學是「逃入統計學」的「遁詞」，是物理學「死亡的末日」❾❾；批評玻爾及其伙伴這些「極端智力偏執狂用不連貫的思想元素編造的迷幻體系」，「正在同實在玩著何等危險的遊戲」❿❿。為此，愛因斯坦和玻爾進行了長達三十餘年的爭論。無論

❾❾　A. Fine, Einstein's Interpretations of the Quantum Theory, *Science in Context*, 6 (1993), pp. 257–273.

❿❿　N. Maxwell, Induction and Scientific Realism: Einstein Versus van Fraassen, Part Three, *Brit. J. Phil. Sci.*, 44 (1993), pp. 275–305.

就爭論者之偉大，爭論時間之久，爭論問題之艱深和奧妙，爭論氣氛之真摯，在物理學史上都是絕無僅有的 ⑩。

對於愛因斯坦的這種「張力」態度，英費爾德似乎有點不解地問愛因斯坦：「你為什麼這樣不贊成地看待量子論及其發展？當時畢竟是你自己的工作使之充滿活力的。」愛因斯坦回答說：「是的，我可以開始它，但是我認為這些觀念是暫時的。我從未設想其他人會比我更為認真地採納它們。」有時他則以淡淡的口吻說：「好玩笑不應過於頻繁地開。」⑩原來，愛因斯坦是在統一場論的框架內深入思考量子問題的：他的統一場論不僅要把萬有引力和電磁力結合起來，而且要做為量子現象詮釋的基礎；「統計性的量子理論，在未來物理學的框架裡，就會占有一種類似統計力學在古典力學框架裡的地位」(*E1*, p. 468)。因此，他對哥本哈根學派「全都試圖以過於低廉的代價來得到他們的結果」(*E1*, p. 562)不以為然，「要用這種〔統計〕辦法使人們的科學良心平靜下來，那是太廉價了」(*E1*, p. 603)。在愛因斯坦看來，科學的道路漫長而崎嶇，「我們離開擁有一種合理的並符合事實的關於光和物質的理論還遠得很！」(*E3*, p. 496)他在1951年深有體悟地說：

> 整整五十年的自覺思考沒有使我更接近於解答「光量子是什麼」這個問題。的確，現在每一個無賴都相信，他懂得它，可是他在欺騙他自己。(*E3*, p. 485)

---

⑩ 這方面的文獻浩如煙海，實在無法一一列舉。

⑩ P. K. Feyerahend, *Problems of Empiricism, Philosophical Papers*, Volume 2, Cambridge University Press, 1981, p. 98.

　　愛因斯坦認為科學是原則性問題，在原則性問題上是不能妥協，不能搞綏靖哲學的，他單槍匹馬地苦思和論戰，走著與眾不同的道路。對此，玻恩深感遺憾地說：「我們中很多人都認為這是一個悲劇——對他而言，他一個人在孤獨之中摸索著自己的道路；而我們，卻失去了導師和旗手。」**⑩** 而愛因斯坦則自信，他的本能的態度是正確的，並不是衰老的表現，有朝一日人們肯定會明白這一點，一定會發現一種更加明確的基礎 (*E1*, pp. 415, 564)。因此，面對一片反對和怨恨之聲，他則自嘲為「異端」、「邪教徒」、「反動派」、「守舊的老古董」、「死不改悔的老罪人」。他在1954年以恰到好處的幽默嘲解說：「看來為了不看到邪惡的量子，我必須像駝鳥一樣，永遠把頭埋在相對論的沙子裡。」**⑩** 不管怎樣，他對科學始終是一絲不苟的、極其負責的：

　　　　說到頭，要對我們自己吹起來的肥皂泡負責，這似乎是我們的命運。這很可能就是那個「不擲骰子的上帝」所設計的，他使我受到那麼厲害的怨恨，這種怨恨不僅存在於量子理論家中間，也存在於無神論教會的忠實信徒中間。**⑩**(*E1*,

---

⑩ M. J. 克萊因：〈愛因斯坦〉，素月譯，《科學與哲學》(北京)，1980年第1、2輯，頁82–131。但是，法因的看法與此不同。他說：愛因斯坦「不僅是新量子理論的批評家，而且也是指出更好的物理學道路的指導者。」參見**⑲**。

⑩ 同**⑱**，頁57。

⑩ 本句中的「肥皂泡」一語，可能是愛因斯坦讀叔本華下述言論後的啟示：「我們在死神降臨之前，還是竭盡全力懷著滿腔熱忱來延年益壽，企求長命百歲；這就像吹肥皂泡，儘管明知必破無疑，卻總想盡力而為地吹多些，吹大些。」參見**⑧**，頁175。愛因斯坦關於物理學家本人

p. 600)

　　關於愛因斯坦對量子論的批評立場以及他與玻爾的意義深遠的爭論，評者蜂起，眾說紛紜。但是，我以為，愛因斯坦的觀點是值得高度尊重的，楊振寧和狄拉克的下述評論也是值得認真看待的。楊振寧說：「無疑在愛因斯坦和玻爾之間那場著名的爭論中，愛因斯坦沒有取得勝利，因為愛因斯坦提到玻爾面前的所有問題都被成功地駁倒了。儘管這樣，在量子力學中仍有某些嚴重的不安穩之處，而我也贊同愛因斯坦的意見，即對這個問題我們還沒有聽到最終的結論。換句話說，我相信這個結論將具有更為精緻、更為複雜的性質，……」⑯狄拉克在耶路撒冷紀念愛因斯坦誕辰一百週年的學術討論會上預言：

　　　　看來量子力學不是最後形式，要作些改變。終有一天，我們
　　　　會有相對論性量子力學發明出來。在新的理論中根本沒有所
　　　　出現的無窮大，其中蘊涵著愛因斯坦所要求的決定論。引進
　　　　決定論就要犧牲現在某些科學家的一些見解。在迄今這長距
　　　　離賽跑中，愛因斯坦將被證明是正確的。⑰

近年有人通過分析表明，玻爾的互補原理的機智辯術即「不可避免

　　　　「最曉得，也最確切地感覺到鞋子究竟是在哪裡夾腳的」（*E1*, p. 341）
　　　　的比喻也可能來自叔本華，參見❽，頁2。
⑯　《楊振寧講演集》，寧治平等編，南開大學出版社（天津），1989年第
　　　一版，頁399。
⑰　同⑨。

性」論據，只不過是量子力學圖式的一致性論據。就經典的情況而言，該推理是不正確的；就量子的情況而言，它是循環的。愛因斯坦抵制玻爾的推理以及反對哥本哈根詮釋是合理的，而不是保守的立場⑩。

不管未來的事態如何發展（渾沌學及非線性科學的研究使未來的前景更顯得撲朔迷離），有一點可以肯定，愛因斯坦的觀點和立場決不是復古主義，而是對量子論的非最終性質的不滿，是對更普遍的統一理論的追求。愛因斯坦比他的同行們更早、更清楚地看到，量子論比相對論更嚴重地偏離了古典物理學的概念框架，必須建立一個全新的框架，才能恰當地理解它。針對「僵硬地墨守古典理論」的責難，愛因斯坦申辯說，「古典理論」究竟指的是什麼，決不是一目了然的；況且並沒有由已有的理論生長出嚴整的、原則上完備的理論，並沒有嚴格意義上的古典場論 (E1, pp. 471–472)。在這種情況下，愛因斯坦堅持在科學中行之有效的因果性和決定論這樣的科學傳統、科學信念或科學基旨，怎麼能說是復古主義呢？何況愛因斯坦把可分離性做為因果性的新因素和實在論的理論的標誌，何況他甚至考慮到拋棄空時連續統描述而代之以代數框架⑩！由此也

---

⑩　M. Beller, Einstein and Bohr's Rhetoric of Complementarity, *Science in Context*, 6 (1993), pp. 241–255.

⑩　J. Stachel, The Other Einstein: Einstein Contra Field Theory, *Science in Context*, 6 (1993), pp. 275–290.至少在一次通信中，愛因斯坦較為詳細地涉及到這樣的純代數物理學的本性：「可供選擇的連續—不連續在我看來似乎是實在的二者擇一的選擇，即這裡沒有妥協。所謂不連續的理論，我理解的是其中不存在微分方程的理論。在這樣一種理論中，不出現空間和時間，而能夠出現的只是數、數場和排除有限過程的在代數法則基礎上形成的法則。只有成功才能告訴我們，哪一條道路將

可以看到，為理解外部世界需要自由地選擇形而上學和科學概念，在愛因斯坦批評量子力學中起了關鍵性的作用。此外，在人們的心目中，玻爾似乎是突破古典理論的英雄。但是有人研究指出，就玻爾的物理學哲學而言，經典概念的學說比互補性學說更根本**⑩**。

事實上，愛因斯坦並不是以經典理論為基礎的，而是從零開始的。他早就看到，單個體系的完備描述「不能在經典力學的概念框架內得到」，統計的量子論也未做到這一點。1954年8月，他把當時面臨的狀況的特點概述如下：

> 目前的量子論在某種意義上是宏偉的自足自給的體系，可是至少依我之見，不能通過補充它而轉變為單個理論，例如就像牛頓引力理論不能通過補充而轉變為廣義相對論一樣。人們在某種程度上必須從零開始，儘管這顯然是艱難的。

愛因斯坦是嚮往建立超越於相對論和量子論的更完美的統一理論，而不是修補經典理論，因而他認為玻姆(D. J. Bohm, 1917–1992)關於量子論詮釋的隱變量理論「似乎太廉價了」。他在1954年10月致玻姆的信中說：

證實它自己。」

⑩ D. Howard, What Makes a Classical Concept Classical? Toward a Reconstruction of Niels Bohr's Philosophy of Physics, J. Faye and H. J. Folse (ed.), *Niels Bohr and Contemporary Philosophy*, Kluwer Academic Publishers, 1994, pp. 201–229.玻爾在1948年說：「尤其必須認識到，不管量子效應多麼遠地超越了經典物理學分析的範圍，實驗安排的敘述和觀察的記錄總是必須用經典物理學術語提供的日常語言來表達。」

最近幾年，人們就完備的量子論作出了幾個嘗試，正如您所作出的嘗試一樣。但是在我看來情況似乎是，我們離滿意地解決這個問題還十分遙遠。我本人試圖通過推廣引力定律趨近這一點。可是我必須強調，我無法找到說明自然的原子特徵的途徑。我的看法是，如果借助做為基元概念的場的客觀描述不可能，那麼人們就必須找到完全避免（與空間和時間在一起的）連續統的可能性。然而，我對什麼種類的基元概念能夠用於這樣的理論沒有一丁點想法。⓿

直到生命的最後一刻，愛因斯坦還未能從上帝的衣兜內掏出統一場論。其主要原因在於，他的統一性思想超前了整整一兩代人，在當時還沒有必要的合適的數學工具，也沒有其他相互作用（強作用和弱作用）的完整理論可供利用。他晚年常引用浮士德的話自娛：「自然不願向你的精神暴露的東西，你也不能用槓桿和螺旋從她那裡強奪。」有人說愛因斯坦對統一場論的探求是「失敗」，是「悲劇」，這是值得商榷的。前說無疑是訛謬的，後說則是相當模糊的。在「出師未捷身先死，長使英雄淚滿襟」⓬或科學天才的峨爾峨他⓭的意義上，愛因斯坦的探索的確在某種程度上具有蒼涼悲壯、慷慨生哀的悲劇色彩，但這決不是玻恩等人所說的「悲劇性的錯誤」（*E1*, p. 199）。愛因斯坦之後的物理學發展⓮表明，愛因斯坦設定的目標，

⓫　同⓿。

⓬　唐‧杜甫：〈蜀相〉。

⓭　峨爾峨他在耶路撒冷，相傳為基督的蒙難處。

⓮　李醒民：〈愛因斯坦之後的物理學狀況及其革命性因素〉，《曲阜師範

指出的方向，採用的方法，提出的問題（在某種意義上說，提出問題也許比解決問題更重要，因為解決問題可能僅涉及某種數學或實驗技巧，而提出問題則需要深刻的思想和大膽的想像力）， 克服的困難乃至遇到的挫折，都給後來者以其大的啟示。本世紀六十年代後期以來相繼出現的各種規範場理論或大統一理論，都是愛因斯坦思想的自然繼續，愛因斯坦統一之夢正在穩步地（部分）得以實現。其實，愛因斯坦早在1948年就有先見之明：「我完成不了這項工作了；它將被遺忘，但是將來會被重新發現。歷史上這樣的先例很多。」(*E1*, p. 453)

愛因斯坦的科學貢獻構築了二十世紀物理學的兩大理論支柱，產生了持續而深遠的影響**⑯**。甚至世紀末，物理學的驚人發展基本上還未突破或超越愛因斯坦的概念框架和所提問題，而是沿著愛因斯坦指引的道路不斷拓展、深化和綜合。看來，這種進步趨勢在二十一世紀也許還要延續相當長的時間。

（二）

愛因斯坦是二十世紀最偉大的科學思想家。他的科學觀念豐富

大學學報》（曲阜），第13卷(1987)，頁122–130。以及M. White and J. Gribbin, *Einstein: A Life in Science*, A Dutton Book, 1994, pp. 248–257.

⑯ 有個統計數字頗能說明問題。1977年，在EINSTEIN A.的條目下共有452 次引用。考慮到愛因斯坦論文發表的時間，可見他的科學工作的直接影響是多麼巨大和持久。參見 T. Cawkell and E. Carfield, Assessing Einstein's Impact on Today's Science by Citation Analysis, *Einstein: the First Hundred Years*, Edited by M. Goldsmith etc., Pergamon Press, Oxford etc., 1980, pp. 31–40.

而新穎，主要包括以下三個方面：第一，關於空間、時間、物質、能量等的標新立異的科學思想；第二，卓有成效的探索性的演繹法、邏輯簡單性原則、準美學原則和形象思維等科學方法❶❻；第三，關於自然和科學的客觀性、可知性、統一性、和諧性、因果性、簡單性、不變性等科學信念❶❼，或霍耳頓所謂的科學基旨(thema)即形式的說明（比質料的說明）優先、統一性（或一致）和宇宙學的尺度（定律在整個經驗領域的平等應用）、邏輯節約和必然性、對稱、簡單性、因果性、完備性、當然還有持久性和不變性❶❽。愛因斯坦的科學觀念是二十世紀物理學的重要遺產，它將在相當長的時間內依然是科學的指路明燈。例如，楊振寧把愛因斯坦的不變性或對稱性觀念命名為「對稱性支配相互作用」原理，指出它在各種場論的興起中起著不可或缺的作用，並相信推廣它是今後乃至二十一世紀理論物理學的重要發展方向❶❾。

誠如愛因斯坦所說：科學研究的結果，往往使那些範圍遠遠超出有限的科學領域本身的問題的哲學觀點發生變化，並成為新的哲學觀點的源泉，從而強烈地影響到研究哲學的學者和每一代的哲學思想 (*E1*, pp. 374, 519)。愛因斯坦的科學觀念劇烈地搖撼或徹底推

---

❶❻ 李醒民：〈哲學是全部科學研究之母〉，《社會科學戰線》（長春），1986年第2期，頁79–83；1986年第3期，頁127–132。

❶❼ 李醒民：〈愛因斯坦的科學信念〉，《科技導報》（北京），1992年第3期，頁23–24。

❶❽ G. Holton, Einstein's Model for Constructing a Scientific Theory, *Albert Einstein, His Influence on Physics, Philosophy and Politics*, P. C. Aichelburg and R. U. Sexl (ed.), Friedr. Vieweg & Sohn, Braunschweig, 1979, pp. 109–136.

❶❾ 同❶❻，頁366–367，99–100。

翻了舊有的自然觀、科學觀和思維方式，為二十世紀的科學的本體論、認識論和方法論奠定了基石。這些革命性的新觀念成為二十世紀第一個真正的科學哲學運動——邏輯經驗論——的思想佐料和智力酵素，至少石里克 (M.Schlick, 1882–1936)、賴興巴赫 (H. Reichenbach, 1891–1953) 和卡爾納普 (R. Carnap, 1891–1970) 早期的、決定性的、構形的智力經驗，即幾乎給予他們必然產生的科學哲學以形式和內容的經驗，來自他們對相對論的認真而獨到的研究。愛因斯坦的新科學觀念也成為布里奇曼 (P. W. Bridgman, 1882–1961)的操作論、懷特海(A. N. Whitehead, 1861–1947)的過程哲學與羅素的事件哲學的源泉。在波普爾 (K. Popper, 1902–1994)、庫恩 (T. Kuhn, 1922–1996)、費耶阿本德 (P. K. Feyeraband, 1924–1994)、拉卡托斯(I. Lakatos, 1922–1974)、波蘭尼(M. Polanyi, 1891–1976)等現代科學哲學家的論著裡，也不難窺見愛因斯坦科學觀念影響的諸多蹤跡。波普爾感激地承認，愛因斯坦在1919年對他的思想影響「成為支配性的——從長遠來看，也許是所有影響中最重要的影響」。 **⓴**

愛因斯坦的科學觀念對二十世紀文化的各個領域都具有強大而持久的影響。庫茲涅佐夫 (B. Kuznetsor, 1903–1984) 認為，四維宇宙思想即消除瞬時作用、消除獨立於空間存在的絕對時間和絕對同時性的宇宙圖景作為一種嶄新的文化訓練，變革了自古以來的靜態三維概念的文化，形成二十世紀文化的拓撲學結構**㉑**。有本由科學家和藝術家合著的學術專著**㉒**，集中探討了做為神話式人物和繆

⓴ K. 波普爾：《無窮的探索——思想自傳》，邱仁宗等譯，福建人民出版社（福州），1984年第一版，頁34。

㉑ B. Kuznetsor, Einstein, *Science and Culture*, 同**❸**, pp. 167–183.

斯的愛因斯坦和當代文化事業之間的關聯。該書表明，愛爾蘭小說家喬伊斯(J. Joyce, 1882-1941)出版《尤利西斯》❷、奧地利作曲家勛伯格(A. Schoenberg, 1874-1951)發表十二全音連續音樂❷、愛因斯坦贏得諾貝爾獎，這些在我們時代思想史上的重大事件同在1922年發生，決不是偶然的巧合。愛因斯坦的激動人心的新科學觀念使他成為自然科學中的繆斯，激勵、啟示、支持了藝術中的體驗。例如，當四維幾何學在數學和物理學中出現時，藝術中傳統的三維表象便把時間做為第四維包含在先鋒派的繪畫中。藝術變得涉及做為一個維度的時間，涉及到空時關係。物理學中不同參照系的觀察者測量結果有異，於是多重視點便在繪畫和小說中表現出來，客體之間的關係變得比客體本身更重要。這部專著的結論是：愛因斯坦不僅隨文化史之流而流動，而且在科學文化和人文文化的鴻溝上架設了一條新通道。

（三）

　　愛因斯坦無疑是二十世紀最偉大的哲學家之一，不管他自己是

---

❷　A. J. Friedman and C. C. Donley, *Einstein, As Myth and Muse*, Cambridge University Press, Cambridge, 1985.

❷　《尤利西斯》描寫1904年6月16日這一天在都柏林發生的事，其中「意識流」的創作手法令人側目，有些段落未加標點符號。它不是以敘事的、時間的次序進行的，而是通過情節的同時並置進行的，這種並置要求讀者連續地把片段組裝在一起，並記住暗指，直至空間格局浮現出來。

❷　所謂十二全音連續音樂即十二音體系，是由十二個不同的音構成一個音列，該音列可用轉位、逆行等方法安排，然後編織成曲，該作曲技法對二十世紀音樂有重要影響。

否自視或自稱為哲學家❿。對於哲學，他說過表面看來似乎截然不同的話語。一方面，他充分肯定：

> 哲學是其他一切學科之母，她生育並撫養了其他學科。因此人們不應該因為哲學的赤身露體和貧困而對她進行嘲弄，而應該希望她那種唐吉訶德式的理想會有一部分遺傳給她的子孫，這樣他們就不至於流於庸俗了。(*RS*, p. 93)

同時他還認為：「雖然理性和哲學在最近的將來似乎十分不可能變成人們的嚮導，但它們一如既往，依然將是出類拔萃的少數人的安身立命之所。」(*HPS*, p. 432)他稱讚「具有哲學追求的人」是「智慧和真理的朋友」❿。另一方面，他也以開玩笑的調皮口吻譏諷哲學：「整個哲學難道不是用蜜寫成的嗎？乍看起來它好像很精彩，但是如果你再看一看，它完全是垂死的，留下的只是老生常談，是漿糊狀的東西。」❿

---

❿ 據英費爾德回憶，愛因斯坦自認為是哲學家。他常說：「我是一個物理學家，但更多地是一個哲學家。」參見L. Infeld, *Albert Einstein: His Work and its Influence on Our World*, Charles Scribner's Sons, New York, 1950, p. 120.而有人則認為，愛因斯坦從不認為他自己是一個哲學家。參見 I. Paul, *Science, Theology and Einstein*, Oxford University Press, 1982, p. 127. 不過，愛因斯坦 1920 年 6 月 5 日在致卡西勒 (E. Cassirer, 1874–1945)的信中，倒是自稱過「非哲學家」。

❿ A. Einstein, *Out of My Later Years*, Philosophical Library, New York, 1950, p. 268.

❿ I. Rosenthat-Schneider, Reminiscenses of Einstein, 同❿中的第二個文獻(H. Woolf ed.), pp. 521–523.

　　其實，細究起來，愛因斯坦的看法並無自相矛盾之處。他尊崇的哲學，是那種能夠給予人以真理和啟迪的智慧哲學。他嘲笑的哲學，是那種裝腔作勢、大而無當、言之無物的「假大空」哲學。如果說他不願自命為哲學家，那也是不願做以這樣的哲學討生計的哲學家。在這方面，愛因斯坦像叔本華和尼采一樣，對所謂的職業哲學家和體系哲學著實有點不恭敬。不用說，這與愛因斯坦本人的哲學背景和思想風格也有關係。在這裡，也許正應了帕斯卡(B. Pascal, 1623–1662)的一句名言：「能嘲笑哲學，這才真是哲學思維。」❿

　　十九世紀最後四分之一，在哲學領域，在歐洲是新康德主義與實證論的對峙，在美國則是以皮爾斯(C. S. Peirce, 1839–1914)為先導的實用主義的興起。在科學領域，力學自然觀頑強地作最後的表演，同時「科學破產」的失敗主義四處彌漫。愛因斯坦從小就對哲學深感興趣，但他既沒有隨波逐流，也沒有趨時趕潮，而是有自己的主見。這種主見在廣義相對論建成之後，逐漸表現為一種卓爾不群的哲學獨立性和豐厚圓融的思想綜合性。愛因斯坦很早就接觸了康德，他高度評價康德哲學「那種發人深思的力量」，但並不認為相對論「合乎康德的思想」(E1, pp. 104, 168)。他說：「我不是在康德的傳統中成長起來的，只是後來我才認識到他的學說中的寶貴之處，那是同現在看來明顯謬誤的東西並存的。」❿他雖然感激地承認馬赫的懷疑的經驗論對他「有過很大的影響」(E1, p. 10)，但他對馬赫哲學並不十分同情，且持批評態度❿。他從未把自己與反啟蒙

❿　P. 帕斯卡：《思想錄》，何兆武譯，商務印書館（北京），1985年第一版，頁6。

❿　同❿，頁110。

❿　關於愛因斯坦對馬赫的批評以及某些批評不甚妥當的辨析，可參見❿，

主義的德國浪漫派哲學家謝林(F. W. J. von Schelling, 1775–1854)、黑格爾 (G. W. F. Hegel, 1770–1831) 以及同時代的海德格爾 (M. Heidegger, 1889–1976)、蒂利希(P. Tillich, 1886–1965)的辯證的思辨聯繫起來，他肯定不滿意他們脫離科學的艱澀而空洞的夢囈。不過，他在給玻恩的信中也就黑格爾說過一段耐人尋味的話：「我以極大的興趣讀了你反對黑格爾、反對迷戀黑格爾哲學的報告，對我們理論工作者來說，黑格爾的哲學是唐吉訶德精神，或大膽地說是一種誘惑物。但完全沒有這種惡習的人，簡直就是不可救藥的市儈。」❸

那麼，愛因斯坦的哲學發源地在何處呢？第一，各個時代的哲學大家都是愛因斯坦的思想沃土，其中包括古希臘的先哲，近代哲學大師如笛卡兒(R. Descartes, 1596–1650)、萊布尼茲(G. W. F. von Leibniz, 1646–1716)、斯賓諾莎、洛克(J. Locke, 1632–1704)、休謨等，以及愛因斯坦的先輩叔本華和尼采。愛因斯坦也崇尚中國哲學家孔子（西元前551–前479年）。第二，它在從開普勒到普朗克的諸多哲人科學家的科學思想和哲學思想裡。第三，它在批判學派的代表人物馬赫、彭加勒、迪昂(P. Duhem, 1861–1916)、奧斯特瓦爾德、皮爾遜的科學哲學名著中，愛因斯坦科學哲學的諸多構成要素都能在其中窺見到蛛絲馬跡乃至明顯烙印。第四，它在愛因斯坦與邏輯經驗論者石里克等以及哥本哈根學派的交流和交鋒中。第五，尤其是它在愛因斯坦對自己的科學探索過程和科學成果的哲學反思中。對前人思想成果的吸收、批判和改造，對自己科學實踐的沉思、總結和提煉，構成了愛因斯坦明徹的哲學思想的源泉。「問渠那得清

頁282–298。

❸　同❹，頁229。

如許？為有源頭活水來。」⑬此言得之！

　　愛因斯坦是「哲人科學家」，也就是「做為科學家的哲學家」⑬。他在1919年的一封信中，談到他的哲學研究的主要途徑：「我只不過希望從口頭上和文字上去談談那些與我專業有關，同時又令哲學家們感興趣的東西，這也許是我從事哲學研究的唯一一條途徑。」⑬愛因斯坦之所以在鑽研科學的同時熱心於哲學研究，這是因為從客觀上講，當物理學的基礎本身成問題的時候，此時

> 經驗迫使我們去尋求更新、更可靠的基礎，物理學家就不可以簡單地放棄對理論基礎作批判性的思考，而聽任哲學家去做；因為他自己最曉得，也最確切地感覺到鞋子究竟是在哪裡夾腳的。在尋求新的基礎時，他必須在自己的思想上盡力弄清楚他所用的概念究竟有多少根據，有多大的必要性。
> 整個科學不過是日常思維的一種提煉。正因為如此，物理學家的批判性的思考就不可能只限於檢查他自己特殊領域裡的概念。如果他不去批判地考察一個更加困難得多的問題，即分析日常思維的本性問題，他就不能前進一步。(*E1*, p. 341)

此外，從主觀上講，愛因斯坦本人也是一個不滿足於知其然，而喜

---

⑬　宋・朱熹：〈觀書有感二首（其一）〉。

⑬　李醒民：〈論做為科學家的哲學家〉，《求索》（長沙），1990年第5期，頁51–57。

⑬　H. M. 薩斯：〈愛因斯坦論「真正的文化」以及幾何學在科學體系中的地位〉，趙鑫珊譯，《自然科學哲學問題》（北京），1980年第3期，頁47–49。

歡迫本窮源的人。他經常急切地關心這樣的問題：我現在所獻身的這門科學將要達到而且能夠達到什麼樣的目的？它的一般結果究竟在多大程度上是「真的」？哪些是本質的東西，哪些則只是發展中的偶然的東西(*E1*, p. 84)？諸如此類，不一而足**⑮**。

愛因斯坦的哲學既蘊涵在他的科學觀念（這些觀念本身也許就是哲學）中，也體現在他對做為一個整體的科學以及科學研究的對象（自然界）的思考中，從而形成了他的別具一格的科學哲學（包括部分自然哲學的內容）。愛因斯坦不僅給哲學家指明了道路，而且他的科學哲學是最鮮活的、最有生命力的、最受科學家歡迎的，因為這種科學哲學是由實踐的哲人科學家創造的。科學家之所以樂於選擇它，是因為它明晰、誠實、獨立，貼進科學家和科學共同體的科學實踐和生活形式。

由於問題的驅使，由於鄙棄像「輝煌的海市蜃樓」那樣的只能做為「主觀安慰物」**⑯**的哲學體系，因此愛因斯坦的科學哲學沒有晦澀難懂的生造術語，沒有眼花撩亂的範疇之網，沒有洋洋自得的龐大體系，但是誠如賴興巴赫所說：「愛因斯坦的工作比許多哲學家的體系包含著更多的固有哲學。」**⑰**請聽一下愛因斯坦晚年的一則總

---

⑮ 例如，愛因斯坦說，關於現在(the Now)這個問題使他大傷腦筋。他解釋道，現在的經驗是人所專有的東西，是同過去和將來在本質上都不同的東西，然而這種重大的差別在物理學中並不出現，也不可能出現。這種經驗不可能為科學所掌握，對他來說，這似乎是一種痛苦的但卻無可奈何的事。(*E3*, p. 393)

⑯ 《上帝死了——尼采文選》，戚仁譯，上海三聯書店（上海），1989年第一版，頁24。

⑰ A. Vallentin, *Einstein, A Biography*, Translated from the French by M. Budberg, Weidenfeld and Nicolson, London, 1954, p. 106.

括性的哲學體驗：

> 我一方面看到感覺經驗的總和，另一方面又看到書中記載的
> 概念和命題的總和。概念和命題之間的相互關係具有邏輯的
> 性質，而邏輯思維的任務則嚴格限於按照一些既定的規則（這
> 是邏輯學研究的問題）來建立概念和命題之間的相互關係。
> 概念和命題只有它們通過同感覺經驗的聯繫才能獲得「意義」
> 和「內容」。後者同前者的聯繫純粹是直覺的聯繫，並不具有
> 邏輯的本性。科學「真理」同空洞幻想的區別就在於這種聯
> 繫，即這種直覺的結合能夠被保證的可靠程度，而不是別的
> 什麼。概念體系連同那些構成概念體系結構的句法規則都是
> 人的創造物。雖然概念體系本身在邏輯上是完全任意的，可
> 是它們受到這樣一個目標的限制，就是要盡可能做到同感覺
> 經驗的總和有可靠的（直覺的）和完備的對應關係；其次，
> 它們應當使邏輯上獨立的元素（基本概念和公理），即不下定
> 義的概念和推導不出的命題，要盡可能地少。
> 命題如果是在某一邏輯體系裡按照公認的邏輯規則推導出來
> 的，它就是正確的。體系所具有的真理內容取決於它同經驗
> 總和的對應可能性和完備性。正確的命題是從它所屬的體系
> 的真理內容中取得其「真理性」的。(*E1*, pp. 5–6)

請看，這段陳述所包含的哲學內涵多麼豐富，多麼深刻！它把經驗
論、理性論、約定論、整體論、實在論的合理內核和積極因素都囊
括其中，但又不能簡單地歸之於任何一個「論」或「主義」(-ism)，
而是在各種「主義」之間保持了必要的張力。它恰如其分地闡明了

經驗與概念、邏輯和直覺、意義和真理等等之間的關係和職份，它把科學的本體論、認識論和方法論熔合在一起。這樣簡明、深邃、新穎、別致的科學哲學，還能在哪兒找到？

愛因斯坦還就廣泛的社會政治問題和人生問題發表了許多文章，其數量並不少於他的科學論著，從而形成了他的見解獨到的社會哲學和人生哲學。愛因斯坦之所以要分出寶貴的時間用於科學之外的思考，是因為他深知，科學技術的成就「既不能從本質上多少減輕那些落在人們身上的苦難，也不能使人的行為高尚起來」(*E1*, p. 432)。他進而認為：

> 單靠知識和技術不能使人類走上幸福而高尚的生活。人類有充分的理由把那些崇高的道德標準和道德價值的傳播者置於客觀真理的發現者之上。在我看來，人類應該更多地感謝釋迦牟尼、摩西(Moses)和耶穌那樣的人物，而不是有創造性的、好奇的頭腦的成就。如果人類要保持自己的尊嚴，要維護生存的安全以及生活的樂趣，那就應該竭盡全力地保衛這些聖人所給予我們的一切，並使之發揚光大。⓲

其次，熱愛人類，珍視生命，尊重文化，崇尚理性，主持公道，維護正義的天性也不時地激勵他、驅使他這樣作。最後，在於他的十分強烈的激濁揚清的社會責任感：他希望社會更健全、人類更完美；他覺得對社會上的醜惡現象保持沉默就是「犯同謀罪」(*E3*, p. 321)。

愛因斯坦的社會哲學內容極為豐富，極富啟發意義。他的開放

⓲　T. 費里斯：〈另一個愛因斯坦〉，陳恒六譯，《科學與哲學》(北京)，1984年第6輯，頁45–56。

的世界主義、戰鬥的和平主義、自由的民主主義、人道的社會主義，以及他關於科學、教育、宗教的觀點，至今仍煥發著理性的光華和理想的感召力，從而成為當今世界譜寫和平與發展主旋律的美妙音符。他對人生價值和生命意義的探討，對真善美的嚮往和追求，這對於人的劣根性的鏟除、對於人性的改造、對於人的自我完善，都具有永不磨滅的意義。

「思想是具有永存價值的東西」(*E3*, p. 564)。愛因斯坦的哲學思想像他的科學的理性產品一樣，是永恆流芳的。愛因斯坦在紀念牛頓誕辰三百週年所寫的話正好可以在這裡用作小結：

> 理性用它的那個永遠完成不了的任務來衡量，當然是微弱的。它比起人類的愚蠢和激情來，的確是微弱的，我們必須承認，這種愚蠢和激情不論在大小事情上都幾乎完全控制著我們的命運。然而，理解力的產品要比喧嚷紛擾的世代經久，它能經歷好多世紀而繼續發出光和熱。(*E1*, p. 401)

(四)

愛因斯坦不僅以卓著的科學成就和豐富的哲學思想而偉大，而且也以高尚的人格和品德而偉大。在某種意義上，做為一個人的愛因斯坦比做為一個學者的愛因斯坦還要偉大。當他活著的時候，全世界善良的人似乎都能聽到他的心臟在跳動；當他去世時，人們不僅感到這是世界的巨大損失，而且也是個人的不可彌補的損失。這樣的感覺是罕有的，一個自然科學家的生與死引起這樣的感覺也許還是頭一次。這種感覺從何而來呢？

它來自愛因斯坦的做人和為人。有人曾問普林斯頓的一位普通

老人: 你既不理解愛因斯坦的科學理論, 又不明白愛因斯坦的抽象思想, 你為什麼仰慕愛因斯坦呢? 老人回答說: 「當我想到愛因斯坦教授的時候, 我有這樣一種感覺, 彷彿我已經不是孤孤單單一個人了。」(*EZ*, p. 287)西班牙的一位優秀大提琴家說:「雖然我無緣親自結識愛因斯坦, 我卻始終對他懷有深深的敬意。他肯定是一位偉大的學者, 但更重要的, 他是在許多文明的價值搖搖欲墜時的人類良心的支柱。我無限感念他對非正義的抗議⑬, 我們的祖國就是非正義的犧牲品。確實, 隨著愛因斯坦的去世, 世界喪失了它自身的一部分。」⑭愛因斯坦之所以能夠永遠活在廣大普通人的心中, 主要在於他的獨立的人格、仁愛的人性和高潔的人品。這種品格是推動社會進步的永恆動力, 也是人類自我完善的精神源泉。誠如愛因斯坦在悼念居里夫人時所說:

> 第一流人物對於時代和歷史進程的意義, 在其道德品質方面, 也許比單純的才智成就方面還要大。即使是後者, 它們取決於品格的程度, 也遠超過人們所認為的那樣。(*E1*, p. 339)

我們前面多次提到, 愛因斯坦的科學追求實際上也是一種道德的和人格的追求。他在科學工作中知難而進, 鍥而不舍; 生命不息,

---

⑬　1937 年 4 月 18 日在紐約舉行了支持西班牙共和國備戰設防的群眾集會, 愛因斯坦給大會發去祝詞: 「我認為拯救西班牙自由的有力行動是所有的真正民主主義者不可迴避的責任。……我衷心祝願你們正義的和意義深遠的事業大告成功。」(*HPS*, p. 362) 西班牙內戰 (1936–1939)是西班牙法西斯軍人發動的反共和反政府的軍事叛亂。

⑭　同⑭, 頁240。

奮鬥不止；謙卑謙遜，棄絕名利；一視同仁，樂於助人；平易近人，和藹可親。這一切，使他成為新物理學的人格化的化身和毋庸置疑的科學道德典範。愛因斯坦以自己的科學活動，一改人們心目中固有的沒有人性的科學和科學家的形象。

　　愛因斯坦的理論是象牙塔內的陽春白雪，但他卻走出象牙之塔，積極而勇敢地投身到各種有益的社會政治活動中去。他心裡清楚，「在政治這個不毛之地上浪費許多氣力原是可悲的」 ⑭(*E1*, p. 473)。他看透了「政治如同鐘擺，一刻不停地在無政府狀態和暴政狀態之間來回擺動。其原動力則是人們長期的、不斷重現的幻想。」(*RS*, p. 40)他也明白，「有必要從大規模的社會參與中解脫出來」，否則「便不能致力於我的平靜的科學追求了」(*HPS*, p. 75)。但是，追求真善美的天生本性，嫉惡假惡醜的理性良知，以及「不要統治，但要服務」 ⑭ 的道德心和使命感，又促使他分出相當多的寶貴時間和精力，投身到各項政治活動和社會事務中去。他在1933年5月致勞厄的信中說：

　　　　我不同意你的觀點：科學家對政治問題，在比較廣泛的意義
　　　上講是對人類事務應該保持緘默。德國的狀況表明，隨便到

⑭　愛因斯坦的這一看法部分地源於下述兩段名言。瑞典詩人奧克森舍納 (J. G. Oxenstierna, 1750–1818)說：「我的孩子，你不會相信，治理這個世界所用的智慧竟是這樣地少。」黑格爾說：「我們從歷史所能吸取的教訓是，各國人民並沒有從歷史吸取教訓。」愛因斯坦認為：「這兩句話很透徹地表達了事情的實況，並且對任何時代都適用。」(*E3*, pp. 473–474)

⑭　這是洛倫茲所說的一句話，愛因斯坦十分推崇洛倫茲的為人並贊賞這句話。

什麼地方，這樣的克制將導致把領導權不加抵抗地拱手交給
那些愚昧無知的人或不負責任的人，這樣的克制難道不是缺
乏責任心的表現嗎？假定喬爾達諾・布魯諾(Giordano
Bruno, 1548–1600)、斯賓諾莎、伏爾泰(Voltaire, 1694–1778)
和洪堡這樣的人都以如此方式思考和行動，那麼我們會是一
種什麼處境呢?我不會為我說過的話中的每一個詞感到後悔，
我相信我的行為是有益於人類的。(*HPS*, pp. 292–293)

在愛因斯坦看來，緘默就是同情敵人和縱容惡勢力，只能使情
況變得更糟。科學家有責任以公民的身份發揮他們的影響，有義務
變得在政治上活躍起來，並且要有勇氣公開宣布自己的政治觀點和
主張。如果人們喪失政治洞察力和真正的正義感，那麼就不能保障
社會的健康發展。愛因斯坦揭示出，科學家對社會問題和政治問題
之所以不感興趣，其原因在於智力工作的不幸專門化，從而造成對
政治問題和人的問題愚昧無知，必須通過耐心的政治啟蒙來消除這
種不幸。他把荷蘭大科學家洛倫茲做為楷模，號召人們像洛倫茲那
樣「去思想，去認識，去行動，決不接受致命的妥協。為了保衛公
理和人的尊嚴而不得不戰鬥的時候，我們決不逃避戰鬥。要是我們
這樣做了，我們不久就將回到那種允許我們享有人性的態度。」
(*E3*, p. 150)當然，他也認識到，既要從事嘔心瀝血的腦力勞動，還
要保持作一個完整的人，確實是困難的。但是，愛因斯坦並未像一
些知識分子那樣躲避政治，或在碰到政治問題時採取阻力最小的政
策，他以自己切實的行動表明，他是一個一身正氣的完整的人。像
他這樣在科學上有開創性貢獻，在社會政治問題上又如此有道德心
和責任感，在歷史上難覓第二人。

　　愛因斯坦所處的時代，是一個社會危機此起彼伏，文明價值日益式微，精神時疫無孔不入的時代，其生存環境是相當嚴峻、險惡的。加之在當時，科學家積極參與公共事務的情況在舊的學術傳統中是沒有先例的，而愛因斯坦的超越國家和個人的政治見解又往往遭到當局的嫉恨和迫害，遇到群氓的嘲諷和反對，以及受蒙蔽的民眾的不理解和冷遇。在這種情況下，要站出來講真話並付諸行動，需要何等的道德力量和勇氣！愛因斯坦意識到這一點，他在一封信中透露出自己的心境：「什麼應該存在和什麼不應該存在的感情，猶如樹木的生長和死亡一樣，在這裡任何肥料都無能為力。在厚顏無恥的社會裡，一個人的能力只能作到為他人提供榜樣，並英勇地捍衛道德基礎。許多年來我力求達到這一點，但成就時大時小。」愛因斯坦一生都堅信：「人類一切珍寶的基礎，是道德基點。」**❹** 可以毫不誇張地說，他身體力行，達到了世人可望而不可及的道德峰巔。

　　即使在日常生活領域，愛因斯坦也是一個心靈最自由、精神最純潔、品德最高尚、人格最完美的人。這方面的事例不勝枚舉，我們將專闢一章論述。在廣大公眾心目中至今仍在活著的愛因斯坦，是集智慧、勇敢和仁慈於一身的愛因斯坦，是最善良、最有人性的愛因斯坦，是銀髮散亂、頭紋深陷、眼神慈祥、面容可親的愛因斯坦。波普爾這樣描繪道：「很難傳達對愛因斯坦個性的印象。也許可以這樣說，同他在一起感到很自在。不能不信任他，不能不無保留地信賴他的直率、他的和藹、他的判斷力強、他的智慧以及他的幾乎是兒童般的天真。」**❹** 庫茲涅佐夫高度評價做為人的愛因斯坦的永恆價值：

---

❹　同**❹**，頁229–230，206。

❹　同**❹**，頁138。

在人類記憶裡保存著的不僅是愛因斯坦的物理理論的內容，
而且也有他的生活、心理特點、情感內容、生活的插曲，甚
至容貌。愛因斯坦的不朽——這不僅僅是思想的不朽，也是
人的不朽。(*EZ*, p. 322)

　人們常說「金無赤足，人無完人」， 但是我還是想借哈姆萊特
之口就愛因斯坦說：「他是一個人 —— 一個完人。」❹因為我們實在
找不出更好的修辭手段來作概括性的結論了，不知讀者是否也有同
感？

---

❹　這句話間接引自(*EZ*, p. 6)。在《莎士比亞全集》⑼（朱生豪譯，北京：
　　人民文學出版社，1978年第一版）中的譯文是：「他是一個堂堂男子；
　　整個說起來，我再也見不到像他那樣的人了。」

第一編

愛因斯坦的科學哲學

第二章　溫和經驗論思想

踏遍姑蘇覓勝蹟，
撲朔迷離又一奇。
千古風流今何在？
惟有春風似相識。

——李醒民〈姑蘇懷古〉

　　霍耳頓教授在1960年代末發表的一篇著名論文〈馬赫、愛因斯坦和對實在的探索〉 ❶ 中這樣寫道：「在我們這個世紀的思想史中，有一章可以題為『阿爾伯特‧愛因斯坦的哲學歷程』，這是一段從以感覺論和經驗論為中心的科學哲學，到以理性論的實在論為基礎的哲學歷程。」霍耳頓在論文中還首次披露了愛因斯坦1938年1月24日寫給蘭佐斯(C. Lanczos, 1892–1974)的信。愛因斯坦在信中明確地講了他的哲學「轉變」及其主要原因：

　　從有點類似馬赫的那種懷疑的經驗論出發，經過引力問題，

---

❶　G. 霍耳頓：《科學思想史論集》，許良英編，河北教育出版社（石家莊），1990年第一版，頁38–83。

> 我轉變成為一個有信仰的理性論者，也就是說，成為一個到
> 數學的簡單性中去尋求真理的唯一可靠源泉的人。邏輯簡單
> 的東西，當然不一定就是物理上真實的東西。但是，物理上
> 真實的東西一定是邏輯上簡單的東西，也就是說，它在基礎
> 上具有統一性。(*E1*, p. 380)

　　霍耳頓論文的主要學術貢獻在於，他通過翔實的考證和史料，詳細地描繪了愛因斯坦哲學逐漸轉變的歷程，尤其是對馬赫哲學態度的演變，他認為愛因斯坦轉變後的哲學思想是理性論的實在論，並揭示出其形成受到以開普勒和普朗克為代表的自然科學家的影響。

　　細究霍耳頓論的論文，我們不難看到，他把愛因斯坦的哲學「轉變」視為重大的「改變方向的過程」，視為轉折性的質變。這也許有點言過其實。事實上，在愛因斯坦的早期（1916年之前）哲學思想中，不僅有經驗論的因素，而且也包含著理性論（霍耳頓強調了這一點）、實在論、約定論和整體論的成分。愛因斯坦的所謂「轉變」，只是經驗要素在知識論中的減弱和理性要素的增強，是對激進經驗論的遠離，他並沒有拋棄經驗論的合理內核和懷疑批判精神。這基本上是一個量變過程，是一個自然的、連續的、漸進的演化過程（他的實在論思想更有一個複雜的演化過程）。縱觀愛因斯坦的一生，他的哲學思想是一以貫之的，並不存在明顯的斷裂或鴻溝，甚至不存在重大的轉向。

一、早期的懷疑經驗論的
傾向、淵源和「轉變」

　　懷疑的經驗論亦可稱批判的經驗論。愛因斯坦懷疑和批判態度的萌生，肇始於他在十二歲那年閱讀通俗自然科學書籍、拋棄使他得到首次解放的宗教天堂之時。當時，他對所有權威和流行信念都持懷疑態度。從此，懷疑和批判精神就成為愛因斯坦的主要精神氣質之一，它非但沒有隨時間的推移和年齡的增長而減弱，而且更加條理化、理性化和科學化。尤其是1897年初讀馬赫的《力學史評》，馬赫對經典科學中的頑固的教條主義的懷疑批判使愛因斯坦經受了新的洗禮，從而成為終生的科學概念的批判者和革新家。

　　上大學時，愛因斯坦有幾位卓越的數學老師，按理說應該在數學方面得到深造，可是他「大部分時間卻是在物理實驗室工作，迷戀於同直接經驗接觸」(*E1*, p. 7)。他曾設計了用熱電偶檢測地球運動引起光速變化的實驗，由於得不到設備和支持，實驗最終未能完成。愛因斯坦的女婿凱澤爾(R. Kayser)在傳記中寫道：「誰也無法使他參加數學討論會，他還沒有看到掌握存在於數學之中的創造力的可能性。他希望完全憑經驗進行研究，以適應他當時的科學情緒。做為一位自然科學家，他是一位純粹的經驗論者。」❷凱澤爾斷言早期的愛因斯坦是「純粹的經驗論者」固然失之偏頗，但至少道出了愛因斯坦當時的經驗論思想傾向是相當明顯的。對於一個與自然科學打交道的人來說，自發地傾向於樸素的實在論和經驗論，倒是十

❷　A. Reiser, *Albert Einstein, A Biographical Portrait*, Albert & Charles Boni, New York, 1931, pp. 51–52.作者在這裡用的是筆名。

分自然的事情。

　　愛因斯坦的這一傾向也表現在他與奧斯特瓦爾德的關係上。在1901年，面對失業的愛因斯坦兩次給這位萊比錫大學的化學教授寫信，懇請謀取一個實驗員職位（看來他相信自己是一個實驗論者），他說他是「一個對絕對測量很熟悉的數理工作者」。愛因斯坦選中奧斯特瓦爾德並非偶然。因為奧斯特瓦爾德不僅是一位第一流的物理化學家，而且還是世紀之交一位活躍的哲學家。他反對對自然現象作純力學的解釋，堅定地懷疑並批判了力學自然觀。以他為代表的能量論者認為，只要能測量觀察中所出現的各種量（例如能量、壓力、體積、溫度、熱、電位、質量等）即可，用不著把它們歸結為假想的原子過程或動力學的量❸。他們譴責像以太這類具有無法直接觀測到的性質的概念。他們發出號召，要求重新考察作為所有物理推理基礎的基本原理，尤其是要考慮牛頓運動定律、力和作用的概念、絕對運動和相對運動概念的適用範圍。所有這些破除迷信的要求（除了反原子論），肯定與年輕的愛因斯坦的志趣十分契合，而且現象論的思想也與他當時的經驗論追求相近。

　　奧斯特瓦爾德是批判學派❹的代表人物之一。批判學派否認物理學僅僅是經典力學的簡單繼續。他們希望擺脫傳統的枷鎖，認為這種傳統過於狹隘、過於專橫了。做為世紀之交期間物理學的革新派，他們對經典力學的一些基本概念和基本原理以及力學自然觀進

---

❸　李醒民：〈奧斯特瓦爾德的能量學和唯能論〉，《自然辯證法研究》（北京），第5卷(1989)，第6期，頁65–70。

❹　李醒民：〈世紀之交物理學革命中的兩個學派〉，《自然辯證法通訊》（北京），第3卷(1981)，第6期，頁33–40；李醒民：〈論批判學派〉，《社會科學戰線》（長春），1991年第1期，頁99–107。

行了大膽質疑和尖銳批判。這是批判學派的根本特徵，也是它的鮮明標識。愛因斯坦在青年時代讀過這些代表人物的著作，熟悉他們的科學和哲學思想，肯定從中受到其大的影響和有益的啟迪。以往的研究者往往只注意馬赫，而忽略批判學派對愛因斯坦的總體作用，這不能不認為是一個很大的缺憾。

例如，皮爾遜在《科學規範》中標榜「批判是科學的生命」（他把這作為該書標題頁的警句）。他說：

> 在像當代這樣的本質上是科學探索的時代，懷疑和批判的盛行不應該被看作是絕望和沒落的徵兆，它是進步的保障之一。科學最致命的徵候之一也許是科學統治集團的成規，該集團把對它的結論的一切懷疑，把對它的結果的一切批判都打上異端的烙印。

他還指出，與不動腦筋的推斷、輕鬆的和過分輕率的信仰相比，誠實的懷疑對科學共同體來說更健全、更有社會性。懷疑至少是通向科學探索的第一階段，達到這一階段遠勝於無論什麼智力進步也未作出。他洞察到，科學原理中的形而上學概念的模糊性，使物理學家比純粹數學家和歷史學家更容易陷進自然神學和靈學這樣的偽科學的泥沼，必須要有質樸的拓荒者清除妨礙物理學發展的形而上學概念的莠叢。皮爾遜正是以消除科學中的形而上學為宗旨，以科學的懷疑批判精神為武器，探討了機械論的局限，否認經典力學的普適性，揭示了牛頓運動定律和基本概念的「形而上學的朦朧」，並重新表述了力學定律和有關定義。皮爾遜的哲學是觀念論和感覺論的，他把他的時空觀、運動觀、物質觀、因果觀都建築在感覺論的

基礎上❺。皮爾遜的懷疑和批判精神，必定會使愛因斯坦大受鼓舞和啟迪，他的感覺論和清除形而上學的思想也無疑會助長愛因斯坦的經驗論，但是愛因斯坦並未接受皮爾遜的觀念論，因為愛因斯坦樸素的實在論思想從小就牢固確立了。

　　彭加勒是對世紀之交物理學的現狀和未來發展趨勢最有真知灼見的老一輩科學家。他不僅把分析批判的矛頭對準經典力學，而且也指向經典物理學，揭示出經典理論與實驗事實難以調和的矛盾。他不只摧毀舊的絕對時空和絕對運動概念，還提出了建設性的建議：同時性的定義、相對性原理和光速不變原理。這對愛因斯坦創立狹義相對論肯定有直接的影響。而且，彭加勒在認識論（經驗論、理性論和約定論哲學）、方法論以及自然觀、科學觀等方面，也大大影響了愛因斯坦❻。愛因斯坦雖然承認彭加勒對他的思想發展「有一定的影響」(*E3*, p. 487)，但並沒有像針對馬赫和休謨那樣強調得引人注目。這也許是學術界長期輕視乃至忽視彭加勒對愛因斯坦有重大影響的一個原因。

　　幾乎可以肯定，愛因斯坦讀過迪昂的《力學的進化》(1903) 和《物理學理論的目的和結構》(1906)❼。迪昂指出，十九世紀中期，理性力學被認為像歐幾里得幾何學一樣，「放到一個不可動搖的基礎上」，但是物理科學急劇的、激動人心的、持續的成長開始「搖

---

❺　李醒民：〈簡論皮爾遜的科學哲學〉，《自然辯證法研究》（北京），第7卷(1991)，第3期，頁60–65。

❻　李醒民：《理性的沉思》，遼寧教育出版社（瀋陽），1992年第一版，頁77–104，264–297。

❼　D. Howard, Einstein and Duhem, *Synthese*, 83 (1990), pp. 363–384. 迪昂的前一本書由弗蘭克在1912年譯為德文出版，後一本書由F. 阿德勒翻譯為德文，於1908年出版。

撼」和「觸動」了這種平靜和自信，「力學賴以建立的基礎的可靠性受到懷疑，它再次向新的發展邁進」。「可以肯定，這種懷疑狀況對於每一個思考者都是有價值的考慮對象；因為關於力學命運，關於它將發展它的理論的方法，都取決於自然哲學的真正形式。」 迪昂在批判力學自然觀時說：「所有現象都能用力學說明的假設既不為真，也不為假；這樣說時沒有意義。」 這是因為，該假設不符合「實驗方法程序」，「超越了物理學方法」❽。迪昂對愛因斯坦的最大影響是整體論，但是他對經典力學基礎的懷疑批判，對科學中的形而上學和歸納法的反對，對工具論和實證論方法的推崇，無疑是愛因斯坦早期哲學思想的又一源泉。

馬赫是批判學派的首領。愛因斯坦青年時代曾兩次讀過馬赫的《力學史評》。 馬赫以懷疑的經驗論哲學為武器，把那些從經驗領域裡排除出去而放到虛無飄渺的先驗的頂峰上去的基本觀念，一個個從柏拉圖的奧林帕斯天堂拖下來，揭露出它們的世俗血統，把這些觀念從強加給它們的禁忌中解放出來。對於世紀之交被力學先驗論和力學自然觀統治和禁錮的物理學界，馬赫的懷疑批判無疑是一股清涼的風，它起到了啟蒙思想和破除迷信的巨大作用，是物理學革命行將到來的先聲❾。

馬赫的歷史批判著作對一代自然科學家產生了發聾振聵的影響，甚至那些自命為馬赫反對派的人，也像吮吸母親的乳汁一樣地

---

❽　P. Duhem, *The Evolution of Mechanics*, Translated by M. Cole, Sijthoff & Noordhoff, Maryland, U.S.A., 1980, pp. xl–xli, 97–98.

❾　李醒民：〈物理學革命行將到來的先聲——馬赫在「力學史評」中對經典力學的批判〉，《自然辯證法通訊》（北京），第4卷(1982)，第6期，頁15–23。

汲取了馬赫的不少思想營養。馬赫的懷疑批判精神、思考方式、科學和哲學思想，對年輕的愛因斯坦產生了舉足輕重的影響。愛因斯坦後來多次坦率地承認馬赫是相對論的先驅，並認為「馬赫的真正偉大，就在於他的堅不可摧的懷疑論和獨立性」(*E1*, p. 10)。但是，即使在愛因斯坦處於馬赫圈子之中的時候，他也沒有接受馬赫的反實在論（例如反原子論）和輕視理論化的立場，他對馬赫關於概念和感覺經驗關係的理解也是發生學的，而不是認識論的。

對愛因斯坦早期懷疑論的經驗論的哲學形成而言，無論如何不能忽視英國啟蒙哲學家休謨的影響。事實上，愛因斯坦認為，與馬赫相比，休謨對他的「直接影響要更大些」(*E3*, p. 476)。他甚至認為，康德的《導論》「讀起來無論如何是有味的，儘管它還沒有他的先輩休謨的著作那樣好。休謨還有一個健全得多的本能。」(*E1*, p. 105)休謨是哲學史上著名的懷疑論和經驗論的代表人物，愛因斯坦不滿意康德的先驗論，他所謂的休謨的「健全得多的本能」，大概指的就是休謨的懷疑論和經驗論。休謨正是以此為武器，打碎了教條主義或獨斷論的迷夢，給人們指出了一個完全不同的方向。休謨認為❿，我們的一切觀念都來自感覺，我們的一切知識都來自經驗，他把他的時空觀念也建築在感覺論的基礎上，例如他說空間或廣延觀念只是分布於某種秩序中的可見的點或可觸知的點的概念。休謨指出宗教迷信的浮誇是危險的，應當加以懷疑，在人生的各種事情上，應該一概保持懷疑論的態度，因為懷疑論哲學遠勝於各種各樣的迷信。他把極端的懷疑論即皮朗 (Pyrrhon of Elis, 約西元前360–前272年)主義與溫和的懷疑論明確加以區分，他反對前者而贊

❿　休謨：《人性論》（上冊），關文運譯，商務印書館（北京），1980年第一版。參見其中的有關章節。

同後者。他還把懷疑論的矛頭對準了因果性這一形而上學概念：因果性只不過人們的一種習慣和信念，它不是理性的孩子，而只不過是想像力的私生子。休謨對感知強加於因果律和時間觀念的限制所作的分析，使愛因斯坦認識到，光速較之我們日常遇到的其他物體的速度有更重要的意義。休謨的懷疑論在當時猶如晴空霹靂，驚醒了沉浸在獨斷論迷夢中的康德。有趣的是在一個半世紀後，休謨懷疑論的「火星」又幸運地「遇到了一個易燃的火捻」❶，這個「火捻」就是愛因斯坦，它進而引燃了二十世紀物理學革命的熊熊烈焰。

據霍耳頓研究，在愛因斯坦的狹義相對論論文中，既有大膽的假設和虛構的成分（這是理性論思想的體現）， 也有明顯的經驗論和操作論的成分。而且，馬赫的思維方式對愛因斯坦的影響也十分明顯，它顯著地表現在兩個相互關聯的方面。第一，愛因斯坦在他的論文開始就堅持，只有對各種概念，尤其是對時間和空間概念的意義進行認識論的分析，才能理解物理學的基本問題。第二，愛因斯坦認為各種感覺，也就是各種「事件」所提供的東西等同於實在，而不是把實在放在感覺經驗之外或感覺經驗之後的位置上。論文一開頭，對測量和對空間、時間概念的工具論的（因而也就是感覺論的或經驗論的）觀點就極其明顯。關於同時性的定義，更是操作式的定義，這直接啟發布里奇曼於1920年代創立了操作論哲學。愛因斯坦引入的「事件」一詞，在論文中屢屢出現，這個概念與馬赫的「要素」概念幾乎是完全吻合的。在愛因斯坦看來，就像一個事件的時間只有通過感覺經驗（也就是用置於同一地點的時鐘作原則上允許的測量）和我們的意識聯繫起來才有意義一樣，一個事件的地

❶　這裡借用的是康德的比喻。參見康德：《導論》，龐景仁譯，商務印書館（北京），1978年第一版，頁6。

點或空間坐標也只有通過作原則上允許的測量（就是把米尺在同一時間放在該處）進入我們的感覺經驗時才有意義。這種工具論的或操作論的定義，體現了馬赫關於物理學中的任何陳述都必須表述可觀測量之間的關係的要求（這是實證論的要求）。 這種強烈的經驗論色彩，使愛因斯坦論文中的其他哲學內容相形之下黯然失色。難怪那些自命為馬赫哲學繼承者的人，即新實證論的維也納學派，熱情地接受了愛因斯坦的著作。它為這個學派早期的成長，在哲學上提供了極大的幫助。

儘管懷疑的經驗論在愛因斯坦早期的哲學思想中是相當明顯的，而且在他的科學探索中發揮了相當大的作用，但這畢竟不是他的哲學思想的完整畫面。否則，就很難解釋狹義相對論的創立和他早期的其他科學貢獻。事實上，在愛因斯坦早期哲學思想中，也包含著諸多相互關聯、相互制約的哲學成分和方法論要素。我在一篇關於狹義相對論創立的認識論和方法論分析的論文❷中指出：懷疑的經驗論是破舊的銳利武器，理性論的實在論是立新的堅實基礎，經驗約定論❸是構築理論框架的有力工具。它們各司其職、各顯其能、珠聯璧合、相得益彰，引導愛因斯坦譜寫出「思想領域中最高的音樂神韻」。

愛因斯坦的哲學歷程，在一定程度上是從贊同、相信馬赫哲學，再到偏離、背棄，直至公開決裂和與馬赫分道揚鑣的歷程。霍耳頓把這齣戲劇分為四幕：愛因斯坦早期對馬赫學說主要特點的接受；

---

❷ 李醒民：〈哲學是全部科學研究之母〉（上、下），《社會科學戰線》（長春），1986年第2期，頁79–83；第3期，頁127–132。

❸ 李醒民：〈論愛因斯坦的經驗約定論思想〉，《自然辯證法通訊》（北京），第9卷(1987)，第4期，頁12–20。

愛因斯坦與馬赫的書信往來和會面；1921年披露的馬赫對愛因斯坦相對論的意想不到的抨擊；愛因斯坦自己進一步發展了一種關於知識論的哲學，他在其中摒棄了許多（儘管不是全部）他早期的馬赫主義信條。關於愛因斯坦哲學思想轉變的具體過程，霍耳頓在他的論文中作了詳盡的描繪，此處不擬贅述。

誠如愛因斯坦所說，引力問題的解決（1915年11月）對他的哲學思想「轉變」起了關鍵作用。拋棄坐標必須具有直接度規意義，顯然犧牲了感官知覺的至高無上的地位。把不變性做為先決條件，使他看到純粹思維在某種意義上的確可以把握實在。這很自然地使愛因斯坦作出這樣的抉擇：反對對單個操作經驗的目錄表的忠誠，而贊成對物理理論基礎的統一性這一古老希望的忠誠。

但是，愛因斯坦的「轉變」並不是驟然的突變，而是有一個緩慢的漸變過程（霍耳頓注意到這一點）。他在1916年3月14日還發表了悼念馬赫逝世的動人頌詞。可是時隔一年，他在給貝索的兩封信中開始對馬赫「不敬」（稱馬赫為「瘦馬」和「劣馬」），並認為「馬赫那匹小馬不可能創造出什麼有生命力的東西，而只能撲滅有害的蟲豸」（*E3*, pp. 430–432）。在1918年和1919年，他分別在給貝索和厄任費斯脫的信中，對「事實」和「經驗」的理解已完全不同於馬赫。愛因斯坦認識到，經驗在物理理論結構中的作用，歸根結底不是通過經驗的「原子」，不是通過個別感覺或原始命題，而是通過對整個物理經驗的某種創造性的融合或綜合（這是整體論的思想）。因此，在愛因斯坦看來，永動機不可能，慣性定律，光速不變性，麥克斯韋方程的有效性，匀速平移的相對性，慣性質量和引力質量相等都是「經驗事實」，馬赫當然是不會同意這種「濫用」的。儘管有這些看法和分歧，愛因斯坦在馬赫逝世後好幾年還自稱

是馬赫的「門生」。 而且在馬赫的《物理光學原理》出版前，愛因斯坦還沒有重視他的狹義相對論論文中大膽的基本假設的成分。他於1921年6月13日在倫敦皇家學院的講話中仍然申明：相對論起源於直接的經驗事實，而不是起源於思辨(*E1*, p. 164)。

1921年，馬赫的遺著出版了。馬赫早在1913年寫的序言中就開始改變初衷，斷然否認他是「相對論的先驅」， 理由是相對論「變得越來越教條主義」(*E1*, p. 74)。恍然大悟的愛因斯坦以此為契機，於1922年4月6日在訪問法國時發表公開談話(*E1*, pp. 108–109)，首次正式批評馬赫「編目錄」而不是「建立體系」的科學觀，並嚴厲地指出「馬赫可算是一位高明的力學家，但卻是一位可憐的哲學家」。

在與馬赫偏離和決裂的一段時間內，愛因斯坦還在繼續追求許多邏輯實證論者仍能接受的現象論的一種比較精緻的形式。漸漸地，他對馬赫的哲學基礎看得越來越清楚了，並且有意識地加以匡正。例如，他批評馬赫「不僅把感覺做為必須研究的唯一材料，而且把感覺本身當作建造實在世界的磚塊」的感覺論的或反實在論的立場；批評馬赫否認科學理論的「思辨性」、 否認概念形成中「自由構造的元素」的實證論的或反形而上學的立場。❹這促使愛因斯坦把經驗在科學中的地位加以限制，並選取了一條理性論的實在論哲學。

許良英教授同意霍耳頓的分析和論斷。他在一篇有分量的論文❺中列舉五大事例進而表明，即使在早期，理性論在愛因斯坦的思想中就占主導地位，只不過不及後期那樣明顯罷了；而且，愛因

---

❹ 愛因斯坦對馬赫的某些批評因出於誤解而失之偏頗，詳見李醒民：《馬赫》，東大圖書公司印行（臺北），1995年第一版，頁282–298。

❺ 許良英：〈愛因斯坦的唯理論思想和現代科學〉，《自然辯證法通訊》（北京），第6卷(1984)，第2期，頁10–17。

斯坦的理性論思想主要來自歷史上最徹底的理性論哲學家斯賓諾莎，是對斯賓諾莎思想進行批判改造的結果。

仔細考察一下不難發現，霍耳頓與許良英的觀點之間似有不盡相同之處。對此的解釋也許是，在早期，在科學實踐中，以及在涉及到與物理學直接相關的問題時，愛因斯坦的理性論思想表現得比較明顯、比較堅定。但是，從哲學認識論本身看，愛因斯坦的理性論思想在早期似乎還沒有清醒的「自我意識」，還沒有形成一個比較和諧、比較完整的觀點系統。也就是說，愛因斯坦早期的理性論思想在「實踐」中發揮了重要作用，但在「理論」上還沒有一個完備的綱領。但是，無論說經驗論還是理性論在愛因斯坦的早期思想中占主導地位，似乎都存在著難以自圓其說的困難。因為

> 愛因斯坦的科學哲學是一種獨特而微妙的多元（不止兩元）張力哲學，它的發展變化是量變而非質變，也就是說，只是各元之間張力大小的調整和均衡，而不是排斥或去掉哪一元。

二、 對經驗的弱化和再定位：在科學理論的起點和終點

懷疑和批判精神是愛因斯坦終生的守護神，他一生的事業證實了奧斯特瓦爾德的名言：「對一個研究者來說，懷疑不僅是許可的，而且是他最首要的金科玉律，虔信對他的技藝來說是禁忌的。」他高度評價並切實履行利希滕貝格的格言：「公認的意見和每個人都認為已成定論的東西，往往值得加以研究。」❶對此我們不擬贅述。在

這裡，我們僅想就愛因斯坦後來關於經驗及經驗論在科學知識中的作用和地位問題展開論述。

對於經驗論的合理內核，愛因斯坦終生是信守不渝的。即使在他的天平偏向理性論一邊時，他也充分肯定了觀察實驗和經驗事實在科學中的重大作用：「純粹邏輯思維不能給我們任何關於經驗世界的知識；一切關於實在的知識，都是從經驗開始，又終結於經驗。用純粹邏輯方法所得到的命題，對於實在來說是完全空洞的。」(*E1*, p. 313)但是，二十世紀的物理學，畢竟明顯地打上了理論化和體系化的印記，削弱了經驗並淡化了經驗論。正如愛因斯坦所洞察到的：

> 誠然，沒有經驗基礎就很難發現真理。但是，如果我們探索得愈是深入，我們的理論所包羅的範圍變得愈是廣大，那麼在決定這些理論時，經驗知識所發揮的作用就愈小。(*RS*, pp. 32–33)

這種削弱和淡化體現在愛因斯坦處理理論內容和經驗事實或概念與經驗的關係上。一方面，愛因斯坦承認概念在發生學意義上對於經驗的依賴性：「觀念世界還是一點也離不開我們的經驗本性而獨立，正像衣服之不能離開人體的形狀而獨立一樣。」(*E1*, p. 157)另一方面，他又強調「概念對於感覺經驗的邏輯獨立性」；他在這裡使用了一個耐人尋味的比喻：「這種關係不是像肉湯和肉的關係，而倒有點像衣帽間牌子上的號碼同大衣的關係。」(*E1*, p. 345)

⓰ F. 赫爾內克：《原子時代的先驅者》，徐新民等譯，科學技術文獻出版社（北京），1981年第一版，頁152。

號碼同大衣（而非肉湯和肉）的關係之比喻隱含著，概念和經驗的關係是間接的、直覺的、非邏輯的。愛因斯坦多次申明：概念愈是普遍，「它同感覺經驗的關係愈是間接」，這種關係「純粹是直覺的聯繫，並不具有邏輯的本性」， 即「不能用邏輯的工具從經驗中推導出來」(*E1*, pp. 245, 5, 157)。愛因斯坦1952年5月在致索洛文的信❼中，用下圖及說明形象地描繪了「思維領域同感官的直接經驗之間的永恆存在的有問題的聯繫」：

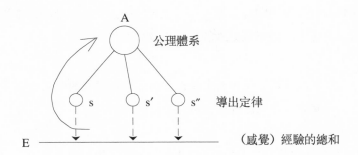

⑴E（經驗）是已知的。⑵A是假設或者公理。由它們推出一定的結論來。從心理狀態方面來說，A是以E為基礎的，但是在A同E之間不存在任何必然的聯繫，而只有一個不是必然的直覺的（心理的）聯繫，它不是必然的，是可以改變的。⑶由A通過邏輯的道路推導出各個個別的結論s。s可以假定是正確的。⑷s然後可以同E聯繫起

---

❼ 參見 (*E1*, pp. 541–542)，譯文根據其他資料稍有改動。按照愛因斯坦的觀點，假設或公理是基本概念之間的基本關係，他又稱其為基本原理、基本假定、基本定律、基本前提等。愛因斯坦所畫的原始草圖可參見 A. I. Miller, *Imagery in Scientific Thought*, Birkhäuser Boston Inc., 1984, p. 45.

來（用實驗驗證）。這一步驟也是屬於超邏輯的（直覺的），因為s中出現的概念同經驗E之間不存在必然的邏輯聯繫。但是s同E之間的聯繫實際上比A同E之間的聯繫要不確定得多，鬆弛得多。如果這種對應不能可靠無誤地建立起來（雖然在邏輯上它是無法理解的），那麼邏輯機器對於「理解真理」將是毫無價值的。

在這裡，愛因斯坦實際上也在科學理論的起點和終點對經驗的作用和地位作了必要的限制。在起點，他斷然否定知識源於經驗的徑直性和唯一性。概念不是經驗內容的邏輯推論，原理不能通過純邏輯的程序從經驗逕直導出；走上理論的道路，只能通過構造性的嘗試去摸索，通過創造性的思維去建構。他說：

> 知識不能單從經驗中得出，而只能從理智的發明同觀察到的
> 事實兩者的比較中得出。(*E1*, p. 278)

在這裡，經驗只是引起理論家的建構衝動，僅起提示作用，因此表面的現象、單純的觀察、個別的經驗對理論家的用處並不是太大的，他必須發明出概念和原理作為理論的邏輯起點，才能繼續前進。否則，再多的實驗事實也不會導致廣義相對論和引力場方程。

在終點，愛因斯坦合理地堅持了經驗論的一個重要原則：經驗歸根到底是唯一權威的判定者，唯有經驗才能判定真理，理論必須符合事實的要求將永遠被保留下去 (*EZ*, pp. 480–481; *E1*, p. 508)。他說：「一個物理概念的正確與否，唯一地取決於它對所經驗到的事實的明晰的而無歧義的聯繫。」 (*E1*, p. 165)但是，出於約定論和整體論的考慮，愛因斯坦在知識的終點對經驗的功能也作了恰當的限制。第一，檢驗理論的經驗是經驗的「總和」或「複合」，而不

是單個的經驗或經驗原子。第二，把經驗的證實 (verification) 沖淡為經驗的確認(confirmation)❶。第三，用「內部的完美」這一輔助的價值標準補充和限定「外部的確認」這一根本的或終極的經驗標準，從而構成所謂的雙標尺評價系統❶。第四，由於s同E之間的聯繫也是直覺的，且比A同E之間的聯繫更鬆弛、更不確定，因此不管證實、確認還是證偽，都呈現出十分複雜的狀況。除了邏輯方面的緣由（例如從假前提可導出真結果，理論原則上不能被實驗一勞永逸地證明正確）外，還存在以下的現實問題：

首先，要從做為前提的原理推導出能夠同經驗對照的結論，將需要艱苦的努力，也許還需要新的數學方法，這個過程有時是相當漫長的，尤其是在理論的基礎和可檢驗的推論之間的距離變得越來越大之時(*E1*, p. 508; *E3*, p. 382)。

其次，由於時機、技術等客觀條件的限制，要斷定理論是否符合實在，往往要作多年的實驗研究，在相對論中就有這樣的情況(*E1*, p. 77)。

---

❶ 卡爾納普把證實理解為對真理的完全的和確定的公認，從而認為任何完全的證實是不可能的。如果在檢驗性實驗的連續系列中沒有發現否定的例子，而肯定的例子的數目卻增加起來，那麼我們對於這個規律的信心就將逐步地增強，從而可以說它的確認在逐漸增長。因此，他認為，不可能有絕對的證實，只可能有逐漸的確認，維特根斯坦 (L. Wittgenstein, 1889–1951)的可證實原則必須被更加靈活的可確認原則代替。參見《現代西方哲學論著選輯》，洪謙主編，商務印書館（北京），1993年第一版，頁498–500, 507。

❶ 李醒民：〈科學理論的評價標準〉，《哲學研究》（北京），1985年第6期，頁29–35。在(*E1*, pp.11–12)中將兩個標準譯為「外部的證實」和「內在的完備」，似不妥、不確。

再次，外部的確認要求即理論不應當同經驗事實相矛盾看似明顯，實則應用卻非常困難。因為人們總可用人為的補充假設使理論適應事實，從而保全普遍的理論基礎(*E1*, p. 10)。

最後，觀察是一個十分複雜的過程，而理論又雙向地與觀察相互作用(*E1*, p. 211)。對實驗結果的錯誤詮釋，實驗儀器的失靈，有時也被誤以為確認了理論。在這方面，愛因斯坦也許受到彭加勒和迪昂下述思想的啟示：在把理論與實驗比較時需要語言翻譯和詮釋[20]。

在科學實踐中，愛因斯坦也是以同樣的態度對待所謂的證實或證偽的。1906年，當考夫曼聲稱他關於電子質量同速度關係的實驗與洛倫茲和愛因斯坦的假設不相容時，彭加勒猶豫不決，洛倫茲悲觀失望，而愛因斯坦則對該實驗存疑，認為「這個問題只有在有了多方面的觀測資料以後，才能足夠可靠地解決。」[21] 1907年，他在並不了解厄缶實驗的結果的情況下就提出了等效原理，他說沒有一個人過分地重視觀察。1919年，當愛因斯坦收到愛丁頓證實太陽光線彎曲的電報時，施奈德問他：「如果不是這樣的確認，你會怎麼樣呢?」 他反駁說：「那麼我會為親愛的上帝遺憾。該理論是正確的。」[22] 1952年，玻恩就弗羅伊德里希(Freundlich)的實驗分析寫信給愛因斯坦，認為愛因斯坦的引力公式不十分正確，在紅移情況下

[20] 李醒民：〈論科學中的語言翻譯〉，《大自然探索》（成都），第15卷(1996)，第2期，頁100–106。

[21] 《愛因斯坦文集》第二卷，范岱年等譯，商務印書館（北京），1977年第一版，頁181。

[22] I. Rosenthat-Schneider, Reminiscenses of Einstein, *Some Strangeness in the Proportion*, H. Woolf (ed.), Addison-Wesley Publishing Company, Inc., 1980, pp. 521–523.

甚至更糟。愛因斯坦答覆說：「弗羅伊德里希一點也未使我動搖。即使光線偏折、近日點進動或譜線紅移是未知的，引力方程還會是可信的，因為它們免去了慣性系（它影響一切而自身卻不受影響）的幽靈。真正奇怪的是，人在正常情況下不願聽最強烈的證據，儘管他們總是傾向於過高估計測量的精度。」**❷③** 由此可見，愛因斯坦對理論的估價不受無足輕重的實驗證實或證偽的影響；凱澤爾說愛因斯坦早期是純粹的經驗論者，顯然言之過甚，波普爾把愛因斯坦設想成證偽主義者**❷④** 無疑是一廂情願。

做為一位理論物理學家，愛因斯坦深知經驗和實證方法的局限性──「用準經驗方法不能鑽進事物的深處」(*E3*, p. 483)。他說：

> 要創立一門理論，僅僅收集一下記錄在案的現象是遠遠不夠的，還必須有深入事物本質的大膽的、創造性的思維能力。因此，物理學家不應該僅僅滿足於研究那些從屬於事物現象的表面因素，相反地，他應該進而採取理性方法，探索事物的根本性質。(*RS*, p. 33)

況且，這裡還有一個抓緊時機的問題。正如愛因斯坦所說：「偉大的思想需要立即加工，不必等待用自然現象進行認真的檢驗。」**❷⑤**

---

❷③　P. K. Feyerabend, *Problem of Empiricism, Philosophical Papers*, Volume 2, Cambridge University Press, 1981, pp. 198–199.

❷④　K. 波普爾：《無窮的探索──思想自傳》，邱仁宗等譯，福建人民出版社（福州），1984年第一版，頁36。

❷⑤　K. 塞利希：《愛因斯坦》，黑龍江人民出版社（哈爾濱），1979年第一版，頁132。

三、堅決反對經驗論的激進變種
及其方法論

以弗蘭克為代表的邏輯經驗論者認為，愛因斯坦是「實證論的和經驗論的」，儘管他也看到愛因斯坦對馬赫思想的背離以及與實證論某些信條的衝突❷❻。以布里奇曼和玻恩為代表的實證論科學家，或認為愛因斯坦是操作論的先驅❷❼，或認為愛因斯坦使用了實證論的可觀察性原則❷❽。連愛因斯坦本人在提到1905年前後自己的思想狀況時也說：「在那個時期，我的思維方式比後來更接近實證論，……我背離實證論只是在我完成廣義相對論之時。」❷❾

讓我們遵循愛因斯坦不要聽其言而要觀其行的教導❸⓪，考察一下問題的來龍去脈吧。其實，即使在早年，愛因斯坦也不能算是名副其實的實證論者。他在1891年皈依科學時就確立了樸素實在論思

❷❻　P. Frank, *Einstein: His Life and Times*, London, 1949, pp. 259–263.

❷❼　P. W. 布里奇曼：〈愛因斯坦理論和操作主義觀點〉，陳穎譯，《世界科學》（上海），1983年第2期，頁49–53。

❷❽　這個原則說，概念和觀念，若不能為經驗所驗證，則在物理學中就不應該有它們的位置；它要求排除不能被觀察到的事物。參見M.玻恩：《愛因斯坦的相對論》，彭安石譯，河北人民出版社（石家莊），1981年第一版，頁3–4。

❷❾　A. Fine, Einstein's Realism, *Science and Reality*, Edited by J. T. Cushing, University of Notre Dame Press, 1984, pp. 106–133.

❸⓪　愛因斯坦1933年在〈關於理論物理學的方法〉的講演中說：「如果你們想要從理論物理學家那裡發現有關他們所用的方法的任何東西，我勸你們就得遵守這樣一條原則：不要聽他們的言論，而要注意他們的行動。」(*E1*, p. 312)

想，相信存在著獨立於我們的外在世界(*E1*, p. 2)。在 1891–1895 年間的讀書筆記中，他針對萊布尼茲的單子論評論說：「要從我們思維的不完備推論出客體的不完備，那是錯誤的。」**❸¹** 這也許是愛因斯坦理性論的實在論思想的最早流露。1901 年 4 月，他在完成處女作毛細管論文後寫信給格羅斯曼，明確表達了追求內在統一性的理性論思想:「從那些看來同直接可見的真理十分不同的各種複雜的現象中認識到它們的統一性，那是一種壯麗的感覺。」(*E3*, pp. 347–348) 在世紀之交關於原子和分子實在性的爭論中，他堅定地站在原子論一邊。前面提到，他1905年的相對論論文的假設虛構成分，他1907年對考夫曼實驗的質疑，也都是非經驗論的乃至反實證論的行為。

在哲學「轉變」之後，愛因斯坦利用各種機會，有意識地批判實證論。他在 1918 年 9 月寫信給波恩數學家斯圖迪 (E. Study, 1862–1930)：

> 實證論者或實用主義者只要反對存在著錨泊在「先驗的東西」中的概念，它就是強有力的。在他熱心研究的對象中，當他忘記所有知識都存在於概念和判斷之中時，那麼這就是一個弱點，該弱點不在於事物的本性，而在於他個人的氣質，正像用愚蠢的戰鬥反對假設一樣，參見迪昂所寫的清晰的書**❸²**。無論如何，對原子的挑剔就依賴這個弱點。哦，在這個世界上，對人來說事物是多麼難以對付；通向獨創性的道

---

❸¹ 許良英：〈一項宏偉的歷史工程〉，《自然辯證法通訊》（北京），第10卷(1988)，第1期，頁58–63。

❸² 這也許是愛因斯坦在論著和通信中唯一提及迪昂之處。迪昂的書指的是《物理學理論的目的和結構》，這是愛因斯坦讀過該書的一個證據。

路是通過非理性（在科學中）、通過醜陋性（在藝術中）引導的——至少許多人發現行得通的道路是這樣。❸

請注意，愛因斯坦在這裡充分肯定了實證論抗衡先驗論的積極作用，同時尖銳指出實證論輕視或敵視科學知識理論化的弱點。

在與馬赫決裂之後，愛因斯坦又在1930年斷然與石里克分道揚鑣，因為後者的思想由 1920 年代的實在論的約定論倒向邏輯實證論。他在1930年9月的信中這樣批評石里克對深刻理論的敵視：

> 從普遍的觀點來看，你的描述與我看待事物的方式並不相應，因為我發現你的整個概念可以說太實證論了。事實上，物理學提供感覺經驗之間的關係，但僅僅是間接提供的。依我之見，物理學的本質特徵決不是用這個斷言就能詳盡無遺地概括的。我率直地向你提出：物理學是用概念嘗試構造實在世界及其受定律支配的結構的模型。的確，它必須嚴格地描述我們可以達到的那些感覺經驗之間的經驗關係；不過，它只是這樣才與感覺經驗聯繫起來。❹

愛因斯坦對實證論的批判和反對一直持續到晚年。1953年5月19日，他寫信給希耳普(P. Schilpp)，謝絕為活著的哲學家文庫卡爾

---

❸　D. Howard, Was Einstein Really a Realist? *Perspectives on Science*, 1 (1993), pp. 204–251.

❹　D. Howard, Realism and Conventionalism in Einstein's Philosophy of Science: The Einstein-Schlick Correspondence, *Philosophia Naturalis*, 21 (1984), pp. 616–629.

納普卷撰寫論文。他雖然覺得集成一卷專論卡爾納普是一個好主意，但是除非他的問題使之變得緊迫需要，否則不會屈服於這個要小心對待的材料。他說明自己只研究了一點文獻，無法公正地評判「一大群不停地唧唧喳喳叫的實證論的小鳥」。 此時，他也許回想起馬赫等人的實證論在世紀之交所起的摧枯拉朽的巨大歷史作用，對眼下的邏輯實證論表示了強烈的不滿：

> 我認為，實證論的老馬——它原先似乎是生氣勃勃的、活蹦亂跳的——在它必然要通過的精緻化之後，已變得骨瘦如柴，著實讓人可憐，它陷於相當枯燥無味的、瑣細無益的分析了。在它富於青春活力的日子裡，它在它的對手軟弱的情況下養育了自己。現在，它長得有身份了，在它自己的權力範圍和乏味細節的情況下，它處在不得不苟延殘喘的困難境地。❸❺

愛因斯坦還在1946年鄭重申明：「我不是一個實證論者，我相信外部實在的世界構成一個我們不可放棄的基礎。」(*E3*, p. 383) 他在1955年4月還把「從物理學中產生出來的哲學」即「邏輯實證論」稱為「壞的哲學」(*E1*, p. 628)。

愛因斯坦對實證論的反感和反對，集中體現在他始終不渝地與量子論的哥本哈根詮釋的鬥爭中。他在1938年4月寫信給索洛文說：

> 正如在馬赫時代曾經非常有害地為一種教條唯物論所統治一樣，當今則過分地受到一種主觀主義和實證論的統治。對於把自然界看成是客觀實在的觀點，現在人們認為這是一種過

---

❸❺ 同❼。

時了的偏見，而認為量子理論家們的觀點是天經地義。對暗
示的順從，人比馬還要馴服。每個時代都有它的時髦的東西，
而大多數人從來看不見統治他們的暴君。(*E1*, p. 381)

他在1948年3月給老朋友玻恩的信中率直地表示：「我要把你的實證
論的哲學撕得粉碎，以此來自娛。」 (*E1*, p. 440)他在〈對批評的回
答〉(1949) 中表明，他「不喜歡」統計詮釋中的「那種基本的實證
論的態度」；這種態度之所以「站不住腳」，是因為「它會變成同貝
克萊(G. Berkeley, 1685–1753)的原理『存在就是被感知』一樣的東
西」(*E1*, p. 466)。而且，他在1953年還指出「這種純粹的實證論立
場」的另一個「致命的弱點」， 即「它將導致把一切用語言表達出
來的命題都說成毫無意義」(*E1*, p. 591)。

實證論的一個突出特徵是，力圖從科學中清除一切形而上學。
因此，捍衛形而上學在科學中的必要權利，就成為愛因斯坦批判實
證論的題中應有之意。他早在前面引用的信中就對石里克說： 「你
將為愛因斯坦是一個『形而上學家』而感到奇怪。但是，在這方面，
每一個四條腿和兩條腿的動物實際上都是形而上學家。」❸他揭示出
實證論者反形而上學的淵源：休謨的清晰批判在決定性地推進哲學
的同時，也為哲學造成了一種危險（這並非休謨的過失）， 即「產
生了一種致命的『對形而上學的恐懼』， 它已成為現代經驗論哲學
推理的一種疾病」。這種恐懼的「幽靈」造成了「一些損害」，例如
引起把事物設想為一束性質，而性質則必須從感覺材料中取得。但
是，「人沒有『形而上學』畢竟是不行的」(*E1*, pp. 410–411)。他確
信： 「每一個真正的理論家都是一位溫和的形而上學者，儘管他可

---

❸　同❸。

以把自己想像成一個多麼純粹的『實證論者』。」(*E1*, p. 496)

　　愛因斯坦對實證論的重要方法論原則即可觀察性原則持明顯的否定態度。不可否認，愛因斯坦在創立狹義相對論時也受益於該原則❸，但是他不滿意實證論對它的錯誤使用和詮釋。他在1926年春同海森伯就量子力學的哲學背景談話(*E1*, pp. 210–217)時說：在原則上，試圖單靠可觀察量來建立理論，那是完全錯誤的。實際上，恰恰相反，是理論決定我們能夠觀察到的東西。」愛因斯坦看到，由於觀察滲透理論以及觀察需要理論詮釋，從而使觀察呈現出十分複雜的特徵。當我們宣稱我們能夠觀察某種新事物時，實際上隱含地假定現存的有關規律是有效起作用的。於是，「只有理論，即只有關於自然規律的知識，才能使我們從感覺印象推論出基本現象。」(*E1*, p. 211)與此同時，愛因斯坦還揭示了可觀察性原則的另一個重大缺陷，即它對「外部實在的世界」的不合理的否認：

　　　　實證論聲稱：凡是不能觀察到的，都是不存在的。但是這種觀點在科學上是站不住腳的，因為人們「能夠」觀察什麼或者「不能夠」觀察什麼，那是不可能作出有效的斷言的。倒是必須說：只有我們觀察到的東西才是存在的。但是這種說法顯然也是錯誤的，因為可觀察的世界並不「存在」。我們所觀察到的不是世界。(*E3*, p. 383)

---

❸　愛因斯坦即使在反對可觀察性原則時，也肯定了該原則所包含的積極意義：「一個人把實際觀察到的東西記在心中，是會有啟發性幫助的。」「理論之所以能夠成立，其根據就在於它同大量的單個觀察關聯著，而理論的『真理性』也正在此。」(*E1*, pp. 211, 115)

正是出於這樣兩種考慮，愛因斯坦明確表示：「我實在完全不喜歡死抱住可觀察的東西這個當今正時髦的『實證論』傾向。」(*E1*, p. 336)

　　愛因斯坦不僅嚴厲地批評了馬赫的描述論的科學觀（前已述及），而且也敏銳地批評了經驗論的另外兩個激進變種——現象論和操作論。他指出現象論的物理學由於「盡量使用那些接近經驗的概念」，因而「在很大程度上就必須放棄基礎的統一性」(*E1*, p. 353)。針對布里奇曼的操作論，愛因斯坦批評道：

　　　　為了使一個邏輯體系能被認為是物理理論，沒有必要要求它的全部論斷都能被獨立地解釋、並且「在操作上」是可「檢驗」的；事實上，這種要求從來沒有一個理論達到過，而且也根本不可能達到。為了使一個理論能被認為是物理的理論，只要它一般地包含著經驗上可以檢驗的論斷就行了。❸⓼

確實，假如真的把操作論的要求貫徹到底，那就不可能有理論物理學。況且，操作論排斥思想實驗，也是愛因斯坦決不會同意的。其實，愛因斯坦在早期的科學工作中就蘊涵著反對現象論和操作論❸⓽的因素：追求統一性，使用思辨性的概念和思想實驗。其實，相對

---

❸⓼　愛因斯坦接著說：「這種說法是完全不嚴謹的，因為『可檢驗性』是這樣一種性質，它不僅涉及論斷本身，並且也涉及其中包含的概念同經驗的對應關係。」(*E1*, p. 475)

❸⓽　當時還無此稱謂。操作論(operationalism or operationism)是布里奇曼在《現代物理學的邏輯》(1927)中首次提出的。它主張一切物理對象、過程和性質都可借助於一套操作和實驗來定義。

論的語義指稱並非僅是量桿和時鐘，它也適用於用量桿和時鐘無法操作的微觀世界。

愛因斯坦對經驗論的方法論即歸納法也持批判立場，這既源於他的科學實踐，也受到休謨以及批判學派代表人物馬赫、彭加勒、迪昂對歸納法持保留或批評態度的影響。他在〈物理學中的歸納和演繹〉(1919)中寫道：

> 人們使自己處理自然科學起源的最簡單的概念可能是按照歸納法的概念。分離的事實如此選擇和收集，以致它們之間合法的關聯清楚地呈現出來。……可是，迅速考慮一下實際的發展告訴我們，在科學知識中偉大的進展步驟只是在很小的程度上起源於這種方式。因為如果研究者在沒有任何預想的看法的情況下著手他的工作，他應該如何從大量的最複雜的經驗中選擇那些簡單得足以容許合法的關聯變得明顯的事實呢？❹

愛因斯坦雖然肯定了歸納法的某些局部作用，但是他認為，無論從發生學或科學發展史來看，把科學視為「一種純粹的經驗事業」，把科學發展看作「不斷的歸納過程」，都是十分錯誤的，「因為它忽略了直覺和演繹在精密科學發展中所起的巨大作用」。　愛因斯坦強調：「科學一旦從他的原始狀態脫胎出來以後，僅僅靠著排列的過程已不能使理論獲得進展。由經驗材料做為引導，研究者寧願提出一種思想體系，它一般地是在邏輯上從少數幾個公理的基本假定建

---

❹　G. Holton, *The Scientific Imagination: Case Studies*, Cambridge University Press, 1978, p. 99.

立起來的。我們把這樣的思想體系叫作理論。」 (*E1*, p. 115)在愛因斯坦看來，做為理論的前提的基本概念和基本假設，並不是歸納法所能導致的，而是思維的自由創造。把牛頓的「我不作假設」當作任何健全的自然科學的基礎，以為用純粹歸納法可以建立理論，是十九世紀的經驗論者的幻想和根本錯誤(*E1*, pp. 309, 357)。

愛因斯坦看到，伴隨著科學理論化和體系化的大趨勢，歸納法的地位已經下降並有被取而代之之勢。他認為：「歸納法做為發現一般真理的工具似乎被高估了。問題的恰當形式是：哪一種真理具有較高的等級，是歸納地發現的真理，還是導致進一步演繹的真理？答案幾乎是毫無疑問的。」❹他指出：「適用於科學幼年時代的以歸納為主的方法，正在讓位給探索性的演繹法。」 (*E1*, p. 262)在1952年3月致貝索的信中，愛因斯坦談及他對經驗論和歸納法的總的估價，我們不妨作為本節的小結照錄如下：

> 廣泛的事實材料對於建立可望成功的理論是必不可少的。材料本身並不是一個演繹性理論的出發點；但是，在這些材料的影響下，可以找到一個普遍原理，這個原理又可以做為邏輯性（演繹性）理論的出發點。但是，從經驗材料到邏輯性演繹以之為基礎的普遍原理，在這兩者之間並沒有一條邏輯道路。
>
> 因此，我不相信，存在著通過歸納達到認識的穆勒(J. S. Mill, 1806–1873)道路，至少做為邏輯方法是不存在的。舉例來說，

---

❹ A. Moszkowski, *Einstein: The Searcher, His Work Explained from Diologues with Einstein*, Translated by H. L. Brose, Methuen & Co. Ltd., London, 1921, p. 181.

我想，並不存在從中推導出數的概念的任何經驗。

理論越向前發展，以下情況就越清楚：從經驗事實中是不能歸納出基本規律來的（比如引力場方程或量子力學中的薛定諤方程）。

一般地可以這樣說：從特殊到一般的道路是直覺性的，而從一般到特殊的道路則是邏輯性的。(*E3*, pp. 490–491)

四、雙向弱化的溫和經驗論

在本世紀中葉，邏輯經驗論者熱情地把愛因斯坦奉為守護神或同盟者，但是他並不領這個「情」， 因為他的觀點與邏輯經驗論分歧甚多。在近些年，法因(A. Fine)[42]認為愛因斯坦的立場接近范弗拉森(van Fraassen)[43]的建構經驗論，尼古拉斯・麥克斯韋(Nicholas Maxwell)[44]則認為愛因斯坦的哲學是目的取向的經驗論。其實，只

[42] 同[29]。

[43] B. C. van Fraassen, *The Scientific Image*, Clarendon Press, Oxford, 1980, p. 12. 建構經驗論(constructive empiricism)的涵義是：「科學旨在給予我們經驗上合適的理論；而接受一個理論所包含的僅僅相信它在經驗上是合適的。」

[44] N. Maxwell, Induction and Scientific Realism: Einstein Versus van Fraassen, *Brit. J. Phil. Sci.*, 44 (1993), pp. 61–79, 81–101, 275–305. 該文系統論述了目的取向的經驗論(aim-oriented-empiricism)的長處、涵義等。作者認為：「按照目的取向的經驗論，甚至在辯護的上下文中，科學必須預設，宇宙是以種種方式可以理解的。」「在愛因斯坦之後，物理學和物理學哲學應該形成一個整體的學科—— 目的取向的經驗論的自然哲學。」

要把愛因斯坦的主張與那些經驗論變種的涵義略加比較，就不難發現其武斷之嫌或以偏概全之處。

　　縱觀愛因斯坦的科學哲學思想，經驗論甚至不是其主流或主要方面。對於傳統的或標準的經驗論（我們的概念或理論來源於感覺經驗，並要根據感覺經驗加以檢驗或證明）， 愛因斯坦在肯定其合理內核的同時，在知識的起點（從經驗到理論）和終點（從理論到經驗）作了雙向的弱化：經驗在理論的形成時僅起提示作用，在理論的檢驗中僅起有限度的確認作用。而且，愛因斯坦還用非經驗論乃至反經驗論的因素——諸如約定論（概念和原理是精神的自由創造或約定，約定的原理可免去經驗否證）、 整體論（理論的整體而非每一個單個命題具有經驗內容，檢驗理論的經驗是經驗總和而非經驗原子）、理性論（純粹思維在某種意義上可以把握實在）、實在論（承認外部世界和某些不可觀察物的實在性）——對經驗論加以牽制和限定，從而在多元思想的格局中保持了必要的張力。因此，我們的結論是：愛因斯坦的科學哲學包含著雙向弱化的溫和經驗論的合理的思想因素，但他本人不能算是一個經驗論者（即使在早期，也不能算是一個純粹的經驗論者）。

第三章 基礎約定論思想

煙波江上何須愁，

君看春水天際流。

縱令昔人乘鶴去，

自有來者築新樓。

——李醒民：〈黃鶴樓〉

在約定論的創始人和集大成者彭加勒❶以及其他思想家的影響下，在愛因斯坦早期的科學實踐和哲學思想中，就浸透著約定論的思想因素。愛因斯坦後來依據自己的親身體驗，對約定論作了較為系統的闡釋與發展，把它做為一個重要的方法論原則，用來構築物理學理論的基礎（邏輯前提），從而使這一源遠流長的哲學思想❷

---

❶ 李醒民：《彭加勒》，東大圖書公司印行（臺北），1994年第一版，頁99–142，254–262。

❷ 在古希臘哲學家留基伯（Leucippus，活動時期西元前五世紀）、德謨克利特（Democritus，約西元前460─約西元前370年）、第歐根尼（Diogenes，？─約西元前320年）那裡，就有約定的思想萌芽。參見李醒民：〈論彭加勒的經驗約定論〉，《中國社會科學》（北京），1988年第2期，頁99–111。

在現代科學中煥發出新的活力，形成了愛因斯坦自己的基礎約定論思想。

一、早期的約定論思想之來源

愛因斯坦早期的約定論思想之來源大體有三個方面：一是亥姆霍茲等人的啟示，二是批判學派的巨大影響，三是與石里克多年的思想交流。

愛因斯坦在大學和奧林比亞科學院時期讀過亥姆霍茲的科學和哲學著作，他認為亥姆霍茲是一位給人印象深刻的人物。亥姆霍茲關於假設做為定律的基礎，關於幾何學與經驗和實在關係等觀點，都會對愛因斯坦有所啟示。此外，高斯和黎曼的非歐幾何學思想對愛因斯坦約定論思想的形成也具有強烈的暗示，他一直把他們二人視為巨人。

人們也許很難相信，做為實證論者的馬赫居然是約定論的先驅之一❸。在馬赫看來，學科及其分支的劃分，術語、概念、測量單位的定義，感覺的質都是約定或具有約定的性質。對於這些思想，愛因斯坦恐怕不會沒有印象。

愛因斯坦早在奧林比亞科學院時期就認真讀過彭加勒的《科學與假設》，這是一本集中體現了作者約定論思想的科學哲學名著。此外有證據❹表明，他也讀過或了解彭加勒的另外兩本名著：《科學

---

❸　李醒民：《馬赫》，東大圖書公司印行（臺北），1995年第一版，頁104–105。

❹　李醒民：〈論愛因斯坦的經驗約定論思想〉，《自然辯證法通訊》（北京），第9卷(1987)，第4期，頁12–20。

的價值》和《科學與方法》。　愛因斯坦肯定在某種程度上領會了彭加勒溫和約定論或經驗約定論的八大內涵❺及其精神實質❻──數學中的公理和物理學中的基本原理既非先驗綜合判斷，亦非經驗事實，它們原來都是約定；約定是我們精神的自由活動的產品，但自由並非任意之謂，它要受到實驗事實的引導和避免一切矛盾的限制；約定是我們強加於科學的，並未強加於自然界，而且並非整個科學都是約定的，約定只是出於方便，無所謂真假；約定有巨大的方法論功能，在從事實過渡到實驗定律，尤其是從實驗定律上升到原理時，其方法論功能更為顯著；等等。愛因斯坦多次表示，他的相對論不符合康德的先驗論（某些概念是預先存在於我們的意識中的），而與彭加勒的約定論（概念是約定）有一致之處，必須把康德的「先驗的」沖淡為「約定的」（*E1*, pp. 168–169, 104）。他認為彭加勒在《科學與假設》中所作的闡述，已清楚地認識到經驗對概念的關係（*E1*, p. 157），即概念實際是約定，經驗對其形成僅起提示作用。對於彭加勒幾何學約定論思想，他認為「從永恆的觀點來看，彭加勒是正確的」（*E1*, p. 140），遠比斯圖迪的實在論觀點深刻❼。但是，愛因斯坦不同意彭加勒關於因歐幾里得幾何學最簡單而必須首選的看法，而認為「真正的關鍵不僅在於幾何學本身的最大可能的簡單性，而在於全部物理學（包括幾何學）的最大可能的簡單性。」（*E1*, p. 474）

---

❺　同❶，頁115–125。

❻　H. Poincaré, *La Science et l'Hypothése*, Paris, Érnest Flammarion Edietur, 1920, pp. 5–7, 65–67, 104, 162–166.

❼　H. M. 薩斯：〈愛因斯坦論「真正的文化」以及幾何學在科學體系中的地位〉，《自然科學哲學問題》（北京），1980年第3期，頁47–49。愛因斯坦的評論涉及到《科學與方法》一書。

在迪昂的科學哲學思想中，也包含著約定論的因素❽，例如判決實驗不可能，理論的經驗內容保證了科學的連續性（在理論變革中拋棄的只是約定成分）， 理論多元論，自然秩序的實在性，與彭加勒約定論八大內涵中的四個相同或相近。尤其是，迪昂的整體論的不充分決定論為約定論提供了強有力的支持。但是，迪昂的約定論思想不僅弱於勒盧阿(E. Le Roy, 1870–1954)的激進約定論，而且也弱於彭加勒的溫和約定論。他與彭加勒都批評勒盧阿的科學處方觀，他還反對彭加勒把假設視為方便的約定，以及物理學家可以相繼使用相互之間不相容的理論。愛因斯坦在接受迪昂的整體論時，不用說也會注意到他的約定論思想。

至於石里克對愛因斯坦約定論思想確立的影響，霍華德在一篇有分量的論文❾中作了出色的研究。霍華德指出，愛因斯坦從1915年起與石里克進行了多年的通信和智力交流，石里克早期的實在論的約定論哲學❿影響了愛因斯坦。這種影響的契機在於：愛因斯坦在1915年解決了廣義相對論中的空穴概念問題（時間和空間喪失了實在性，因為坐標系的選擇是一種任意的約定）； 他們共同反對新

---

❽ 李醒民：《迪昂》， 東大圖書公司印行（臺北）， 1996年第一版，頁339–345。

❾ D. Howard, Realism and Conventionalism in Einstein's Philosophy of Science: The Einstein-Schlick Correspondence, *Philosophia Naturalis*, 21 (1984), pp. 616–629.亦可參見❹。

❿ 邏輯實證論者把馬赫的實證論（物理學定律是用簡單形式組織起來的觀察概要）和彭加勒的約定論（物理學原理是人的精神的自由創造）這兩種對立的東西視為他們的智力運動的兩翼：經驗的一翼和邏輯的一翼。石里克的約定論也來自彭加勒（以及迪昂）。 他贊同彭加勒的觀點：要是沒有任何約定，我們就根本無法成功地建立理論。參見❾。

康德主義的先驗時空觀。

1917年3月，石里克發表了長篇論文〈當代物理學中的空間和時間〉，後又將其擴充為單行本出版。單行本的最後一章涉及到他的約定論的科學哲學：科學理論包含著約定以及約定論的理論多元論（這也是彭加勒的觀點）。單行本的最後一章給愛因斯坦留下了深刻的印象。他在1917年5月21日寫信給石里克❶，稱這一章是「出色的」。這封信是他寫給石里克的信件中的最重要的一封信，因為它表明了愛因斯坦的發展中的科學哲學。愛因斯坦在信中詳細地評論了石里克的實在論的約定論。其基本思想是：我們現在在物理學中稱之為「實在的」東西，是在空時中排列的東西，而不是直接給予的東西；物理學理論能夠在經驗水準上一致，而在「事件」方面卻不一致，事件構成了物理學研究的實在。這一點基本上與石里克原先引用的迪昂命題——「沒有什麼東西強迫我們把一種世界圖像僅僅看作是獨一無二的世界圖像」——相一致。

1918年6–7月間，愛因斯坦寫信給玻恩。信中隱含地稱讚了康德弘揚人類理性和先驗組織原則在認識中的巨大意義，同時又明確反對康德把知性的純粹概念和純粹範疇看作是先驗的和不變的：「我正在讀康德的《導論》，並且開始理解到這個人發散出來的那種發人深思的力量。只要你一旦對他的先驗綜合判斷的存在讓了步，你就落入了圈套。我必須把這個『先驗的』沖淡成為『約定的』，才不致同他非發生矛盾不可，可是即使那樣，在細節上還是格格不入。」(*E1*, p. 104)

在後來的許多場合中，愛因斯坦明顯地繼續對石里克表示高度的敬意，繼續支持石里克的約定論立場。1919年聖誕節（12月25

❶ 同❾。

日），愛因斯坦發表了一個簡短的、但卻十分有趣的論文——〈物理學中的歸納和演繹〉。 他在批判了理論是用歸納法從經驗推出的觀點之後寫道：

> 如果在理論推導中存在著邏輯錯誤，就能夠認為它是錯誤的，或者事實與理論的結果不一致，也能夠認為理論是不正確的。但是，理論的真理性從來也不能被確認。因為人們永遠不知道，即使在將來不會遇到經驗與它的結果相矛盾；而且，還有其他觀念體系總是可以得到的，它們能夠把同樣的給定的事實聯繫在一起。如果兩個理論都是合用的，它們二者都與已知的實際材料一致，那麼除了研究者的直覺觀點外，沒有其他標準寧願選擇這個或那個。這樣一來，我們就可以理解，擁有理論和事實的聰明的研究人員也可以是矛盾的理論的熱情支持者。

這與石里克1915年的下述說法在精神實質上是相通的：「在某些情況下，幾個理論可以同時為真，那時它們提供了不同的、但在每種情況下都是完全單義的關於事實的標示。」 可以看出，愛因斯坦和石里克都認為，經驗不能唯一地決定一個正確的理論，因此人們對理論的選擇具有約定的邏輯地位。不過，他們二人也像彭加勒一樣地指出，就結果而言，人們選擇理論並不是完全自由的。石里克認為，不存在完全自由約定的問題，約定總是以最簡單和最方便的形式呈現出來。愛因斯坦也以類似的口吻說，儘管在原則上總是存在著許多經驗上等價的理論，實際上科學家從中選擇總要受到歷史條件的限制，以致所作出的選擇總是以最好的形式出現❷。

　　新康德主義者在 1919 年對愛因斯坦相對論作出了越來越多的反應，他們或批評相對論，或力圖使之與康德哲學協調，這股洪流直到1920年代中期還未減弱。愛因斯坦和石里克等邏輯經驗論者在反對新康德主義❸的鬥爭中結成了統一陣線。1920年6月5日，愛因斯坦在致新康德主義者卡西勒的信中表明，他不同意卡西勒對相對論及其推論的哲學詮釋：

　　　　我能夠理解你關於空間和時間思維的觀念論的方式，我甚至相信人們能夠這樣達到一致的觀點。在我這位非哲學家看來，哲學的對立性似乎是比原則化的類型更重要的對立性。馬赫稱之為關聯(connection)的東西對你來說是理想的，經驗首先使它們成為可能。但是你強調認識的這一面，而馬赫想使它們盡可能無意義。我承認，人們必須用某種概念的功能處理經驗，以便使科學成為可能的；但是我不相信，在借助我們理智的本性選擇這些功能時，我們處在任何強制之下。如果

---

❷　同❾。

❸　據施奈德回憶，愛因斯坦1919年9月15日寫信給她說：「康德的受到讚美的時間觀點使我想起安徒生 (H. C. Andersen, 1805–1875) 關於皇帝新衣的童話，不過它關心的不是皇帝的衣服，而是直觀的形式。」在此前後，當她與愛因斯坦爭論康德的一些複雜問題，並提到康德主義者對康德作各種大相逕庭的詮釋時，愛因斯坦發表了如下評論：「康德是一條具有許許多多里程碑的大道。於是，所有的小狗都跑來了，每一隻都把他的貢獻存放在里程碑上。」參見D. Howard, Einstein, Kant and the Origins of Logical Empiricism, in *Language, Logic, and the Structure of Scientific Theories*, Edited by W. Salmon and G. Wolters, University of Pittsburgh Press, 1994, pp. 45–105.

概念體系涉及經驗的方式未被確立起來，那麼我認為它們是
空洞的。在我看來，這好像是最基本的，倘若為對我們有利，
我們常常在思想中把純粹的概念關係孤立起來，以便容許在
邏輯上更純粹地保證所出現的關聯的話。❹

愛因斯坦在這裡未言明地表達了這樣的思想：起統攝作用的概念不
是由於實在的本性或理智的本性唯一地強加給我們的，它們實際上
是約定的事情。一年後，石里克也站在約定論的立場批評了卡西勒，
從而受到愛因斯坦的高度贊賞。不過，愛因斯坦此後與石里克和賴
興巴赫等人的分歧逐漸顯露出來：石里克等堅持約定的同位定義和
經驗命題的二分法，而愛因斯坦則認為二者的區分具有任意性和相
對性；也就是說，「那些命題應該被看作是定義，那些應該被看作
是自然規律，這問題主要取決於所選用的表示方法。」(*E1*, p. 344)

在1922年9月27日給茨席默(E. Zschimmer)的信中，愛因斯坦更
明確闡述了用彭加勒的約定論取代康德的先驗論的觀點。針對茨席
默反駁新康德主義對相對論的攻擊，愛因斯坦寫道：

你在你的文章中完成的東西在我看來似乎是正確的，至少從
物理學方面看來是這樣，這就是我能夠確定地判斷的一切。
不過，依我之見，反對相對論和康德哲學的重要問題並未足
夠尖銳地暴露出來：也為「先驗的」相對論打下基礎的空時
形式等是做為約定而估價的方便的描述工具呢，或者它們是
僅僅被人的思維特徵所必須的、在細節上不可改變的給予的
東西呢？我本人占有前一種觀點，這也是諸如亥姆霍茲和彭

─────────────
❹ 同❸。

加勒所陳述的觀點。就我而言，康德的觀點倒不如說是後者。❶

在1922年4月訪法時關於康德哲學和馬赫哲學的談話中，在1924年評論溫特尼茨(J. Winternitz)的《相對論和認識論》中，愛因斯坦重申了同樣的觀點。

　　1928年，愛因斯坦在評論梅耶松(M. É. Meyerson, 1859–1933)的《相對論的演繹法》時，進一步論述了約定在科學體系中的地位和作用：

> 我們正在尋求的這個體系中，沒有一個特點，沒有一個細節能夠由於我們思想的本性，而先驗地知道它必定是屬於這個體系的。關於邏輯和因果性的形式也同樣如此。我們沒有權利問科學體系必須怎樣來構造，而只能問：在它已經完成的各個發展階段上，它實際上曾經是怎樣建造起來的？所以，從邏輯的觀點看來，這個體系的邏輯基礎以及它的內部結構都是「約定的」。它們之所以能站得住腳，在於這個體系在事實面前的有效性，在於它的思想的統一性，也在於它所要求的前提為數很少。(*E3*, pp. 368–369)

愛因斯坦對約定論的贊同、強調與闡釋、發展持續了一生，例如在1936年的〈物理學和實在〉中就多次涉及到他的約定論思想。直到晚年，他在〈對批評的回答〉中，還這樣寫道：「這裡所提倡的理論態度同康德的區別僅僅在於，我們並不認為『範疇』是不變的（受

---

❶ 同❸。

悟性的本性制約的），而認為（在邏輯的意義上）是自由的約定。
要是不一般地規定範疇和概念，思維就像在真空裡呼吸一樣是不可
能的，僅就這一點而論，這些範疇才好像是先驗的。」(*E1*, p. 471)

在這裡，有兩個問題有必要予以澄清。霍華德提出，約定論做
為一個明晰的主題在愛因斯坦思想中首次出現於 1910 年代中後
期❶，即在1917年春接受了石里克的實在論的約定論❶。讀者不要
誤解，以為愛因斯坦的約定論思想也是萌生在這個時期（我很難斷
定霍華德是否有這個意思，也許有）。事實上，愛因斯坦在本世紀
頭幾年讀了彭加勒的書後，就可能汲取了約定論的精神實質。約定
論成為愛因斯坦 1905 年構築狹義相對論的理論基礎或邏輯前提的
得力工具：兩個基本原理分明是在經驗事實的引導下，通過大膽的
約定提升為公理的；同時性與其說是操作定義，還不如說是約定。
在這一點，愛因斯坦無論在哲學上還是在物理學上，都受到彭加勒
強烈的、直接的影響❶。

霍華德在1996年3月26日寫給我的學術通信中認為，迪昂對愛
因斯坦理解約定論有更為重要的影響❶。這是值得商榷的。實際情

---

❶　D. Howard, Einstein and Duhem, *Synthese*, 83 (1990), pp. 363–384.

❶　同❾。

❶　同❶，頁18–21，243–278。

❶　霍華德的這段話如下：「知道你自己的關於愛因斯坦的工作，我感到
　　好奇。你的1987年的論文〈論愛因斯坦的經驗約定論思想〉看來是十
　　分有趣的。然而，在彭加勒對愛因斯坦的影響這個問題上我不同意你。
　　依我之見，皮埃爾・迪昂對愛因斯坦理解約定論有更重要的影響。這
　　並不是說愛因斯坦未從彭加勒那裡學到許多東西，他確實學了。但是，
　　愛因斯坦捍衛的特定的約定論版本是迪昂的版本。尤其是迪昂的認識
　　論的整體論，對愛因斯坦理解維也納邏輯實證論什麼是錯誤的至關重

況是，迪昂的整體論對愛因斯坦的影響較大，而就約定論而言，彭加勒（他也有整體論思想，這作為有機組成部分包含在他的約定論中）對愛因斯坦的影響要大於迪昂。其理由在於：愛因斯坦讀彭加勒不僅早，而且十分投入 ❷，而他直到1909年才有可能讀迪昂；在世紀之交，彭加勒無論在科學上還是在哲學上，都比迪昂名氣大、影響大；彭加勒約定論的內涵比迪昂的豐富，程度比迪昂的顯著、強烈，能更多地觸動和影響愛因斯坦；愛因斯坦不僅在創立狹義相對論時受益於彭加勒的約定論，而且他後來的不少闡述也接近於它，並多次坦率地提及、承認彭加勒約定論對他的恩惠（當然，愛因斯坦絕少提到迪昂，是由於他對迪昂的極端民族主義和沙文主義十分反感）。　愛因斯坦讀迪昂，主要是汲取了迪昂的整體論，此外也強固了他早就具有的約定論思想，並從整體論的不充分決定論對約定論作了更深刻的理解（這點也能從彭加勒的書中習得）。

二、對約定論的闡釋與發展

愛因斯坦的約定論思想似不及彭加勒的內涵廣泛，但在某些方面則作了更為明確、更為嚴格、更為深入的闡釋與發展。例如第一，明確闡述了科學理論體系的結構，嚴格界定約定主要在構築科學理

要。我已在我的論文〈愛因斯坦和迪昂〉和〈愛因斯坦、康德和邏輯經驗論的起源〉中詳盡地探討了這些論題，幾週前我把二文的副本寄給你了。」

❷　索洛文回憶說：特別是彭加勒的《科學與假設》，對我們印象極深，我們用好幾個星期緊張地讀它。有時念一頁半頁甚或一句話，立刻就會引起強烈的爭論。當問題比較重要時，爭論會持續數日之久。(*E1*, p. 570)

論的邏輯前提即基本概念和基本原理時起重大作用。第二，響亮地提出了基本概念和基本原理是思維的自由創造、理智的自由發明，闡明了從感覺經驗達到它們的直覺途徑及微妙關係。第三，形象地闡述了對基本概念和基本原理的選擇的自由是一種類似猜字謎的特殊自由，並明確指出了選擇的雙重標準。第四，嚴格區分了做為純粹命題集的非解釋系統和與感覺經驗或實在相聯繫的解釋系統，指出真理僅適合於後一種系統，這在他關於幾何學與經驗和實在的關係中闡述得尤為詳盡。對此我已作過論述❹，故不擬在此贅述。這裡只想談談與愛因斯坦約定論思想相關的原理理論、直覺和發明、探索性的演繹法和內在的完美標準。

在馬赫重視普遍原理❷，迪昂推崇邏輯，特別是彭加勒關於原理物理學思想的啟示下，在玻耳茲曼和赫茲構築物理學理論的數學框架的示範作用影響下，愛因斯坦早在1905年之前就從科學探索中認識到，根據已知事實用構造性的努力去發現真實定律是行不通的，只有發現普遍的形式原理才能得到可靠的結果，熱力學就是擺在他面前的一個成功範例。愛因斯坦就是按照這樣的思路構築相對論的理論大廈的。1919年，他把這樣構築的理論體系命名為「原理理論」❸：

❹　同❹，以及❶，頁258–260，274–276。

❷　P. K. Feyeraband, Mach's Theory of Research and Its Relation to Einstein, *Stud. Hist. Phil. Sci.*, 15 (1984), pp. 1–22.以及❸，頁292–294。

❸　與原理理論對應的是「構造性理論」，物理學中的大多數理論都是這種類型的，即從比較簡單的形式圖式出發，並以此為材料，對比較複雜的現象構造出一幅圖像。氣體分子運動論就是這樣力圖把機械的、熱的和擴散的過程都歸結為分子運動，即用分子假設來構造這些過程。「構造性理論的優點是完備、有適應性和明確；原理理論的優點

它們使用的是分析方法，而不是綜合方法。形成它們的基礎和出發點的元素，不是用假設構造出來的，而是在經驗中發現到的，它們是自然過程的普遍特徵即原理，這些原理給出了各個過程或者它們的理論表述所必須滿足的數學形式的判據。(*E1*, p. 110)

在這裡請注意：愛因斯坦此時還未徹底淡化他的經驗論思想，認為基本概念和原理是從經驗中歸納或抽象出來的。後來他逐漸認識到，它們原來是自由選擇的約定。不過，這種選擇自由是一種特殊的自由：它不同於作家寫小說的自由，而倒多少像猜一個設計得很巧妙的字謎時的那種自由(*E1*, p. 345)。

按照愛因斯坦的觀點，原理理論是由三大塊組成：邏輯前提(基本概念和基本概念之間的基本關係即基本原理，也稱基本假設、基本公理等)，導出命題或推論，經驗事實或觀察資料。其中「那些不能在邏輯上進一步簡化的基本概念和基本假設，組成了理論的根本部分，它們不是理性所能觸動的。一切理論的崇高目標，就在於使這些不能簡化的元素盡可能簡單，並且在數目上盡可能少，同時不至於放棄對任何經驗內容的適當表示。」(*E1*, p. 314)正由於科學理論的進化是朝著「具有可想像的最大的統一性和最少的邏輯基礎概念」的方向進行的（這也是愛因斯坦的做為方法論之一的邏輯簡單性原則），因而科學體系就具有層次性和暫定性(*E1*, pp. 344–346)。理論體系的邏輯基礎愈簡單（在邏輯上獨立的元素愈少），它距經驗的距離也就愈大，從而二者之間在思維上的距離隨之增大，這就是邏輯上完整和基礎鞏固。」(*E1*, pp. 109–110)

造成了「科學理論基礎具有純粹虛構的特徵」， 即「基本原理的虛構特徵」(*E1*, pp. 314, 315)。

愛因斯坦多次強調，做為原理理論的邏輯前提之基本概念和基本原理是「人類精神的自由創造」和「人類理智的自由發明」(*E1*, pp. 342, 314)。在這裡，愛因斯坦使用「發明」一詞而不用「發現」是意味深長的。科學家是發明還是發現理論，這與經驗觀察和實驗資料對他的思維的影響程度有關。愛因斯坦批評馬赫認為理論產生於發現（理論是對經驗材料的整理）而不是發明，因為馬赫沒有辨認出在概念形成中自由構造的元素 (*E1*, p. 438)。誠如米勒所闡釋的，愛因斯坦實際上認為，發明是精神跨越理性深淵的能力，這個深淵是以感覺和資料為一方，以概念和公理的創造為另一方。雖然愛因斯坦有時混用發明和發現這兩個概念，但他始終認為發明乃是通向創造性科學思維的途徑❷。

請聽愛因斯坦本人是怎樣說明的：使用「發現」一詞是要受到反對的，因為發現相當於正在逐漸意識到已經形成的事物；這與證明相關，證明不再具有「發現」的特徵，而是具有導致發現的手段的特徵。他強調指出，發現實際上不是創造性行為！他把顯著的重要性賦予發明：

> 發明在這裡是做為一種建設性的行為出現的。因此，這並不是構造一種在素材中基本上原有的東西，而是達到邏輯一貫的體系的思想方法的創造。……真正有價值的因素是直

---

❷ A. I. Miller, *Imagery in Scientific Thought*, Birkhäuser Boston Inc., 1984, p. 4.

覺！㉕

　　約定論是愛因斯坦所謂的自由發明的核心（這顯然與實證論的
歸納途徑相悖，也不同於馬赫關於概念的自然發展和服從心理學規
律的學說），直覺在思維的兩個邏輯不連續的飛躍——形成或選擇概
念以及把概念關聯起來以形成公理——中起著跨越作用，而且在思
維同經驗聯繫的兩個方向上均存在「超邏輯的（直覺的）」的「步
驟」(*E1*, p. 542)，這一切與傳統的科學哲學相比，的確是夠新奇、
夠大膽的。正由於認識到直覺在約定或自由發明概念和公理中的舉
足輕重的作用，所以他公開表白：「我相信直覺和靈感。」(*E1*, p. 284)
而且，他也明確斷言：「從特殊到一般的道路是直覺性的」(*E3*, p.
490)。他還這樣寫道：

　　　　科學中的所有偉大成就都是從直覺知識開始的，即在演繹然
　　　後由以進行的公理中。只要我們得到的還不是邏輯有序的思
　　　想雜多的真正概觀，達到這樣的公理便是可能的；於是，一
　　　般地，直覺是發現這樣的公理的必要條件。在具有數學傾向
　　　的大多數精神中，都不能夠否認，這種直覺本身也做為他們
　　　的創造性能力的特徵顯示出來。㉖

直覺和驚奇感是愛因斯坦科學思維的兩大特徵，也是他的科學本能

㉕　A. Moszkowski, *Einstein: The Searcher, His Work Explained from Diologues with Einstein*, Translated by H. L. Brose, Methuen & Co. Ltd., London, 1921, pp. 94–96.

㉖　同㉕, p. 180.

的集中體現和他的知識動力學學說中的最活躍的要素。在愛因斯坦的科學研究中，直覺不時地打動他的心靈的敏感的琴弦，使他聆聽到宇宙先定和諧的音樂——直覺在這裡使科學創造與藝術創造完美地融合起來。

探索性的演繹法❷可以說是愛因斯坦的約定論的和理性論的方法論，他在1914年就系統地表述了這種別具一格的科學方法。與傳統的演繹法相比，該方法的顯著特色在於它的邏輯前提既不是不證自明的公理，也不是由思維的本性（先驗地）得到的或通過歸納、抽象（經驗地）得到的，而是思維的跳躍，是在經驗事實引導下的約定的產物。於是，理論家的方法就分為兩步：第一步是發明做為演繹出發點的原理，這是一個非邏輯的步驟；第二步則是常規的推理過程。一旦基本原理建立起來，推理就一個接著一個，往往還會顯示出一些預料不到的關係，遠遠超出這些原理所依據的實在的範圍。但是，只要原理尚未得出，個別經驗事實對理論家是毫無用處的；實際上，單靠一些從經驗中抽象出來的孤立的一般定律，他甚至什麼也作不出來。在他沒有揭示出那些做為演繹推理基礎的原理之前，他在經驗研究的個別結論面前總是無能為力的 (*E1*, pp. 75–76)。愛因斯坦以相對論為例，說明了理論科學在現代發展的基本特徵，也說明了探索性演繹法的基本內涵、精神實質和實施要點：

> 初始的假設變得愈來愈抽象，離經驗愈來愈遠。另一方面，它更接近一切科學的偉大目標，即要從盡可能少的假設或者公理出發，通過邏輯的演繹，概括盡可能多的經驗事實。同

❷ 李醒民：〈論愛因斯坦的探索性的演繹法〉，《自然科學發現經驗的探索》，福建科學技術出版社（福州），1988年第一版，頁215–233。

時，從公理引向經驗事實或者可證實的結論的思路也就愈來
愈長，愈來愈微妙。理論科學家在他探索理論時，就不得不
愈來愈聽從純粹數學的、形式的考慮，因為實驗家的物理經
驗不能把他提高到最抽象的領域中去。適用於科學幼年時代
的以歸納為主的方法，正在讓位給探索性的演繹法。這樣一
種理論結構，在它能導出那些可以同經驗作比較的結論之前，
需要加以徹底的精心推敲。在這裡，所觀察到的事實無疑也
還是最高的裁決者；但是，公理同它們的可證實的結論被一
條很寬的鴻溝分隔開來，在沒有通過極其辛勤而艱巨的思考
把這兩者連接起來以前，它不能作出裁決。理論家在著手這
項十分艱巨的工作時，應當清醒地意識到，他的努力也許只
會使他的理論注定要受到致命的打擊。對於承擔這種勞動的
理論家，不應當吹毛求疵地說他是「異想天開」；相反，應當
允許他有權去自由發揮他的幻想，因為除此以外就沒有別的
道路可以達到目的。他的幻想並不是無聊的白日作夢，而是
為求得邏輯上最簡單的可能性及其結論的探索。(*E1*, pp.
262–263)

　　內部的完美標準除了在科學的終點做為外部的確認標準的輔
助和補充（在缺乏及時、廣泛的經驗關聯時起關鍵作用）外，它在
評價做為約定結果的理論的基礎或出發點時還起著不可替代的特殊
作用。在這一點，它與愛因斯坦的另外兩個方法論邏輯簡單性原則[28]

---

[28]　霍華德認為，由於廣義相對論的成功和1931年宇宙膨脹的發現促使從
　　　場方程消除了宇宙學常數（它起初是以特設假設的形式添加的，為的
　　　是阻止非靜態解），愛因斯坦從而偏愛和強化了對邏輯簡單性原則的

和準美學原則是相通的，實際上也是對科學理論尤其是它的約定的邏輯前提的直覺評價。愛因斯坦在談到第二個標準即內部的完美的涵義時說：

> 第二個觀點涉及的不是〔理論〕同觀察材料的關係問題，而是關於理論本身的前提，關於人們可以簡單地，但比較含糊地稱之為前提（基本概念以及這些概念之間做為基礎的關係）的「自然性」或者「邏輯簡單性」。這個觀點從來都在選擇和評價各種理論時起著重大的作用，但是確切地把它表達出來卻有很大困難。這裡的問題不單是列舉邏輯上獨立的前提問題（如果這種列舉竟是毫不含糊地可能的話），而是一種在不可通約的質之間作相互權衡的問題。(E1, p. 10)

不用說，這樣的權衡不可能是有程序的方法，因此預言家以此作判斷時的意見傾向於一致只能是直覺的洞察或文化背景的理由。也許是為了便於運用這條標準，愛因斯坦還提出兩個附加判據——我姑且稱其為論點的確定性和選擇的非任意性——做為補充。其一是，在幾種基礎同樣「簡單」的理論中，那種對理論體系的可能性質限制最嚴格的理論（即含有最確定的論點的理論）被認為是比較優越的。其二是，從邏輯的觀點看，如果一種理論並不是從那些等價的和以類似方式構造起來的理論中任意選出的，那麼我們就給予這種理論以較高的評價(E1, pp. 10–11)。

愛因斯坦之所以看重內部的完美標準，除了他具有敏銳的審美

信任。參見 D. Howard, Was Einstein Really a Realist? *Perspectives on Science*, 1 (1993), pp. 204–251.

鑑賞力和天生的藝術家的素質外，也與第一個標準即外部的確認的「局限性」和科學現實有關。他說：「第一個觀點是很明顯的：理論不應當同經驗事實相矛盾。這個要求初看起來似乎很明顯，但應用起來卻非常傷腦筋。因為人們常常，甚至總是可以用人為的補充假設來使理論同事實相適應，從而堅持一種普遍的理論基礎。」(E1, p. 10) 請注意，這段話也體現了愛因斯坦的與約定論相通的整體論的不充分決定性。此外，科學家之所以從邏輯形式上評價理論，是因為「只要數學上暫時還存在難以克服的困難而不能確立這個理論的經驗內涵，邏輯簡單性就是衡量這個理論的價值的唯一準則，即使是一個當然還不充分的準則。」(E3, p. 501)

三、科學信念實際上是最根本、更深邃的約定

科學信念是科學家在進行科學探索時，對自己的研究對象（自然界）和研究結果（理論本體，尤其是它的形式和結構）所具有的自以為可以確信的看法。這種看法是一種總括性的信條或綱領式的預設，它是歷史的、社會的、文化的積澱和科學家個人智力的、心理的、氣質的成分相互綜合的產物。科學信念既不能被經驗證實，也不能被經驗證偽，但是科學家還是堅信它們；事實上，它們也往往不會使科學家受騙，因為它們是合理性的洞察和直覺的領悟。科學信念是科學研究中的重要因素，它們有意或無意地浮現在科學家心靈的深處，影響乃至決定著科學家的研究方向、探索目標、最終結果，也是激勵科學家為知識的獨立價值而奮鬥的強大動力。科學信念比較接近霍耳頓所謂的科學基旨 ❷。質而言之，科學信念實際

上是一種最根本、更深邃的約定或約定式的預設，它或隱或顯地滲透在科學理論的基礎之中。

愛因斯坦的科學信念或約定式的科學預設有哪些呢？

1.客觀性。從少年時代起，愛因斯坦就堅信外部世界及其規律的獨立的客觀存在，這種信念此後從未被動搖過。在他看來，關於宇宙的本性有兩種截然不同的觀點：世界是依存於人的統一整體；世界是離開人的精神而獨立的實在。他堅定地支持後者而反對前者。他說：「相信有一個離開知覺主體而獨立的外在世界，是一切科學的基礎。」(*E1*, p. 292)他贊賞開普勒確信「自然界是受規律支配的」，深摯地信仰「自然規律的存在」(*E1*, p. 274)。他認為，即使牛頓引力理論的公理是人造的，但是理論的完全成功暗示了「客觀世界的高度規律性」的「奇蹟」，這是「不可能先驗地預先設想的」，也無法「證明其存在」(*E1*, p. 533)。但是，通過裝載經驗的理論以及負荷理論的觀察和實驗，科學家可以直覺地領悟客觀實在。

從自然界和自然規律的客觀性出發，愛因斯坦確信真與美不同，即科學真理也具有獨立於人的客觀性。他不同意印度哲學家和詩人泰戈爾 (R. Tagore, 1861–1941) 否認客觀世界和客觀真理的意見：獨立於我們之外的世界是不存在的，真和美都不是離開人而獨立的東西，體現在萬能的人之中的真理，實際上應當是人的真理。

❷ 霍耳頓在1960年代提出了一個有助於理解科學思想發展的新概念：科學基旨。他把科學的內容類比為一個三維空間，認為傳統的科學哲學只考慮經驗的（現象的）內容和分析的（邏輯的）內容這二維，而忽視了信念、直覺、預想這類歷史、社會、心理因素這個第三維，他稱其為theme或thema（許良英教授將其譯為「基旨」）。參見G. 霍耳頓：《科學思想史論集》，許良英編，河北教育出版社（石家莊），1990年第一版，頁11，1–5。

他說:「我雖然不能證明科學真理必須被看作是一種其正確性不以人為轉移的真理，但是我毫不動搖地確信這一點。……無論如何，只要有離開人而獨立的實在，那也就有同這個實在有關係的真理；而對前者的否定同樣就要引起對後者的否定。」他進而表明:

> 相信真理是離開人類而存在的，我們這種自然觀是不能得到解釋或證明的。但是，這是誰也不能缺少的一種信仰——甚至原始人也不可能沒有。我們認為真理具有一種超乎人類的客觀性，這種離開我們的存在、離開我們的經驗以及我們的精神而獨立的實在，是我們必不可少的——儘管我們還講不出它究竟意味著什麼。(*E1*, pp. 268–272)

以此為根據，愛因斯坦反對科學中的主觀唯心論，尤其反對量子力學中的主觀主義詮釋。但是，愛因斯坦的客觀性不是神目觀的，而是人目觀的。他也清醒地看到，做為人為的和為人的科學，畢竟多少有其主觀性的一面。他這樣寫道: 當一個人在講科學問題時，「我」這個渺小的字眼在他的解釋中應當沒有地位。但是，當他是在講科學的目的和目標時，他就應當允許講到他自己。因為一個人所經驗到的沒有比他自己的目標和願望更直接的了。(*E1*, p. 299)

2.可知性。愛因斯坦同樣從少年時代就確信，世界是可知的或可理解的，世界這個偉大而永恆的謎至少部分地能為感官觀察和理性思維所把握(*E1*, p. 2)。他後來這樣寫道:「相信世界在本質上是有秩序的和可認識的這一信念，是一切科學工作的基礎。」「毫無疑問，任何科學工作，除完全不需要理性干預的工作以外，都是從世界的合理性和可知性這種堅定的信念出發的（這種信念是宗教感情的親

屬)。」 (*E1*, p. 284)所謂「可理解性」，愛因斯坦意指：感覺印象之間產生了某種秩序，這種秩序的產生，是通過普遍概念及其相互關係的創造，並且通過這些概念同感覺經驗的某種確定的關係(*E1*, p. 343)。在愛因斯坦看來，這種關於世界的合理性或者可理解性的信念，這種對經驗世界中所顯示出來的高超理性的堅定信仰，有點像宗教的感情(*E1*, p. 244)。因為世界的永久不可理解的事情就是它的可理解性，這是一個奇蹟，一個永恆的秘密 (*E1*, pp. 343, 533)。面對可以為人理解的世界的神奇結構和實在的理性本質，愛因斯坦怎麼能不油然而生宗教般的神秘感、敬畏感和驚奇感呢?

3.和諧性。愛因斯坦在1918年十分推崇萊布尼茲「非常中肯表述的」「先定的和諧」**❸⓿**，並對這種「神秘的和諧」懷有「贊賞和敬仰的感情」(*E1*, p. 277)。他把和諧性視為科學探索的前提條件和動力（無窮的毅力和耐心的源泉）:

> 要是不相信我們的理論構造能夠把握實在，要是不相信我們世界的內在和諧，我們就不可能有科學。這種信念，並且永遠是一切科學創造的根本動力。在我們的一切努力中，在每一次新舊觀點之間戲劇性的衝突中，我們都認識到求理解的永恆的欲望，以及對於我們世界的和諧堅定信念，都隨著求理解的障礙的增長而不斷地加強。(*E1*, p. 379)

在愛因斯坦的心目中，這種先定的和諧體現在世界本身的規律性或

---

❸⓿ 「先定的和諧」(harmonia praestabilita)是萊布尼茲所用的術語，指的是「單子」之間，特別是心同物之間，存在著一種預先被永遠確定了的和諧。(*E1*, p. 102)

合律性之中，體現在人的精神能夠通過理論對它加以把握之中，此即所謂世界的和諧和思想領域中的崇高和諧之真諦。客體之間和主體客之間的真關係或對立統一造成和諧，這種先定的和諧通過個人的直覺撥動心靈的琴弦，從而使科學家領悟實在事物的神韻（關係或結構）。

4.統一性。統一性是愛因斯坦為科學和科學理論所預設的目標，他繼承了古希臘哲人的優良傳統，並在現代科學中加以發揚光大。他讚揚斯賓塞 (H. Spencer, 1820–1903)「終生為知識的統一而艱苦奮鬥」(*E1*, p. 312)，批評現象論的物理學「放棄基礎的統一性」(*E1*, p. 353)。他對缺乏統一性的理論感到無法容忍，而對認識到雜多現象中的統一則歡欣鼓舞，並為追求統一性而奮鬥了一生。愛因斯坦追求的統一性主要是指「物理學領域中的邏輯的統一」(*E1*, p. 299)，是「力求整個理論前提的統一和簡化（也就是解釋為一種邏輯原理的馬赫的經濟原理）」(*E1*, p. 495)。科學理論體系在向「具有可想像的最大的統一性」目標進化中所表現出的層次，「相當於為統一性而鬥爭的發展過程中所取得的進步的幾個階段。對於終極目的來說，中間層次只有暫時的性質。它們終究要作為不相干的東西而消失掉。」(*E1*, pp. 345–346)

5.簡單性。簡單性是從古代的畢達哥拉斯 (Pythagoras, 創作時期西元前五世紀)，經中世紀的奧康姆 (William of Ockham, 約1285– 約1349)，到近代的哥白尼和牛頓所一直堅持的一個思維原則，馬赫和彭加勒則分別把它發展為思維經濟和力戒特設假設。愛因斯坦的獨特貢獻在於，他結合現代科學實踐，賦予它以邏輯簡單性的涵義，並把它與和諧性、統一性、對稱性和美、真等概念，與準美學原則和內部的完美標準溝通起來，形成一個密切相關的整體。

愛因斯坦一向認為物理學定律「應該是簡單的」，他對不是簡單的定律「不會感興趣」**❸**。愛因斯坦所說的簡單性，「並不是指學生在精通這種體系時產生的困難最小，而是指這種體系所包含的彼此獨立的假設或公理最少；因為這些邏輯上彼此獨立的公理的內容，正是那種尚未理解的東西的殘餘。」 (*E1*, p. 299)他把「基礎的邏輯簡單性」或「邏輯統一」視為「唯一事關緊要的」東西(*E1*, p. 442)，乃至視為「一切理論的崇高目標」(*E1*, p. 314)。這是因為，一種理論的前提的簡單性越大，它所涉及的事物的種類越多，它的應用範圍越廣，它給人們的印象也就越深，它在其基本概念可以應用的範圍內決不會被推翻 (*E1*, p. 15)。他認為廣義相對論就是這樣的具有邏輯簡單性和「剛性」的理論。這裡的剛性意味著，不管該理論是對的還是錯的，它都是無可修改的(*E1*, p. 503)。尤其難能可貴的是，愛因斯坦從中看到在現代科學理論化中經驗論因素減弱、約定論和理性論成分增強的大趨勢：

> 如果理論的基本概念和基本假設是「接近於經驗」的，這理論就具有重大的優點，對這樣一種理論以較大的信任，那肯定也是理所當然的。特別是因為要由經驗來反駁這種理論，所費的時間和精力都要比較少得多，完全走錯路的危險也就比較少。但隨著我們知識深度的增加，在我們探求物理理論基礎的邏輯簡單性和統一性時，我們勢必愈來愈要放棄這種

---

❸ J. A. Wheeler, Mercer Street and Other Memories, *Albert Einstein, His Influence on Physics, Philosophy and Politics*, P. C. Aichelburg and R. U. Sexl (eds.), Friedr Vieweg & Sohn, Braunschweig, 1979, pp. 201–211.

優點。必須承認，為了要得到邏輯的簡單性而放棄「對經驗的接近」，在這方面，廣義相對論已經走得比以前的各種物理理論都要遠得多了。(*E1*, p. 502)

　　愛因斯坦的邏輯簡單性原則在科學的起點（建構理論）起導向作用，在科學的終點（檢驗理論）起評價作用，它是通向深入認識的可行途徑。他把理論的邏輯簡單性等同於理論之美。他除在給蘭佐斯的信中明確講到邏輯簡單性與真的關係(*E1*, p. 380) 之外，還多次涉及到這個問題：邏輯上簡單的理論不一定能保證它是真的，不一定能在經驗到的實在中體現出來，但是借助它卻能夠理解所有感覺經驗的總和。這個被認為不可思議的信條已由科學的發展給以驚人的支持。(*E1*, pp. 496, 502) 與此同時，愛因斯坦也相信「自然界是簡單的」(*E1*, p. 28)，「自然規律的簡單性也是一種客觀事實，而且正確的概念圖式必須使這種簡單性的主觀方面和客觀方面保持平衡」(*E1*, p. 214)。因此，說愛因斯坦在簡單性問題上「沒有關於自然的預設，只有關於我們知識的預設」❸❷是不對的。愛因斯坦的簡單性概念是本體論的、認識論的和方法論的三位一體的概念。

　　6.因果性。從亞里士多德的四因說，到當代科學和哲學前沿，因果性問題一直是爭論的主題。面對量子論的統計描述和詮釋，面對顛撲不破的因果性信仰遭到哥本哈根學派的威脅，深受斯賓諾莎絕對必須的實在因果性思想感染的愛因斯坦多次表示，要放棄牛頓的科學遺產即嚴格的或完全的因果性，他是非常難過的、十分難以

---

❸❷　Y. Elkana, The Myth of Simplicity, *Albert Einstein, Historical and Cultural Perspectives*, Edited by G. Holton and Y. Elkana, Princeton University Press, 1982, pp. 205–251.

忍受的，他的科學本能堅決反對這樣作。他在1924年給玻恩夫婦的信中典型地表白了這種態度：

> 我決不願意被迫放棄嚴格的因果性，而對它不進行比我迄今所已進行過的更強有力的保衛。我覺得完全不能容忍這樣的想法，即認為電子受到輻射的照射，不僅它的躍遷時刻，而且它的方向，都由它自己的自由意志去選擇。在那種情況下，我寧願做一個補鞋匠，或者甚至做一個賭場裡的雇員，而不願意做一個物理學家。固然，我要給量子以明確形式的嘗試再三失敗了，但是我決不放棄希望。況且即使永遠行不通，總還有那樣的安慰：這種不成功完全是屬於我的。(*E1*, p. 193)

愛因斯坦幾年後在寫給普朗克的信中進而強調：理解量子現象無需像量子物理學家那樣削弱經典的因果性，相反倒是應該加強(*SD*, p. 572)。他揭示出，量子物理學的非決定論是主觀的非決定論，它必定同某種東西有關(*E1*, p. 301)。難怪有人提出，愛因斯坦認為因果陳述是基本哲學的陳述[33]，因果律在宇宙中的統治是至高無上的[34]。這些評論無疑注意到愛因斯坦重視因果性的一面，但它們與愛因斯坦的本來思想是有出入的。

在愛因斯坦看來，因果性概念或對自然界作嚴格因果解釋的假

[33] P. K. Feyerabend, *Problem of Empiricism, Philosophical Papers*, Volume 2, Cambridge University Press, 1981, p. 199.

[34] I. Paul, *Science, Theology and Einstein*, Oxford University Press, New York, 1982, p. 124.

設並非起源於人類精神（在此點他不贊成康德），也不能用邏輯的方法從經驗中推導出來（在此點他同意休謨），而是人類理智長期適應的結果（在此點他與馬赫、彭加勒的進化認識論一致）。相信自然現象必須遵守因果規律，歸根結底是以有限的成就為基礎的，這些成就是做為人類理智為確立自然現象之間的相互關係所作的努力的結果而獲得的。但是，它是無法被證明的，它實質是約定，是信念，是建構理論的綱領，因而沒有絕對的性質（在此點他大大淡化了斯賓諾莎的觀念）。(*E1*, pp. 6, 234)由此可見，愛因斯坦是（或主要是）從認識論上，而不是從本體論上看待和理解因果性的，即是從對物理學的理論化的角度把握因果性的。他說：「我完全意識到，因果性並非存在於與可觀察的東西的關係中；我認為這種認識是結論性的。但是，依我之見，人們不應該由此得出結論說，理論應該建立在根本的統計定律之上。」[35]他還進而表示：當我們已接受一個把關聯描述得合理的理論時，我們才談到因果性；對我們來說，因果關聯只能做為理論構造的特徵才存在。他在談到海森伯的不確定性（測不準）公式時明確指出，在微觀層次遇到的不確定性僅僅是認識論的（而不是本體論的）不確定性，人們必須用理論是否更好的問題代替因果性是否在自然界中成立的問題：

> 關於因果性（或決定論）是成立還是不成立的選擇不是在經驗上可以決定的。按照這種看法，從來也不能肯定地說客觀世界是「因果的」。取而代之的是，人們必須問，因果理論是否證明比非因果理論要好。實際上不清楚的是，人們何時應該稱一個理論是「因果的」。代替「因果的」，我寧願說其根

---

[35] 同[34]，p. 84.

本定律沒有使用概率概念的理論。**㊱**

　　愛因斯坦不肯定客觀世界的因果性，並不是說他否認或不關心實在問題。愛因斯坦把因果性做為一個有機成分，融入到他的實在論的理論概念之中，從而形成他的因果實在論思想。愛因斯坦認為，值得認真考慮的唯一一種實在論是用嚴格的、非概率定律建立起來的實在論。這有愛因斯坦兩段寓意深刻的言論為證：

> 實際上，中心問題不是「因果性」問題，而是實在的存在問題，以及是否存在某種對於在理論上加以描述的實在嚴格有效的（非統計學的）定律的問題。對於可觀察事物不存在這樣的定律，是至為明顯的。但問題是：有什麼東西可以代替做為理論綱領的「實在」？ (*E3*, pp. 483–484)

　　這是1950年4月致貝索的信的引文。兩個月後，他又致信索洛文：「關於統計論同決定論的對立問題是這樣的：從直接經驗的觀點來看，並沒有精確的決定論。這一點大家完全同意。問題在於：對於自然界的理論描述，究竟應不應該是決定論的。此外，特別存在著這樣的問題：究竟是不是存在一個完全非統計性的關於實在（就單個事件而論）的概念圖像？只是在這一點上，人們的意見才有分歧。」(*E1*, p. 509)

　　愛因斯坦始終堅持古典力學關於因果律的合理內核。他在紀念牛頓逝世二百週年致皇家學會的信中這樣寫道：「但願牛頓方法的

㊱　A. Fine, Einstein's Realism, *Science and Reality*, Edited by J. T. Cushing, University of Notre Dame Press, 1984, pp. 106–133.

精神給我們以恢復物理實在和牛頓教導的最深刻的特徵——嚴格因果性——之間一致的能力。」**❸** 不過，他也清楚地表明，迄今所流行的因果原理的表述方式是「相當不成熟的」，目前應用因果原理的粗糙辦法是「十分膚淺的」。為了適應量子物理學顯示出來的非常複雜的過程，「我們必須進一步擴大和改善我們的因果性概念」(*E1*, p. 302)。愛因斯坦1945年在一次談話中說：

> 我們必須把做為指向理論的一個公設的因果性和做為指向可觀察量的一個公設的因果性區別開來。後一要求始終得不到滿足——經驗的因果性並不存在——而且以後還將仍然如此。我認為，把因果性看成現在和將來之間時間上的必然序列，這樣一種公式是太狹窄了。那只是因果律的一種形式——而不是唯一的形式。按照廣義相對論，時間失去了它的獨立性，變成了稱之為世界的四維系的一個坐標。在四維空間的世界裡，因果性只是兩個間斷(breaks)之間的一種聯繫。這就構成了因果律，因為它符合廣義相對論。(*E3*, pp. 382–383)

愛因斯坦關於因果性的豐富內容和深刻涵義的觀念源於他對相對論的反思和對量子論的洞察。事實上，他在上述談話之前二十多年就認識到：迄今我們只是從因果性的觀點看待物理學定律的，因為我們總是從確定的時間橫截面開始的，即通過採用宇宙中的現象的時間橫截面，例如做為對應於現在時刻的截面。但是，我相信自然定律、自然過程比在我們的時間因果性(time-causality)所包含的東西顯出更高程度的關聯的均一性！這種可能性是對量子論思考的結果。

---

❸　同**❸**。

可以設想，屬於確定的時間橫截面的東西本身完全可能沒有結構，即它可能包含一切在物理學上可以設想的事物，例如具有任意大小和任意電荷的電子，具有任何比重的鐵等等。根據我們的因果性，我們調整我們的思想適應比在自然界中似乎已實現的結構限度較低的序。實在的自然比我們定律所隱含的有更多的限制。打個比方，假如我們認為自然是一首詩，那麼我們就像一個發現韻腳、但卻未發現格律和韻律的兒童 **㊳**。後來，他又一次談到同樣的主題，說亞里士多德、康德的形而上學的因果性概念和牛頓描述事件在自然界出現時的有規律的秩序的概念，均難以適應新的科學現狀。他還以學鋼琴少年作比喻：他剛剛弄明白了一個鍵同直接在它前面或後面的那個鍵的關係，這在一定範圍內對彈一首非常簡單、非常原始的樂曲也許足夠了，但是這還解釋不了巴赫(J. S. Bach, 1685–1750)的「賦格曲」(*E1*, pp. 301–302)。愛因斯坦的意思是：與時間穩定地關聯在一起的因果性概念必然是擬人的，是我們讀入對自然的理解中的東西，而不是從自然中讀出的東西。這樣一來，隨著時間概念的變革，因果性概念也要隨之變化。

有人對愛因斯坦的因果性概念作了詳盡的研究 **㊴**，認為它由下述四個概念構成的一個密集概念：⒜規律性；⒝定域性；⒞導致守恆律的對稱考慮；⒟因果相互作用的交互性。作者得出的結論是：⑴由於⒝–⒟不是休謨因果性概念的要素，愛因斯坦的概念即埋置

㊳　A. Moszkowski, *Einstein: The Searcher, His Work Explained from Diologues with Einstein*, Translated by H. L. Brose, Methuen & Co. Ltd., London, 1921, pp. 159–160.

㊴　Y. Ben-Menahem, Struggling with Causality: Einstein's Case, *Science in Context*, 36 (1993), pp. 291–310.

在相對論中的概念明顯地是非休謨的概念。⑵按照休謨概念，牛頓力學是一種範式上的因果理論。然而愛因斯坦卻認為這個理論在因果上是欠缺的，因為它沒有遵守(b)和(d)。狹義相對論（部分地）是由於希望校正(b)而促動的，廣義相對論是由於希望校正(d)而促動的。⑶具有諷刺意味的是，基於密集的因果性概念之上的廣義相對論開闢了對因果性概念作約定論理解的道路。⑷關於人的自由，愛因斯坦宣稱信奉斯賓諾莎的自由，然而他提出了在斯賓諾莎那兒找不到的軟決定論版本。愛因斯坦關於因果性的概念，直接或間接地影響了當代的因果性學說❹。

　　7.不變性。不變性或協變性純粹是愛因斯坦的科學和哲學創造，它與彭加勒的不變性思想❹似乎只有邏輯上的（而無發生學上

---

❹　當代因果性學說有三個學派。作用學派將因和果看作事件，因果關係定義在原因所屬的物質客體對結果所屬的物質客體的作用上，這個作用運用狀態空間模型描述，該學派與洛克一脈相承。條件學派根本撇開對因果之間作用或作用力的形而上學分析，從條件邏輯上分析因果關係，將因果關係看作事件關係，原因被理解成結果出現的一個特定條件，即INUS條件（所謂一個事件的原因，並不是這個事件的結果的充分條件，也不是這個事件的結果的必要條件，而是這個事件的結果的非必要的但充分的條件中的一個不充分的但必要的或盈餘的部分），該學派與休謨、穆勒一脈相承。概率學派認為$Pr(B)<Pr(B|A)$時，稱A是B的原因，其代表人物有邦格(M. A. Bunge)、馬奇(J. L. Mackie)、波普爾和薩普斯(P. Suppes)。參見張華夏：〈關於因果性的本體論和自然哲學〉，《自然辯證法通訊》（北京），第18卷(1996)，第4期，頁10–18。

❹　彭加勒的約定論認為，在約定變化下存在著不變性，即科學理論中所包含的經驗內容即用微分方程表達的真關係不隨約定改變而變化，科學的客觀性、合理性和可翻譯性均依賴於這種不變性。對於變換群的

的）聯繫。愛因斯坦在狹義相對論中得出，物理定律對於（從一個慣性系轉移到另一個任意選定的慣性系的）洛倫茲變換是不變的。他從廣義相對論中看到，表示自然規律的方程，對於坐標系的一切連續變換，都必定是協變的。事實上，在創立引力理論時，愛因斯坦已有意識地運用不變性原理這一限制性原理，尋找對於任何坐標變換都是協變的場方程。這樣一來，不變性既是愛因斯坦運用自如的方法論原則，也成為他強加於物理學理論和自然定律之上的一個約定和信念。由於不變性實際上就是自然定律在變換中的對稱性，即空間和時間在抽象的數學涵義上是對稱的，故而楊振寧把不變性原理稱為「對稱支配相互作用原理」，並認為對稱性考慮已從被動角色轉為主動角色，在二十世紀的物理學起著舉足輕重的作用❷。此外，不變性也隱含著自然定律的客觀性，因為客觀性在於理論的基本形式，而不在於觀察和感知。按照楊振寧對不變性的解釋，不變性原理是不是表示因果性的最高程度的數學形式呢？

在這裡順便涉及一下物理學定律是否隨時間變化的問題。亥姆霍茲對定律的不變性表示微弱的懷疑。彭加勒認真而機智地討論了這個問題❸，似乎沒有作出明確的回答❹。愛因斯坦的回答則是斷然否定的：

不變量的研究也是導致彭加勒提出約定論的理由之一。參見❶，頁122–123，110–111，113–114。

❷　楊振寧：〈對稱和物理學〉，李醒民譯，《二十一世紀》（香港），1991年8月，第6期，頁69–79。

❸　H. 彭加勒：《最後的沉思》，李醒民譯，商務印書館（北京），1995年第一版，頁3–18。

❹　李醒民：《理性的沉思》，遼寧教育出版社（瀋陽），1992年第一版，頁115–122。

因為物理的自然的定律就定義而言是事件遵守的法則，而不管它們何處、何時發生。因此，即使我們不得不為經驗的結果使定律依賴於時間，那麼必然的步驟就是尋求獨立於時間的定律，這便會把依賴時間的定律作為特例包括在它自身之內。依賴時間的定律會被從物理學定律的範疇中排除出去，從而只會起從獨立於時間的定律演繹出的結果的作用。㊺

㊺　同㊳，p. 202.但作者認為彭加勒對該問題的回答是：「不!」這誤解了彭加勒的觀點。

第四章　意義整體論思想

老當益壯慕鄧林，
不盡精衛填海心。
莫道姚黃慚魏紫，
自留江山一段春。

——李醒民〈讀書有感〉

　　整體論以及其中蘊含的不充分決定論❶（經驗無法充分地決定理論的取捨）是愛因斯坦科學哲學思想的一個重要組成部分。愛因斯坦的整體論直接受惠於迪昂（以及彭加勒），並在與石里克的通信和他本人的科學實踐中加以磨礪和精製，最終先於奎因(W. Quine, 1908–)兩年明確將其發展為意義整體論，從而在科學哲學史上留下了不可磨滅的一頁。

---

❶　H. I. Brown 在他的論文 Prospective Realism, *Stud. Hist. Phil. Sci.*, 21 (1990), pp. 211–242中認為，不充分決定(underdetermination)發生在三個範圍：接受任何普遍概括；用觀察證據駁斥普遍命題；相信不可觀察物。可是，迪昂的不充分決定論主要是整體論的邏輯蘊涵或推論。該文未注意這一點，不能不是一個缺憾。

一、愛因斯坦受惠於迪昂

迪昂是法國著名的物理學家、科學史家和科學哲學家❷，他在1906 年出版了影響深遠的科學哲學名著《物理學理論的目的和結構》，系統地闡述了他的獨創性的整體論思想❸。迪昂的理論整體論的內涵和精神實質可以概括如下。H_1：物理學理論是一個整體，比較只能是理論描述與觀察資料兩個系統的整體比較。H_2：不可能把孤立的假設和假設群與理論分離開來加以檢驗。H_3：實驗無法絕對自主地證實、反駁或否決一個理論。H_4：判決實驗不可能，歸謬法在物理學中行不通。H_5：觀察和實驗滲透、負荷、承諾理論，物理學理論中的理論描述和觀察資料兩個系統以此結合成一個更大的整體。H_6：經驗雖然是選擇理論假設的最終標準，但決斷則是由受歷史指導的卓識 (good sense) 作出的。H_7：反歸納主義即歸納法在理論科學中是不切實際的。H_8：反對強約定論，同意弱約定論的某些與整體論相關的主張；這與彭加勒約定論八大內涵❹中的C_4（判決實驗不可能），C_5（理論的經驗內容在約定變化下是不變量），C_6（理

---

❷ 李醒民：〈皮埃爾·迪昂：科學家、科學史家和科學哲學家〉，《自然辯證法通訊》（北京），第11卷(1989)，第2期，頁67–78。

❸ P. Duhem, *The Aim and Structure of Physical Theory*, Translated by P. P. Wiener, Princeton University Press, 1954, cf. PART II, Chapter IV, V, VI.

❹ 李醒民：《彭加勒》，東大圖書公司印行（臺北），1994年第一版，頁115–125。

論多元論）， C_7（隱含本體論的約定性和真關係的實在性）相同或相近❺。其中， H_3， H_4以及 H_5， H_6， H_7， H_8都體現了不充分決定論的思想。

據霍華德的詳盡研究❻，愛因斯坦很可能在1909年秋就首次獲知迪昂的《結構》，並在此後讀了它。事情是這樣的：F. 阿德勒在1906年秋讀了馬赫的《認識與謬誤》第二版(1906)，馬赫在序言及正文中多次盛贊迪昂的《結構》，並強調他們之間的一致❼。原來，馬赫已經向出版商巴思(Barth)推荐翻譯此書，巴思約請阿德勒擔當譯者。就這樣，《結構》的德文版於1908年出版，馬赫和阿德勒分別寫了序言和譯者前言，都強調了馬赫與迪昂的廣泛一致，而縮小了二人的思想差異（整體論與馬赫哲學本來不很相容，當時無論馬赫還是馬赫的追隨者都未能清楚、深刻地指出這一點）。在1909年秋至1911年3月，愛因斯坦和阿德勒住在蘇黎世同一幢公寓的上下層，他們關係十分密切，經常在一起討論科學和哲學問題。因此，愛因斯坦不可能不了解《結構》，這也可以從他1918年9月25日給斯圖迪的信（信中提及該書）得到印證。

愛因斯坦讀過《結構》並對它有興趣，也可以從以下事實得到旁證。第一，愛因斯坦當時還是馬赫的熱情推崇者，他對馬赫大力舉荐的書不會漠然置之。第二，弗蘭克是馬赫的積極追隨者和迪昂的《力學進化》德文本(1912)的譯者，他與愛因斯坦過從甚密，可

❺　李醒民：《迪昂》，東大圖書公司印行（臺北），1996年第一版，第七章。

❻　D. Howard, Einstein and Duhem, *Synthese*, 83 (1990), pp. 363–384.

❼　李醒民：《馬赫》，東大圖書公司印行（臺北），1995年第一版，頁258–259。

能會促使愛因斯坦對迪昂發生興趣。第三，迪昂的整體論對紐拉特
(O. Neurath, 1882–1945) 有直接的、巨大的影響，紐拉特可能也是
愛因斯坦整體論思想的一個源泉，奧本海默在1940年代與愛因斯坦
討論過紐拉特著名的乾船塢比喻❽。第四，在世紀之交的科學哲學
語境中，主要不是實在論與工具論之爭，而是約定論與新康德主義
之爭，在這種背景下，愛因斯坦顯然會傾向於彭加勒和迪昂。第五，
從愛因斯坦早年構築相對論時對假設的重視，對深刻的原理理論的
追求，對相對論邏輯完整性和基礎牢固性的堅信，以及對考夫曼所
謂的判決實驗的懷疑，顯然是在約定論、理性論和整體論的思想引
導下的作為，或者起碼也會使他對整體論產生同情和好感。

在這裡尚須指明的是，彭加勒的整體論思想（尤其是他的約定
論的或整體論的不充分決定論）也可能影響了愛因斯坦。

二、走向意義整體論

愛因斯坦是從汲取迪昂的理論整體論開始逐漸走向意義整體
論的，並在1949年達到目標。下面，我們擬盡可能開列一個詳細的
時間表，順便稍作評論。

如前所述，愛因斯坦在1909–1910年間就接受了迪昂的整體論
思想。他正確地看到，迪昂的思想比馬赫的實證論能更多地使經驗

---

❽　紐拉特的比喻說：「把決然確立的純粹記錄語句做為科學的出發點是
　　辦不到的。白板是不存在的。我們像水手一樣必須在大海上修復船隻，
　　而絕不可能在乾船塢中拆卸並用最好的材料修復它。」　參見《現代西
　　方哲學論著選輯》，洪謙主編，商務印書館（北京），1993年第一版，
　　頁559。

容納假設和深刻的理論。因為它要求經驗的有效不是針對單個科學概念和命題，而是針對整個理論本體；同時，經驗也不是以單個的觀察和實驗面對理論，而是以經驗的總和與之對應。緊接著在1910–1911 年冬季學期，他就訴諸理論和經驗之間關係的整體論觀點，以削弱初學物理的學生把一個確定的量歸因於物體內每一點的電荷，儘管這樣的點是達不到檢驗粒子的：

> 我們已經看到經驗如何導致電荷概念的引入。它是借助帶電體相互施加的力定義的。但是現在，我們把該概念的應用擴展到定義找不到直接應用的情況，只要我們把電力設想為不是施加在物質粒子上而是施加在電上的力。我們建立起一個概念體系，它的個別部分並不對應於經驗事實，而只有理論資料的某個總和才與經經驗事實的某個總和對應。
>
> 我們發現，這樣的電的連續區僅僅對於描述有質物體內的關係總和是可以應用的。在這裡，我們再次把電場強度的矢量定義為施加在有質物體內部單位正電荷上的機械力的矢量。但是，這樣定義的力不再是實驗可以直接達到的。正是理論結構的一部分只有做為一個整體，才是真或是假，即對應於或不對應於經驗。❾

不難看出，這與迪昂的H_1，H_2（以及H_3中的部分內容）完全符合。

---

❾　D. Howard, Einstein, Kant and the Origins of Logical Empiricism, in *Language, Logic, and the Structure of Scientific Theories*, Edited by W. Salmon and G. Wolters, University of Pittsburgh Press, 1994, pp. 45–105.

在1915–1921年間，愛因斯坦和石里克都具有迪昂和彭加勒的整體論的和約定論的不充分決定性思想，他們二人在較為頻繁的通信中切磋琢磨。石里克關於不充分決定論的許多討論是從愛因斯坦的豐富評論中引出的，他贊同僅有經驗不能毫不含糊地決定我們的理論選擇。愛因斯坦同意簡單性必然是我們在經驗等價的理論中選擇的嚮導，但是他最終還是訴諸外部的確認。他對不充分決定論隱含的關於理論主張描述唯一深刻實在的東西持謹慎態度，他在前述的給石里克的信（1917年5月21日）❿中認真看待理論選擇的經驗不充分決定性。他關於兩個不同的人贊同和不贊同的範圍的敘述表明，兩個經驗上等價的理論之間在深刻理論水平上的差異具有更為深邃的意義，而不能像石里克那樣僅僅把差異的特點歸結為「表達方式的不同」。愛因斯坦的建議是，在理論的深刻的本體論水平上，兩個不同的人能夠有兩個不同的實在。他之所以歡迎迪昂的整體論的不充分決定論，是因為它對深刻的理論而言是十分適宜的❶。

愛因斯坦十分清楚，實證論的經驗意義的實證概念 —— 每一個可接受的科學術語做為它的由感覺要素構造的結果必須擁有它自己的單個的經驗內容 —— 太狹隘了，根本難以容納深刻的理論，其實只要它所屬的理論整體具有經驗內容就可以了。他在1918年9月25日給斯圖迪的信中，把迪昂的書與實證論藉口無經驗內容而反對假設的觀點對立起來。

---

❿　D. Howard, Realism and Conventionalism in Einstein's Philosophy of Science: The Einstein-Schlick Correspondence, *Philosophia Naturalis*, 21(1984), pp. 616–629. 也可參見本書第三章。

❶　D. Howard, Was Einstein Really a Realist? *Perspectives on Science*, 1 (1993), pp. 204–251.

　　理論由經驗證據不充分決定的思想，是愛因斯坦1910年代後期一個十分活躍的思想。在1918年慶祝普朗克六十壽辰時，愛因斯坦強烈地表達了這一思想，並責備認識論者對此沒有給予足夠的重視：

> 物理學家的最高使命是要得到那些普遍的基本定律，由此世界體系就能用單純的演繹法建立起來。要通向這些定律，並沒有邏輯的道路；只有通過那種以對經驗的共鳴的理解為依據的直覺，才能得到這些定律。由於這種方法論上的不確定性，人們可以假定，會有許多個同樣站得住腳的理論物理體系；這種看法在理論上無疑是正確的。但是，物理學的發展表明，在某一時期，在所有可想像的構造中，總有一個顯得比別的都要高明許多。凡是真正研究過這個問題的人，都不會否認唯一地決定理論體系的，實際上是現象世界，儘管在現象同它們的理論原理之間並沒有邏輯的橋樑；這就是萊布尼茲非常中肯地表述的「先定的和諧」。(*E1*, p. 102)

　　在這裡，愛因斯坦立足於方法論上的不確定性闡明不充分決定論，並把它與他的各種哲學思想因素融會貫通，從本體論、認識論和方法論上加以全面透視，恰如其分地把它置於他的理論體系的構架之中。此時，愛因斯坦在整體論觀念的某些方面，已經深化或超越了迪昂。

　　1919年12月25日，愛因斯坦再次返回到整體論的不充分決定性主題。他在〈物理學中的歸納和演繹〉 [12] 中，明確區分了休謨的歸納不確定性和迪昂的整體論的不充分決定性。而且，他認為經驗上

---

[12]　參見第三章中的引文。

等價的理論甚至可以是矛盾的，這一看法比石里克的不同表達方式的詮釋更激進，它顯然來自彭加勒 ⓭，因為迪昂是反對彭加勒可以使用相互矛盾的理論的觀點 ⓮ 的。

在1920年代，愛因斯坦對整體論的支持變得更頻繁、更強烈了。1921年，他在〈幾何學和經驗〉中贊同彭加勒關於只有幾何學加物理學 (G+P) 的整個系統是可檢驗的，至少從永恒的觀點來看是如此 (*E1*, pp. 139–140)。

1924年，愛因斯坦就埃爾斯巴赫(A. Elsbach)的《康德和愛因斯坦》發表了詳盡的評論。該評論從整體論的觀點出發，不僅反對新康德主義，而且也反對石里克和賴興巴赫關於約定的同位定義和經驗的命題截然兩分的觀點，而堅持認為這種先驗的—後驗的東西的區分具有任意性。尤其值得注意的是，該評論已隱含了意義整體論的萌芽。愛因斯坦在斷言相對論與康德的先驗學說不相容之後寫道：

> 乍看起來，這並未排除人們至少堅持康德的成問題的東西，例如卡西勒就堅持這一點。我甚至持有這樣的見解：這一立場未能被自然科學的發展嚴格駁倒。因為人們將總是能夠說，批判哲學家迄今在先驗元素的建立中犯了錯誤，而且人們將總是能夠建立不與給定的物理體系矛盾的先驗元素的系統。讓我簡短地指出，我為什麼不覺得這種立場是自然的。一個物理學理論由A，B，C，D部分（元素）組成，它們一起構成了把相干的實驗（感覺經驗）正確關聯起來的邏輯整體。

⓭ H. 彭加勒：《科學的價值》，李醒民譯，光明日報出版社（北京），1988年第一版，頁160。

⓮ 同⓭，pp. 294–328.

於是，情況傾向於，比四個元素少的集合，例如A，B，D而無C，不再就這些實驗說任何事情，A，B，C而無D的集合也是這樣。人們從而自由地把這些元素中的三個例如A，B，C視為先驗的，而只把D視為經驗上受限制的。但是，在這種情況下，人們依然不滿意的總是，在選擇人們指定為先驗的那些元素時存在著任意性，而且這完全與該理論有一天會被另一個理論——它用其他元素代替了這些要素中的某些要素（或全部四個要素）——替代的事實無關。❺

1928年，他在評論梅耶松的《相對論的演繹法》時，重申「概念的總體」同「經驗的對象」或「全部實驗數據」的「對應」或「一致」（*E3*, p. 368）。

在1936年的〈物理學和實在〉中，愛因斯坦進一步闡明了他反對定義和經驗陳述（自然定律）截然二分的觀點，並初步觸及到意義整體論的問題：

我們把那種典型的感覺的複合直接地並且直覺地聯繫在一起的概念叫做「原始概念」。其他一切觀念——從物理學的觀點來看——只在它們通過命題同原始觀念聯繫在一起的時候才具有意義。這些命題，一部分是概念的定義（以及那些在邏輯上從這些概念推導出來的陳述）；一部分是不能從定義推導出來的命題，它們至少表示「原始概念」之間的間接關係，從而也就表示感覺經驗之間的間接關係。後一種命題是「關於實在的陳述」，即自然定律，那就是這樣一些命題，當它們

---

❺　同❾。

用於原始概念所概括的感覺經驗時，它們應當顯示出有效性來。至於哪些命題應當被看作是定義，哪些應當被看作是自然定律，這問題主要取決於所選用的表示方法。只有當人們從物理學的觀點來檢驗在什麼程度上所考察的整個概念體系實際上具有內容的時候，作出這種區別才真正成為絕對必要的。**⓰**(*E1*, p. 344)

在1938年出版的《物理學的進化》中，愛因斯坦和英費爾德明確以整體論的語言寫道：「實際上用實驗證明或反駁的是我們的整個猜測系統。沒有一個假定能夠被孤立起來加以單獨檢驗。」**⓱**

在接著的年代，強調理論和經驗之關係的整體論觀點遍及愛因斯坦的論著。典型地是他在1946年的〈自述〉中強調：在邏輯上完全任意的概念體系要盡可能同感覺經驗的總和做到可靠的(直覺的)和完備的對應，體系的真理內容不僅取決於這種對應，而且其中的正確命題也是從該體系的真理內容中取得其「真理性」的 (*E1*, pp. 5-6)。在這裡值得注意的是：與概念體系「對應」的是「感覺經驗的總和」； 沒有命題具有絕對可分離的真理性或意義內容。在1949年的〈對批評的回答〉中，他在批評賴興巴赫的意義的證實原則時，明確地闡述了意義整體論思想：

在上述情況下，如果你認為距離是一個合法的概念，那麼它

⓰ 譯文按照文獻**➒**有所改動。

⓱ A. Einstein and L. Infeld, *The Evolution of Physics*, Simon and Shuster, New York, 1938, pp. 30–31. 中譯本《物理學的進化》(周肇威譯，上海科學技術出版社，1962年第一版)頁23中的譯文不確、有誤。

如何與你的基本原則（意義＝可證實性）一致呢？難道你能不達到這樣的地步，即你否認幾何學陳述的意義，而只承認它們達至完備發展的相對論（相對論做為一個已完成的產物根本還不存在）才有意義嗎？難道你能不承認，按照你的意思，「意義」無論是什麼，它都不屬於物理學理論的單個概念和陳述，這樣的意義就其使在經驗上被給予的東西變成「可理解的」而言而屬於整個體系嗎？如果單個概念只有在理論的邏輯結構的框架內才是必不可少的，如果做為一個整體經受檢驗的是理論，那麼為什麼在理論中出現的單個概念終究需要任何孤立的辯護呢？**⑱**

在同一篇評論中，他明確表示不相信馬根瑙(H. Margenau)關於理論的每一個量值和每一個論斷都要求有「客觀意義」（在這個理論的框架內）的觀點，因為當一個理論具有群特徵時，即假定同樣的物理狀況容許有幾種描述方式而其中每一種都同樣有根據時，就會發生問題。「在這種情況下，我們顯然不能認為單個的（不能消去的）量值具有完全客觀的意義（比如粒子速度的 x 分量或者粒子的 x 坐標）。　這種情況在物理學中經常存在。在這種情況下，我們必須把客觀意義僅限於給理論的普遍定律，也就是說，我們必須要求：這些定律對於體系的每一種被這個群認為是合理的描述都是有效的。因此，不是『客觀性』要求預先假定有群特徵，而是群特徵迫使我們去精煉客觀性概念。」(*E1*, pp. 476–477)

順便提一下，1952年11月16日，愛因斯坦在奧本海默的陪同下拜訪了正在普林斯頓的卡爾納普。卡爾那普在日記中記載了他們的

---

⑱　中譯文譯自文獻**⑨**，與(*E1*, p. 474)中的譯文有所不同。

談話：「關於實在。我說，只有馬赫提出這樣的闡述：感覺資料是唯一的實在。他說，實證論者只不過想從某種保險地給定的東西開始，可是卻沒有這樣的起點。我同意，沒有基岩，只有紐拉特要修復的船飄浮著。對此，他斷然贊同。」[19]愛因斯坦在談話中特別贊賞紐拉特整體論的乾船塢比喻，他還補充說：「要是實證論現在放寬到這樣的程度，那就會同我們的想法以及任何其他哲學觀點不再有任何分歧了。」(*E3*, p.394)

三、幾點原則性的看法

1.無論是馬赫還是馬赫的追隨者弗蘭克等，都沒有清醒地認識到馬赫的實證論與迪昂的整體論的分歧。當時的思想家在反形而上學的共同旗幟下把馬赫和迪昂視為萊伊(A. Rey, 1873–1940) 所謂的「新實證論」的兩個代表人物，弗蘭克還稱迪昂是「馬赫思想路線在法國的最重要的代表」[20]。A. 阿德勒雖然注意到二人的分歧，但卻縮小或低估了思想差異。唯有愛因斯坦，一開始就認識到迪昂的理論整體論的深層意蘊，並以此平衡馬赫的激進的實證論，並把它從科學理論的認識論發展到科學詞彙表的語義學或意義整體論（單個概念和命題並不具有獨立的經驗意義）。

2.愛因斯坦的意義整體論思想不僅先於奎因（1951年）， 而且它實際上也包含著對經驗論的兩個教條（其一是相信在分析的、或以意義為根據的而不依賴於事實的真理與綜合的、或以事實為根據的真理之間有根本的區分。另一個教條是還原論：相信每一個有意

---

[19] 同[6]。

[20] 同[11]。

義的陳述都等值於某種以指稱直接經驗的名詞為基礎的邏輯構造）**㉑**的明確反對。愛因斯坦是意義解放的先驅。

3.愛因斯坦早期決不是純粹的經驗論者，除理性論外，帶有不充分決定論的整體論和約定論也是他的哲學思想的明顯特徵。由於這種思想比經驗論或實證論更能容納假設和深刻的理論，所以他才能建構起像相對論這樣的邏輯結構嚴謹的原理理論，也才能提出理論的雙標尺評價標準（理論在原則上的不充分決定和在實踐上最終由經驗取捨）。

4.愛因斯坦的整體論的不充分決定論和約定論的理論多元論承諾，在經驗上等價的不同理論並非僅僅是表達方式的差異，而是在理論的深刻的本體論水平上對應著不同的實在。這意味著，對應於同一經驗總和的不同理論在層次上是不同的：理論進化得越深刻，其邏輯前提越簡單，其本體論的物理實在越深奧。正是在這種意義上，愛因斯坦反對科學實在論的終極的、不變的物理實在觀。

5.愛因斯坦的整體論和約定論思想，決定了他對新康德主義和邏輯經驗論所採取的批評態度：他用它們削弱或抗衡康德的先驗論和石里克、卡爾納普等人的分析─綜合命題絕然二分及意義證實原則。

6.波普爾把愛因斯坦描繪成一個證偽主義者，實在是大大誤解了愛因斯坦。其原因是顯而易見的：他忽視或低估了愛因斯坦的整體論和約定論思想在其哲學中的鮮明性和重要性。

㉑　W. 奎因：《從邏輯的觀點看》，江天驥等譯，上海譯文出版社（上海），1987年第一版，頁19。

第五章　科學理性論思想

百卉隨風淪落英，
唯有晚荷死守紅。
勤問落霞孤鶩時，
可有秋實慰忘情？

——李醒民〈晚荷〉

　　科學理性論是愛因斯坦式的理性論，是古代理性論和近代理性論的現代版本，是愛因斯坦把他所汲取的傳統理性論的思想精髓與他所創造的現代科學的思想成果加以相互切磋琢磨的產物。它充分體現了現代科學的理論進路、思想意向和精神氣質，成為二十世紀科學和哲學的主旋律之一。

一、科學理性論思想的形成和發展

　　霍耳頓❶和許良英❷曾撰文指出，愛因斯坦早年就具有理性論

---

❶　G. 霍耳頓：《科學思想史論》，許良英編，河北教育出版社（石家莊），
　　1990年第一版，頁38-83。

思想,後者還列舉五個事例加以證明(我們前面已涉及到這些例子)。尤其是,愛因斯坦1905年的狹義相對論論文從開頭到整個構架,都滲透著理性論的因素,而且理性論的實在論也確實是他創新的堅實思想基礎❸。

　　愛因斯坦理性論思想的形成不僅與他的科學實踐密切相關,也是他善於批判地汲取前人和時人的思想財富的結果。除霍耳頓所論的開普勒、普朗克和許良英所論的斯賓諾莎(他是歷史上最偉大、最徹底的理性論思想家之一)外,德國科學家(有人說十九世紀的德國科學家都是哲學家,而且理性論的傳統在他們之中是很濃厚的)基爾霍夫、亥姆霍茲、赫茲、玻耳茲曼、弗普爾的著作和教科書也對愛因斯坦有所影響。愛因斯坦在大學不僅從中自學了麥克斯韋的電磁理論,而且看到實驗並不能決定性地解決面臨的問題,必須構造新的公理化的數學框架,來建設物理學的大廈❹。據庫茲涅佐夫研究,愛因斯坦也在陀思妥耶夫斯基的創作中獲得了啟迪和動力。因為陀氏的創作的詩體是理性論的,它顯示出小說作品中的理智的旋律;因為陀氏小說的主題是在自身矛盾中掙扎的(如傳統的信仰與叛逆的理性之間的張力),是為了力圖表現人的思想的思想 (*EZ*, pp. 526–596)。

　　其實,愛因斯坦理性論的思想淵源遠不止以上數人,他顯然也

❷　許良英:〈愛因斯坦的唯理論思想和現代科學〉,《自然辯證法通訊》(北京),第6卷(1984),第2期,頁10–17。

❸　李醒民:〈哲學是全部科學研究之母 —— 狹義相對論創立的認識論和方法論分析〉(上、下),《社會科學戰線》(長春),1986年第2期,頁79–83;1986年第3期,頁127–132。

❹　G. Holton, *Thematic Origins of Scientific Thought*, Harvard University Press, 1974, pp. 197–217.

受到伽利略、牛頓、笛卡兒、萊布尼茲、休謨、康德以及批判學派的代表人物尤其是彭加勒的影響。這往往被許多研究者忽視、遺漏乃至遺忘，有必要在此加以彌補。

伽利略在他所處的時代代表「理性的思維」(*E1*, p. 579)，他的理性論是與實在論的本體論相聯繫的。他認為宇宙乃是某種有秩序的、有聯繫的、統一的東西，人的理性能夠從客觀的和因果關係的角度理解它和反映它。伽利略敢於大膽思辨和運用想像力，因為他那時所掌握的實驗方法是不完善的，經驗材料也是有限的。伽利略很重視實驗，但他並沒有把經驗論和理性論對立起來，而是使二者和諧地起作用。

對於牛頓來說，「自然界是一本打開的書，一本他讀起來毫不費力的書」(*E1*, p. 287)。牛頓用具有思辨特徵的概念（質點、絕對時空等）和微分定律，揭示了自然界的完整的因果性鏈條，成功地把「天上的力學」和「地上的力學」統一起來，構造了一個邏輯完備的理論體系，從中能夠邏輯地、定量地演繹出範圍很廣的現象，並且能同經驗相符合。牛頓偉大的理智成就必定給愛因斯坦留下極為深刻的印象，以致他在修正和背離牛頓的理論基礎和研究綱領時，還贊頌牛頓所發現的道路，是一位具有最高思維能力和創造能力的人在那個時代所能發現的唯一道路。牛頓並不像人們通常誤解的那樣，是純粹經驗論和「歸納法的驢子」❺，他也是一位理性論者，他的四條推理原則就體現了自然界和科學中的統一性和簡單性，他也大膽運用了假設和演繹。

笛卡兒是近代理性論的始祖，斯賓諾莎和萊布尼茲都是笛卡兒

---

❺　F. 恩格斯：《自然辯證法》，于光遠等譯編，人民出版社（北京），1984年第一版，頁66。

主義者。笛卡兒認為，世界圖像從邏輯上說是建築在少數原始公設基礎之上的，是單值的，絕對準確的，並在這種意義上是實在世界的反映。笛卡兒關於物理學就是幾何學的思想對愛因斯坦也有所啟示。愛因斯坦也曾多次提及並贊賞萊布尼茲的「先定的和諧」思想，並認為思想和實在二者的和諧是理性可以直覺地把握的，而不是經驗地或邏輯地把握的。

休謨是近代經驗論的代表人物，但他也不是一位純粹的經驗論者，儘管他認為經驗高於理性，感官勝於思想。休謨的懷疑論就是帶有理性論成分的懷疑論，他大膽地向人們推荐理性的哲學，而貶斥非理性的宗教和迷信。休謨清楚地了解到，有些概念，比如因果性概念，是不能用邏輯的方法從經驗材料中推導出來的。休謨對感知的分析，強有力地揭示出自然界的精確定律是無法從經驗事實歸納出來的。他認為世上沒有什麼東西比人的想像更為自由；想像雖然不能超出內外感官所提供的那些原始觀念，可是它有無限的能力可以按照虛構和幻想的各種方式來混雜、組合、分離、分割這些觀念。愛因斯坦對科學理論基礎虛構特徵的洞察，對概念形成的非歸納、非邏輯途徑的洞悉，都與休謨的啟示或多或少有關(*E1*, p. 6)。

康德是近代哲學的巨擘，是一位承前啟後的哲學大師，康德之後的各種哲學流派都可以從康德那裡找到它的思想淵源。康德對獨斷論的形而上學的反叛，康德用理性過濾神性，伸張人類理性的力量，確立人在認識自然中的主宰地位，提出人為自然立法的口號，無一不給愛因斯坦以激勵和啟示。愛因斯坦多次讀過康德的《純粹理性批判》以及《導論》，他完全能感受到康德學說那種發人深思的力量。他認為康德哲學中最重要的東西，是構成科學的先驗概念，儘管他並不贊同康德的先驗論。他還指出：

借助於思維，我們的全部感覺經驗就能夠整理出秩序來，這
是一個使我們嘆服的事實，但卻是一個我們永遠無法理解的
事實。可以說:「世界的永久秘密就在於它的可理解性。」要是
沒有這種可理解性，關於實在的外在世界的假設就會是毫無
意義的，這是伊曼努耳・康德的偉大的認識之一。(*E1*, p.
343)

　　彭加勒也是一位熱情的理性論者。他斷言，經驗並非一切，學
者也不是被動的，學者應該充分發揮「思維之箭」的優勢，主動地
去迎接真理。他賦予假設以極高的認識地位，認為科學家無假設便
不能前進一步。即使在他為經驗的重要性辯護時，他依然認為科學
概念和原理是人類理智的自由創造物，實驗事實更多地是引導而不
是限制科學家的選擇。他還把科學的審美判斷視為發明的工具和評
價理論的標準，從而降低了經驗在科學中的絕對地位。

　　「不論平地與山尖，無限風光盡被占。」 ❻愛因斯坦就這樣像
採花釀蜜的蜜蜂一樣，把廣泛汲取的思想營養與他對自己的科學創
造的過程和結果（尤其是相對論）的反思融會貫通，最終走向了科
學理性論。

　　愛因斯坦科學理性論思想的典型表述之一是他 1938 年寫給蘭
佐斯的信❼，在此之前(1933)他還有一段十分精彩的論述:

　　迄今為止，我們的經驗已經使我們有理由相信，自然界是可

---

❻　唐・羅隱:〈蜂〉。

❼　參見(*E1*, p. 380)，我們在本書第二章開頭已引用。

以想像到的最簡單的數學觀念的實際體現。我堅信，我們能
夠用純粹數學的構造來發現概念以及把這些概念聯繫起來的
定律，這些概念和定律是理解自然現象的鑰匙。經驗可以提
示合適的數學概念，但是數學概念無論如何不能從經驗中推
導出來。當然，經驗始終是數學構造的物理效用的唯一判據。
但是這種創造的原理卻存在於數學之中。因此，在某種意義
上，我認為，像古代人夢想的，純粹思維能夠把握實在，這
種看法是正確的。(*E1*, p. 316)

這一精彩論述充分體現了科學理性論的本體論、認識論和方法論的
原則性主張。這種從現代科學的土壤中萌生，適應現代科學需要的
理性論思想，與科學本身是多麼貼近！在這裡尚須辯明的是，由於
愛因斯坦在經驗和理性之間保持了必要的張力，由於他所說的「在
某種意義上」指的是啟示方法的意義而非真理判據的意義，由於該
論述中隱含的自然的理性和人的思維的微妙和諧，因此僅僅依據「純
粹思維能夠把握實在」的片語，就說愛因斯坦的論述「提出了一種
準柏拉圖式的本體論」❽，這似乎是有欠公允的。

　　其實，愛因斯坦是堅決反對觀念論和先驗論的。他明確表示，
儘管觀念世界不能邏輯地從經驗推導出來，可是觀念世界還是一點
也離不開我們的經驗本性而獨立。他對柏拉圖把「理念」視為最高
的實在不以為然，認為斯賓諾莎以及黑格爾也繼承了這種「偏見」，

---

❽　B. Kanitscheider, Einstein's Treatment of Theoretical Concepts, *Albert Einstein, His Influence on Physics, Philosophy and Politics*, P. C. Aichelburg and R. U. Sexl (eds.), Friedr. Viewey & Sohn, Braunschweig, 1979, pp. 137–158.

幻想用純粹思辨去發現一切可知的東西。他責備觀念論和先驗論哲學家對科學思想的進步起過有害的影響，讚揚休謨和馬赫把科學思想的基本觀念從柏拉圖的奧林帕斯天堂拖下來的壯舉 (*E1*, pp. 157, 406, 548)。

愛因斯坦在形成自己的科學理性論時，也清楚地看到斯賓諾莎和康德的理性論的致命弱點，並採取了清醒的批判態度。他指出，像斯賓諾莎那樣相信，凡是能用純粹的思辨去了解的東西，都可以在現實世界中找到，這不過是「哲學童年時代」的「幻想」和「偏見」(*E1*, p. 406)。他不同意斯賓諾莎把普遍真理視為先驗的，也不贊成斯賓諾莎因經驗知識缺乏確定性和必然性而排斥它們。關於康德，愛因斯坦雖然對康德先天的「感性直觀純形式」（時間和空間）和「知性的純粹概念或純粹範疇」（因果關係等十二個範疇）在認識中的意義作了肯定，但他並未落入康德的「圈套」而對這些先驗的綜合判斷讓步。他用懷疑的經驗論修正和改造了它們，清除了極端理性論中的先驗因素，加強了理性論中的實在論傾向，同時又堅持了理性論的合理的基本原則。

愛因斯坦十分不滿極端的理性論。在他看來，理性雖然是人們認識世界和獲得客觀知識的極其重要的手段，但人的價值目標和道德準則並不能用理性辯護，因此超越理性限度的極端形式的理性論立場是片面的。他說：

> 信念的確能夠最好地用經驗和清楚的思維來支持。按照這種觀點，人們必須毫無保留地贊同極端的理性論者。然而，極端的理性論者的弱點在於，那些對我們的行為和判斷來說是必要的和決定性的信念，並不能夠唯一地沿著牢固的科學途

徑找到。 **❾**

即使在科學領域，理性也不能僅僅停留在思維的王國裡天馬行空，
獨往獨來，它必須落實在經驗和實在的土地上，否則它不僅缺乏活
力與生氣，而且也無法形成真正的物理學理論。愛因斯坦一而再地
重申過這樣的思想。

與傳統的理性論相比，愛因斯坦的科學理性論具有以下鮮明的
特色 **❿**：它是科學自己的哲學；它立足於實在論的地基上；它清除
了傳統理性論中的先驗因素並反對極端理性論；它與其對立面經驗
論保持了必要的張力；它把探索性的演繹法做為自己的方法論；它
拋棄了科學概念的「顯然性」。 關於最後一個特色，庫茲涅佐夫指
出：

> 愛因斯坦的思想是實驗的和數學的反常的偉大綜合，是在一
> 種理論的範圍內拋棄經驗的顯然性（繼承了哥白尼的傳統），
> 拋棄習以為常的、顯然是先驗的、數學的（在相對論中）以
> 及邏輯的（在量子論中）規範。對科學思維風格的這種作用
> 本是不可逆的，它的痕跡將永遠保存。此外，為了推翻絕對
> 時空的古典觀念，相對論除了不得不反對具體的物理概念，
> 還要尖銳反對科學中的教條主義。相對性原理、光速不變原
> 理、質能相當性、波粒二象性、等效原理、時空彎曲等觀念，

---

❾ A. Einstein, *Out of My Later Years*, Philosophical Library, New York, 1950, pp. 21–22.

❿ 李醒民：〈走向科學理性論 —— 也論愛因斯坦的哲學歷程〉，《自然辯證法通訊》（北京），第15卷(1993)，第3期，頁1–9。

本質上都是相當革命的，是不可能自發地走過來的。它包含著如此反常地粉碎「顯然性」，以至於它的進行沒有自覺的和徹底的推翻整個教條主義的勇氣是不可能的，這種反教條主義的矛頭正是對準著概念的現象的顯然性的。

二、理性、數學和思辨的作用

要理解愛因斯坦的科學理性論，就必須了解他關於理性、數學和思辨在科學中的地位和功能的觀點。

愛因斯坦是理性的使徒。對理性的頌揚，是他的科學的、哲學的、社會的和倫理之思想的主旋律；按照理性行事，是他終生信守的最高行為準則。在科學領域，他充分肯定了理性的重大作用，這種理性是以理論的邏輯結構的完整性為特徵的。他這樣說過：

> 雖然事件和經驗事實是整個科學的根底，但是它們並不構成科學的內容和它的真正本質：它們不過是組成這門科學的題材的資料。……事實上，表現在我們的「自然規律」中的普遍性的聯繫，不是僅僅由觀察資料建立起來的；除非我們從理性的構造入手，否則這些聯繫就無法表述和推導出來，而理性的構造不能只是經驗的結果。其次，科學並不滿足於提出經驗規律；它倒是試圖建造這樣一個邏輯體系，這個體系是以為數最少的前提為根據，並把一切自然定律都包括在它的結論之中。這個體系——或者更確切地說它所代表的概念的總體——是同經驗的對象相對應的。另一方面，理性要使

> 這個體系同全部實驗數據，也就是同我們所經驗到的一切一
> 致起來，它就必須符合前科學關於實物世界的觀念。因此，
> 整個科學是建立在哲學實在論體系之上的。(*E3*, p. 368)

在這裡，愛因斯坦不僅在科學中賦予理性和經驗以恰當的地位
和功能，尤其是強調了理性的能動作用，從而把科學理性論與經驗
論和實在論關聯起來，相互加以限定和制約。聯想到前節的那段精
彩論述，我們不難看出：愛因斯坦繼承了十七世紀理性論者的本體
論傳統，即關於世界理性、宇宙和諧的觀念，這種和諧包含著「奇
蹟」和「驚訝」，從而表現出對於認識著的精神的獨立性。在愛因
斯坦看來，自然界本身包含著客觀理性，這種客觀理性通過人的理
智發明和經驗觀察是可以部分把握到的。他題寫在壁爐上的名言是：
「上帝難以捉摸，但不懷惡意。」這充分體現了他的科學理性論的
本體論。這句話中的「上帝」乃是存在的客觀的、按其本性完全是
自然規律性的別名，是客觀理性的別名。儘管宇宙的客觀和諧可能
表現出「反常的」相互關係（「上帝難以捉摸」），但這種和諧是存
在著的，是可以猜想和認識到的（「但不懷惡意」）。實在論也是科
學自己的哲學，愛因斯坦使二者完美地協調起來，從而使古老的、
樸素的實在論思想也得以「昇華」為真正的科學的實在論。

關於理性和經驗在科學中的張力關係和應有職份，愛因斯坦還
有兩段原則性的論述。他說：

> 我們就這樣規定了純粹理性和經驗在物理學理論體系中的地
> 位。這種體系的結構是理性的產品；經驗內容及其相互關係
> 都必須在理論的結論中表示出來。整個體系，特別是那些做

為它的基礎的概念和基本原理，其唯一的價值和根據，就在於這種表示的可能性。此外，這些概念和原理都是人類理智的自由發明，既不能用這種理智的本性，也不能以其他任何先驗方式來證明它們是正確的。(*E1*, p. 314)

他進而表明：「思維本身始終不會得到關於外界客體的知識。感性知覺是一切研究的出發點。只有考慮到理論思維同感覺材料的全部總和的關係，才能達到理論思維的真理性。」 (*E1*, p. 523)顯而易見，愛因斯坦重視理性，但並未把它捧到至高無上的地位。也許可以這樣說：理性和經驗是科學的兩翼，二者缺一不可；沒有理性的經驗「科學」是雜物倉庫，沒有經驗的理性「科學」是海市蜃樓。

愛因斯坦雖然偏愛形象思維，但是隨著廣義相對論的建立和理性論思想的生根，他認為數學對物理學的「侵入」不僅是必要的，而且也是十分重要的。他指出：理論物理學家的世界圖像「要求盡可能達到最高標準的嚴格精確性，這樣的標準只有用數學語言才能達到」(*E1*, p. 101)。這是因為，數學命題是絕對可靠的和無可爭辯的，而其他一切科學的命題在某種程度上都是可爭辯的，並隨時有可能被新發現的事實推翻。因此，「數學能給予精密自然科學以某種程度的可靠性，沒有數學，這些科學是達不到這種可靠性的。」(*E1*, p. 136)

與此同時，愛因斯坦也清楚地認識到，數學的可靠性是以犧牲它與物理實在的接觸為代價的：「只要數學的命題是涉及實在的，它們就是不可靠的；只要它們是可靠的，它們就不涉及實在。」(*E1*, p. 136) 做為以客觀世界為研究對象的物理學就不能像純粹數學那樣脫離實在去構造虛無縹緲的海市蜃樓，它必須把數學的可靠

性與物理的實在性有機地結合起來：既不喪失物理學的客觀內容，又能借助數學達到必須的精確性和可靠性。誠如愛因斯坦所說：

> 數學只研究概念之間的相互關係，而不考慮它們對於經驗的關係。物理學也研究數學概念；但這些概念只是由於明白地確定了它們對於經驗對象的關係，才得到了物理的內容。(*E1*, p. 455)

愛因斯坦在肯定數學在科學中的巨大意義時，也不同意過分誇大數學的功用和應用範圍。他在評述康德的數學觀點時指出，康德一方面考慮到日常生活知識的果實，在其中我們日常的感知和經驗被混合起來，不能被歸納法和演繹考慮分開。與此相對並被視為較高階的正好是科學的結構，也就是說在其中我們找到相關思想的簡潔的差異，它們建立在規則的根基上，並形成演繹鏈條的環節。無論何時我們的科學從感覺源泉分離出這種邏輯有序的知識，它都具有數學的特徵，其中包含的真理量相應地將由康德的標準來決定。但是，當康德要求我們把這一尺度用於所有可以達到的科學知識時，他要求得太多了。如果他的評論是做為規則的度量，那麼劃出限度似乎是可取的。生物科學大部分在將來還得走它的與純粹數學無關的道路。針對伽利略關於「自然這本書是用數學語言寫成的」之名言，愛因斯坦的態度是有保留的：

> 如果我們無條件地接受它，我們就必須認為所有研究路線是純粹數學的，這就會排除某些十分重要的可能性，尤其是某些顯示出自己是極其富有成果的直覺形式。因此，按照伽利

略的詮釋，自然這本書對歌德來說就會難以辨認，因為他的心智完全是非數學的，事實上是反數學的。但是，他具有表達為情感的、特殊的直覺形式，從而使他與自然直接接觸，其結果他獲得了比許多精密研究者更清楚的遠見。**⓫**

關於思辨性，愛因斯坦洞察到任何理論都是思辨性的，承認科學的思辨性質已經成為公共的財富。這是因為，我們用感性知覺只能間接地得到關於外在世界的客體的知識，可是物理科學則要建立這樣一些實際發生的事件和現象的概念，以便在感性知覺之間確立起有規律的聯繫，這顯然只有借助思辨的理論才能完成。不過，當一個理論的基本概念比較「接近於經驗」時，它的思辨特徵就不易識別出來。可是如果一種理論要從前提推出能同觀察相對照的結論，需要繁難複雜的邏輯過程，那麼任何人都會看出這種理論的思辨性。在這種場合下，那些對認識論分析沒有經驗的人，以及那些在他們所熟悉的領域裡覺察不到理論思維的不可靠性的人，幾乎不可避免地都會感到厭惡。愛因斯坦批評了馬赫對理論的思辨性不能容許的偏頗態度，重申凡是能夠思維的理論都具有思辨性。(*E1*, pp. 309, 439, 502)

由於科學理論具有的思辨性質，由於理論能夠用實驗證明，但卻沒有導致從實驗達到理論的邏輯通道，因此愛因斯坦不得不號召科學家要「自由思辨」(*E1*, p. 505)，要「大膽思辨而不是經驗的堆積」(*E3*, p. 496)。他本人正是這樣做的，他在1944年寫給玻恩的信

⓫ A. Moszkowski, *Einstein: The Searcher, His Work Explained from Diologues with Einstein*, Translated by H. L. Brose, Methuen & Co. Ltd., London, 1921, pp. 179–180.

中說:「在我們的科學期望中,我們已成為對立的兩極。你相信擲骰子的上帝,我卻信仰客觀存在的世界中的完備定律和秩序,而我正試圖用放蕩不羈的思辨方式去把握這個世界。」 (*E1*, p. 415)愛因斯坦在創建相對論時,不也是遊刃有餘地運用了理性論的思辨方法嗎?不過,愛因斯坦在1918年也說過:思辨並不比經驗更高超,從來沒有一個真正有用的和深刻的理論是單靠純思辨去發現的。他認為狹義相對論依據的是光速不變性、真空中的麥克斯韋方程和平移的相對性這些經驗事實,廣義相對論依據的是慣性質量同引力質量相等(請注意愛因斯坦對「經驗事實」的獨特理解)。 黎曼的成就也不是純思辨的結果,它是以高斯的量桿概念為依據的 (*E3*, pp. 438–439)。愛因斯坦的這些觀點雖說是在從經驗論向理性論的回擺時講的,但他對脫離經驗的純思辨的局限性的認識無疑是正確的。

三、思維是什麼呢?

笛卡兒的名言「我思故我在」, 一語道破了思維是人的存在的本質。思維的確提升了人,解放了人,使人獲得動物所沒有的自由。但是,準確地說, 「思維」是什麼呢? 愛因斯坦提出了這個與理性論相關的深奧問題,並對它作出了精湛而獨到的回答:

> 當接受感覺印象時出現記憶形象,這還不是「思維」。而且,當這樣一些形象形成一個系列時,其中每一個形象引起另一個形象,這也還不是「思維」。可是,當某一形象在這樣的系列中反覆出現時,那麼正是由於這種再現,它就成為這個系列的一個起支配作用的元素,因為它把那些本身沒有聯繫的

系列聯結了起來。這種元素便成為一種工具，一種概念。我認為，從自由聯想或者「做夢」到思維的過渡，是由「概念」在其中所起的或多或少的支配作用來表徵的。概念決不是一定要同通過感覺可以知覺的和可以再現的符號（詞）聯繫起來的；但是如果有了這樣的聯繫，那麼思維因此就成為可以交流的了。(*E1*, p. 3)

在另一處，愛因斯坦把思維定義為：「運用概念，創造並使用概念之間的確定的函數關係，並且把感覺經驗同這些概念對應起來。」他還表明：借助於思維，我們的全部感覺經驗就能夠整理出秩序來，這是一個使我們嘆服的事實，但卻是一個我們永遠無法理解的事實。(*E1*, p. 343)

在這裡，愛因斯坦不僅準確地為思維下了定義，而且也在私人思維和公共思維（社會化思維）之間作了區分。關於私人思維，他說：「我們的思維不用符號（詞）絕大部分也都能進行，而且在很大程度上是無意識地進行的。否則，為什麼我們有時會完全自發地對某一經驗感到『驚奇』呢？」「我們每個人都不是曾經在已經明白了『事物』之間的關係之後還要為推敲詞而煞費苦心嗎？」(*E1*, pp. 3–4, 396) 做為公共思維或個人之間可交流的思維，則必須使用詞（指示知覺的是詞組而不是單詞）和語言。愛因斯坦是這樣看待思維和語言的關係的：如果一個人在構成或者在可能構成他的概念時可以不用周圍的語言來指導，那麼我們就可能傾向於認為思維的作用是同語言完全無關的。但是在這樣的條件下生長起來的一個人的精神狀態會是非常貧乏的。因此，我們可以下結論說，一個人的智力發展和他形成概念的方法在很大程度上是取決於語言的。這使我

們體會到，語言的相同，多少就意味著精神狀態的相同。在這個意義上，思維同語言是聯結在一起的。不過，愛因斯坦在肯定語言是「真正的推理工具」時，也明確指出語言可能成為「錯誤和欺詐的危險源泉」，這一切取決於詞和詞組與印象世界對應的程度(*E1*, pp. 395–396)。

在愛因斯坦看來，「我們的一切思維都是概念的一種自由遊戲；至於這種遊戲的合理性，那就要看我們借助於它來概括感覺經驗所能達到的程度。『真理』這個概念還不能用於這樣的結構；按照我的意見，只有在這種遊戲的元素和規則已經取得了廣泛的一致意見（約定）的時候，才談得上這個『真理』概念。」(*E1*, p. 3)在另一處，他把這種思想闡述得更為詳細：

> 照我的見解，關於各個概念的形成和它們之間的聯繫方式，以及我們怎樣把這些概念同感覺經驗對應起來，這中間並沒有什麼東西是能夠先驗地說出的。在創造這種感覺經驗的秩序時，指導我們的是：只有成功與否才是決定因素。所需要的只是定下一套規則，因為沒有這樣的規則，就不可能取得所希望有的知識。人們可以把這些規則同遊戲的規則相比較，在遊戲中，規則本身是隨意的，但只有嚴格遵守它們，遊戲才有可能。可是，這種規則永無終極。它只有用於某一特殊領域，才會有效（也就是不存在康德意義下的終極範疇）。(*E1*, p. 343)

愛因斯坦雖然強調「一切思維只有通過它同感覺材料的關係才能得到實質的內容」，「這一命題是完全正確的」，但是為了維護思

維的最大自由和能動性，他卻認為「以這一命題做為基礎的思維規定卻是錯誤的」。其原因在於，「只要徹底貫徹這種主張，就會把任何思維都當作『形而上學的』而絕對地排斥掉。」因此，

> 為了使思維不致蛻變為「形而上學」或空談，只要概念體系中有足夠的命題同感覺經驗有足夠鞏固的聯繫就行了，同時從整理和通盤考察感覺經驗的任務來看，概念體系應當表現得盡可能統一和經濟。可是除此以外，這種「體系」（在邏輯上來看）就不過是一種按照（在邏輯上）任意規定的遊戲規則來對符號進行的自由遊戲。這一切都適用於日常生活中的思想，也同樣適用於科學中比較有意識和有系統地構造出來的思想。(*E1*, pp. 409–410)

這是因為，「整個科學不過是日常思維的一種提煉」(*E1*, p. 341)。在愛因斯坦看來，科學思維和日常思維的區別不是在根本上，而僅僅在於形成概念的科學方法使得概念和結論有比較嚴格的定義；在於實驗材料的選擇比較謹慎和有系統；同時也在於邏輯上比較經濟，即邏輯上獨立的基本概念和公理盡可能地少。(*E1*, p. 384)

愛因斯坦在回答法國數學家阿達瑪(J. S. Hadamard, 1865–1963)關於數學領域的創造心理的徵詢時，饒有興味地傳達了他的思維機制和特徵(*E1*, pp. 416–417)。他說：

> 寫下來的詞句或說出來的語言在我的思維機制裡似乎不起任何作用。那些似乎可用來做為思維元素的心理實體，是一些能夠「隨意地」使之再現並且結合起來的符號和多少有點清

晰的印象。

當然，在那些元素和有關的邏輯概念之間有著某種聯繫。也很清楚，希望在最後得到邏輯上相聯繫的概念這一願望，就是用上述元素進行這種相當模糊活動的情緒上的基礎。但是從心理學的觀點來看，在創造性思維同語詞或其他可以與別人交往的符號的邏輯構造之間有任何聯繫之前，這種結合的活動似乎就是創造性思維的基本特徵。

愛因斯坦進而表明，上述那些元素是視覺型的 ⑫，也有一些是肌肉型的。只在第二階段，當上述聯想活動充分建立起來並且能夠隨意再現的時候，才有必要費神地去尋求慣用的詞或者其他符號。在語詞出現的階段中，這些語詞純粹是聽覺的，它們只在第二階段才參與進來。其實，早在給阿達瑪寫信數十年之前，愛因斯坦就表明，他關於相對論的思維不是以任何語詞的闡明出現的：「我十分罕有地用詞思維。一種思想來到了，此後我才力圖用詞語表達它。」某些人相信他們總是用詞思維，他對此一笑置之。⑬

---

⑫ 聽覺的、感覺的和視覺的模式的心理意象(mental imagery)在創造性思維中起中心作用。莫札特的聽覺意象容許他聽到一首新交響樂的「整個集合」。 彭加勒的感覺意象引導他一瞥即見地感覺到數學證明的全過程。愛因斯坦的創造性思維產生於視覺意象，而用詞語表達則是第二階段的困難任務。視覺意象對愛因斯坦構造狹義相對論起了十分重要的作用。參見 A. I. Miller, *Imagery in Scientific Thought*, Birkhäuser Boston Inc., 1984, p. 221.

⑬ R. Jakobson, Einstein and The Science of Language, *Albert Einstein, Historical and Cultural Perspectives*, Edited by G. Holton and Y. Elkana, Princeton University Press, 1982, pp. 139–150.

　　從愛因斯坦的上述體驗以及他關於思維的論述來看，做為擅長邏輯思維的科學家，他也十分重視想像或形象思維，即對他而言的視覺意象的心理意象方式的思維，這是他的創造性思維的特徵。這一特徵充分體現在他對思想實驗——一種在思維中進行的理想化的和抽象化的實驗方法，科學家用它把大自然放在精神之眼下來檢驗——的偏愛和爐火純青的運用上。愛因斯坦的科學思維是富於想像乃至幻想的，他認為沒有想像就達不到實在。他說：「人的形象思維對於非歐幾里得幾何決不注定是無能為力的。」 (*E1*, p. 148)他的一段著名的言論是：

　　　　想像力比知識更重要，因為知識是有限的，而想像力概括著
　　　　世界上的一切，推動著進步，並且是知識進化的源泉。嚴格
　　　　地說，想像力是科學研究中的實在因素。(*E1*, p. 284)

在這方面，愛因斯坦不像斯賓諾莎那樣輕視想像，而像休謨那樣推崇想像：人的想像是世界上最為自由的東西❶。

　　善於形象思維和富於想像力，使愛因斯坦的思維成為所謂的「雅努斯❶思維」。該思維在科學創造中具有重大的作用，它能同時把兩個或多個對立面或對照物統一在一起。愛因斯坦天才的思維在於，它不是單一的線性過程，而是長於把彼此相去甚遠的元素關聯起來，把截然不同的領域的概念結合起來，並以直覺或審美判斷選

---

❶　D. 休謨：《人類理解研究》，關文運譯，商務印書館（北京），1957年第一版，頁45。

❶　雅努斯(Janus)是羅馬神話中的獸性精靈，司掌門。這個神有幾張(二、四或六張) 面對不同方向的臉。

擇出最美妙、最有用的組合。這是一個錯綜複雜的網絡過程，只有直覺才能引導思維迅速擺脫迷宮，跨越感覺資料和概念公理之間的鴻溝。因此，愛因斯坦寧可認為創造性科學思維的結果是「發明」，而不是有序地整理經驗材料的「發現」(E1, p. 438)。以往人們往往把想像和直覺視為純粹的非理性的東西，這是不對的。實際上，想像和直覺這種非語言的意識是右腦的特殊的認知能力，它們直接指向理論邏輯前提的提出和鑑別。愛因斯坦的大腦，尤其是他的右腦，是大自然的神奇的傑作，是大自然給予人類的最偉大的贈品。

強烈的好奇心和驚奇感也是愛因斯坦創造性思維的一大特徵，它們不斷地把他吸引到新的思想天地。在少年時代，愛因斯坦就為羅盤和幾何學小書驚奇不已。他在〈自述〉中反思兒時的經歷時說：

> 這種「驚奇」似乎只是當經驗同我們的充分固定的概念世界有衝突時才會發生。每當我們尖銳而強烈地經歷到這種衝突時，它就會以一種決定性的方式反過來作用於我們的思維世界。這個思維世界的發展，在某種意義上說就是對「驚奇」的不斷擺脫。(E1, p. 4)

好奇心和驚奇感後來成為愛因斯坦創造性思維的源泉。例如，在創立廣義相對論時，他就對引力場中一切物體都具有同一加速度（即慣性質量與引力質量相等）的存在「感到極為驚奇，並猜想其中必定有一把可以更加深入地了解慣性和引力的鑰匙」。在由此認識到「它的全部重要性之後」，他就把「在狹義相對論的框子裡處理引力問題的企圖當作不合適的東西拋棄了」(E1, p. 320)。

由此可見，驚奇是發現具有本質性問題的理智型的人的強烈情

感和深沉體驗，是頓悟到解決問題的微妙途徑。驚奇的價值在於：它提供了擺脫傳統的思維框架、舊有的邏輯結構和流行的語境文脈，躍入新的思維空間的契機；也就是說，他使思維者超越了日常經驗的水平和科學推理的水平，達到創造性思維的境界。要知道，「本來理智活動的目標，就是要把『奇蹟』轉變為理智所掌握的東西。」(*E1*, p. 402)難怪愛因斯坦說：「誰要是不再有好奇心也不再有驚奇感，他就無異於行屍走肉，他的眼睛是迷糊不清的。」(*E3*, p. 45)

第六章　綱領實在論思想

雜花紛陳醉流鶯，
出水菡萏晚更明。
待到水天一色時，
秋實華章幾多情？

　　　　　　　　　　——李醒民〈菡萏〉

　　愛因斯坦的實在論思想早在十二歲時就確立起來了，從此他一直相信存在著獨立於人的、能為觀察和思維部分把握的外在世界。後來在玻耳茲曼、普朗克等人的影響下，他在自己的早期科學工作中也體現了實在論的思想。以1915年與石里克的通信為契機，尤其是對物理科學的歷史、現狀和理論基礎的哲學反思，他逐漸精製了他的物理實在觀和實在論思想，終於形成了他的獨樹一幟的綱領實在論。由於愛因斯坦從未系統地對它們加以闡述，我們在此只能依據他的零散的言論加以重構。

一、物理實在觀：雙重實在

　　做為一位物理學家，愛因斯坦並未像有些畫家、音樂家、詩人、

思辨哲學家那樣把顏色、音符、語詞、理念當作實在（不過他認為可以分別以這些東西把握實在）， 他心目中的實在是所謂的物理實在。他這樣說過：

> 物理學是從概念上把握實在的一種嘗試，儘管實在被認為是獨立於它正在被觀察的❶。人們就是在這種意義上來談論「物理實在」的。(*E1*, p. 36)

經過較為詳盡的考察，我們發現愛因斯坦的物理實在觀實際上包含著雙重實在：本體實在和理論實在。本體實在常被愛因斯坦稱為外部世界、物理世界、實在世界、客觀實在和存在的實在等，它在其外在性而非不可知的意義上相當於康德意義上的「物自體」。理論實在是在物理學理論中概念化的實在，物理學家正是用它來建構簡化的和易於領悟的世界圖像的，從而思辨地、直覺地把握本體實在的。愛因斯坦不承認經驗實在或常識實在，他明顯不滿意樸素實在論的觀點。下面我們將分而述之。

1.關於外部世界的存在或實在性問題，觀念論者認為外部世界只不過是人的精神的顯現；邏輯實證論者則說這個問題無意義，並拒絕回答❷；實在論者的答案是：是的，外部世界存在著。我們在

---

❶　(*E1*, p. 36) 中的譯文有誤，現依據下述文獻重譯。*Albert Einstein: Philosopher-Scientist*, Edited by P. A. Schilpp, Tudor Publishing Company, New York, 1949, p. 81.

❷　例如石里克就認為該問題是一個「無意義的假問題」， 只是「表達說話人的一種感情和一種心理狀態而已」。 參見《現代西方哲學論著選輯》(上冊)，洪謙主編，商務印書館（北京），1993年第一版，頁421，436。

討論愛因斯坦的科學信念時已涉及到他的實在論的回答，他的下述言論也顯示了他關於外部世界的實在性和合理性的思想：

> 我相信在宇宙的有秩序的和諧中顯露他自己的上帝。我相信理智在整個自然中處處展示出來。科學工作的基礎是下述信念：世界是一個有秩序的和可以理解的實體，而不是偶然性的事物。❸

愛因斯坦明白，「我們不能從邏輯上來證明外在世界的存在」(*E1*, p. 305)，但它卻是我們不可缺少的科學信念和科學預設，否則科學家便無有科學探索的深厚根基和深沉動機。另一方面，愛因斯坦並未停留在信念或信仰的水平來看待外在世界，他也從經驗和理性的水平對此加以闡釋：感官知覺間接地提供了關於外在世界或「物理實在」的信息，我們可以用思辨的方法把握它(*E1*, p. 292)。他汲取了皮亞杰 (J. Piaget, 1896–1980) 的一些思想，用以說明這個問題。他說：在建立「實在的外在世界」時，第一步是形成有形物體的概念和各種不同的有形物體的概念。在我們的許多感覺經驗當中，我們在頭腦裡任意取出某些反覆出現的感覺印象的複合（部分地同那些被解釋為標記別人的感覺經驗的感覺印象結合在一起），並給它們一個概念——有形物體的概念。從邏輯上來看，這個概念並不等同於上述那些感覺印象的總和；它卻是人類（或者動物）頭腦的一種自由創造。但是另一方面，這個概念的意義和根據都唯一地歸源於那個使我們聯想起它的感覺印象的總和。第二步見之於這樣的事

---

❸　G. Hodson, *The Kingdom of the Gods*, Adyar: Theosophical Publishing House, 1970, p. 17.引文中的上帝是斯賓諾莎的上帝，即自然或實體。

實：在我們的思維（它決定我們的期望）中，我們給有形物體這個概念以一種獨立的意義，它高度獨立於那個原來產生這個概念的感覺印象。這就是我們把「實在的存在」加給有形物體時所指的意思。這樣處置的理由在於，借助這些概念以及它們之間的心理上的關係，我們就能夠在感覺印象的迷宮裡找到方向。這些觀念和關係，雖然都是頭腦裡的自由創造，但是比起單個的感覺經驗本身來，我們覺得它們更強有力，更不可改變，而單個感覺經驗所不同於幻想或者錯覺結果的那種特徵，是永遠完全無法保證的。另一方面，這些概念和關係，實際上關於實在物體的假設，一般說來關於「實在世界」的存在這個假設，確實只有在同感覺印象相聯繫（在這些感覺印象之間形成了一種心理上的聯繫）時，才站得住腳(*E1*, pp. 342–343)。愛因斯坦進而就外在實在重申：

「實在」決不是直接給予我們的，給予我們的只不過是我們的知覺材料；而其中只有那些容許用無歧義的語言來表述的材料才構成科學的原料。從知覺材料到達「實在」，到達理智，只有一條途徑，那就是有意識的或無意識的理智構造的途徑，它完全是自由地和任意地進行的。日常思維中屬於「實在」領域的最基本的概念，是持續存在著的客體這個概念，⋯⋯這樣的概念像其他一切概念一樣，都是思辨構造類型的概念。否則，人們就不可能正確對待那些在物理學上要求描述實在的概念，而且有被如下幻覺引入歧途的危險，那就是以為我們日常經驗的「實在」是「真正存在的」，而物理學的某些概念只是「單純的觀念」，它們同「實在」之間被一條不可逾越的鴻溝隔開。但是事實上，斷定「實在」是獨立於我們的感

覺而存在的，這是理智構造的結果。我們恰巧相信這種構造，
要超過用我們的感覺所做的那些解釋。(*E1*, pp. 512–513)

按照愛因斯坦的意思，事情就是這樣明明白白而又顯得不可思議：
外部世界不是直接給予我們的，而是由感覺經驗間接提供給我們關
於它的信息，但是我們卻斷言它獨立於我們的感覺經驗而存在著，
這只能來自以直覺為基礎的理智構造，這種理智構造或科學理論比
感覺經驗能更深刻地把握外在實在。

　　愛因斯坦關於外部世界獨立存在的斷言無疑具有形而上學的
性質，但是他到此為止，竭力不使他的物理實在觀進一步形而上學
化，而是使它走向科學化和理論化，即走向研究綱領。早在1918年，
他在批評斯圖迪的激進的科學實在論時就明確指出：

> 「物理世界是實在的。」這被設定是基本的假設。在這裡「假
> 設」意味著什麼？就我而言，假設是一種陳述，它的真暫且
> 必須被假定，但是它的意義必須提升到超出所有的模稜兩可。
> 然而，在我看來，上面的說法本身好像是沒有意義的，彷彿
> 人們說：「物理世界是公雞喔喔叫。」對我來說情況似乎是，
> 「實在的東西」本質上是空洞的、無意義的範疇（鴿子窩）。
> 它的範疇的重要性僅僅在於下述事實：我能用它做某些事情，
> 而不能用它做某些其他事情。……我承認，自然科學涉及「實
> 在的東西」，但是我還不是一個實在論者。❹

---

❹　D. Howard, Was Einstein Really a Realist? *Perspectives on Science*, 1
(1993), pp. 204–251.

霍華德認為，愛因斯坦說他自己不是實在論者出自他的約定論的和整體論的不充分決定論：如果兩個獨立地追求物理學的人能夠提出具有截然不同的深度的本體論的理論，這些理論甚至是相互矛盾的但卻在經驗上等價，那麼科學理論的實在論詮釋在該詞在二十世紀末葉哲學文獻流行的意義上就無法受到辯護。我認為，霍華德的解釋是可取的，但更重要的緣由也許在於，他不願做過分形而上學化的、本質主義的、激進的實在論者（去探究實在的本性和外在性的意義），他要使他的物理實在觀與他的經驗論、理性論、約定論和整體論的思想相互協調、彼此限定。

愛因斯坦的這一思想也出現在他和英費爾德合寫的書中：物理學的概念是人類智力的自由創造，它不是（雖然表面上看來好像是）單獨地由外在世界所決定的。我們企圖理解實在，多少有些像一個人想知道一個合上了錶殼的錶的內部機構。他看到錶面和正在走動著的針，甚至可以聽到滴答聲，但是他無法打開錶殼。如果他是機智的，他可以畫出一些能解答他所觀察到的一切事物的機構圖來，但是他卻永遠不能完全肯定他的圖就是唯一可以解釋他所觀察到的一切事物的圖形。他永遠不能把這幅圖跟實在的機構加以比較，而且他甚至不能想像這種比較的可能性或有何意義❺。愛因斯坦明白，希望理解存在和實在，是驅動研究者的強大推動力。但是，人們卻害怕用這樣的字眼，因為當人們必須解釋「實在」和「理解」的真正意義是什麼時，就會立即陷入困境(*E1*, p. 298)。正是在這種語境中，他在1949年贊同地評論康德關於「實在不是給予我們的，而是（做為一個謎）提示給我們的」言論時說：

---

❺　A. 愛因斯坦、L. 英費爾德：《物理學的進化》，周肇威譯，上海科學技術出版社（上海），1962年第一版，頁23。

這顯然意味著：有這樣一種人與人之間相互理解的概念結構，其根據純粹在於它的有效。這種概念結構確切談到了「實在」（通過定義），而關於「實在的本性」的每一個進一步的提問都顯得空無內容。(*E1*, p. 476)

愛因斯坦關於獨立於人的外部世界和不依賴於認識和知覺的物理實在的科學信念和科學預設，絕不是多餘的形而上學累贅，對他來說這是科學研究的基礎和追求目的，是研究者取之不竭的強大的動力源泉。他說：「在研究者的不倦的努力後面，潛存在著一種強烈得多的，而且也是一種比較神秘的推動力：這就是人們希望去理解的存在和實在。」 (*E1*, p. 298)相信「理論構造能夠把握實在」的信念，「永遠是一切科學創造的根本動力」(*E1*, p. 379)。在這方面，愛因斯坦於1926年在紀念馬赫逝世七週年的集會上還講過這樣一段寓意雋永的話：

可以說，是實在的世界這一假設把「世界」從思維和經驗主體中解放出來。極端的實證論者認為他們可以不用它來進行思維；在我看來這是一個幻想，只要他們不想放棄思維本身。**❻**

2.對於經驗實在，他在馬赫的影響下曾一度把感覺等同於實在，後來逐漸轉變了立場。他在1917年致石里克的信中這樣議論實

---

❻　G. 霍耳頓：《科學思想史論》，許良英編，河北教育出版社（石家莊），1990年第一版，頁68。

在問題：馬赫認為只有經驗是實在的；而石里克斷言經驗和（物理自然的）事件是實在的；他自己的看法是，「實在的」一詞是在不同的意義上使用的，或與經驗有關，或與事件有關，也就是說，它是針對物理意義上的事態而言的。他進而論述說，如果兩個人相互獨立地研究物理學，他們將創造出在經驗方面（馬赫意義上的「要素」）一致的體系。兩個人為把這些要素關聯起來而設計的智力建築物能夠大相逕庭。就事件而言，這兩個建築物不需要一致；因為這些建築物確實屬於概念結構。可以肯定，「在經驗上不可避免地給出的」存在的意義上，只有「要素」而不是「事件」才是實在的。但是，如果我們把空時圖式中排列的東西稱之為「實在的」，那麼毫無疑問，「事件」尤其是「實在的」。不用說，我們現在在物理學中稱之為「實在的」東西，而不是「直接給予的」東西。直接給予的東西可以是假相，而在空時排列的東西可以是無結果的概念，這種概念無助於闡明直接給予的東西之間的聯繫❼。在這裡，愛因斯坦明確否認馬赫的經驗實在，他的事件實在似乎也是具有科學概念性質的理智構造（屬於理論實在而非本體實在），而不是懷特海過程哲學的過程實在和事件實在❽。

愛因斯坦1921年在普林斯頓講過這樣的話：「借助於語言，各人能在一定程度上比較彼此的經驗。由此得知，各人的某些感官知

---

❼　D. Howard, Realism and Conventionalism in Einstein's Philosophy of Science: The Einstein-Schlick Correspondence, *Philosophia Naturalis*, 21 (1984), pp. 616–629.

❽　懷特海說：「自然是一個演化過程的結構。實在就是這個過程。……換句話說就是自然界中的事件。」參見A. N. 懷特海：《科學與近代世界》，何欽譯，商務印書館（北京），1959年第一版，頁70。

覺是彼此相互對應的，而對於另一些感官知覺卻不能建立起這種對應。那些對於各個人都是共同的感官知覺因而也是非個人所特有的感官知覺，我們在習慣上把它當作是實在的。自然科學，特別是其中最基本的物理學，所研究的就是這種感官知覺。物理物體的概念，特別是剛體的概念，就是這類感官知覺的一種比較固定的複合。」(E1, pp. 156–157) 在這裡，我們看到愛因斯坦還沒有完全擺脫馬赫感覺論思想（甚至使用了馬赫的用語），但是他把感官知覺（經驗）當作實在的似乎只是引用習慣說法而已。果然，他後來明確指出，把日常經驗的「實在」看作「真正存在的」是「幻想」和「歧途」，而且像「物體」和「剛體」這樣的概念都是思辨的構造，屬於理論實在範疇。(E1, pp. 512–513) 其實早在普林斯頓講演五年之後，他已徹底掙脫了馬赫的羈絆：

> 哲學家和科學家經常批評馬赫，而且也經常是恰當的，因為他把概念對「感覺」的邏輯上的獨立性給勾消了，因為他想把存在的實在（沒有對它的思辨就沒有物理學）融化在經驗的實在中去。❾

他在1948年進而批評馬赫不僅把「感覺」當作有待理解的材料，而且在一定程度上把它看成是建造實在世界的材料，從而否定原子論乃至物理實在這個概念(E3, p. 475)。

　　1945年，愛因斯坦在批評「只有我們觀察到的東西才是存在的」這一錯誤看法時，從經驗和實在兩個視角揭示出經驗實在的虛幻性：

---

❾　同❻，頁77。

> 我相信，我們需要有一個概念世界來把我們的感覺變成可以
> 為思想所利用的東西。認為我們知覺到這個實在，那是幻想。
> 當我們說我們知覺到這個世界，我們就已經把我們的感覺轉
> 化成概念的東西了。我們的感覺所給予我們的東西，只有通
> 過一種概念的構造，才能變成一種世界觀。因此不能斷言可
> 觀察的世界後面不存在一個〔客觀的實在〕世界，因為這種
> 可觀察的世界本身並不存在——也就是說，世界並不是由我
> 們的感覺給予我們的。(*E3*, p. 384)

正是出於否定經驗實在的立場，愛因斯坦才始終不渝地批評實證論
的量子物理學家認為「實在的」僅僅是單個的觀察結果，僅僅是「我」
的經驗(*E1*, pp. 591–592)。不過，愛因斯坦在否認經驗實在的同時，
並未否認正是經驗向我們間接地提供了外在世界的信息。

經驗實在觀不僅是純粹實證論的，而且也是樸素實在論的。愛
因斯坦雖然承認樸素實在論不僅「支配著人和動物的日常生活」，而
且「它也是一切科學，尤其是自然科學的出發點」。但是他同時指
出，這種比較平民化的樸素實在論——它的對立面是比較貴族化的
極端理性論——認為，「事物『都是』像它們通過我們的感官而被我
們察覺到的」，這也只不過是「哲學的童年時代」的「幻想」，必須
加以「克服」。而引進不變的質點，意味著向高度精練的實在論進
了一步 (*E1*, pp. 406, 519)。顯而易見，愛因斯坦是不滿意甚至反對
樸素實在論的，儘管他充分肯定了它的功用。

3.理論實在是物理學理論中使用的基本概念或物理量所指稱
的東西，它是理論的本體論，是對應於客觀實在的。這些為數不多
的基本概念以及概述它們之間的基本關係的基本公理並不是客觀實

在直接呈現出來的，而是人們精神的自由發明，是直覺式的領悟，它們構成了描述客觀實在的圖像的基本框架，從而把科學理論和客觀實在聯繫起來。愛因斯坦在談及本體實在和理論實在的區別和關係時說：

> 對於一種物理學理論的任何嚴肅的考察，都必須考慮到那個獨立於任何理論之外的客觀實在同理論所使用的物理概念之間的區別。這些概念是用來對應客觀實在的，我們利用它們來為自己描繪出實在的圖像。(*E1*, p. 328)

與此同時，愛因斯坦還給出了理論中的物理實在即理論實在的判據：「在一種完備的理論中，對於每一個實在的元素都該有一個對應的元素。使一個物理量成為實在的，它的充足條件是：要使體系不受干擾，就有可能對它作出確定的預測。」(*E1*, p. 328)這些言論出現在著名的EPR論文上，愛因斯坦不滿意這篇由波多耳斯基執筆的論文，認為「主要觀點被學究埋葬了」❿。此後，他以精心闡述的可分離性原理和定域性原理，做為物理實在的判據。

理論實在做為人的精神的創造物，是以文字或數學符號的形式在理論中出現的。「對於這個領域的研究者來說，他的想像力的產物似乎是如此必然和自然的，以致他會認為，而且希望別人也會認為，它們不是思維的創造，而是既定的實在。」(*E1*, p. 312)針對這種把理論實在等同於本體實在的傾向，愛因斯坦告誡說：「哲學上和邏輯上的大多數錯誤是由於人類理智傾向於把符號當作某種實在

❿　D. Howard, Einstein on Locality and Separability, *Stud. Hist. Phil. Sci.*, 16 (1985), pp. 171–201.

的東西而發生的。」 (*E1*, p. 286)與此同時，他也反對用一條不可逾越的鴻溝把理論實在與本體實在絕對隔開的觀點，而認為愈遠離感覺經驗的（即邏輯前提愈簡單的）基本概念比接近感覺經驗的概念愈能更深刻地揭示本體實在(*E1*, p. 345)。他說：「總原則要比單個物體更能反映實在。」(*RS*, p. 74)他在1942年致蘭佐斯的信中風趣地寫道：

> 在我所認識的人中，只有你對物理學的看法與我相同，我們都認為應該通過一些本質上是簡單的統一的東西來認識實在。誰也無法偷看上帝手裡握著什麼牌。但是，如果有人說上帝也擲骰子並用什麼「傳心術」（這是現代量子理論要上帝幹的），那我是絕對不會相信的。(*RS*, p. 60)

在愛因斯坦看來，我們要選擇那些元素構成理論實在，那是自由的。我們的選擇是否妥當，完全取決於結果是否成功。(*E1*, p. 513)他以歐幾里得幾何學為例加以考察：歐氏幾何僅僅同空洞的概念（點、線、面）打交道，但是人們若以剛性桿代替直線，則幾何學就變成一種物理理論，於是其中的定理（如畢達哥拉斯定理）就同實在發生了關係。再如，牛頓把空間和時間視為獨立而實在的存在；笛卡兒則把空間視為物質的廣延，而非獨立的實在；萊布尼茲則明確反對牛頓的絕對時空概念，並使之徹底相對化；在狹義相對論中，實在不過是四維空時中的全部點的重合，是世界線的交點即事件；而廣義相對論則取消了空時坐標的一切獨立的實在性。這是理論實在術語相同而涵義變得大相逕庭的例子。此外，牛頓選取質點做為理論實在，法拉第和麥克斯韋選取場做為理論實在，術語和意義全

變化了。不過，愛因斯坦對物理學中的這種二元理論實在深表不滿：
「在理論物理學的一個特殊部門裡，連續的場同質點一起看來好像
都是物理實在的代表。這種二元論至今仍然存在，它必然會使每一
個思想有條不紊的人感到不安。」(*E1*, p. 294)他孜孜以求的統一場
論，其目的正是為了消除理論實在的二元論。

　　按照愛因斯坦的觀點，理論實在——我們關於客觀實在的結構
的概念或物理學的公理基礎——並不像康德的範疇那樣是一勞永逸
的，而是伴隨物理學的進化而改變的，其原因在於我們從感覺經驗
只能間接地得到關於外在世界的客體的知識，我們不得不借助思辨
的方法和理論來把握本體實在。因此，愛因斯坦得出結論說：

　　　　我們關於物理實在的觀念決不會是最終的。為了以邏輯上最
　　　　完善的方式來正確地處理所知覺到的事實，我們必須經常準
　　　　備改變這些觀念——也就是說，準備改變物理學的公理基礎。
　　　　(*E1*, p. 292)

愛因斯坦概述了我們關於物理實在的觀念即理論實在所經歷的變
化：從前科學時代的物體，到牛頓和笛卡兒的空間、時間、原子(後
者被賦予慣性和相互作用力)，再到法拉第和麥克斯韋的電磁場(它
與物質粒子一起成為獨立的基本概念)，直至相對論把空間和時間的
屬性也歸結為連續的場，而由未來的理論實在形成的統一理論將會
使場論和量子力學得到邏輯上令人滿意的綜合。愛因斯坦的結論是：
物理學的進展創造了新的理論實在，現代物理學創造的理論實在同
以前的相去甚遠，但每一種物理學理論的目的依然是相同的，這就
是渴望理解和把握客觀實在(*E1*, pp. 309–311, 377–379)。與科學宏

偉的目標相比，愛因斯坦並未陶醉在科學的偉大進軍中，他的頭腦是相當冷靜的：「我在長期生活中學得的一件事是：我們的整個科學針對實在來估量是原始的和幼稚的 —— 可是它卻是我們所擁有的最精確的東西。」❶

二、物理學中的實在是一種綱領

愛因斯坦把物理實在（本體實在和理論實在）視為一種綱領，他把實在論科學化為一種建構實在論的物理學理論的研究綱領。因此，也許可以把愛因斯坦的實在論命名為綱領實在論。

愛因斯坦在1948年致霍朗德(D. Holland)的信中說：「實在世界存在的關聯在物理學中總是根本的。沒有它便不會有物理學和心理學的邊界。那些定律起著支配物理實在的作用，現代發展在這方面沒有改變。」❷次年，他對這個話題作了進一步的考察和發揮。他在談到必須在感官印象和純粹觀念，在感官印象的「主觀的」因素和「客觀的」因素之間作出區分時說，這種區分是科學思維和前科學思維的必要前提，是為了更好地把握直接感覺的世界。這種區分既沒有概念上的定義，也沒有邏輯─哲學上的根據，只有冒犯形而上學的「原罪」作出區分，才能使我們避免唯我論。這種區分是一種範疇或思維圖式，其選擇是不受約束的，其是否合格可由它的意識內容的效用和「易領悟」的程度來判斷。上面所說的「客觀因素」

---

❶　B. Hoffmann, *Albert Einstein: Creator and Rebel*, The Viking Press, New York, 1972, p. vii.

❷　Y. Ben-Menahem, Struggling with Causality: Einstein's Case, *Science in Context*, 6 (1993), pp. 291–301.

是不依賴於經驗，即不依賴於知覺的。只要我們是在這樣綱領式地
確定下來的思維領域裡活動，我們就是在進行物理的思維。如果物
理思維能用它在思想上掌握經驗的能力來證明自己正確，那麼我們
就認為它是「關於實在的知識」。愛因斯坦由此得出結論：「物理學
中的『實在』應當被認為是一種綱領」，　這種綱領在宏觀和微觀領
域都是行得通的(*E1*, pp. 469–470)。

　　愛因斯坦不止一次地重申他的綱領式的看法：像物理體系的
「實在狀態」這樣的事是存在的，它不依賴於觀察或量度而客觀地
存在著，並且原則上是可以用物理的表述方法來描述的。（然而究
竟應當採用什麼合適的表述方法和基本概念呢，質點？場？還是首
先一定要找出規定方法？在我看來，現在還不知道。）　這一關於實
在的命題，由於它帶有「形而上學」的性質，所以不具有自明的命
題所具有的那種意義；實在說來，它只有綱領式的性質(*E1*, p. 537)。
愛因斯坦在另一處概要地闡述了他的綱領的內涵：

　　　　對於概念和概念體系的正確性，只能從這種驗證的觀點才能
　　　作出判斷。對於「物理實在」以及「外在世界的實在性」、「一
　　　個體系的實在狀態」這些概念也是這樣。沒有先驗的理由可
　　　以假定這些概念是思維上必要的，或者要禁止使用這些概念；
　　　起決定作用的是驗證。在這些語詞符號的後面有著這樣的一
　　　個綱領，這是一個在量子理論出現以前一直在物理思維的發
　　　展中無條件地起著決定作用的綱領：一切都必須追溯到從空
　　　間—時間範圍內來設想的客體，追溯到應當適合於這些客體
　　　的規律性關係。在這種描述中，在經驗的知識上有關這些客
　　　體的東西是不出現的。在每一確定時刻給月亮定出一定的空

間位置（相對於所用的坐標系）這件事，同是否觀察這些位置並無關係。當人們說到一個「實在的外在世界」的物理描述時，所指的就是這樣的描述方式，不管這種描述所根據的基本東西（質點、場，如此等等）是怎樣選擇的(*E1*, pp. 592–593)。

愛因斯坦在這裡概括了他的綱領的實質性內涵，即實在的可分離性和定域性，他認為物理學家從來沒有懷疑這個綱領的正確性。1955年1月8日，他在致拉澤爾納(M. Laserna)的信中也許是最後一次強調他的綱領：「人們假定實在世界獨立於任何感知行為而存在，這對物理學來說是基本的。但是，我們不知道這一點。我們只是把它看作我們科學努力的綱領。當然，這個綱領是前科學的，我們的日常語言已經建立在它的基礎上。」❸

　　法因在剛剛引用的論文中最先注意到愛因斯坦綱領式的實在論的特徵，並詳細地分析了他建構實在論的物理學理論的研究綱領的內涵。法因認為，使與「實在」有關的概念理論化並拒絕進一步詢問概念的意義（使詢問轉向整個理論的經驗合適性），構成了愛因斯坦實在論的基礎。在愛因斯坦看來，「實在的」對象是用實在論的理論的基本概念描述的對象，「實在的外部世界」本身是概念模型所描述的結構，實在論的理論的成功還是失敗決定著實在論的研究綱領是進步的還是退化的❹，而物理學的進化史則是實在論綱

---

❸　A. Fine, Einstein's Realism, *Science and Reality*, Edited by T. T. Cushing, University of Notre Dame Press, 1984, pp. 106–133.

❹　法因在這裡忽略了愛因斯坦的邏輯簡單性標準。不過，他在這裡借用拉卡托斯的科學哲學分析問題應該引起注意。參見 I. 拉卡托斯：《科

領的凱旋。法因把愛因斯坦的實在論綱領描繪成一個圓形圖像：在圓心是相聯繫的獨立於觀察者和因果性的主要要求。重要的但並非必不可少的要求是空時描述（它包括可分離）和一元論的次要要求。這整個要求圓不是直接構造起來做為一組關於自然的信念，而寧可是使理論化，即是強加在理論上的一組信念。實在論的本身被理解的為構造如此設想的實在論的理論的綱領。法因的論述富有啟發性。但是，他依據愛因斯坦的實在論具有深刻的經驗內核，而斷言它更接近范弗拉森的建構經驗論而非科學實在論⓯；並依據愛因斯坦迅速遠離了他的實在論評論的認知力量，卻接受了它的動機力量，而把它命名為動機實在論——這一切在我看來都有以偏概全之嫌。何況，愛因斯坦的實在論綱領並非一點也沒有形而上學成分、一點也沒有涉及自然界，儘管它主要是針對科學理論所作的預設和所持的信念的集合。

　　霍華德在文獻⓾和❹中提出，愛因斯坦在1935年的EPR論文之後重新闡釋了量子力學的不備性。它來自可分離性原理（也稱間隔性原理或個體客觀化原理）和定域性原理，前者斷言任何兩個在空間上分離的系統都具有它自己的分離狀態，或空間上分離的系統總是具有獨立的實在狀態，或非零的空時分離是物理系統的個體性的充

學研究綱領方法論》，蘭征譯，上海譯文出版社（上海），1986年第一版，頁11–128。

⓯　范弗拉森為建構經驗所下的定義是：「科學旨在給我們以經驗上合適的理論；而接受一個理論所包含的是僅僅相信它在經驗上是合適的。」他把科學實在論定義為：「科學以其理論給我們一種本義上為真的關於世界是什麼樣子的描述；接受一個科學理論包含著相信它為真。」參見 B. C. Van Fraassen, *The Scientific Image*, Clarendon Press, Oxford, 1980, pp. 1,12.

分條件；後者斷言所有物理效應都以有限的亞光速傳播，以致在以類空間隔分離的系統之間效應不能夠傳達，或獨立系統的獨立實在狀態只能被低於光速傳播的效應改變。這兩個原理之間沒有必然的關聯，但前者實際上做為物理系統的個體性原理在更基本的層次上起作用，我們依靠它決定在給定的情況下是一個系統還是兩個系統。愛因斯坦認為，這兩個原理是實在論的物理學理論的本質性的基礎和特徵性的標誌。因此，愛因斯坦的實在論並未對科學理論的詮釋的哲學學說作出承諾，而是對十分特殊的一組物理學原理（最首要的是空時可分離性原理）作出承諾，即是說他的實在概念決不是哲學偏見。霍華德的結論是：愛因斯坦的實在論不是當今科學哲學文獻意義上的科學實在論；問愛因斯坦真的是實在論者嗎，這種提問本身並不高明；對愛因斯坦來說，迪昂式的不充分決定論的整體論和約定論，不論比實證論還是實在論都更為重要。

儘管我不會完全贊同霍華德的結論，但他的細緻分析和縝密論證卻啟示我們：可分離性原理和定域性原理不正是愛因斯坦的綱領實在論的基本內涵嗎？事實確實如此。早在1905年，愛因斯坦在他的光量子論文中就涉及到量子論不滿足可分離性。到1909年，他終於理解，輻射的量子在下述方面不同於物質粒子：兩個占據相空間特定相格的、在空間上被分離的光量子的合概率無法進行因子分解。在1924年，愛因斯坦已辨認出，量子力學不滿足可分離性原理，它與滿足該原理的相對論之間已無協調的可能性。在1935年EPR論文發表後，他在寫給薛定諤的信中說：「猶太教法典學者」玻爾「沒有輕蔑『實在』，而認為實在是天真的怪物」；「如果人們不利用一個補充原理——『分離原理』的話，人們就無法查明猶太教法典學者。」 ⓰自1935年之後，愛因斯坦在通信和出版物中，不斷申述他

偏愛的、更為雅致的不完備性版本，並作了本質上的精練，把早先的可分離原理分解為前述的兩個邏輯上獨立的原理。下面是愛因斯坦的幾次比較典型、比較明確的論述。

1936年在〈物理學與實在〉中，他考察了由兩個局部體系A和B所組成的力學體系，這兩個體系只在有限的時間裡發生相互作用。既然B在相互作用後只能有一個物理狀態，要認為這個物理狀態竟取決於我們對那個同B分隔開的體系A所進行的量度，那是不合理的。(*E1*, p. 367)在1946年或1947年撰寫的〈自述〉中，他認為我們應當無條件地堅持這樣一個假定：體系S_2的實在狀況（狀態），同我們對那個在空間上同它分開的體系S_1所採取的措施無關。他明確表示根本不能接受下述兩個主張：S_1的量度會（用傳心術的辦法）改變S_2的實在狀況；否認空間上互相分開的事物能有獨立的實在狀況(*E1*, p. 38)。在1948年對玻恩著作的評注中，他把這些思想講得再清楚不過了：

> 我正想解釋，當我說我們應當盡力掌握物理實在時，我所指的是什麼意思。關於物理學的公理究竟是什麼，我們大家都有一些想法。量子或者粒子當然不在此列；場，按照法拉第和麥克斯韋的見解，也許可能是，但不一定。但是，不論我們把什麼樣的看成是存在（「實際的」），它總是以某種方式限定在時間和空間之中。也就是說，空間A部分中的實在（在理論上）總是獨立「存在」著，而同空間B中被看成是實在的東西無關。當一個物理體系擴展在空間A和B兩個部分時，那麼在B中所存在的總該是同A中所存在的無關地獨立存在

---

⑯ 同**⑩**。

著。於是在B中實際存在的，應當同空間A部分中所進行的無論哪一種量度都無關；它同空間A中究竟是否進行了任何量度也不相干。如果人們堅持這個綱領，那麼就難以認為量子理論的描述是關於物理上實在的東西的一種完備的表示。如果人們不顧這一點，還要那樣認為，那麼就不得不假定，做為在A中一次度量的結果，B中物理上實在的東西要經受一次突然的變化。我的物理學本能對這種觀點忿忿不平。可是，如果人們拋棄了這樣的假定：凡是在空間不同部分所存在的都有它自己的、獨立的、實在的存在，那麼我簡直就看不出想要物理學進行描述的究竟是什麼。因為被認為是「體系」的東西，歸根結底不過是一種約定，而且我也看不出怎麼能夠以這樣的方式來客觀地劃分世界，使我們能夠對世界的各部分進行陳述。(*E1*, p. 443)

在這段引文中值得注意的是，愛因斯坦集中闡明了可分離性原理並附帶地提及定域性原理，並把它們視為物理學描述的綱領；他極力強調實在的東西具有真正的獨立性，其中包括變化的自主性；他所謂的外部世界的外在性不是啟發性的隱喻，也不純粹是形而上學的假定，而是由兩個原理體現的空間上分離事物的相互獨立存在，是客觀地劃分世界的方式。在1948年的〈量子力學和實在〉中，他對兩個原理的涵義和功能作了進一步的論述：

如果有人問，與量子論無關的物理觀念的領域的特徵是什麼？那麼，他首先感受到的是：物理概念涉及到一個實在的外在世界，也就是說，涉及到對自稱獨立於感知主體的「實在的

存在」的事物（物體、場等）所建立的觀念，另一方面這些
觀念又盡可能地同感覺材料牢固地聯繫著。這些物理事物的
又一特徵是：它們被認為是分布在空間—時間連續區中的。
物理學中事物的這種分布的一個本質方面是：它們要求在某
一時間各自獨立存在著，只要這些客體「是處於空間的不同
部分之中」。要是不作這樣的假定，即不承認空間中彼此遠離
的客體存在（「自在」）的獨立性——這種假定首先來源於日
常思維——那麼慣常意義上的物理思維也就不可能了。要是
不作出這種清楚的分離，也就很難看出有什麼辦法可以建立
和檢驗物理定律。這個原則在場論中推到極端，那是由於把
那些做為場論基礎的並且各自獨立存在的基元客體，以及做
為場論所假設的那些基本定律，都定域在無限小的（四維）
空間元裡面。

下述觀念表徵著在空間中遠離的兩個客體（A和B）的相對獨
立性：作用於A的外界影響對B並沒有直接影響。這就是人所
共知的「定域作用原理」，這原理只有在場論才得到貫徹使
用。要是把這條公理完全取消，那麼（準）封閉體系的存在
這一觀念，從而那些在公認意義上可用經驗來檢驗的定律的
設立，就會成為不可能的了。❼

在這裡，愛因斯坦強調兩個原理，尤其是可分離性原理，是進行物
理學思維、建立和檢驗物理學定律的必要條件，因為沒有可分離性，
就不會有理論的本體論即理論實在。他竭力避免使實在論要求形而

---

❼　這段引文依據文獻❹的英文引文對 (*E1*, pp. 448–449) 中的中譯文作了
　　某些校訂。

上學化，而極力使之科學化、理論化，使之成為建構實在論的物理學理論的綱領——這正是愛因斯坦的綱領實在論的精神實質之所在。

三、綱領實在論餘墨

愛因斯坦綱領實在論的主要原理——可分離性原理——並不是來自世紀之交的哲學文獻和科學教科書，而是來自愛因斯坦的科學和科學哲學思考，是他的理智發明和思想創造。不用說，它也有某種思想淵源，霍華德在新近寄給我的論文 ⓲ 中對此作了縝密的考證和研究。他指出，不可分離性思想的萌芽可以追溯到牛頓、牛頓的同代人洛克（他把牛頓絕對空間的特徵概括為個體化原理）。 空間和時間做為個體化原理的爭端也是萊布尼茲和牛頓主義者關注的中心議題。在中世紀和古代，也存在著對個體性問題的探討和爭論，特別是在托馬斯·阿奎那(Thomas Aquinas, 1224/1225–1274)的著作裡。最早的源頭也許可以追尋到德謨克利特，他的虛空概念使原子相互之間保持分離。不過，愛因斯坦的思想啟迪也許主要來自叔本華。

叔本華是愛因斯坦最喜愛的思想家之一，愛因斯坦早在大學時代就讀過叔本華的著作。1920年代，在柏林的愛因斯坦書房的牆上，掛著三位偉人的畫像：法拉第、麥克斯韋、叔本華。在卡普特別墅，

⓲   D. Howard, A Peek Behind the Veil of Maya: *Einstein, Schopenhaur, and the Historical Background of the Conception of Space as a Ground for the Individuation of Physical Systems*, 1996, pp. 1–75.（此文是作者寄贈給我的複印件，文獻出處係手寫，難以辨認。）

他常常翻閱顯得破舊的叔本華的著作，顯得十分愜意。在他的私人藏書室，擺放著1894–1896年出版的《叔本華全集》十二卷。而且在那時，馬赫、石里克、薛定諤、外爾 (H. Weyl, 1885–1955)、泡利和卡西勒都涉及到叔本華，尤其是卡西勒和石里克還議論過叔本華的個體化原理，這些人都與愛因斯坦有直接的思想聯繫和私人交往。更何況叔本華的學說還被引入二十世紀關於空時問題的討論之中。因此，愛因斯坦肯定了解或熟悉叔本華的下述觀念：

> 正是僅僅借助於時間和空間，是同一的某些事物按照其本性和概念顯現出是不同的，是共有的和相繼的事物的複多(plurality)。因此，時間和空間是個體化原理。
>
> 我們稱時間和空間為個體化原理，只是因為通過它們並在它們之中均勻的複多才是可能的。它們是自然知識的基本形式。⓳

當然，這並不是說在叔本華和愛因斯坦之間只有一個簡單的等號。要知道，叔本華的「時間和空間是個體化原理」只是在十九世紀對經典的時空概念所作的抽象的哲學思辨，而愛因斯坦的可分離性原理則是在二十世紀科學的四維空時世界中所作的理論化的、綱領式的概括。另外，愛因斯坦和萊布尼茲都否定牛頓的絕對時空觀，但愛因斯坦同時卻繼承了牛頓使物理體系個體化的思想，而萊布尼茲把這一點也給否定了。

霍華德注意到，就可分離性而言，無論人們採納物質粒子還是場做為本體論上的本源，都不會造成什麼差異。可分離性觀念、空

⓳ 同⓲。

間做為個體化原理，首先是在原子論的傳統裡成長起來的。但是，愛因斯坦在相對論或場論中，通過可分離性原理把每一個空時點在結果上做為可分離的物理體系來處理，賦予它自己以可分離的、實在的物理狀態，從而把可分離性原理運用到爐火純青的地步。

另一方面，愛因斯坦也正是依據綱領實在論及其兩個原理，揭示出量子力學的描述是不完備的，批評量子力學詮釋的反實在論的實證論根基。愛因斯坦早就「對量子的實在性不再存疑」(*E3*, p. 434)，但是「量子力學定律中出現的各種量，並不要求描述物理實在本身，而只是描述我們所考察的物理實在出現的機率。」 (*E1*, p. 295)「因此，在這裡存在著把主觀世界與客觀世界混淆起來的問題。屬於量子物理學的非決定論是主觀的非決定論。」 ❷⓿他堅定地相信並且希望：「有人會發現一種比我的命運所能找到的更加合乎實在論的辦法，或者說得妥當點，會發現一種更加明確的基礎。」 (*E1*, p. 415) 這樣一來，「物理學就能夠闡明時間和空間中的實在，而用不著超距的鬼怪作用。」 (*E1*, p. 436)但量子物理學家卻公然違反可分離性和定域性準則，「正在同實在 —— 做為某種同實驗證明無關而獨立的實在 —— 玩弄著多麼危險的遊戲」(*E1*, p. 516)。這是因為

在目前的量子理論中，實在狀態根本無法描述，這個理論只描述實在狀態的一種（不完備的）知識。「正統的」量子理論家根本否認實在狀態的概念（根據實證論的考慮）。於是，人們就落到一個善良的貝克萊主教所落到的境地中去了。(*E3*, p. 494)

---

❷⓿ M. Beller, Einstein and Bohr's Rhetoric of Complementarity, *Science in Context*, 6 (1993), pp. 241–255.

愛因斯坦的綱領實在論的進路啟示了理解貝爾 (J. S. Bell) 定理的新方式，因為它表明貝爾不等式本身是可分離性和定域性原理的推論。但是，1970年代以來諸多違背貝爾不等式的實驗並未決定性地否定可分離性原理，這除了實驗本身尚待完善外，更重要的是整體論的不充分決定論並未從邏輯上保證實驗對可分離性的否定。

其實，就在愛因斯坦固守他的綱領實在論的年代，他也考慮過取代場論綱領的方案。他說他之所以要堅持連續統，並不是由於偏見，而是由於無法想像出任何有系統的東西來代替它 (*E1*, p. 482)。1950年，他對是否永遠保留所有基本概念都可以歸結為空間—時間的概念」的問題的回答是：「最好報以微笑。」(*E1*, pp. 523–524)1954年，他在一封信中寫道：「我認為非常有可能，物理學不是建立在場的概念上，即不是建立在連續統上的。如果是這樣，那麼我的全部空中樓閣——包括引力論在內——甚至連其他現代物理學也一樣，都將蕩然無存。」(*E3*, p. 504)1955年，他在去世後出版的《相對論的意義》(第五版) 附錄二中說出了他的最後的疑慮和猜想：

> 人們能夠給出實在根本不能夠用連續場描述的健全理由。從量子現象似乎肯定地得出，有限能量的有限系統完全能夠用有限數的集合 (量子數) 來描述。這好像與連續理論不一致，必定導致發現描述實在的純代數理論的嘗試。但是，沒有一個人知道如何得到這樣一個理論的基礎。❷❶

---

❷❶　J. Stachel, The Other Einstein: Einstein Contra Field Theory, *Science in Context*, 6 (1993), pp. 275–290.

在這裡，只要我們回想一下愛因斯坦「我們關於物理實在的觀念絕不會是最終的」❷言論，就會看到他最後的態度是多麼合情合理，多麼順理成章，又多麼毋固毋我、銳意進取！

---

❷ 魏茨澤克(C. F. von Weizsäcker)說，科學描繪的世界圖畫「並非由於其堅持的東西，而是由於其遺漏的東西才成為謬誤」。 這也許可以引申對愛因斯坦言論的理解。魏茨澤克的話轉引自I. B.巴伯：《科學與宗教》，阮煒等譯，四川人民出版社（成都），1993年第一版，頁337。

第七章　獨特而絕妙的多元張力哲學

　　煙霧濛濛鎖驪山，

　　遠近高低皆不見。

　　天亦有情何須怨，

　　別有氣象萬萬千。

——李醒民〈霧中遊驪山〉

　　從前面的論述不難看出，愛因斯坦的科學哲學是一個由多元哲學構成的兼容並蓄、和諧共存的統一綜合體。這些不同的乃至異質的哲學思想既相互限定、珠聯璧合，又彼此砥礪、相得益彰，保持著恰到好處的「必要的張力」，從而顯得磊落軼蕩、氣象萬千。這樣獨特而絕妙的哲學思想很難用一兩個「主義」或「論」來囊括或簡稱，我不妨稱其為多元張力哲學。而且，縱觀愛因斯坦一生的哲學思想之演變，這種多元張力哲學的特徵基本是一以貫之的，並不存在突然的轉變或明顯的斷裂（更不存在早期的愛因斯坦和後期的愛因斯坦），變化的只是各元之間張力的增損和調整，而不是統統去掉哪一元。

一、被肢解的愛因斯坦

愛因斯坦的科學哲學本來是數極並存而又融為一體的多元張力哲學，可是許多哲學家和科學家或出於自己哲學體系的偏見，或囿於某種狹隘的認識論立場，極力從愛因斯坦的眾多言論中攝拾片言隻語，做為證明自己看法的「鐵證」和反對別人觀點的「旗幟」。愛因斯坦這頭「哲學巨象」就這樣被「肢解」了！在這裡，我們不由自主地想起瞎子摸象和井底之蛙的寓言。

弗蘭克在1947年就注意到：許多人認為愛因斯坦是「一種類型的實證論的守護神」，並被實證論的反對者視為「邪惡的精神」。儘管他認識到愛因斯坦的哲學態度「不是如此簡單的」，但還是把愛因斯坦劃入「實證論和經驗論」之列❶。霍耳頓在 1960 年也提到，從極端實證論者到批判實在論者，都能從愛因斯坦著作中找到某些部分，掛在自己的旗桿上做為反對別人的戰鬥旗幟。但是，他仍然認為愛因斯坦是從感覺論和經驗論為中心的科學哲學轉變為理性論的實在論的❷。確實，從1930年代愛因斯坦首次被加冕為邏輯經驗論的聖徒，到1960年代實在論的重新勃興時期又被冊封為實在論早期的鬥士，此後類似的舉動一直綿延不絕。例如，波普爾把愛因斯坦描繪成批判理性論者和證偽主義者❸，費耶阿本德則視其為方法

---

❶ P. Frank, *Einstein: His Life and Times,* London, 1949, pp. 259, 261.

❷ G. 霍耳頓：《科學思想史論集》，許良英編，河北教育出版社（石家莊），1990年第一版，頁24，38。

❸ K. 波普爾：《客觀知識》，舒偉光等譯，上海譯文出版社（上海），1987年第一版，頁26。

論的無政府主義者❹。近些年，法因宣稱愛因斯坦的哲學是動機實在論，接近范弗拉森的建構經驗論，並讓愛因斯坦乘上他的自然本體論的方舟❺；霍華德則把以整體論和約定論的不充分決定論的變種，看作是愛因斯坦成熟的科學哲學的基本要素❻；N. 麥克斯韋則把愛因斯坦劃入他所杜撰的目標取向的經驗論的範疇，並認為相對論就是按此模式發現的❼。

其實，愛因斯坦的科學哲學不屬於任何一個現成的哲學體系，但卻明顯地高於其中的每一個流派。愛因斯坦有著極強的獨立性和批判精神，他在青少年時代博覽群書時就不作各種哲學派別的俘虜，他在早期科學實踐中就不墨守單一的認識論和方法論。他善於汲取各種不同的乃至相左的思想遺產的長處，又融入了自己的反思和創造，從而在事實與理論、經驗與理性、感覺世界與思維世界的永恒反題的張力中開闢自己的道路，從而造成了一個又一個的科學奇蹟和思想閃光。難怪玻恩稱贊愛因斯坦「是一位發現正確比例的能手」(*E1*, p. 414)。

二、多元張力哲學及其例證

愛因斯坦的科學哲學主要是在實在論、經驗論、理性論、約定

❹　P. Feyerabend, *Against Method*, Verso, 1978, pp. 213, 18, 56–57.

❺　A. Fine, *The Shaky Game*, University of Chicago Press, 1986, p. 9.

❻　D. Howard, Was Einstein Really a Realist? *Perspectives on Science*, 1 (1993), pp. 204–251.

❼　N. Maxwell, Einstein, Aim-oriented Empiricism and the Discovery of Special and General Relativity, *Brit. J. Phi. Sci.*, 44 (1993), pp. 275–305.

論、整體論諸元或多極之間保持必要的張力的，我們在前面各章已多處涉及。問題在於，他為什麼要自覺地採取這樣一種多元張力哲學的立場呢？

首先是因為愛因斯坦清醒地認識到，哲學史上任何一個認真的、嚴肅的、沉思的哲學派別，都有其長短優劣之處，都有其合理的積極因素。正確的思想方法是使它們和諧互補，而不是把某元推向極端，或乾脆排斥對立的一極。誠如愛因斯坦1918年所說：

> 我對任何「主義」並不感到愜意和熟悉。對我來說，情況彷彿總是，只要這樣的主義在它的薄弱處使自己懷有對立的主義，它就是強有力的；但是，如果後者被扼殺，而只有它處於曠野，那麼它的腳底下原來也是不穩固的。❽

其次是問題的驅使。科學家在實踐中面對各種各樣的極待解決的問題，需要用不同的思路和方法去靈活處理，才能收到事半功倍之效；而墨守一隅，則往往難以自拔。愛因斯坦談到在理性論和極端經驗論之間搖擺的原因時說：一個邏輯的概念體系，如果它的概念和論斷必然同經驗世界發生關係，那麼它就是物理學。無論誰想要建立這樣一種體系，就會在任意選擇中遇到一種危險的障礙（富有的困境）。這就是為什麼他要力求把他的概念盡可能直接而必然地同經驗世界聯繫起來。在這種情況下，他的態度是經驗論的。這條途徑常常是有成效的，但是它總是受到懷疑，因為特殊概念和個別論斷畢竟只能斷定經驗所給的東西同整個體系發生關係時所碰到的某件事。因此他認識到，從經驗所給的東西到概念世界不存在邏輯

❽ 同❻。

的途徑。他的態度於是比較接近理性論了，因為他認識到體系的邏輯獨立性。這種態度的危險在於，人們在探求這種體系時會失去同經驗世界的一切接觸。愛因斯坦認為，在這兩個極端搖擺是不可避免的(*E1*, p. 476)。依我之見，這種「搖擺」實際上是在對立的兩極之間力圖保持必要的張力，即尋找微妙的平衡或恰當的支點。

再次，是外部條件的約束，使科學家的態度不同於構造體系的職業哲學家。愛因斯坦說：

> 尋求一個明確體系的認識論者，一旦他要力求貫徹這樣的體系，他就會傾向於按照他的體系的意義來解釋科學的思想內容，同時排斥那些不適合於他的體系的東西。然而，科學家對認識論體系的追求卻沒有可能走得那麼遠。他感激地接受認識論的概念分析；但是，經驗事實給他規定的外部條件，不容許他在構造他的概念世界時過分拘泥於一種認識論體系。因而，從一個有體系的認識論者看來，他必定像一個肆無忌憚的機會主義者：就他力求描述一個獨立於知覺作用以外的世界而論，他像一個實在論者；就他把概念和理論看成是人的精神的自由發明（不能從經驗所給定的東西中邏輯地推導出來）而論，他像一個唯心論者；就他認為他的概念和理論只有在它們對感覺經驗之間的關係提供邏輯表示的限度內才能站得住腳而論，他像一個實證論者。就他認為邏輯簡單性的觀點是他的研究工作所不可缺少的一個有效工具而論，他甚至還是一個柏拉圖主義者或者畢達哥拉斯主義者。
> (*E1*, p. 480)

因此，愛因斯坦不贊成下述經不起審查的錯誤觀點：伽利略之所以成為近代科學之父，乃是由於他以經驗的、實驗的方法代替了思辨的、演繹的方法。他一針見血地指出，任何一種經驗方法都有其思辨概念和思辨體系；而且任何一種思辨思維，它的概念經過比較仔細的考察之後，都會顯露出它們所由產生的經驗材料。把經驗的態度同演繹的態度截然對立起來，那是錯誤的，而且也不代表伽利略的思想。實際上，直到十九世紀，結構完全脫離內容的邏輯（數學）體系才完全抽取出來。況且，伽利略所掌握的實驗方法是很不完備的，只有最大膽的思辨才有可能把經驗材料之間的空隙彌補起來（*E1*, p. 585）。

我們已經詳細論述了愛因斯坦在創立狹義相對論過程中多元張力哲學所起的顯著作用❾，也多次涉及到1905年相對論論文中的多元哲學蘊涵。在這篇論文中，既有經驗論和操作論的成分（量桿和時鐘的可觀察、可操作定義，提出兩個原理的經驗啟示，推論的可檢驗性等，但相對論的語義指稱並非由量桿和時鐘構成，因為該理論也適用於微觀世界），也有理性論（對稱性的考慮，追求邏輯統一性和簡單性，用探索性的演繹法形成的原理理論等）、約定論（大膽選擇的假設，同時性的約定等）、整體論（該理論是一個有層次、有結構、邏輯嚴密的整體，像考夫曼實驗那樣的單個實驗很難撼動它，除非摧毀其整個基礎）、實在論（做為研究綱領已滲透在整個理論中）的諸多因素。下面，我們擬以愛因斯坦的真理觀為例加以剖析。

---

❾ 李醒民：〈哲學是全部科學研究之母——狹義相對論創立的認識論和方法論分析〉（上、下），《社會科學戰線》（長春），1986年第2期，頁79–83；1986年第3期，頁127–132。

　　愛因斯坦說過：「『科學的真理』這個名詞，即使要給他一個準確的意義也是困難的。『真理』這個詞的意義隨著我們所講的究竟是經驗事實，是數學命題，還是科學理論，而各不相同。」(*E1*, p. 244)愛因斯坦在這裡實際上已隱含了他的真理觀的多元張力哲學特徵。

　　愛因斯坦相信「真理是離開人類而存在的」，且「具有一種超乎人類的客觀性」(*E1*, p. 271)。他認為，「『真』這個詞，習慣上我們歸根結底總是指那種同『實在』客體的對應關係」(*E1*, p. 95)。物理學家「關於幾何學定律是否真」，這就「必須把幾何學的基本概念同自然界的客體聯繫起來」(*E1*, p. 158)。他還指出，科學理論「只是某種近似的真理」，「自然規律的真理性是無限的」(*E1*, pp. 236, 523)。這一切，都落入實在論的真理觀的範疇內。

　　愛因斯坦的經驗論的真理觀在於，他承認理論成立的根據是「它同大量的單個觀察關聯著，而理論的『真理性』也正在此」(*E1*, p. 115)；「我們的陳述的『真理』內容」就建立在基本概念和基本關係「同我們的感覺具有『對應』關係」(*E1*, p. 513)。他斷定「唯有經驗能夠判定真理」，儘管這樣做「不會是容易的」(*E1*, p. 508)。他還提請人們注意：「真」(Wahr)和「被驗證」(sich bewähren)這兩個概念在語言上的親緣關係的基礎，在於其本質上的關係，而不應僅僅從實用的意義上加以誤解(*E1*, p. 592)。

　　愛因斯坦雖然基本上把「真（理）」視為理論與實在或經驗的符合或對應，但他並未否定關於「數學命題」的真理的問題(*E1*, p. 244)；他在毫無保留地承認幾何學命題是「具有純粹形式內容的邏輯上正確的命題」(*E1*, p. 249)時，也在「有局限性」的意義上承認其「真理性」(*E1*, p. 96)。做為一個溫和的形而上學者，愛因斯坦

相信:「邏輯上簡單的東西不一定都能在經驗到的實在中體現出來,但是根據建立在一些具有最大簡單性前提之上的概念體系,能夠『理解』所有感覺經驗的總和」(*E1*, p. 496),其根據在於「物理上真的東西」和「邏輯上簡單的東西」「在基礎上具有統一性」(*E1*, p. 380)。難怪愛因斯坦把內在的完美這個合情合理的標準做為評價科學理論真理性的一個重要標尺,難怪他依據廣義相對論的「邏輯簡單性和『剛性』」而對它的真理性深信不疑(*E1*, p. 503)。不僅如此,愛因斯坦的理性論的真理觀還體現在下述的1951年所寫的短箋中:

> 真(理)是我們賦予命題的一種質。當我們把這個標籤賦予一個命題時,我們為演繹而接受它,演繹和一般而言的推理過程是我們把一致性 (cohesion) 引入感知世界的工具。標籤「真的」是以把這個意圖作為最佳意圖的方式被使用的。❿

愛因斯坦的約定論的真理觀集中體現在下述思想之中:思維是概念的自由遊戲,但只有在這種遊戲的元素和規則被約定時,才談得上「真理」概念(*E1*, p. 3)。例如,把歐幾里得幾何學的直線與剛體桿相對應,就可以談論它的命題真理性。就物理學而言,理論多元論(對應於同一經驗材料的複合可以有幾種理論)的現實也要求在同樣為真的理論中作出選擇,這裡也有約定的問題。

愛因斯坦的意義整體論表明,命題是從它所屬的體系的內容中獲取意義的。同樣地,正確的命題也是從它所屬的真理內容中取得其「真理性」的,而體系的真理內容則取決於它同經驗總和的對應

---

❿　A. Fine, Einstein's Realism, *Science and Reality*, Edited by J. T. Cushing, University of Notre Dame Press, 1984, pp. 106–133.

(*E1*, p. 6)。他還提出這樣一個原則性的論斷:「只有考慮到理論思維同感覺經驗材料的全部總和的關係, 才能達到理論思維的真理性。」(*E1*, p. 523)愛因斯坦的整體論的真理觀躍然紙上。

　　綜上所述不難看出, 愛因斯坦的真理觀不僅有傳統的真理符合(對應)論和真理融貫(一致)論的成分, 也有新創的真理評價論(內在論的真理觀)和真理整體論的要素, 它融入了愛因斯坦多元哲學思想的積極因素, 彼此之間在必要的張力關係中保持著動態的平衡與微妙的和諧。如果說1905年的狹義相對論是愛因斯坦的多元張力哲學在「實踐」中的集中顯現的話, 那麼他的真理觀則是其多元張力哲學在「理論」上的顯著展示。

三、最後的補遺性評論

　　我曾在一篇較有分量的論文 ⓫ 中以愛因斯坦和近代科學發展為案例, 詳細論述了在對立的兩極保持必要張力的豐富內涵和哲學依據。在這裡, 我僅想就該文未涉及或未展開的一些問題發表一點簡短的評論。

　　1.卡西勒在《人論》中曾多次闡述, 藝術不斷地在兩個相反的極之間 —— 客觀與主觀、歡樂與悲傷、希望與恐懼、狂喜與絕望、夢與醉 —— 搖擺, 藝術都來自兩種對立力量的相互滲透。他在對語言、藝術、歷史和科學全面考察的基礎上, 提出了一個普遍性的命題:

⓫　李醒民:〈善於在對立的兩極保持必要的張力 —— 一種卓有成效的科學認識論和方法論準則〉,《中國社會科學》(北京), 1986年第4期, 頁143–156。

在所有人類活動中我們發現一種基本的兩極性，這種兩極性
可以以不同的方式來描述。我們可以說它是穩定和進化之間
的一種張力，它是堅持固定不變的生活形式的傾向和打破這
種僵化格式的傾向之間的一種張力。……這種二元性可以在
文化生活的所有領域中看到，所不同的只是各種對立因素的
比例。有時是這一因素占優勢，有時是那一因素占優勢。這
種優勢在很大程度上決定了種種個別形式的特徵，並且使它
們各自具有自己的特殊面貌。……這種多樣性和相異性並不
意味著不一致或不和諧。所有這些功能都是相輔相成的。每
一種功能都開啟了一個新的地平線並且向我們展示了人性的
一個新方面。不和諧者就是與它自身的相和諧；對立面並不
是彼此排斥，而且互相依存：「對立造成和諧，正如弓與六弦
琴。」⓬

泡利在談到兩個對立的極端的概念——客觀世界和體驗其統一的主
體——時也說，二者在人類思想史上都極其富有成果，儘管它們之
中哪一個也不符合真正的真理。我們的思想大致在這兩個對立的極
端概念之間擺動，我們必須承受這兩極產生的張力⓭。

　　參照這些言論反觀愛因斯坦的多元張力哲學，能使我們深入洞
察這種哲學精髓的深邃意義，儘管他本人似乎沒有使用「張力」一

⓬　E. 卡西勒：《人論》，甘陽譯，上海譯文出版社（上海），1985年第一
　　版，頁176，189，207，283-284，288。

⓭　W. 海森伯：〈科學真理和宗教真理〉，《自然科學哲學問題》（北京），
　　1980年第3期，頁40-46。

詞。不知愛因斯坦是否了解卡西勒和泡利的言論，也不知道他是否熟悉亞里士多德、孔子、托馬斯・阿奎那和帕斯卡 (B. Pascal, 1623–1662)的居間、適中、中道、中庸、中項觀點，反正兩極張力的思想貫穿在他的整個哲學之中。不過，愛因斯坦的多元張力哲學也有其特點和獨創性：它是具有合適比例的動態平衡，而不是位於中點的或靜態的；它是多元或多極之間的網狀張力，而不是二元或兩極之間的線性張力（請注意，諸多兩極之間的線性張力，交織在一起便構成多極網狀張力）；它把在科學中富有生命力的舊哲學傳統和新哲學創造有機地綜合起來，鍛造出適應現代科學發展需要的現代科學哲學。

2. 愛因斯坦的多元張力哲學使他在傳統與革新之間保持了必要的張力。對於傳統，他既尊重、繼承，又批判、變革。他推翻了牛頓的絕對時空觀，但仍贊頌牛頓發現的道路在那個時代「是一位具有最高思維能力和創造力的人所能發現的唯一的道路」(*E1*, p. 15)，牛頓的「偉大而明晰的觀念，對於一切時代都將保持著它的獨特的意義」(*E1*, p. 113)，相對論決不是「同古典物理學的思想方式截然不同的一種新的思維方式」(*E3*, p. 369)。做為傳統的叛逆者，做為科學和哲學的大革新家，愛因斯坦尤為重視和汲取人類的思想遺產和他人的思維成果。他認為一個人只是自己關起門來冥思苦想，而拒絕汲取別人的思想和經驗，那麼他所想的一定是單調無味的和毫無價值的。要注意學習啟蒙者的最寶貴的思想遺產，克服現代派的勢利俗氣(*E3*, p. 303)。

3. 愛因斯坦的多元張力哲學與他不滿實在概念的二元論、追求科學理論的統一性是相容的、一致的。在這裡，關鍵是要把在科學探索中起啟迪和引導作用的哲學思想與科學活動的結果的科學理論

區分開來。科學需要有邏輯統一性，科學基礎的二元論狀況（如粒子和場）是科學不完備、不完美的中間過程和過渡狀態，它最終必須趨向邏輯統一。對於構造體系的職業哲學家來說，他也許需要一元論的邏輯起點（如水、奴斯、數、理念、物質、精神、實在、存在、元氣、仁、道等）。可是，對於像愛因斯坦這樣的哲人科學家，他並不想構造龐大的哲學體系，他只是想兼收並蓄，博採眾長，優勢互補，從而鑄造一種既能有助於解決科學問題，又能說明科學基礎的哲學，這樣就自然而然地形成了多元張力的特徵。愛因斯坦相信自然現象之間存在著內在的統一性，這種統一性通過思維自由創造的理論總和可以認識，從而也就更深刻地把握了實在。正是這種多元張力哲學，指引愛因斯坦追求和探索在基礎上是一元論的科學理論的。

4.以往的研究者往往看不清多元張力是愛因斯坦哲學的特色，更認識不到它的深刻意蘊。他們認為愛因斯坦的哲學思想「龐雜」、「多少有點混亂」（*EI*, p. 5），甚至指責愛因斯坦「在基本的哲學問題上居然安於做一個無原則的『機會主義者』，這顯示出他的哲學思想的矛盾和局限性」（*JNE*, p. 373）。前面的諸多論述，已使這種觀點不攻自破。我們在此只想指出，愛因斯坦的張力哲學不是龐雜，而是豐富多采；不是混亂和矛盾，而是在對立中和諧互補，從而形成一個有機的整體；不是有局限性，而是虛懷若谷的開放性、包容性和廣博性；不是無原則的機會主義，而是既堅持原則，又審時度勢，具有高度的靈活性和應變能力——這正是愛因斯坦所謂的哲學上的「機會主義」之隱喻的涵義。對於政治上的機會主義者，他是很鄙視的，能夠撕下他們的假面具，他就感到痛快(*JNE*, p. 203)。

5.某種最好的科學哲學是由實踐的科學家，尤其是由哲人科學

家（做為科學家的哲學家）❹ 作出的，而很少是由關在書齋或泡在
圖書館的職業哲學家作出的。這已由批判學派的代表人物馬赫、彭
加勒、迪昂、皮爾遜、奧斯特瓦爾德以及愛因斯坦、玻爾等二十世
紀的物理學家所證明。這是因為，科學家在創造科學知識之時，也
同時創造了知識論，創造了科學的認識論和方法論，這二者是互為
因果，相輔相成的。而且，哲人科學家在創造知識和知識論的過程
中，也時常不得不反思科學的基礎和思維的本性，否則他就寸步難
行。一座座科學思想和哲學思想的里程碑就這樣設置在人類思想的
發展史上。對於科學與哲學的這種同條共貫的密切關係，愛因斯坦
深有體會地說：

> 認識論同科學的相互關係是值得注意的。它們互為依存。認
> 識論要是不同科學接觸，就會成為一個空架子。科學要是沒
> 有認識論——只要這是可以設想的——就是原始的混亂的東
> 西。(*E1*, p. 480)

他還說：「如果把哲學理解為在最普遍和最廣泛的形式中對知識的追
求，那麼哲學顯然就可以被認為是全部科學研究之母。可是，科學
的各個領域對那些研究哲學的學者們也發生強烈的影響，此外還強
烈地影響著每一代的哲學思想。」(*E1*, p. 519)

---

❹　李醒民：〈論做為科學家的哲學家〉，《求索》（長沙），1990年第5期，
　　頁51–57。

第二編

愛因斯坦的社會哲學

第八章　開放的世界主義

> 莫道天下西湖好，
>
> 綠水逶迤煙波淼。
>
> 吞天巨浪排空起，
>
> 勝景當數錢塘潮。

——李醒民〈遊西湖〉

　　做為一位從事具有世界性和國際性的科學工作的科學家和具有遠大眼光的深思熟慮的思想家，做為一個對德國國家主義和軍國主義深惡痛絕的、處處遭受迫害和敵視的猶太人，做為一位具有正義感、責任感、公正性、獨立性和離群性❶的正直的人，愛因斯坦無論在本能、情感還是理智上，都堅定地站在廣闊的世界主義和國際主義立場上，去反對狹隘的民族主義或國家主義，從而贏得了「世界公民」的美譽。萊曼(S. H. H. Lehman)稱愛因斯坦「是偉大的世界公民，是這個時代真正的巨人之一」❷。湯川秀樹(Hideki Yukawa,

---

❶　許多研究者都認為，愛因斯坦的性格特徵可用「離群性」（apartness或aloofness）來刻畫，這種離群性使他在政治判斷中依然忠實於他的純樸的徑直性。

1907–1981) 把愛因斯坦形容為一頭理想主義的和世界主義的大象
(*JNE*, p. 211)。

一、倡導世界主義和國際主義

在國內，「世界主義」和「國際主義」是兩個被狹隘理解、被嚴重誤解和曲解的詞彙❸。愛因斯坦對國際主義的解釋是：

---

❷　W. Cahn, *Einstein, A Pictoral Biography*, The Citade Press, New York, 1955, p. 122.

❸　《現代漢語詞典》（商務印書館，1983年第二版）對「世界主義」的解釋是：「現代資產階級妄圖統治世界的一種反動理論，宣傳國家主權已經成了『過時的概念』，主張『消除民族界限』，組織所謂『世界政府』。 世界主義是帝國主義用來破壞各國主權和民族獨立運動的工具。」對「國際主義」的解釋是：「馬克思主義關於國際無產階級團結的思想，是國際共產主義運動的指導原則之一，它要求全世界無產階級在爭取民族解放、消滅資本主義制度和建設共產主義的鬥爭中，在馬克思主義的原則基礎上聯合起來，緊密團結，互相支援，一切以國際無產階級的根本利益為前提，把本國無產階級的利益和國際無產階級的利益結合在一起，把本國人民的革命鬥爭和其他國家人民的革命鬥爭聯繫在一起，反對共同的階級敵人。」而在 *Webster's Ninth New Collegiate Dictionary* (Merrian-Webster Inc., 1983) 中，對 cosmopolitanism（世界主義）的同根詞cosmopolitan (1844)的解釋是：「1.具有全世界的而不是有限的或地方的範圍或方面； 2.具有廣泛的國際的豐富經驗； 3.由來自世界所有部分或許多部分的人、成分或要素構成的東西； 4.在世界大部分和各種生態條件下找到的東西。」對 internationalism(1851)（國際主義）的解釋是：「1.國家之間的特性、原則、利益或前景； 2.國家之間的運作政策； 3.贊成這樣的政策的態度或信念。」

國際主義意味著國家之間的合理性的關係、民族之間的健全
聯合和理解、在不干涉任何民族習俗的情況下為相互推進而
彼此合作，我想該詞的意思是這樣。(*HPS*, p. 72)

在愛因斯坦看來，源於傳統的和慣例的影響的國家特徵並不與國際
主義矛盾，而國際主義包容著文明人的共同理智因素❹。他深刻地
揭示出，狹隘的民族主義對國際主義精神構成巨大威脅，「在這種國
際主義恢復之前，就不會有和平，戰爭的創傷也不會痊癒。」(*HPS*,
p. 72)他贊同費歇爾(E. H. Fischer, 1852–1919)的下述觀點：「不管
你喜歡還是不喜歡，科學現在是並將永遠是國際主義的。」 他號召
科學家中間的偉大人物堅定不移地擁護國際主義事業，與世界各地
志趣相投的男人和女人保持密切的接觸，為復活國際交往的偉大任
務作出貢獻(*HPS*, pp. 92–93)。他還強調要培育青年人的國際主義精
神❺。

　　愛因斯坦雖然對「世界主義」一詞沒有直接下定義，但是他用
自己的言行表明，他總是站在全世界和全人類的立場來觀察問題和
處理問題，處處為人的長遠利益、根本福祉和終極價值著想，憧憬
建立一個和平、民主、自由、幸福的世界秩序和美好社會。事實上，
愛因斯坦從一戰時起就成為一個名副其實的世界主義者或世界公民

---

❹　A. Moszkowski, *Einstein, The Searcher, His Work Explained from
Diologues with Einstein*, Translated by H. L. Brose, Methuen & Co.
Ltd., London, 1921, p. 239.

❺　A. Einstein, *The World As I See It*, Translated by A. Harris, Philo-
sophical Library, New York, 1949, p. 93.

了。

愛因斯坦「從來也沒有把自己同任何一個特定的國家聯繫在一起」(RS, p. 75)。他在1933年宣布不回德國時說:「我的國籍是一件奇怪的事情。雖然我的真正國籍是瑞士,但是由於我的正式職位我是德國公民。無論如何,對於一個有國際主義精神的人來說,特定國家的國籍是不重要的。人道比國家的公民身份更重要。」(HPS, p. 283)他還就國籍一事挪揄說:「如果我的理論被證明是正確的,那麼德國將為我是偉大的德國人而歡呼,法國人將稱我是世界公民。如果它被證明是錯誤的,那麼法國人將稱我是德國人,而德國人將稱我是猶太人。」❻愛因斯坦在一封信中發出自己內心深處的心聲:

> 按照最終的分析,我們中每一個人都是人,不管是美國人、德國人、猶太人還是非猶太人。如果這一立場——唯一高貴的立場——被普遍接受的話,那麼我應該是最幸福的人了。事實上,我覺得可悲的是,在我們生活的世界上,國籍和文化傳統的差異在這麼大的程度上把人們分隔開來。但是,由於這是無法迴避的現實,人們不能拒絕承認它。……(HPS, p. 341)

愛因斯坦自覺地意識到自己既做學者又做世界公民的責任,他為倡導世界主義理想而奔走呼號。在他看來,人具有「現在被民族自我中心主義推入幕後的較高的共同情感,為此人的價值具有獨立於政治和國界的有效性」❼。他進而強調指出:

---

❻ 同❷, p. 28.
❼ 同❺, p. 75.

直到認識並接受，創造和堅持對所有人來說是體面的生活條件是所有人的共同義務，此時我們才能以某種程度的正當理由說，人類是文明的。❽

為此，愛因斯坦籲請人們增強對鄰人的理解，公正地處理事務，樂於幫助同胞，這樣才能使人類社會持久，才能保證個人安寧❾。

關於世界主義與國家的關係，愛因斯坦的觀點是：「人類的福利必須高於對自己國家的忠誠——事實上必須高於任何事物和一切事物。」(*HPS*, p. 142)必須停止借助於「應該為我們國家做什麼？」來思考問題。相反地，我們應當問自己：「為了給更大的世界共同體打好基礎，我們的共同體必須做些什麼？」因為沒有這個更大的共同體，單個的國家也不會持久(*HPS*, p. 81)。愛因斯坦呼籲：

> 每一個國家的利益都必須服從更廣泛的共同體的利益。為了這種新的政治思想和情感的鬥爭是嚴重的鬥爭，因為具有數世紀反對它的傳統。⋯⋯但願我們的聯合努力成功地在各國之間建立相互信賴的橋樑。❿

愛因斯坦世界主義的具體體現就是他始終如一地倡導建立超國家的維護世界和平的組織——世界政府或世界聯邦。早在1914年

---

❽　A. Einstein, *Out of My Later Years*, Philosophical Library, New York, 1950, pp. 258–259.

❾　同❽, p. 254.

❿　同❺, p. 79.

一戰爆發時，他就倡議歐洲聯合，建立歐洲聯邦。當1919年國聯成立和1945年聯合國成立時，他對它們都曾寄託希望，希望它們能過渡和改造為世界政府。這一善良願望在二戰後由於核威脅的加劇而變得更加強烈和急迫：1946年，愛因斯坦向在芝加哥舉行的「爭取成立世界聯邦政府」學生集會發表廣播講話，題目是〈世界政府——我們的目標〉。這也許是他投身世界政府運動的最高潮。

愛因斯坦早就認為，為了維護國際和平需要部分放棄國家主權，以支持為調解國際爭端而擁有行政和司法權力的國際組織，該組織還可被授權保持一支軍事力量。但是，他並沒有設想這樣的世界政府可以取代現有國家政府的功能。世界政府的權威僅限於直接與維和有關的事務，任何對於成員國最高權力的侵犯都受到世界政府組織契約的限制。「它將致力於超國家的安全，因此它將反對國家至上的概念，這種概念正是煽起戰爭的強烈因素。」(*E3*, p. 232)

當然，愛因斯坦也注意到，世界政府弄不好也會變成暴力統治。他擔心這種暴力統治，但是更擔心再來一次戰爭。在他看來，任何政府在某種程度上都必然是一種禍害，而世界政府比起大得多的戰爭禍害來，還是要好一些，尤其是在面臨核戰爭的情勢下。為了防止世界政府淪為暴力統治，除了制定公正的法規外，其委員會的成員資格不能根據任何專斷的民主準則作出，必須由成員國人民通過無記名投票選出。

愛因斯坦的世界主義思想和世界政府構想不僅遭到軍國主義者和戰爭狂人的反對，也在 1947 年受到蘇聯科學家的抨擊 (*E3*, pp. 247–251)。他們批評愛因斯坦已走上一條錯誤和危險的道路：他盲目相信世界政府是包治世界罪惡的靈丹妙藥，是持久和平的監護人，這實際上已使他淪為和平和國際合作最凶惡的敵人的陰謀和野心的

支持者了，因為世界政府只不過是壟斷資本家為了奪取世界霸權而打出的漂亮招牌而已。對於這些責難，愛因斯坦在有禮貌的回答(*E3*, pp. 241–246)中申述了自己的理由：

> 如果我們死抱住無限制的國家主權這種概念和習慣不肯放，那就只能意味著每個國家都保有使用武力來達到自己目的的權力。在這樣的情況下，每個國家都不得不感覺到它必須為可能發生的戰爭而作準備，這意味著每個國家都必須全力以赴來取得對其他任何國家的軍事優勢。這個目的終於會愈來愈支配我們的整個公共生活，並且在戰爭災難實際上還遠未臨到我們頭上以前，就已毒害了我們青年的心靈。只要我們還保留著一絲一毫清醒的理性和人性，我們就不應當對此容忍。
>
> 僅僅由於這些考慮，我才擁護「世界政府」這一概念，一點也沒有留心別人在為同一目的操勞時會想起什麼。我所以要擁護世界政府，是因為我深信沒有別的道路可能消除這個一直威脅人類的最可怕的危險。要避免總毀滅這個目標，應當具有超過其他任何目標的優先權。

在愛因斯坦看來，蘇聯科學家的論據好像是「神話」。他分析了造成神話的原因：把社會主義和資本主義的對抗看得很嚴重，在經濟領域內強烈反對無政府狀態卻在國際政治領域裡擁護無政府狀態，人為的隔絕狀態造成的不幸隔閡等等。不用說，這裡還有一個思想方法問題。誠如愛因斯坦所說：要在人類事務中理智地行動，只有力求充分地了解對方的思想、動機和憂慮，做到設身處地從對方的

角度去觀察世界。一切善良的人都應當盡可能地貢獻力量來增進相互了解，誠懇地尋求可行的解決辦法，而不是幻想自己知道了「真理」，或者知道了所要遵循的「正確道路」。

為了「實現公正的和理性的世界秩序」(*HPS*, p. 66)，愛因斯坦認為知識分子負有不可推卸的重大責任，並身體力行地參與各種促進各國知識分子合作的國際活動。他說：

> 依我之見，知識分子只有通過他們的科學貢獻和藝術成就，才能充分地促進國際和解和人與人的兄弟關係。創造性的工作使人超出了個人的和利己的國家目標。要全神貫注地致力於下述問題和抱負：所有深思熟慮的人都具有創造同志關係的意識，這種意識最終必然會把所有國家的學者和藝術家重新聯合起來。不可避免的是，政治激情時常會把那些心胸狹隘和缺乏獨立思考能力的人分裂開來。知識分子任何時候也不應該極力強調人類懷有激情遺產的世界特徵。在他們的公開宣言或任何其他的公眾活動中，他們必須永遠不容許他們自己被利用來為政治激情服務。(*HPS*, p. 67)

愛因斯坦一直相信，各國之間的聯合和知識分子的合作不僅僅是一個理想主義的問題，而是一個急迫的必然的問題(*HPS*, p. 81)。直到1953年，他還對通過建立世界政府避免原子彈毀滅人類持十分樂觀的態度(*E3*, p. 320)。不過在臨終之時，他在未完成的手稿中也清醒地認識到實現世界政府這一遠大目標面臨的巨大困難：「沒有一個處於負責地位的政治家敢於採取超國家安全這一唯一能提供一點和平希望的路線，因為對於一個政治家來說，遵循這樣一條路線，就

等於政治上自殺。政治激情一旦被煽動起來，就會逼著它的受騙者⋯⋯」(*E3*, p. 339)

　　不管今天人們就愛因斯坦的世界主義和世界政府主張如何評論，但是不可否認，愛因斯坦的意願是善良的，態度是誠懇的，構想是理性的，行動是切實的，是一位經歷了兩次世界大戰惡果的科學家所能勾勒的最佳藍圖和理想。當今遍及全球的地區聯盟和區域組織日漸增多，世界各國在裁軍、經貿、環保、教育、科技和文化諸多方面的合作不斷加強，以及聯合國在解決世界爭端中建設性作用的與日俱增，也許是對愛因斯坦在天之靈的最大安慰。

二、反對民族主義或國家主義

　　做為眼光遠大和視野寬廣的科學家，自然而然地是不會贊成和接受民族主義或國家主義⑪的狹隘思想的。哥白尼、馬赫⑫和愛因斯坦就是這樣的科學家。愛因斯坦褒揚哥白尼具有「內心的獨立性」，沒有「民族驕傲」的「無聊癖好」(*E1*, p. 601)；贊頌馬赫沒有那個時代特有的「時代病」即「民族狂熱病」(*E1*, p. 90)。

　　民族主義是一組觀念和情緒的複合物，是世界主義的對立面。愛因斯坦對此始終如一地持針鋒相對的反對態度。他一針見血地指

---

⑪　民族主義或國家主義是nationalism的兩種譯法，本書對其一般不加區分，有時依據上下文採用不同譯名。

⑫　馬赫說：「階級意識、階級偏見、民族感情和狹隘的地方主義，對於某些目的是很重要的。可是，這種見識不是眼光廣闊的科學家的觀點，至少在研究的時刻不是這樣。所有這些以我為中心的見識只適合於實用目的。當然，科學家也會屈服於習慣。」參見E. 馬赫：《感覺的分析》，洪謙等譯，商務印書館（北京），1986年第二版，頁18。

出，「民族虛榮心和妒忌心」是「歐洲歷史上邪惡的遺傳病」(*HPS*,
p. 151)，「民族的自負和妄自尊大妨礙了悔罪之心的產生」❸；「為
盲目的仇恨所支持的誇大的民族主義」是「我們時代的致命的疾病」
(*E3*, p. 152)；「民族主義是一種幼稚病，它是人類的麻疹」❹，這
種痼疾的危害和後果是相當嚴重的。誠如愛因斯坦所揭示的：「民
族主義的激情已經破壞了知識分子共同體」，「學者已經成了民族傳
統的代言人，而且失去了他們關於知識分子聯邦的觀念。」(*E3*, p.
60)「思想狹隘的民族主義處處使國際主義精神處於危險之中。」❺
「倘若民族主義的憤怒情緒進一步將我們吞沒，我們就注定要滅
亡。」(*HPX*, p. 142)愛因斯坦看到，種族靈魂的這種疾病和精神錯亂
無法用海洋和國界來防止，必須下決心從個人自身克服作起：

> 我們看到，如果人類的智力和文化遺產要被證明是賜福而不
> 是禍根，那麼就需要作出巨大的努力。鑑於以前一個人使自
> 己擺脫個人利己主義，從而使他成為有價值的社會成員就足
> 夠了，今天還必須要求他克服民族利己主義和階級利己主義。
> 他只有達到這樣的高度，才能夠有助於改善人類的命運。❻

　　愛因斯坦在反對狹隘的民族主義的同時，也堅決反對民族壓迫
和種族歧視，同情和支持被壓迫的弱小民族爭取獨立解放和自由平
等的正義鬥爭。他對美國黑人的悲慘狀況尤為關注，多次發表文章

❸　同❽，p. 266.

❹　同❷，p. 104.

❺　同❺，p. 93.

❻　同❺，pp. 257, 80.

和談話，甚至在林肯 (A. Lincoln, 1809–1865) 頒布「黑奴解放令」84週年之際直接寫信給杜魯門 (H. S. Truman, 1884–1972)，維護黑人要求不受暴行侵害的正義事業。他尖銳地指出，種族偏見不幸已成為美國的一種傳統，尤其是歧視黑人的傳統偏見更為可悲和不光彩。這是中了致命的錯誤見解的毒，唯一的補救辦法是啟蒙和教育。有善良意志的人應該有勇氣和這種根深蒂固的偏見作鬥爭，用文字和行動樹立榜樣，並教育子女不要受偏見的影響 (*E3*, pp. 263, 209–211)。談到少數民族，愛因斯坦寫道：

> 少數民族——尤其是當組成它的個體能夠因生理特徵被識別時——被他們生活於其中的多數派作為下等人看待，這似乎是一個普遍的事實。這樣的命運悲劇不僅在於這些少數民族在社會和經濟事務中無意識服從的不公平待遇，而且也在於在多數派暗示的影響下，大部分受害者本身屈服於相同的偏見，並認為他們的兄弟是下等人。這種從屬的但更為重要的弊病能夠通過少數民族更密切的聯合和審慎的教育來克服，從而能夠實現他們的心靈自由。美國黑人在這個方向上的努力完全值得推崇和支援。❶

愛因斯坦對備受侵略和苦難的中國人民也懷有兄弟般的情誼。1931年「九一八」事變之後，他一再向全世界呼籲，用聯合經濟抵制的辦法制止日本對中國的侵略。1937年，他為「七君子事件」發出正義聲援。1922年底和1923年初，他在訪日時途經香港和上海，對中國勞苦大眾深表關注和同情❶。他譴責歐洲人在上海成了統治

---

❶ 同❺，pp. 78–79.

階級，把中國人當作他們的奴僕，殘酷地虐待他們，待他們連牛馬也不如。他哀嘆香港華人受到野蠻的奴役和殘酷的剝削，每天為五美分的工資不停地砸石子。他斥責英國人是奢侈的寄生蟲，洋洋自得而不知人民的反抗運動已難以壓抑。對於受外國人壓迫的中國人，愛因斯坦寄予無限的厚望：「再過五十年，中國人必定能夠趕上外國人。」

愛因斯坦也堅定地反對國家崇拜和極端的國家主義。他反覆強調：「沒有餘地要把國家和階級奉為神聖，更不用說要把個人奉為神聖了」，「真正的民主主義者」「很少是崇拜他們的國家的」(*E3*, p. 175)。他讚揚波佩爾—林科伊斯(J. Popper-Lykeus, 1838–1921)就是「體現時代良心的出色人物」，「不盲目崇拜」國家和社會。

按照愛因斯坦的觀點，「國家至上的概念」「正是煽起戰爭的強烈因素」，「很少有人能夠逃脫」這種「新式偶像」的「煽動力量」；這種煽動所導致的「領土問題和權力之爭」，「儘管已是陳腐了的東西，但仍然壓倒了共同幸福和正義的基本要求」(*E3*, pp. 232, 261, 206)。他以犀利的筆鋒揭示出：「極端的國家主義是這樣一種精神狀態：它使總是必須準備戰爭的國家走火入魔，從而人為地被誘入歧途。」「國家主義是對軍國主義和侵略的理想主義的理論詮釋。」(*HPS*, pp. 414, 323)他進而揭開了國家主義的漂亮迷人的偽裝：

> 國際秩序的最高障礙是鋪張揚屬的國家主義精神，這種國家
> 主義精神卻起了一個有感染力的、但卻被誤用了的名字——
> 愛國主義。在剛過去的一個世紀中，這個虛假的偶像產生了

---

❽ 金子務：〈愛因斯坦對亞洲的感受——1922年在中國上海、香港的見聞〉，劉淑君譯，《科學與哲學》（北京），1986年第4輯，頁143–158。

不幸的、極其有害的影響。(*HPS*, p. 209)

在看待國家與個人的關係上，充分顯露出愛因斯坦深厚的人道主義情懷。他說：「在人生豐富多彩的表演中，我覺得真正可貴的，不是政治上的國家，而是有創造性的、有感情的個人，是人格。」(*E3*, p. 44) 在愛因斯坦看來，國家不是目的，國家不僅是而且應該是它的公民手中的工具。他說：

> 最重要的寬容就是國家和社會對個人的寬容。為了確保個人自身發展所不可缺少的安全，國家當然是必要的。但如果國家變成主體，個人卻淪為唯命是從的工具，那麼所有好的價值就全部喪失了。必須首先砸碎磐石然後才能長出樹木，必須先鬆土然後植物才能茁壯成長。同樣，只有在人類社會達到足夠的開放水平、個人能夠自由發展自己能力的時候，人類社會才能取得有價值的成就。(*RS*, pp. 78–79)

愛因斯坦認為，德國人已淪為國家無用的犧牲品。德國國家主義的軍事組織要求把個人降格為忠順的、毫無意志的爪牙，要求把青年人訓練為機械地、毫無異議地順從他們上司的奴僕。簡而言之，這意味著統統放棄個人自由和個人尊嚴(*HPS*, pp. 321–322)。他斬釘截鐵地表示：「國家是為人而建立的，而人不是為國家而生存。」「國家應該是我們的勤務員，我們不應該是國家的奴隸。」(*HPS*, p. 207)

愛因斯坦在反對國家主義的同時，更是旗幟鮮明地反對走向國家主義極端的沙文主義。他一針見血地指出，國家主義和沙文主義是世界上諸多罪惡的淵藪，而沙文主義極易從國家主義的病體中滋

生：「人類受到太強烈、太狹隘的國家主義概念的折磨。目前的國家主義的浪潮是一種嚴重的疾病。它只要得到最輕微的誘發，或者有時不需要誘發就完全轉化為沙文主義。」(*HPS*, p. 71)為此，他號召國際間團結一致的精神應該加強，應該同阻礙世界和平的沙文主義進行鬥爭。他開列了根治沙文主義的處方：在學校裡，歷史課應該用來做為講述人類文明進步的工具，而不應該用來灌輸帝國主義勢力和軍事成功的理想。應該啟發學生對於不同民族的特性有一種深懷同情的理解，這種理解應該包括那些通常認為是「原始的」或「落後的」民族在內(*E3*, p. 123)。

愛因斯坦對「在偉大人物身上發現的狹隘國家主義偏見極為失望」，對在別的方面是理智、能幹和聰明的人「從宗教狂熱墮入國家主義的瘋狂」感到焦慮 (*HPS*, pp. 29, 31–32)。他呼籲德國人和法國人以四海之內皆兄弟的信念對抗時疫的流行和蔓延：

> 國家主義的激情處處煽起了烈焰，很難判斷哪一個更加是不祥之兆——是你的人民的勝利還是我們的失敗；兩種威脅都使鄰國之間的深仇大恨永久存在。可是，罪惡的根源在目前的歷史前後關聯中是找不到的，相反地卻能在歐洲有教養的階級一代一代傳下來的傳統之中發現，這些傳統對基督教道德滿嘴的好話，實際上則公然藐視它們——幹壞事和壓迫人的人將享受榮譽和榮耀，遭到不公正的人要忍受恥辱和污辱。這些古老的、邪惡的傳統預示了我們大陸（指歐洲大陸）必定毀滅的危險。我們將以四海之內皆兄弟的熱情信念反對這些傳統，不這樣做，無論人還是國家，都不能相互和諧地生存。(*HPS*, pp. 63–64)

　　對於德國人中那些國家主義乃至軍國主義的盲目追隨者和瘋狂鼓吹者，愛因斯坦則給予毫不留情的抨擊或義正辭嚴的譴責。他指出，許多德國人用脊髓置換了腦髓，用獸性代替了理性。德國人作為整個民族，是要對大屠殺負責的，並為此而應該受到懲罰。因為站在納粹黨背後的，是德國人民——在希特勒已經在他的書中和演講中把他的可恥意圖講得一清二楚而沒有一點可能發生誤解之後，他們還是要選舉他。德國人是唯一沒有作任何認真的反抗來保護無辜受害者的民族。因此，在他們全面潰敗而悲嘆其命運之時，善良的人們千萬不要被他們的眼淚所蒙騙，而是要牢記：他們曾經存心利用別人的人性，來為他們最近的、最嚴重的反人性的罪行作準備 (*E3*, p. 198)。對於德國知識分子在兩次世界大戰中的拙劣表現，愛因斯坦更是看在眼裡，記在心上。他早就洞察到，德國有教養階層缺乏勇氣是災難性的。德國科學界的代表人物之所以未盡其責捍衛智力價值，是因為他們完全喪失了對智力價值的熱愛。這就是劣等的邪惡個人能夠攫取權力並用他的可鄙思想教訓民眾的唯一原因(*HPS*, p. 294)。他說：「我們有理由譴責德國知識分子，因為他們無條件地屈從那個要不得的政府的控制。他們犯了罪，給他們懲罰，那是正確的，即使他們自稱他們在法律上是被迫去幹的。」(*E3*, p. 213)「德國人的罪惡，真是記載在所謂文明國家的歷史中的最令人深惡痛絕的罪惡。德國知識分子——做為一個整體來看——他們的行為並不見得比暴徒好多少。而且甚至到現在，還看不出任何悔改的表現，也看不出有真正想絲毫彌補大屠殺後果的任何願望。」(*E3*, p. 266)有鑒於此，愛因斯坦在二戰後僅同少數有正義感、有骨氣的科學家保持私人友誼，拒絕參與任何代表德國公共生活的

活動。這表明，與其說愛因斯坦厭惡德國人，毋寧說厭惡這些人的
國家主義和軍國主義的思想和行為。

三、猶太性和猶太復國主義

　　愛因斯坦對猶太性❶的看法和對猶太復國主義❷的態度，也體
現了他的世界主義和反民族主義的立場，以及他主持正義、株守公
道、襟懷坦蕩的品格。

　　愛因斯坦的猶太性意識既不是自發的，也不是自覺的，無論是
到小學上學還是去布拉格教書，都是外部強加給他的。即使日後他
明確認識到自己的猶太人身份，並目睹猶太人備受歧視和慘遭迫害
時，他增強的只是愛憎分明的情感和理智，而不是猶太性。對愛因
斯坦來說,他似乎還在不斷地削弱他的猶太性──不是為了安全(在
1930年代德國的反猶恐怖氣氛中，人們完全有理由那樣作)，而是
出於真正的普遍性(universality)，由於他認為普遍性意識是與全人
類保持聯繫的共同紐帶。因此，愛因斯坦對猶太人的某些古老的清
規戒律不以為然❷，他甚至覺得要確定一個猶太人也是十分困難的

---

❶　Judaism 可譯為猶太教，其涵義是：對猶太風俗（或儀式）的遵守，
　　猶太人的文化、社會和宗教的信仰，全體猶太人。我在此將其譯為「猶
　　太性」，與Jewishness同義。
❷　Zionism（猶太復國主義）：猶太民族主義運動，目標是在猶太人的古
　　代故鄉巴勒斯坦創立和維持一個猶太民族國家。其思想萌芽出現在十
　　六和十七世紀，1897年正式形成一個政治運動。其後不斷有移民遷入，
　　在二戰前達到高潮。1947年聯合國建議阿以分治，1948年以色列國建
　　立。
❷　這裡有一個軼事很能說明問題。一次，有個陌生人在街上問愛因斯坦,

事❷；因為他認為儀式主義的猶太教徒是錯誤的，他在表格中填寫的猶太教僅具有象徵意義。

在愛因斯坦看來，猶太人共同體是一個由血緣和傳統的紐帶、而不僅僅是由宗教結合在一起的共同體：世界上其他人對他們的態度是這一點的充分證據❸。他還說：

> 它是一個道德傳統的共同體，這在重壓時期總是表現出它的力量和生氣。在所有時代，它都產生了體現西方世界良心的人、人類命運和正義的捍衛者。❹

在回答「你認為存在任何像『猶太人的觀點』這樣的事嗎?」時，他說：「不，肯定不存在。只有在下述說法中我將證明這一點合格：也許僅在哲學上存在著猶太人的觀點。我甚至把猶太教沒有看成一

在哪裡可以找到按猶太教規要求的清潔食物的餐館。愛因斯坦提到一個地方，並指明了方向。那人不十分滿意，困惱地說：「你能確保它是清潔的餐館?」愛因斯坦笑著回答：「是的，它是清潔的。可是，只有公牛是清潔的，因為它只吃草。」參見 P. A. Bucky, *The Private Albert Einstein*, A Universal Press Syndicate Company, Kansas City, 1993, p. 83.

❷　愛因斯坦說：「請你想像一個蝸牛，我們能夠開始最仔細地描述牠。你在海洋中看到的蝸牛由蜷伏在小屋內的身體構成，牠總是負荷著小屋。但是讓我們描繪一下，如果我們剝除蝸牛的外殼，會發生什麼呢?難道我們還會把沒有掩護的身體描述為蝸牛嗎?正是以同樣的方式，按這種方式脫去他的信仰外殼的猶太人，甚或選擇不同信仰的人，還是猶太人嗎?」同❹, p. 87.

❸　同❺, p. 108.

❹　同❺, p. 94.

種教義。我認為所謂的猶太教的上帝實際上恰恰是對迷信的否
定。」 ❷ 正是出於這樣的看法，他在1920年秋寫信給柏林的正式的
猶太人團體：「就像我感到我自己是一個猶太人一樣，我在同一程
度上感到我遠離了傳統的宗教形式。」「沒有人能夠被強迫加入宗教
團體。多謝上帝，那些時期永遠逝去了。我特此一勞永逸地宣布：
我不打算參加……而且將依然不與任何正式的宗教群體發生聯
繫。」❷ 他事後同意僅在文化的意義上而不是宗教的意義上做為猶太
人團體的成員。儘管愛因斯坦在給玻恩的信中說他是「一個在什麼
地方都無根的人——處處是外人」 ❷，但他還是以猶太人而自豪。
在紐約河岸大教堂的世界最偉大學者的雕像群中，愛因斯坦的雕像
是唯一健在者的雕像。當有人問及他自己處於聖者之中時有何感想，
他回答說：「我為此榮譽而自豪，這不是由於我的緣故，而是因為
我是一位猶太人。」 在晚年，他在內心對猶太民族和以色列國存有
依戀之情，他對其他國家和民族是沒有這種特殊的感情的（雖則是
十分親善和理智的）。 他的「我是一個人，一個善良的歐洲人，一
個猶太人」（*HPS*, p. 316）的表白，說明他總是首先以世界公民的眼
光看問題的，總是把理智放在感情之上 ❷。

---

❷ 　同❷, p. 88.

❷ 　B. Hoffmann, *Albert Einstein, Creator and Rebel*, The Viking Press, New York, 1972, p. 144.

❷ 　F. Gilbert, Einstein's Europe, *Some Strangeness in the Proportion, A Centennial Synposium to Celebrate the Achivements of Albert Einstein*, Edited by H. Woolf, Addison-Wesley Publishing Company, Inc., 1980, pp. 13–27.

❷ 　愛因斯坦1929年在給阿達瑪的信中說：「當涉及到人類事務時，我的感情比起我的理智來要起更加決定性的作用。」（*HPS*, p. 141）從上下文

　　愛因斯坦對猶太復國主義的態度有一個演進過程。他1911年去布拉格時，那裡有不少優秀的猶太作家和哲學家，他們力勸他對猶太問題發生興趣。當時，他對猶太復國主義持輕蔑態度，認為熱中於猶太問題是落後而狹隘的人所幹的事情，這種人由於卑微的種族利益而忘記更重大的問題。1914年，一戰的爆發和愛因斯坦移居柏林後的個人遭遇以及猶太人備受歧視的事實，似乎為他思想的轉變奠定了心理基礎。1919年，在與著名的德國猶太復國主義者布盧門菲爾德(K. Blumenfeld)多次談話和接觸後，他雖然對猶太民族運動的必要性和巴勒斯坦的猶太人農業新村心存疑慮，但原有的態度畢竟有所鬆動：「我反對民族主義，但是贊成猶太復國主義事業。這理由我今天已經明白。如果一個人有兩隻胳臂，而他卻不斷地說，我有一隻右臂，那麼他就是一個沙文主義者。如果一個人缺了右胳臂，那麼他就得盡力彌補那隻缺失的胳臂。因此，從做人的態度上說，我是民族主義的反對者。做為猶太人，我從今天起贊成猶太復國主義的民族努力。」(*JNE*, p. 198)

　　從此，猶太復國主義已處於愛因斯坦的興趣範圍，但還沒有在他的頭腦生根，他只是謹慎地、在某種程度上猶豫地支持這項事業。要知道，愛因斯坦並非言聽計從、隨波逐流之人：他的判斷和決定均出自他的內心，不是來自外面的灌輸和勸說。1920年反猶分子猖狂攻擊相對論，1922年德國外長、猶太人拉特瑙慘遭暗殺以及隨之而來的納粹的威脅，堅定了愛因斯坦的贊同和支持態度。與此同時，愛因斯坦在行動上也邁出了切實的步伐：1921年他陪同猶太復國主

　　看，這似乎是託詞。事實證明，他的決斷總是理智的。也許只是在感情與理智的取向一致時，他的感情才格外強烈，起主導作用。在公共事務中，他似乎無感情用事的時候。

義領袖魏茨曼訪美為希伯萊大學籌款，1923年他由日本返回時訪問了巴勒斯坦。此時，他不顧猶太人和非猶太人的種種非議，勇敢地投身於猶太人的事業。他在訪美幾個月之後就巴勒斯坦重建所作的講演中說：

> 我們猶太人應該再次逐漸意識到我們做為一個民族的存在，重新獲得對健康存在來說是必要的自尊。我們必須再次了解我們祖先和我們歷史的光榮，再次依靠做為一個民族的我們，自己去處理打算增強我們共同體意識的文化任務。在人類種族的文化發展中，我們做為個人起作用是不夠的，我們也必須對待只有做為一個整體的民族才能夠完成的任務。只有如此，猶太人才能獲得社會興旺。
>
> 正是從這種觀點出發，我想讓你們看看猶太復國主義運動。今天，歷史賦予我們以積極參加我們民族土地上的經濟和文化重建的任務。熱心人、有傑出才能的人已經掃清了道路，我們種族中許多出色的成員正準備全心全意地獻身於這項事業。但願他們之中的每一個人都充分認識到這一工作的重要性，盡其所能致力於它的成功。㉙

與此同時，愛因斯坦對猶太民族的感情也變得熾烈起來：「我看到高尚的猶太人被卑鄙地用漫畫諷刺，這種情景使我的心在淌血。我看到學校、報紙、連環漫畫和非猶太多數派的其他力量暗中破壞我的大多數同胞的自信，我感到不能容許這種事態繼續下去。」㉚

㉙ 同❺，p. 100.

㉚ 同❺，p. 109.

他發出號召：全體猶太人都應該感謝猶太復國主義的恩義。猶太復國主義運動在猶太人中間恢復了共同體的意識：在巴勒斯坦所實現的生產事業 ❸，把一大批猶太人兄弟從極其悲慘的困境中拯救出來，特別是把不少青年人引向愉快的、創造性的勞動生活 (*E3,* pp. 151–152)。由於這一切，愛因斯坦被猶太人看作是「猶太人合作的象徵」和「猶太聖人」(*E3,* pp. 450, 452)。做為猶太聖人，他對不會祖先的語言「不能不感到慚愧」，可是他「寧可慚愧，而不願學它」(*E3,* p. 485)。

　　愛因斯坦的言行，尤其是他支持在巴勒斯坦建立一個猶太民族家園的主張，被人誤解或指控為民族主義。對此，愛因斯坦認為，在特定的情況下，這是有正當理由的，因為世界用不斷存在的反猶主義迫使猶太人掘壕溝防禦 ❸。在致一位誤解者的信中，他在指出只有致力於猶太人的共同事業，才能使反猶主義者恢復健康之後寫道：

　　　　你稱這一切為民族主義，並且作了某些譴責。但是，一個共
　　　　同的目的——沒有它我們在這個敵對的世界上既不能生也不

---

❸　顯然是指第二批猶太移民 (1904–1914) 在巴勒斯坦建立的集體化農莊「基布茲」(Kibbutz)和第三批移民(1918–1923)建立的小自耕農的合作化農莊「莫夏夫」(Moshav)。愛因斯坦稱讚：這些人靠他們自己的雙手把沙漠變成繁榮的新村，他們是在自願的基礎上挑選出來的整個猶太民族的精華，是一群堅毅剛強、滿懷信心、公正無私的優秀人。他們不是賣高價的無知的苦力，而是智力活躍的自由人。由於他們同荒蕪的土地作和平的鬥爭，從而使整個猶太民族直接或間接受益(*E3*, p. 51)

❸　同❹，pp. 88–89。

能死——總能夠被用那個邪惡的名字來稱呼。無論如何，民族主義的目的都不是強權，而是尊嚴和興旺。假如我們不是被迫生活在不寬容的、思想狹隘的和凶暴的人群中間，那麼我會第一個為了全人類的利益而拋棄全部民族主義。❸

事實上，愛因斯坦對猶太復國主義的理解以及他自己的主張都不是狹隘民族主義的。他在巴勒斯坦重建的講演中說：「猶太復國主義領導人懷有的目標不是政治目標，而是社會目標和文化目標。」❸「危機也淨化了我們對巴勒斯坦問題的態度。這已經清楚地表明，我們並不是企圖創建一個政治社會，我們的目的與猶太民族的古老傳統一致，是在該詞的最廣泛意義上創建一個文化社會。情況既然如此，對我們來說，這就是要以開放的、慷慨的和尊重的方式與我們的兄弟阿拉伯人肩並肩地解決生存問題。」「我們培育在巴勒斯坦建立我們自己的文化家園的希望，這將有助於喚起近東地區新的經濟生活和精神生活。」❸顯然，愛因斯坦不主張建立猶太人的政治國家，他贊同兩個民族一個國家的思想。這種主張在他1938年的發言中得以重現：

我非常願意看到同阿拉伯人在和平共處的基礎上達成公平合

---

❸　同❺，p. 109.

❸　這是愛因斯坦1921年對 Zionism 的理解。因此，愛因斯坦心目中的 Zionism 沒有「復國」之義，也許譯為「猶太主義」更為名副其實。後來，他也許覺察到自己與猶太復國主義領導人的思想分歧，曾對派斯(A. Pais)說：「正如弗洛伊德常說的，我和魏茨曼的關係在心理上是矛盾的。」(SD, p. 383)

❸　同❺，pp. 95–97.

理的建議，而不希望創立一個猶太國。除了實際的考慮以外，
我所認識到的猶太民族的本性是同猶太國的思想相抵觸的，
而不管它的邊界、軍隊和世俗權力多麼有節制。我怕從內部
損害猶太民族——特別是由我們自己的行列裡發展起來的一
種狹隘的民族主義所造成的損害——會持續下去，甚至在沒
有猶太國的時候，我們就已經不得不同這種狹隘的民族主義
進行堅決的鬥爭。我們已經不是馬卡比**㊱**時代的猶太人了。
回到政治意義上的國家，就等於離開我們共同的精神，這種
精神應歸功於我們先哲的天才。如果外界的需要竟然要迫使
我們背上這種「國家」包袱，那就只好讓我們用機智和耐心
去背上它吧。(*E3*, pp. 152–153)

　　在以色列立國之後，愛因斯坦承認了現實，並對「我們猶太人
在以色列用驚人的精力和無比的自我犧牲精神所完成的事業」表示
「喜悅和欽佩」。他同時揭示出，這樣的結果不是我們的過錯，也
不是我們鄰人的過錯，而是委任統治國英國不讓我們實現統一的巴
勒斯坦，不讓猶太人和阿拉伯人以平等的地位自由地生活在和平之
中。這是英國統治者臭名昭著的「分而治之」的詭計：在被統治的
人們中間製造不和，使他們不至於團結起來擺脫加在他們身上的枷

㊱　此處「馬卡比」(Maccabee) 係指「馬卡比茲」(Maccabees 或 Macca-
baeus)。馬卡比茲是猶太愛國主義者家族，他們在西元前175–前164
年舉行起義，把猶太民族從敘利亞的統治下解放出來，建立起一個祭
司王朝。西元前63年，羅馬帝國統帥龐培 (Pompey，西元前106–前
48年) 攻占了耶路撒冷，此後兩千年，直到1948年成立以色列國之前，
猶太民族再沒有建立過一個獨立的國家。(*E3*, p. 153)

鎖❸。他在此時仍在申述他的初衷：「巴勒斯坦的猶太人並不是為了他們自己取得政治獨立而鬥爭，而是為在許多國家裡連生存都處於危險中的猶太人取得自由移民的權利而鬥爭；也是為了所有那些渴望在自己人中間生活的人獲得自由移民的權利而鬥爭。可以毫不誇大地說，他們的鬥爭可能付出的代價在歷史上也許是無與倫比的。」(*E3*, pp. 277–279)

在對待猶太人和以色列的問題上，愛因斯坦始終把處理好與阿拉伯民族的關係放在考慮的中心。他早就表明，在猶太人和阿拉伯人之間建立滿意的伙伴關係，是兩個民族自己的重要事務，其重要性不亞於巴勒斯坦的重建。對此，猶太人和非猶太人都必須是理性的和理智的。猶太人必須意識到相異種族的存在，從中得出合乎邏輯的結論，對非猶太人採取有禮貌的、善意的、一貫有節制的態度。對立對阿、猶兩個民族來說都是不值得的，它只能夠通過找到雙方都同意的中間道路來改變❸。在巴勒斯坦，沒有同阿拉伯人的諒解和合作是不行的，根本談不到把阿拉伯人從他們的土地上攆走 (*E3*, p.456)。對於在巴勒斯坦新村的自由勞動者，愛因斯坦寄予厚望：

> 只有這個勞動者階級才有能力同阿拉伯人建立起健康的關係，這是猶太復國主義的最重要的政治工作。行政管理機關變動不居，但是最後調準各個民族生活基調的，還是人與人

---

❸ 愛因斯坦在這裡有先見之明：「不錯，現在枷鎖已經丟掉，但是糾紛的種子卻已經結出果實，這對今後一個時期仍然會造成損害 —— 我們希望這個時間不會太長。」(*E3*, p. 278)遺憾的是，這種損害延續了近半個世紀還未到頭。

❸ 同❺，pp. 93–94, 107–108, 110.

之間的關係。因此，支持「勞動的巴勒斯坦」，就是同時在巴勒斯坦促進一種人道主義的和值得推崇的政策，並且有效地抵制那些狹隘民族主義的暗流。而如今，整個政治界，以至在比較小的程度上巴勒斯坦那個小小的政治界，都受到這種狹隘民族主義的損害。(*E3*, pp. 51–52)

為了以誠實和善意解決阿拉伯和猶太民族之間存在的困難，愛因斯坦甚至自己設想了一個補救方案：由雙方各派四名代表，組成一個秘密的理事會協調、處理面臨的問題❸。

　　以色列國的建立和隨之而來的中東戰爭使愛因斯坦十分憂慮和沉重。他雖然認為，我們處境的不幸迫使我們通過武力維護我們的權利，這是防止完全滅絕的唯一道路；但他還是確信，與阿拉伯的關係必須以富有成效的合作和相互尊重與信賴為基石，因為藉此才能使兩個民族獲得真正的獨立❹。他呼籲以色列盡可能密切地遵守猶太人在漫長的歷史進程中所形成的道德理想。這些理想之一是和平，它建立在諒解和自我克制的基礎上，而不是建立在暴力的基

---

❸　愛因斯坦方案的細節如下：雙方的四位代表必須獨立於所有政治派別，分別來自醫學、律師、工會和牧師界。八人每週會見一次。他們不是維護他們的職業和民族的局部利益，而是誠心誠意地、盡其全力地服務於該地區全體居民的利益。他們的評議絕對保密，私下也不許洩露。每方有不少於三人同意就可作出決議，並以全體理事會的名義發表。如果成員持異議，他可以退出理事會，但仍有保守秘密的義務。如果上述四個選舉代表的團體不滿意理事會的方案，它可以另換一個代表。這個秘密理事會雖無確定的權力，但它無論如何會導致分歧逐漸化解，掃清短暫的政治塵埃。參見❺，pp. 110–111.

❹　同❺，p. 272.

礎上。(*E3*, p. 277)在臨終前幾個月，他多次在信中對阿、以緊張關係表示關注和遺憾。他譴責杜勒斯(J. F. Dulles, 1888–1959)在該問題上的鼠目寸光的帝國主義和軍國主義政策，對阿、以雙方的民族主義態度頗有微詞，並籲請以色列平等對待阿拉伯公民，發展同阿拉伯世界各國的健康的睦鄰關係。(*E3*, pp. 328, 334) 就在臨終前幾天，他還對以色列同埃及之間的衝突憂心忡忡。他在為以色列獨立紀念日準備的未完成的講稿中這樣寫道：「我今天不是以一個美國公民，也不是以一個猶太人的身份同你們講話，而是以一個試圖用最大的嚴肅性來客觀地考察事物的人的身份同你們講話。我所想做的事，不過是要以我的微弱的能力來為真理和正義服務，準備為此甘冒不為任何人歡迎的危險。」 (*E3*, p. 338)聯想到愛因斯坦明智地謝絕就任以色列第二任總統的邀請，他的世界主義的世界公民的情懷豈不是昭然若揭嗎？

以色列駐美大使埃班(A. Eban)曾說：「做為科學家的愛因斯坦和做為猶太人的愛因斯坦表現出一種完美的和諧。這些考慮加上他對歐洲猶太人的災難的深摯情感，……說明了他致力和支持以色列民族復興的熾熱的熱忱。」❹不管埃班評論的旨意和側重何在，它無論如何吐露出愛因斯坦在世界主義和民族感情之間保持了恰到好處的張力。想想猶太人千百年來因種種莫須有的罪名遭到妒忌、歧視、排斥、迫害和屠殺，我們不能不慨嘆愛因斯坦保持必要的張力之不易！

---

❹　同❷，p. 92.

第九章　戰鬥的和平主義

欲登鎮海覽穗城，
重門深鎖意難從。
名戚南粵禁不住，
似聽當年炮聲隆。

——李醒民〈登鎮海樓未成〉

在愛因斯坦的一生中，除了科學之外，他最關切、投入時間和精力最多的事業就是反對戰爭和爭取和平了。從1914年簽署第一個反戰聲明到1955年簽署羅素—愛因斯坦廢止戰爭宣言，愛因斯坦走出象牙之塔，在四十年間撰寫了數百篇文章和信件，並身體力行，為和平事業奔走呼號、殫精竭力。在愛因斯坦的心目中，「人與人之間的善良意願和地球上的和平」是「一切事業中最偉大的事業」(*HPS*, p. 176)，保衛和平這一對人類來說生死攸關的事情是一個「倫理公設」，是每一個有良心的人都不能逃避的「道德責任」❶。愛因斯坦不是通過乞求、退縮，幻想強權恩賜和平，而是通過喚醒民眾，

---

❶　A. Einstein, *Out of My Latter Years*, Philosophical Library, New York, 1950, p. 106.

奮起抗爭，全力以赴地爭取和平。難怪狄拉克稱其為「偉大的和平戰士和自由戰士」❷，難怪内森(O. Nathan)和諾登(H. Norden)稱其和平主義為「富於戰鬥性的和平主義」❸。其實，愛因斯坦本人也剖白：「我不僅是一個和平主義者，而且是一個戰鬥的和平主義者。我願為和平而鬥爭。」(*HPS*, p. 175)

愛因斯坦一生的和平活動分為三個時期：一戰爆發到納粹竊權 (1914–1933)，納粹竊權到二戰 (1933–1945)，二戰之後 (1945–1955)。在第一個時期，他積極從事公開的和秘密的反戰活動，號召拒服兵役，戰後為恢復各國人民之間的相互諒解奔走，參與國際知識分子合作委員會。在第二個時期，他告別了絕對和平主義，呼籲愛好和平的人民提高警惕，防止納粹的進攻，並挺身而出反對德國軍國主義和法西斯主義，反對英國的綏靖主義和美國的孤立主義。在第三個時期，他為根除戰爭加緊倡導世界政府的建立，大力反對冷戰和核戰爭威脅，反對美國國内的政治迫害。在本章，我們不打算敘述愛因斯坦的具體活動❹，僅擬就他的和平主義思想以及戰爭與和平的觀點加以剖析和論述。

---

❷ P. A. M. 狄拉克：〈愛因斯坦對物理學的貢獻〉，傅震譯，《世界科學》（上海），1980年第11期，頁53–54。

❸ 這兩位作者寫道：「到1928年前後，他似乎明確支持自第一次世界大戰以來顯著高漲起來的有組織的運動，以代替個人反對戰爭。在其後五年間，直到希特勒在德國奪取了權力，這種富於戰鬥性的和平主義形式在愛因斯坦的政治思考中處於支配地位。」(*HPS*, p. 127)

❹ 有興趣的讀者可參見*HPS*和*HPX*文獻。這本名為《巨人箴言錄：愛因斯坦論和平》的著作篇幅浩大，資料翔實。

一、和平主義思想的基礎

愛因斯坦反對戰爭、渴望和平的思想不是通過複雜的推理過程，而是通過對戰爭的恐怖、殘暴以及它在物質上和精神上引起的毀滅和創傷的深切感受和強烈憎惡而徑直地達到的。因此可以說，愛因斯坦的和平主義思想在某種程度上是本能的。誠如他本人在1929年所言：

> 我的和平主義是一種本能的感情，這種感情支配著我，屠殺另外的人的想法對我來說是令人憎惡的。我的態度不是理智的理論的結果，而是由對每一種殘酷行徑和仇視的深惡痛絕引起的。(*HPS*, p. 139)

早在一戰爆發之時，愛因斯坦就對「墮落的物種」所幹的「蠢事」感到「憐憫和作嘔」(*HPS*, p. 16)。一戰之後首次訪問法國時，愛因斯坦在索洛文的陪同下參觀了聖康坦戰爭廢墟，滿目瘡痍的情景給他留下了不可磨滅的印象。他反覆說，戰爭是可怖的，必須不惜一切代價廢除戰爭。(*HPS*, p. 78)在愛因斯坦對戰爭本能厭惡的表象背後，也有著深厚的思想底蘊，而且二者往往是交織在一起的。例如，是年(1922)在一本和平主義運動的小冊子中，他這樣寫道：

> 戰爭對國際合作的發展構成最可怕的障礙，尤其是在它對文化的影響方面。戰爭完全破壞了知識分子從事創造性工作的必不可少的那些條件。如果他碰巧是年輕力壯的，那麼他的

活力將被拴在起破壞作用的發動機上，而年長的人將陷入仇恨和灰心喪氣之中。而且戰爭導致國家枯竭，導致長期的經濟蕭條。因此，凡是珍愛文化價值的人，都不能不是和平主義者。(*HPS*, pp. 85–86)

愛因斯坦多次譴責戰爭是「可恥和卑劣」的，是「最邪惡的行為」，它「嚴重地危害世界文明的真正幸存」， 是「原始時代的殘酷而野蠻的遺風」(*HPS*, pp. 183, 218)。如果戰爭的目的達到了，「歐洲就會變成貧瘠的荒漠，因為人類共同體的生命在野蠻、獸行、恐怖和憎恨的基礎上不能長期延續下去」❺。

愛因斯坦曾經深情地對湯川秀樹說：「我自己也是東方人。」(*JNE*, p. 211) 這也許不僅僅是地理概念上的，恐怕更多的是就思想基礎而言的。在愛因斯坦的和平主義思想中，我們不難發現東方儒家的仁愛平和、佛教的非暴力和四無量心的影子，尤其是猶太教和猶太人傳統中的上帝之愛、生命神聖、十誡律法等，做為文化遺傳基因已根植在他的心靈深處。他指出，猶太人在漫長的歷史進程中所形成的道德理想之一就是和平，它基於相互諒解和自我克制而非暴力(*E3*, p. 277)。在愛因斯坦看來，猶太教幾乎只涉及人生的道德態度和對待生命的道德態度，其生命觀的本質在於它對天地間萬物的生命的肯定態度，在於對個人以外的生命和對一切有靈性的東西的尊敬。這種「超越個人意義上的生命的神聖化」是猶太教「最純粹和最有生命力的表現之一」❻。因此，愛因斯坦深信：「只有生命

---

❺　同❶, p. 254.

❻　愛因斯坦還說：在過神聖的安息日時，生命神聖化的基本原則連動物也明白地包括在戒律的範圍內，這種要把一切有生命的東西都理想地

和個人神聖不可侵犯的原則不再成為政治爭論的主題，那麼才能夠有效地為和平事業服務。」「不能使戰爭人性化，只能消除它。」(*HPS*, pp. 244, 232)

堅持生命神聖和珍愛文化價值是愛因斯坦反戰的兩個主要情感源泉和思想基礎。此外，對自由的崇尚，對宇宙規律的敬畏，也增強了他的反戰衛和的責任感和使命感。這是因為，只要戰爭做為一種被接受的慣例存在，那麼個人的思想自由——他把這種自由視為人類社會的基本原則——就不會實現。軍事機構的存在，把年輕人訓練成為最臭名昭著的自私目的服務的毫無思想的工具，戰爭將在平民生活中引起道德淪喪——這一切都是與自由人的尊嚴水火不容的。而且，人在戰爭中的墮落行為褻瀆了莊嚴的宇宙規律，千百萬人的任性屠殺與自然進程格格不入，而他做為科學家卻對宇宙規律和自然進程懷有深深的敬畏之情。這也是他對戰爭暴行深惡痛絕的根源之一，也是他反戰衛和的真正動力之一(*HPS*, pp. 2, 4)。

愛因斯坦成熟的和平主義是戰鬥的和健全的和平主義。這種戰鬥的和平主義早已有之，不過在他1928年不再是孤軍奮鬥，而開始明確支持日益高漲起來的有組織的反戰運動後才處於支配地位，並在1930年的一次講演中達到高潮：

> 名副其實的和平主義者，他們的頭腦並非想入非非，而是用現實主義的詞句去思考，他們必須大膽地努力去作對和平主義事業有實際價值的事情，而不應當依舊僅僅滿足於信奉和

團結起來的感情多麼強烈。拉特瑙一次同他談話時說過：「當一個猶太人說他要打獵取樂時，那是說謊。」這再簡單不過地表明了猶太人對生命的神聖感。(*E3*, pp. 103–104)

平主義的理想。需要的是行動而不是言論；言論只能使和平主義者一事無成。他們必須行動起來，從那些能夠達到的事情開始。(*HPS*, p. 163)

次年，在剛引的自稱是「戰鬥的和平主義者」的講話中，愛因斯坦儘管相信富蘭克林「從來也沒有一次好的戰爭或一次壞的和平」，但他為和平而鬥爭的激情卻溢於言表：「每一項偉大的事業，起初都是由敢作敢為的少數派所倡導。一個人為他所信奉的事業（例如和平）而死，豈不是比為他所不信奉的事業（例如戰爭）而遭受痛苦更好些？」他接著說：

> 也許不可能在一代人的時間裡根除好鬥的本能。完全根除它甚至也不是稱心如意的。人們應該繼續戰鬥，但是他們應該為值得花費時間的事情去戰鬥，而不是為設想中的地理界線、種族偏見和在愛國主義色彩偽裝下的私人貪欲而戰鬥。他們的武器應該是精神的武器，而不是炮彈和坦克。

愛因斯坦最後大聲疾呼：「我們必須準備為和平事業作出英勇的犧牲，正如我們為戰爭不惜作出犧牲那樣。在我的心目中，沒有什麼任務比它更重要或更緊迫了。」(*HPS*, pp. 175–176)

在納粹上臺之前，愛因斯坦是一個絕對的和平主義者，幻想通過拒服兵役和廢除軍隊來根除戰爭。他譴責「義務兵役制是今天文明人類喪失個人尊嚴的最可恥的症狀」(*E3*, p. 39)，強迫服兵役和戰爭服務從未成文的道德法的觀點來看是「非法的」，因為這與具有高尚道德境界的良心是「不相容的」(*HPS*, p. 180)。他認為，眾

人能夠通過在和平時期建立完全拒絕兵役的組織，來最有效地與戰爭體制作鬥爭。只有當廢除了所有軍隊和所有形式的義務兵役時，國際爭端的和平解決才有可能。做為一個開端，如果傑出的公民都擁護拒絕服兵役的原則，那麼這也許是最有效的 (*HPS*, pp. 128, 129–130)。他強調，強迫服兵役是有害的國家主義的主要根源，必須同它作鬥爭。對於出於良心而拒服兵役的人，必須在國際主義的基礎上給予保護 (*E3*, p. 85)。他把拒服兵役的人比作機器中的沙粒，借助這樣的對人類有用的沙粒，將損毀戰爭機器，或者至少將廢棄正在剝蝕的徵兵制 (*HPS*, p. 199)。而且，只有完全徹底地消滅了強迫徵兵制，就有可能以和好精神、人生樂趣和對一切生命的愛來教育青年，也才能使我們中間最優秀的人不致毀滅於以愚昧、恐懼和貪婪三大勢力為靠山的政治機器的魔爪之中(*E3*, p. 88)。

正由於認識到強迫服兵役的危害和拒絕服兵役的意義，愛因斯坦發出號召：有名望的人應該支持青年人拒絕兵役；一切有思想的人都應當莊嚴宣誓，決不參與一切直接的或間接的軍事活動(*E3*, p. 60)。他深信：

> 拒絕參加為任何種類的戰爭服務的國際運動是我們時代最鼓舞人心的發展之一。每一個有思想的、動機良好的和有良心的人，都應該在和平時期承擔嚴肅的、無條件的義務：不以任何理由參加任何戰爭，或者不直接或間接地支持任何種類的戰爭。(*HPS*, pp. 128–129)

為了使世人確信戰爭是不道德的，就必須使他們擺脫服兵役的可恥奴役。為達此目的，愛因斯坦向和平主義者提出了兩條具體的行動

路線。其一是毫不妥協地反對戰爭，在任何情況下都拒絕服兵役。在實行徵兵制國家，真正的和平主義者必須拒絕承擔軍事義務；在未實行徵兵制的國家，他們必須在和平時期公開聲明，在任何情況下都不會拿起武器。其二是通過國際立法，力圖確立在和平時期拒絕服兵役的權利，這是一種不會把個人捲入與法律牽連的方針。這一立法容許他們去做某些有利於他們自己國家或全人類的艱苦的工作，甚或是危險的工作，以代替服兵役。他們會以此證明，他們的反戰並非自私自利，而僅僅是下述信念的邏輯結果：國際糾紛能夠用打仗以外的方式去解決。這進而會證明，他們反對戰爭不可能是由於怯懦，或者由於貪圖個人安逸，或者不願為他們國家或人類服務(*HPS*, pp. 163–164)。愛因斯坦呼籲，每一個真正的和平同情者都必須支持和幫助做為無戰爭世界開拓者的拒服兵役者，以喚醒世人對於徵兵罪惡的良心。要給採取拒服兵役的革命性方法的人以物質上的和道義上的支持，從而使和平主義具有生機勃勃的結果，成為將吸引具有堅定性格的人的強大的運動(*HPS*, pp. 196, 171)。對於擺在拒服兵役者面前的道德與法律之間的二難抉擇，愛因斯坦的看法是：權威甚至國家，都沒有權利要求公民去執行在道德準則上普遍認為是犯罪的行為(*HPS*, p. 205)。

考慮到納粹德國的咄咄逼人的侵略野心和險惡的國際環境，愛因斯坦具有完全改變自己主張的道義力量和道德勇氣，也具有固守原則的堅定性和變換策略的靈活性。在1933年，他放棄了拒服兵役和絕對反戰的鬥爭策略，但他從未停止爭取和平以及倡導建立用和平手段解決國際爭端的超國家機構。是年7月1日，他坦率地承認，時間似乎不利於進一步擁護激進的和平主義運動的某些主張。例如，面對德國的重新武裝，人們難道有正當的理由勸說法國人和比利時

人拒服兵役嗎？人們難道應該贊成這樣的政策嗎？他直言不諱地對此作了否定的回答(*HPS*, p. 301)。7月20日，他在寫給一位反戰者的信中表示，假如他是比利時人，他在目前的形勢下決不會拒服兵役，相反卻會心甘情願地服兵役，因為這樣做有助於拯救歐洲文明(*HPS*, p. 306)。

愛因斯坦策略的改變在和平主義隊伍內激起軒然大波，他們或驚慌、或猜嫌、或義憤、或譴責，乃至攻擊。他們指責愛因斯坦此前拒服兵役的主張是「幼稚的保證」和「虛偽的允諾」；他的「向右轉」和「自相矛盾」意味著他的「人性脆弱」和「精神軟弱」；愛因斯坦是「變節者」和「罪惡的叛徒」；「這一切比公開宣稱的敵人的無情固執還要糟」(*HPS*, pp. 309–313)。針對這些公開的或私下的誤解，愛因斯坦不得不一再申述：他討厭一切武裝和任何種類的暴力，可是在目前的世界形勢下，這些可恨的武器卻提供了有效的防禦。如果對這一事實熟視無睹，那就會因失算而讓凶險的敵人占便宜。任何削弱德國鄰國軍事準備的企圖，對歐洲文明及民主制度來說都是不幸的。雖然和平主義的目標依然不變，但是達到和平的方法必須適應變化著的環境(*HPS*, pp. 309, 312, 332)。在1935年的一篇文章中，愛因斯坦在論述了拒服兵役在先前曾經構成一種建設性的政策後分析說：

> 可是在今天，必須清楚地認識到，幾個強國已使它們的公民不可能採取獨立的政治立場。這些國家通過無孔不入的軍事組織，借助適應於侵略性的對外政策的被控制的報刊、中央集權的無線電事業和教育系統，來散布虛假的消息，從而成功地把它們的公民引入歧途。在這些國家，拒絕服兵役對於

> 有足夠的勇氣採取這種態度的人來說,就意味著殉道和死亡。
> 另一方面,在那些還尊重它們的公民的政治權利的國家,拒
> 絕服兵役則可能削弱文明世界健康部分抵制侵略的能力。因
> 此在今天,有識之士不應該支持拒絕服兵役的政策,至少在
> 特別處於危險之中的歐洲不應該這樣作。在當前的環境下,
> 我不認為消極抵制是建設性的政策,即使它是以最英勇的方
> 式進行的。不同的時期需要不同的方法,儘管最終的目標依
> 然如故。(*HPS*, p. 339)

愛因斯坦極為欽佩甘地,但在這個時期他也看清了甘地綱領的弱點:雖然不抵抗是對付逆境最理智的辦法,但它只有在理想的條件下才能實行。在印度實行不抵抗反對英國也許行得通,但它卻不能用來在德國反對納粹(*HPS*, p. 346)。他再次尖銳地指出,軍事力量的任何增長都代表著對民主的威脅,這是完全正確的。如果民主國家在面對好戰的法西斯主義國家時依然手無寸鐵和毫無戒備,那麼對民主構成的危險要大得多。有組織的力量只能用有組織的力量去對抗,此外別無它途。否則,整個世界就會落入最可怕的敵人之手,人民就會淪為奴隸。因此,每一個正直的男人和女人都必須為反對法西斯暴政而鬥爭,都必須暫時犧牲一定程度的個人自由。愛因斯坦在此把和平主義分為兩類:健全的和平主義和不健全的和平主義。前者通過建立在有影響的機構基礎上的世界秩序來防止戰爭,而不是通過對國際問題的純粹消極態度來防止戰爭。而後者則是不負責任的和平主義,它在很大程度上給法國的失敗以及英國今日所處的困境幫了忙(*HPS*, pp. 365, 421–422)。不用說,愛因斯坦是健全的和平主義者。

　　愛因斯坦支持和棄絕拒服兵役的態度都是真誠的，完全是策略靈活的表現。在1950年代，當美國擴軍備戰的政策對世界和平構成嚴重的障礙時，愛因斯坦的態度又一次發生變化。他在支持美國青年拒服兵役的鬥爭時說：

> 良心拒服兵役的人是革命者。在決定不服從法律時，他是在為改善社會這個最重要的事業犧牲自己的個人利益。在有決定性意義的問題上，這樣作往往是使社會進步的唯一辦法；尤其是當現有力量的對比上不容許有效地利用正常的合法政治組織時，就更加是這樣。(*E3*, p. 297)

愛因斯坦表示，個人有權利和義務不參與他認為是錯誤的和有害的活動，其中最重要的是拒絕服兵役。因為對德國戰犯的紐倫堡審判默認了這樣一條原則：犯罪行為不能以執行政府的命令為藉口而獲得赦免；應以良心代替法律的權威。為此他堅持，個人應根據自己良心行事，即使這種行動勢必要觸犯國家的法律。這種觀點由於下述客觀根據被證明是正確的：盲目服從那些我們認為是不道德的國家法律，只會妨礙為改革這些不道德的法律而進行的鬥爭 (*E3*, pp. 322, 328)。

　　在結束本節時，我們再涉及一下愛因斯坦對他自己的和平主義的評估。他在1950年代的兩封信中說：「我不是像你所稱呼的虔誠的(religious)和平主義者。而且，我認為人們寧願起來戰鬥，不願讓別人屠殺而不還手。在希特勒德國的情況下，人們的選擇就是這樣。我也不贊成單方面的裁軍。我所擁護的是在超國家控制之下的武裝的和平。」 (*E3*, p. 295)「我沒有說我是一個絕對的和平主義者，而

是說我始終是一個令人信服的(convinced)和平主義者❼。」「我是一個堅定的(dedicated)和平主義者❽,而不是一個絕對的和平主義者;這就是說我反對在任何情況下使用武力,除非碰到一個實質上以消滅生命為目的的敵人。」(E3, pp. 312–313)不管自我估價和他人評價如何,愛因斯坦自始至終是一個戰鬥的和平主義者,卻是不爭的事實。

二、戰爭的根源與和平的途徑

前面已多次論及,愛因斯坦認為國家主義和軍國主義傳統是煽動戰爭的根源。這些傳統通過教育系統的機制延續下去,就像遺傳病一樣代代相傳。使得這些傳統永久存在的首惡元凶是軍事訓練、對軍事訓練的頌揚,同樣還有受重工業和軍方控制的那部分報紙的宣傳(HPS, p. 202)。

愛因斯坦注意到戰爭的經濟原因。他不認為戰爭是由資本家唯一地、甚或最初地製造出來的,而是與武器生產有關的各國的強大工業集團阻撓國際爭端的和平解決(HPS, pp. 203, 280)。他說:

> 根本的困難在於一些人的自私自利欲望,這些人把利潤置於人類利益之上。有些人拒不採取開明的思想,他們依然鄙欲褊狹。只要他們保證有紅利,他們就自鳴得意、心滿意足。

---

❼　(E3, p. 311)中將其譯為「虔誠的和平主義者」,似不確,且與(E3, p. 259)的譯文直接自相矛盾。

❽　(E3, p. 312)和(HPX, p. 291)中將其譯為「虔誠的和平主義者」,似不確,且分別與(E3, p. 259)和(HPX, p. 251)的譯文直接自相矛盾。

因為這些人對財富的貪欲欲壑難填，致使我們遭受到經濟國
家主義和戰爭的災難。(*HPS*, p. 345)

他還指出，政治權力的飢餓往往受到以純粹唯利是圖的經濟欲望為
基礎利益集團的支持；過去幾乎毫無例外地左右政治決策的，都是
政治野心及經濟利益的欲望，而不是專業知識和建立在客觀思考基
礎上的判斷(*HPS*, pp. 256, 430)。這樣一來，更使得廢除戰爭和維護
和平的前景雪上加霜。

　　在弗洛伊德❾(S. Freud, 1856–1939) 的影響下（也許還有斯賓
諾莎思想的啟示），　愛因斯坦還在人的本性中探尋戰爭的根源。他
表示贊同弗洛伊德的觀點：侵略和破壞的本能與愛的本能和生的欲
望在人的心靈中不可分割地交織在一起。他進而發揮說，人在他的
內部有一種憎恨和破壞的欲望，在正常時期，這種激情處於潛伏狀
態，它只有在異常的環境下才顯露出來；但是，要使它發揮作用並
集結為集體精神變態的力量，也是相當容易的。而且，人與人之間

❾　愛因斯坦對弗洛伊德工作的態度是同情的，但不是全部贊成；他好像
　　是把做為心理分析之父的弗洛伊德和做為社會哲學家的弗洛伊德區
　　別開來。弗洛伊德熟知愛因斯坦對心理分析的立場，並在1929年的信
　　中說：愛因斯坦對心理學的了解並不比他對數學的了解更多；雖然他
　　充分贊賞數學的理性存在，但愛因斯坦卻否認心理學的正當地位。愛
　　因斯坦同年在日記中也寫道：「如果必須有一個精神病學家，那麼我
　　會偏愛弗洛伊德。我不相信他，但是我很愛他的簡明的風格以及他的
　　獨創性的、雖則是越軌的思想。」　愛因斯坦對心理分析的觀點後來有
　　所修正。他在1936年寫給弗洛伊德的信中評論說，由於他得知了幾個
　　不容置疑的例證，他的看法有了改變。他寫道：「我認為這是一件幸
　　事；當一個偉大的、美妙的概念被證明與實在是和諧的時候，它總是
　　一件幸事。」(*HPS*, pp. 250–252)

衝突的最典型、最殘忍、最放肆的形式是蓄意的，因為在這裡我們有最充分的理由發現使一切武裝衝突不可能發生的途徑和辦法 (*HPS*, pp. 252, 257)。他如下詳細地展開了他的看法：

> 偉大的斯賓諾莎說過，人既不應該因為他的行為被憎恨，也不應該因為他的行為被鄙視。只有通過潛藏在人的行為中的動機，我們才能夠希望防止人可能加害的可怕災禍。
>
> 愛與恨、愉快地創造和殘酷地毀壞的傾向，在每一個人的靈魂中密切地結合在一起。當在社會中存在著法律和秩序時，人的整體結構內部的這種不相容和衝突沒有變得明顯起來。由於在正常環境下，這些破壞性的驅動在一般人身上受到壓抑，依然是潛伏的。只有在臭味相投的罪犯身上，人的本性中的這些陰暗方面才不顧社會抑制性的影響而迸發出來。
>
> ……在不施加抑制性影響的情況下，反對殘酷和暴虐的社會戒律變得不起作用了，人的本性中通常謹慎地隱藏或偽裝起來的那些陰暗方面便無拘無束地幹它們的可怕的事情。只有極其困難地成功獲得真正的獨立性和孤獨的極個別人，才不願參與集體犯罪。(*HPS*, pp. 336–337)

儘管愛因斯坦覺得人的本性難以改變而無法完全防止戰爭災禍，但他仍認為人的由動物遺傳下來的殺害本能在數千年的文明條件下似乎逐漸消失了 (*HPS*, p. 364)。至於如何廢除戰爭，走和平之路，愛因斯坦的構想及行動如下。

　　1.大張旗鼓地反對滋生戰爭溫床、煽動侵略氣焰、惡化國際氣氛和毒害人們心靈的形形色色的「主義」。

　　愛因斯坦首先把鬥爭的矛頭對準軍國主義。因為軍國主義做為軍事體制化的國家主義是戰爭的元凶：軍國主義國家為了加緊對外侵略，把國家置於嚴密的軍事控制之下，實行法西斯軍事獨裁，強迫人民接受軍事訓練和軍事服務，向人民灌輸侵略好戰思想，使政治、經濟、文化等為侵略戰爭服務。愛因斯坦對德國的軍國主義有切身體驗和清醒的認識，他指出這從1848年普魯士勢力在德國占上風時就開始了。他在二戰前很久就洞察到，德國政府不依賴法律概念體系，而是依賴權力，依賴對大多數人的壓制。受到軍國主義毒害的群眾變得精神錯亂和變態，其廣泛蔓延已構成可怕的症狀 (E3, pp. 443, 107)。1935年，他明睿地預見，德國正在急劇地武裝起來，知識分子遭到流放和鎮壓，恐懼的瘟疫正在席捲歐洲，戰爭在兩三年內將會爆發。德國是好戰的，這個國家自1870年以來在心理上和道德上已經沒落了 (HPS, p. 344)。經歷了兩次世界大戰之後的他在1947年對軍國主義精神是這樣揭露的：

　　　　軍國主義的特徵是只重視物質因素，如原子彈、戰略基地、各式各樣的武器、原料資源等，而同時把人本身、他的思想和志向看作是非常不重要的。軍國主義精神在理論上的態度有點像馬克思主義❿，二者都把人縮小為只是一種「生產力」或「人力」。在這種思想影響下，通常決定人的志向的那些目標就完全不見了。為了彌補這個空隙，軍國主義精神就把占

---

❿　愛因斯坦一生未系統研讀過馬克思(K. Marx, 1818–1883)的著作，其實馬克思的早期著作也是挺重視人的。但是，馬克思主義後來的理論發展和社會實踐卻逐漸導致愛因斯坦所言說的傾向，這只要回顧一下蘇聯和中國本世紀的有關歷史事件和意識形態宣傳就可想而知了。

有「赤裸裸的霸權」做為目標的本身。這無疑是一個會使人上當的離奇的妄想。

今天，軍國主義精神的存在，比過去任何時候都更危險；因為可以供侵略國利用的武器要比防禦的武器威力強得多。這一事實不可避免地會產生一種導致預防性戰爭的思想。由於這些發展所造成的普遍的不安全，公民的政治權利正在所謂的國家利益的託詞下受到犧牲。各種各樣的政治迫害和政府干涉，比如對教學、研究和報紙的官方控制等等，看來是不可避免的了，因而也遇不到人民群眾的抵抗，而這種抵抗本來是可以用來保護人民的。一切傳統的社會準則都在改變，凡是對於軍國主義空想的目標沒有明顯用處的東西都被看作是微不足道的。(*E3*, pp. 223–224)

正是基於這種透徹的認識，愛因斯坦在二戰之後又積極投身到反對美國的軍國主義的鬥爭洪流中。1948年，他和二十名知名人士簽名，支持原子能科學家應急委員會編寫的小冊子《美國的軍國主義化》。他贊同湯因比 (A. J. Toynbee, 1889–1975) 關於軍國主義是「文明崩潰的最一般的原則」的觀點，認為軍國主義不僅導致戰爭，而且導致自由的喪失、創造和探索精神的摧殘，危及自由社會的生存。他指出，當前的危險在於美國有可能完全重蹈當年德國軍國主義的可怕覆轍，政權和權力日益轉入軍人手中，一切政治問題都從軍事觀點出發來考慮。由於美國的優勢地位，這種軍國主義觀點最能超過德國人，並被強加在世界其餘各國身上，從而成為壓在人類頭上最苦的苦役(*HPS*, pp. 148–149)。

愛因斯坦更把鬥爭的矛頭對準最反動、最野蠻的獨裁制度和思

想體系的法西斯主義，因為法西斯主義對內實行恐怖統治，對外實行武力侵略、民族壓迫，乃至種族滅絕。愛因斯坦早就敏銳地認識到法西斯威脅的凶兆：當墨索里尼 (B. Mussolini, 1883–1945)1923年篡奪意大利政權時，當納粹 1930 年在國會大選中騙取多數票時，當日本軍隊1931年入侵中國東北時，他都及時發出警惕法西斯和制止其侵略行徑的呼號。他在1933年尖銳地指出，在德國一群武裝起來的暴徒成功地使有責任心的那部分民眾緘默不語，並把一種來自下面的革命強加於人，這種革命不久將成功地破壞或擾亂社會中文明化的一切東西。除非今天依然生活在議會制之下的國家最終決定採取有魄力的行動，否則今天威脅我們文化價值的事情在幾年之內將會變成嚴重的軍事危險 (HPS, p. 295)。在國內，德國人已淪為軍國主義的無用的犧牲品，成為國家軍事機器的工具或爪牙，失去了個人自由和人的尊嚴 (HPS, p. 322)。愛因斯坦揭示出法西斯主義的本質：「法西斯主義是完全適合軍事目的政府形式。這明白地表現在下述事實上：元首❶只有借助侵略行為才能繼續把持權力，至少為公開上臺要這樣做。他必須永遠在他的人民的眼前懸吊著真實的或假想的攻擊目標，為此他正在要求人民犧牲他們的自由。」(HPS, p. 323)愛因斯坦僅用寥寥數筆，就把法西斯主義頭子的醜惡嘴臉活靈活現地勾勒出來：

> 希特勒出現了，這個人智力有限，不適合做任何有益的工作，他對環境和造化的偏愛超過他的一切人都充滿了忌妒和憎恨。他出身中下層階級，恰恰具有充分的階級私見，甚至仇視為爭取較平等的生活水準而鬥爭的工人階級。但是，他尤

---

❶　元首(Füthrer)是納粹黨魁希特勒的稱號。

> 其仇恨的，正是永遠與他無緣的文化和教育。由於極想攫取
> 權力的野心，他發現他的講演儘管混亂不堪、充滿仇恨，但
> 卻博得了那些處境和取向與他本人類似的人的瘋狂喝彩。他
> 在大街上、在酒店裡四處搜尋這種人類渣滓，並把他們組織
> 在自己的周圍。這就是他開始政治生涯的方法。(*HPS*, p. 349)

愛因斯坦對英國奉行的綏靖主義也大加抨擊。他嘆息良心和國
際精神的衰微，致使與文明的最壞的敵人談判，並把對法西斯罪行
的屈從視為政治智慧⓬。愛因斯坦憤怒地譴責英國首相張伯倫 (A.
N. Chamberlain, 1869-1940)：他犧牲東歐而希望希特勒向俄國發洩
怒火，他在法國把左派擠到角落而把另一些人捧上臺，他毀滅了西
班牙；他在最後關頭挽救了希特勒，一面把和平的桂冠戴在自己頭
上，一面驅使法國出賣捷克人；他做得如此巧妙，把大多數人都騙
了，但這類詭計決不會有多大成果(*E3*, p. 468)。

愛因斯坦也大力敦促美國放棄錯誤的孤立主義政策。他早在
1931年就分析說：剛剛過去的戰爭已顯而易見，大陸之間已不再有
任何屏障，一切國家的命運都密切地交織在一起。因此，美國人民
必須開始認識到，他們對世界政治的發展負有重大的責任。無所事
事的旁觀者的角色是與美國不相稱的。長期這樣下去，對我們大家
都是災難性的 (*HPS*, p. 169)。他號召美國知識分子承擔起一份責任，
勸服美國政府擺脫當下的孤立狀態。他呼籲人們「不應該給孤立主
義概念以支持，今天的孤立主義只能被描繪成具有最為鼠目寸光一

⓬ A. Einstein, *Ideas and Opinions*, Edited by K. Seelig, New Translations
and Revisions, by S. Bargmann, Crown Publishers, Inc., New York,
1982, pp. 108–109.

類的自私自利的特徵。」(*HPS*, pp. 334, 365)1938年，他在紐約和平大會上發表祝詞時說：

> 許多美國人，甚至和平主義者，都正在思考和談論：讓歐洲衰落吧，她不值得更好些，我們將隔岸觀火，與之毫無關係。我認為，這樣的態度不僅與美國人不相稱，而且是眼光短淺的。由於對正義冷嘲熱諷的蔑視，具有偉大文化的小國正在受到摧殘，此時大國不應該袖手旁觀。即使從明白的自私自利的觀點來看，這樣的態度也是近似的。野蠻和非人道的勝利只能在世界上導致美國將被迫戰鬥的局勢，這便把世界置於比大多數人今天能夠預期到的還要不幸得多的境況之下。(*HPS*, p. 368)

直到1939年，愛因斯坦看到美國人還堅持通過孤立可能獲得安全的虛幻信念，即使包括大不列顛及其帝國在內的歐洲都淪為新的野蠻行徑的受害者。不過他預言，一旦像美國這樣有活力的國家認清孤立主義思維背後的謬見，有效的對抗行動將會相當迅速地發展起來❸ (*HPS*, p. 373)。由於一年多之後還看不到美國介入的跡象，他又發出告誡：傳統的中立概念在目前條件下相當於國家自殺，美國對英國的態度就像數年前英國對歐洲民主國家的態度一樣是不幸的 (*HPS*, pp. 417–418)。

　2.大聲疾呼，喚起社會的道義力量和人們的良心與常識。

　愛因斯坦認為，在道義事業中沒有像組織這樣的東西，也不可

---

❸　1941年6月22日，德國對蘇聯發動突然襲擊，6月24日美國對德宣戰。12月7日日本偷襲珍珠港，太平洋戰爭爆發。

能有任何這樣的東西 (*HPS*, p. 193)，但是人類的命運比以往任何時候都更要依賴它所能產生的道義力量 (*E3*, p. 99)。他沉重地感覺到，在當下激情和衝突的喧囂比平常更容易掩蓋住合理思維和公平正義的影響的時代，人們的眼界被欲望和激情蒙蔽起來了，幾乎聽不到理性和正義的聲音。可是，他沒有失望。他相信，像邁蒙尼德 (M. Maimonides, 1135–1204)這樣的堅強人物的精神能夠增強我們對所擁有的文化財富的熱愛和尊重，並使我們在對當前黑暗野蠻勢力的鬥爭中贏得勝利 (*E3*, pp. 127–128)。他在描述了一些國家的民眾喪失道義，向暴君低頭，從而使得戰爭狂人恣意橫行時說：

> 世界的其餘部分對這些道德衰敗的症狀已經逐漸習以為常了。人們喪失了反對不義和維護正義的起碼反應——這種反應歸根結底是防止人類不致於墮落到野蠻狀態的唯一保障。我深信，熱烈追求正義和真理的熱忱，其為改善人類狀況所作的貢獻，要勝過政治上的權謀術數，後者終久只會引起普遍的不信任。誰會懷疑摩西是一位比馬基雅弗利❹更好的人類領袖呢？
>
> 世界大戰期間有人想使一位荷蘭大科學家❺相信，在人類歷史中，強權勝過公理。他回答說：「我不能否定你的主張的正確性，但是我知道，我決不願意生活在這樣的世界裡！」
>
> 讓我們都像這個人一樣地去思想，去認識，去行動，決不接

---

❹ 摩西(Moses)是《聖經》中率領希伯來人出埃及擺脫奴役的領袖。馬基雅弗利(N. Machiavelli, 1469–1527)是意大利政治家和歷史學家，他在《君主論》中主張為達目的可不擇手段地利用權術。

❺ 此人是洛倫茲。

受致命的妥協。為了保衛公理和人的尊嚴而不得不戰鬥的時候，我們決不逃避戰鬥。要是我們這樣做了，我們不久將回到那種允許我們享有人性的態度。(*E3*, p. 150)

有趣的是，愛因斯坦也認識到，惡能從負面強化清除自己的道義力量：「在這種欺騙上建立起來並且靠恐怖來維持的暴政不可避免地要被它自身所產生的毒害所毀滅。因為日積月累的非正義行為的壓力，使得人心中的道義力量加強了，這種力量會使公眾生活得到解放並清除它的污泥濁水。」 (*E3*, p. 153)不過他還是立足於從正面敦促和呼號：「我們的希望在於克服今天嚴重威脅人類真正存在的普遍的道德衰落。讓我們以我們的全部力量——不管多麼微弱——為下述目標而努力：使人類從它目前的道德式微中恢復過來，在為人類的權利和正義以及為和諧的社會的鬥爭中獲得新的生氣和新的力量。」❶

愛因斯坦多次號召和平主義者通過拒服兵役和其他反戰行動，來喚醒世人的良心和常識。他說：「但願人們的良心和常識能被喚醒，這樣我們才可能在國家生活中造就一個新時代，由此開始，我們將在某一天回過頭來看戰爭，它原來是我們祖先不可理解的過失。」(*HPS*, p. 200)他明確表示：

過去數代人中有才幹的人充分認清了保衛和平的重要性。當代技術發展使這個倫理上的基本原則變為文明人類的生死問題。積極參與解決和平問題是一個良心問題，沒有一個善良

---

❶ A. Einstein, *Out of My Latter Years*, Philosophical Library, New York, 1950, pp. 266–267.

的人能夠迴避這個問題。(*HPS*, p. 280)

愛因斯坦還多次強調：對國家法律的服從不應是盲目的。當良心道德準則與對國家的義務發生衝突時，應把前者放在首位，即個人仍應服從良心。個人倘若不這樣做，那麼不僅是國家，連國家制定的法律也將蛻化變質(*HPS*, pp. 79, 250)。他經常對人說：「永遠不要做違背良心的事，即使國家要求它。」 他把這個道德命令與來自使徒的教誨聯繫起來： 「彼得和使徒回答說：我們必須服從上帝而不是人。」 ⓱

　　3.用和平主義思想教育青少年和廣大民眾，在人們心中永遠播下和平的種子。

　　愛因斯坦特別關心和平教育。他強調要從現實主義立場出發，喚起青年人認真關心普遍的和平問題，使他們增強國際間團結一致的精神，與阻礙世界和平的沙文主義作鬥爭(*E3*, p. 123)。他甚至認為，和平教育要從兒童乃至嬰兒時期就開始做起，向他們灌輸反對軍國主義的思想。要教給他們和平而不是戰爭，教給他們愛而不是恨。全世界的母親都有責任在她們的孩子心靈中播下和平的種子，學校的教育更是責無旁貸。為此應該重寫教科書：清除頌揚戰爭、隱瞞戰爭恐怖、灌輸民族仇恨和軍國主義的污物，把新的精神注入其中，使古代的積怨和歷史的偏見不再長存 (*HPS*, p. 175)。同時，教育青年對生活有明智的看法,並通過對人性中最美好東西的追求，把美和兄弟情誼帶進生活，作為人的主要願望和最大幸福。消除戰爭的希望就在這裡，愛因斯坦對此確信不疑(*HPS*, pp. 345–346)。

⓱　A. Vallentin, *Einstein, A Biography*, Translated from the French by M. Budberg, Weidenfeld and Nicolson, London, 1954, pp. 218–219.

愛因斯坦把和平教育的希望寄託在教師身上：在塑造即將成熟的一代人的觀點時，學校比任何其他機構具有更為顯著的影響。因此，在教師中間培育和保持充滿生氣的和平主義思想，是十分重要的(*HPS*, p. 199)。另一方面，他認為像高爾基(M. Gorky, 1868–1936)這樣既是他們自己社會的公僕，又是改善人類命運的鬥士的有創造力的人物之工作，能使人變得崇高——命運總是由個人所感、所欲、所為的東西決定的。這就是為什麼從長遠的觀點來看，對人的教育主要是有創造能力的人的任務，而並非主要是政治領導人的任務(*HPS*, pp. 273–274)。此外，知識分子還負有特殊的社會使命：他們不能希望通過直接介入政治鬥爭來取得成功，但他們可以保證讓廣大公眾隨時獲得關於形勢以及採取有效行動的可能性的簡明消息。通過開啟民智，他們能夠幫助能幹的政治家的工作不受阻於普遍的偏見和反動的觀點(*HPX*, p. 69)。

4.採取各種必要的措施和具體的行動，以減少或根除爆發戰爭的可能性。

愛因斯坦早在 1930 年就在反對徵兵及對年輕人軍訓的宣言上簽了名。該宣言揭露，軍訓是在殺人技巧方面進行精神的和身體的教育。它是為了戰爭的教育。它使戰爭心理永遠存在。它阻撓人爭取和平的意志的成長。每一個真誠地需要和平的人都應該要求廢除年輕人的軍訓，都應該力促取消政治把徵兵強加給公民的權力(*HPS*, p. 158)。他義正辭嚴地指出，在地球上並不存在這樣的權力：我們應該從它那裡接受屠殺的命令，或接受為屠殺而進行訓練的命令(*HPS*, p. 279)。軍事訓練大大腐蝕了人民健全的政治本能，嚴重地破壞了民主精神(*HPX*, p. 150)。他在1948年為反對美國實行普遍軍訓而發表聲明：僅當存在著敵人入侵美國領土的危險時，進行強

制軍事訓練才是必要的和正當的，而當前並無此危險存在。全民軍訓不僅對世界各國，而且對本國的幸福和安全都是有害的。其理由如下：這只會加劇軍備競賽，加劇美蘇之間的緊張關係和增加戰爭的危險性；它將破壞本國的民主精神，鞏固並加強業已強大到危險程度的軍方的影響；它把一大部分人力和生產力轉入非生產渠道，從而不必要地加重國家的經濟負擔；它必定在人民中間造成軍國主義精神，這在以往給許多國家帶來過災難性後果 (*HPX*, pp. 150–151)。

愛因斯坦一向把鬥爭目標指向戰爭本身並力主廢除戰爭，因為他認為戰爭不是遊戲，對戰爭行為規定準則和限度是一項完全無效的任務 (*HPS*, p. 128)。由於這個終極目標並不是一蹴而就的，他在1933年前和二戰後的和平時期也主張裁軍和制止軍備競賽。他深信，通向裁軍的第一個真正的成功步驟會產生有深刻教育意義的影響，歐洲國家的美好未來與綜合裁軍的成就息息相關；人民必須從政治家和外交官手中接管這件事，只有他們自己才能把裁軍帶到這個世界上(*HPS*, pp. 145, 146)。在愛因斯坦看來，不能簡單地、無條件地要求裁軍。要使裁軍成功，每一個國家都要保證執行國際仲裁法庭的命令。要做好安全安排，使受威脅國家不致遭到侵略。要一舉而就，不能用細小的步驟達到，否則將一事無成 (*HPS*, pp. 200, 204, 223)。而且，只要還有強國不願放棄用軍國主義的辦法來獲得更為有利的世界地位，單是要求裁軍是毫無用處的(*E3*, p. 122)。在二戰之後，他也多次表示，他不贊成單方面裁軍，他所擁護的是在超國家組織控制下用武力維持和平(*E3*, p. 295)。

在1931年日本侵占中國滿洲後，愛因斯坦及時提出聯合經濟抵制的策略，這在某些方面比羅斯福總統〈孤立侵略者〉的演說早了

五年。他說：

> 試設想一下美國、英國、德國和法國政府以嚴密的經濟聯合
> 抵制相威脅，責成日本政府立即停止它在中國的戰爭行動。
> 你相信隨便哪一個日本政府會公然無視這樣的威脅，而冒使
> 它的國家陷入危險境地的風險嗎？當時為什麼不施加這樣的
> 壓力呢？人和國家為什麼要生活在一個他們必須為他們的幸
> 存擔驚受怕的世界上呢？答案在於，他們執行的是某種有利
> 於他們自己可憐的、暫時的利益的方針，他們不願意使他們
> 的利己目的服從作為一個整體的社會的幸福和繁榮。(*HPS*,
> p. 225)

此後，愛因斯坦在各種場合都提出對日本實行國際經濟聯合制裁。
他一再揭示出，文明世界的良心之所以沒有強大到足以制止這種非
正義的侵略行徑，是因為軍事工業的經濟利益比正義的要求更為強
有力，是因為日本和在它背後的大國的糟糕的陰謀詭計（削弱俄國
並阻礙它的經濟發展）(*HPS*, pp. 242, 245)。

　　愛因斯坦從做為一個和平主義者的生涯的開始，就積極倡導世
界政府，這一主張在二戰後成為他爭取和平的中心議題。兩次世界
大戰的慘痛教訓使他深切認識到，無限制的國家權力使得戰爭難以
避免，只有以超國家法律為依據並擁有必要維和軍事能力的世界政
府才是消除戰爭危險的唯一手段，尤其是在技術高度發展的條件下，
只有一個具有足夠強大的執行權力的超國家組織才能維護世界和
平。這些認識基於他對國際安全格局和世界經濟依賴的洞察：各國
政府為達到他們所認為的那種國際安全而作出的可憐努力對當前的

世界政治結構沒有產生絲毫的效果，人們也未能認識到國際衝突的真正原因是由於敵對主權國的存在。政府和人民兩者似乎從過去的經驗中都一無所獲，似乎都不能或不願深入思考這一問題。當今世界現狀迫使各國出於對本國安全的擔憂而採取必然導致戰爭的行動。另一方面，在當今高度工業化和各國經濟互相依賴的情況下，沒有一個凌駕於各國之上的組織來指導國際關係而想獲得和平是不可想像的。若要避免戰爭，達不到這樣一個全面解決辦法的任何其他辦法都不過是幻想 (*HPX*, p. 6)。在原子時代的第一年 (1946)，他在一篇專論中寫道：

> 現代戰爭所使用的武器已經發展到這樣一種地步，倘若發生世界大戰，勝利者遭受的損失不見得比失敗者小多少。只要存在著擁有獨立武裝的主權國，戰爭實際上就無法避免。我堅信，世界上大多數人是要和平和安全的，不希望他們的國家實行國家主權不受限制的政策。人類要求和平的願望只有通過建立世界政府才能實現。(*HPX*, p. 40)

此後愛因斯坦處處不忘記強調：只有世界政府才是醫治戰爭這一疾病本身的根本性解決辦法；除非建立起一個由所有國家組成的、擁有作出並實施必要決定的充分權力的組織，要想消除戰爭是不可能的(*HPX*, pp. 143, 325)。

愛因斯坦設想的世界政府的藍圖是：它擁有軍事壟斷權，其國際部隊和官員在各國間經常輪換和換防，各國只保留治安部隊而取消常備軍，從而保證任何國家都無法使用它的軍隊和軍事力量發動戰爭；它應該設立一個常設性的國際法庭，就各國之間的重大爭執

和衝突作出公正的裁決並加以切實執行，同時防止世界政府執行部門的越軌行為；它不干預各國的關稅、移民立法權乃至政府組織形式，它的權力僅限於保證安全的範圍之內，讓它管一點經濟事務也許是可取的（在現代條件下，經濟糾紛也易引起國家衝突），它應有權干預少數人壓迫多數人、從而易於變成戰爭策源地的國家；超國家安全體系的代表大會或委員會的代表必須由每一個成員國的人民通過無記名投票選出，他們代表人民而非政府，從而增強該組織的和平性質。愛因斯坦特別指出，世界聯邦一開始就應有蘇聯參加。如果蘇聯暫時不參加，也要努力把其他國家組織起來，但不要造成反蘇同盟的印象，同時保證蘇聯在擔負與其他國家同樣責任和權利的條件下隨時加入的自由 (*HPX*, pp. 165, 168)。他希望聯合國通過修改章程和調整機構能夠發展成超國家的政體，以便在謀求和平方面保持它的連續性。他相信世界政府能夠通過協議和通過說服的力量建立起來，這樣的代價是很低的。但是單單訴諸理性，其力量還不夠，必須加上深摯的感情力量來建立世界政府 (*E3*, pp. 234–235)。當然，他也意識到，就正義和理性而言，世界政府不見得比當今哪一個政府好，但是在目前，消除戰爭是進行任何其他卓有成效的改革的先決條件。更何況建立世界政府的危險沒有國際無政府狀態的危險大，後者會使我們永遠生活在戰爭的陰影下，並且是政府用來把人民置於奴役地位的最有效的手段 (*HPX*, pp. 253, 271)。

　　為了落實這一切措施，愛因斯坦籲請各國人民堅定信念，建立相互信任的氣氛，並且立即行動起來。他說：由百折不撓的信念所支持的人的意志，比那些似乎是無敵的物質力量有更強大的威力 (*E3*, p. 307)。他在1946年對青年學生的講話中表示：

持久的和平不會來自各國的繼續相互威脅，只有通過誠懇的
努力而創造出來的相互信任才會出現。人們應當假定：為人
類在這個星球上實現合宜的生活條件的願望，以及對那種無
法形容的毀滅的恐懼，會使那些處於負責地位上的人更聰明
些和更冷靜些。但是，我的青年朋友們，你們不能等待這種
情況的出現，你們應當努力激勵年輕的一代去堅持有遠見的
和平政策。如果你們那樣做了，那麼你們不僅為你們自己獲
得有效的保護，你們還會比你們以前任何一代人更多地得到
國家和後代子孫的感謝。(*E3*, pp. 216–217)

其實，早在納粹上臺之前，愛因斯坦就告誡他的志同道合者，名副
其實的和平主義者需要的是行動而不是言論 (*HPS*, p. 162)。愛因斯
坦履行了自己的諾言：他對和平主義事業的支持並非僅僅限於道義
上的支持，他身體力行，把自己對和平和其他社會問題的信念轉化
為具體的實際行動，腳踏實地奮鬥了四十餘年。

愛因斯坦號召人們要緊急行動起來，不能瞻前顧後、慢條斯理，
更不能袖手旁觀、坐等別人行動。他在布滿戰爭陰雲的1930年就指
出：當那些貪婪的、被權力迷住的人日益加劇蹂躪我們的行星時，
面對這樣生死攸關的問題，人們不應該依然是完全遲鈍的 (*HPS*, p.
146)。在二戰後面臨原子戰爭的威脅時，他尖銳地提出了一個嚴峻
的、可怕的、無法迴避的問題：我們要置人類於末日，還是人類該
棄絕戰爭？他以高度的責任感和緊迫感提醒人們：

沒有僥倖避免危險的道路；前面沒有時間讓我們慢吞吞地前
進，而把必要的改變推到遙遠無期的將來；也沒有時間讓我

們做討價還價的談判。形勢要求我們勇敢地行動，要求根本改變我們的態度，改變全部政治概念。但願那種促使阿耳弗雷德・諾貝爾設置巨額獎金的精神，那種人與人之間的信任和信賴的精神、寬大和友好的精神，在那些決定我們命運的人的心理會占優勢。要不然，人類文明將在劫難逃(*E3*, p. 207)。

做為人，他向人類呼籲：記住你們的人性而忘掉其餘。要是你們能這樣做，展示在你們面前的是通向新樂園的道路；要是你們不這樣做，那麼擺在你們面前的就是普遍死亡的危險(*E3*, p. 343)。

三、二戰後的新思維

在二戰之後，隨著冷戰政治格局的出現和核武器這一達摩克利斯劍的高懸，愛因斯坦從維護和平的大局和拯救人類免遭毀滅的目標出發，大力倡導新思維，並將其付諸堅決的、創造性的行動。他多次表明，正如在純科學領域改變思維吸納更新、更有用的概念一樣，我們現在必須改變在政治和法律領域中的思維。原子彈已經深刻地改變了我們所了解的世界的性質，舊的思維方式，包括舊的外交慣例和均勢政治，都已變得毫無意義，人類發現自己正處在他的思維必須加以適應的新環境中。過去的思維和方法未能防止戰爭，未來的思維必須防止戰爭。「人類若要生存下去並走向更高級階段，最根本的是要有一種新型的思維。」(*HPX*, pp. 52, 58, 86)前面我們已多次涉及到愛因斯坦的某些新思維，這裡擬將未曾提及的集中論述一下。

1. 堅決反對重新武裝德國。愛因斯坦對普魯士和德國軍國主義的憎恨貫穿在他的一生，他對德國法西斯的滔天罪行更是不能容忍。他十分擔心德國好戰精神的復活和軍事復興，堅決反對盟國重新武裝德國，始終認為這是對世界和平的致命威脅。他一針見血地指出，重新武裝德國是美國自羅斯福總統逝世以來所採取的一系列作法中的一個環節，這些作法是向錯誤方向邁出的不祥步伐，將造成災難性的後果 (*HPX*, pp. 233, 282)。他指出，德國人的侵略精神是根深蒂固的，掩蓋這種精神的表面上的力量衰落至多只是暫時的。人類社會上最難改變的是人的觀念和價值觀，因此在短期內不可能通過教育來改變德國人的侵略思想。他們絲毫不感到有罪和悲傷，其中幾個像樣的人並不能改變全體的形象。(*HPX*, pp. 77, 63, 38)他表示必須使德國在經濟上自立，但又不可使之對原材料資源享有獨占權，把德國的工業和經濟實力控制在它沒有任何希望和可能再玩弄陰謀和炫耀武力的地步。他把自己痛恨德國的私人感情與歐洲和世界重新接納德國進入國際社會的客觀必要性嚴格區別開來，他沒有對與德國恢復正常的政治和外交關係提出批評，也對重建德國經濟不持異議。他說：「我並不贊成報復，但主張要有一個防止德國恢復侵略能力的安全政策。」(*HPX*, pp. 37, 77, 280)

2. 時刻警惕冷戰幽靈的存在。二戰之後，面對日益加劇的國際冷戰氣氛和國內的政治迫害，面對四處滋生的失敗主義和絕望情緒，以及麻木不仁或膽小如鼠的得過且過者，愛因斯坦始終保持著冷靜的頭腦，一開始就發出「戰爭是贏得了，但和平卻還沒有」的告誡，不時喚醒人們警惕冷戰的幽靈：

　　戰爭的可能性依然存在，戰爭的幽靈不可避免地左右著我們

的許多行動。猜疑和怨恨的行動在不斷增長；美國已發展到
這樣的地步，他不得不在海島上築工事，製造更多的原子彈，
阻礙科學的自由交流；軍方要求巨額預算來加強研究並將之
引入特殊渠道；向青年灌輸民族主義精神。這一切都是在為
戰爭的幽靈醒來的一天作準備。不幸的是，這些政策正是實
際上把幽靈變成現實的最有效方法。(*HPX*, p. 73)

他洞見到當前的情況與1918年之後的局勢完全相同，不同的只是舞
臺上的演員不同。他們表演之拙劣與那時一模一樣，不過隨時都會
發生整個垮臺的無法比擬的糟糕結局。他以恨鐵不成鋼的情感指出，
人類降低到無知動物的水平，照樣快快活活地過著朝不保夕的日子，
把自己所處的險境忘得一乾二淨 (*HPX*, pp. 139, 262)。他還進一步
揭露了冷戰幽靈存在的原因：美國實權人物不想結束冷戰。美國統
治集團在尋求避免與蘇聯發生衝突方面所做的工作，與蘇聯統治集
團在這方面所做的工作一樣少。這兩個統治集團都是利用這一衝突
為它們的國內政治目的服務，而完全置可能發生的後果於不顧
(*HPX*, pp. 212–213)。

　　3. 要和平而不要原子戰爭。愛因斯坦十分關注原子武器可能給
人類帶來的滅頂之災，他在戰後以前所未有的熱情擔當起原子能科
學家應急委員會主席，領導了國際反原子戰爭的運動。他不僅以「要
原子戰爭還是要和平」為題發表了兩次專門談話 (*E3*, pp. 199–204,
226–235)，而且利用各種場合陳述他的看法。他的基本觀點如下：
第一，原子彈的出現在量上而不是在質上影響我們。也就是說，它
所改變的只是戰爭的破壞性，而不是戰爭的根源、性質及消除辦法。
它只是使得根除戰爭、維護和平的問題更加緊迫地需要解決。第二，

原子戰爭若不加以防止，它所造成的破壞規模是前所未有的和無法想像的，現存的文明不會幸存很多。但是，文明不會因在戰爭中使用原子彈而毀滅掉，殘留下來的有思想的人和書籍能使我們從頭開始重建文明。第三，原子武器的巨大威力改變了舊有的政治思維方式，也使建立在國家武裝之上的舊安全體系蕩然無存。除非通過世界政府用徹底放棄武力的手段解決爭端，否則原子戰爭難以避免，因為仗打起來各國都是不擇手段的。第四，原子彈的秘密難以長久保持，應該把該秘密交世界政府，實行超國家管理。聯合國應當同美國或者任何別的國家公開宣布不主動地使用原子彈。第五，去反對製造某些特殊的武器，那是無濟於事的，唯一的根本解決辦法是消除戰爭和戰爭威脅。這是我們最終的奮鬥目標，必須下決心抵制一切違反這個目標的活動。這對於任何一個意識到自己是隸屬於社會的個人來說，是一個嚴峻的要求，但根本不是一個無法實現的要求。第六，原子反應的發現正像火柴的發明一樣，不一定會導致人類的毀滅。但是我們必須竭盡全力防範它的濫用。這裡的責任與其說在那些對科學進步有貢獻的人，毋寧說在那些使用這些新發現的人——與其說在科學家，毋寧說在政治家。但是，科學家應該在這場控制原子以造福人類而不是毀滅人類的生死鬥爭中擔負起自己的使命和義務。第七，原子能何時可用於和平的、建設性的目的，還不能作出任何估計。它也許在不久的將來是一種恩惠，但目前無論如何是一種威脅。這也許是件好事。它可以迫使人類把秩序帶到國際事務中去，而要是沒有恐怖的壓力，這種秩序無疑是不會出現的。因為大規模的毀滅性武器是如此可怕，連最沒有頭腦的人也不會不認識到，企圖通過一場世界大戰來解決國家之間爭端的做法是極其愚蠢的。由此看來，愛因斯坦是「核和平」思想的先驅。

4.必須制止美、蘇的軍備競賽。戰後美、蘇之間日益加劇的軍備競賽和兩大陣營的尖銳對峙，使愛因斯坦心急如焚。他明確指出：軍備競賽每跨一步，就離災難更近一步。它不僅不能防止戰爭，而且必然導致戰爭。相反地，只有有計劃地在全世界實現裁軍，才可能有真正的和平(*HPX*, p. 224)。他雖然認為美、蘇兩國都以此為國內政治服務，但美國在很大程度上應為戰後發生的臭名昭著的軍備競賽負責，這一競賽實際上使得戰後安全問題獲得國際解決的希望化為泡影。國家戰備上每多一項措施，就離開持久和平的目標更遠一步，也是釘在民主自由棺材上的一枚釘子。為了制止這種大規模的軍備競賽，美國應向蘇聯表明它願意停止軍備競賽，願意互相控制武器，在發生爭議時願意服從國際權威的裁決。必須要有強大的輿論壓力，迫使美國政府確信這種作法是明智的(*HPX*, pp. 175, 46)。他讚賞印度在美、蘇衝突中嚴守的中立政策，這種政策很可能促成各中立國家共同作出努力，找到一個從國際上解決和平問題的方法(*HPX*, p. 220)。尤其是，他在一封信中提出如下值得人們深思的新思維：

> 和平和安全問題遠較社會主義和資本主義之間的衝突重要。人類首先要保證生存，然後才談得上選擇何種生活方式。我完全贊同您的下述看法：一個真誠的人不可能無條件地贊同東西方陣營中的這一個或那一個，不論是社會主義陣營還是資本主義陣營，用傳統的政治權術和欺詐行為爭權奪利的做法總是令人厭惡的。(*HPX*, p. 153)

愛因斯坦對美國擴軍和侵略政策頗多批評。他指出，正當美國

應該在確立國際安全方面擔負起領導地位之時，由於受到軍國主義和帝國主義的毒害，美國的政治態度和政策發生了令人厭惡的轉變，幹出了諸多破壞和平的劣跡，從而引起全世界的猜疑，加深了各國之間的不信任氣氛。在美國已發現了當年德國那樣的民族主義瘟疫的徵兆和可怕的軍國主義化，美國人神氣十足地取代德國而重演納粹的故技(*HPX*, pp. 11, 80, 85, 149, 252)。這一切並不是美國人民感情的表達，而是一小撮強權分子在作祟，他們利用手中的經濟實力控制著各種政治機構，迫使人們毫無抵抗地默認，或與他們這夥惡勢力為伍。這一小撮人實際上並不害怕蘇聯的軍事行動。他們害怕的是一個強大的蘇聯在思想上的影響，這種影響會間接地削弱並從而危及他們的社會地位(*HPX*, pp. 12, 252)。在未來一段時期內，任何國家也不可能進攻美國，經濟遭受破壞、政治上孤立的蘇聯更不可能。儘管蘇聯後來取得了一定的社會和經濟成就，但他的政治制度要比西方殘暴得多。不過，西方要比共產黨世界更具侵略性 (*HPX*, pp. 150, 271)。現時美國採取的實際作法對和平構成的威脅要比蘇聯大，蘇聯比美國面臨巨大得多的威脅，相信美國處於危險之中純屬無稽之談 (*HPX*, pp. 163, 251)。正是出於這些客觀估計，愛因斯坦堅決反對美國對蘇聯打一場先發制人的所謂預防性戰爭的圖謀 (*E3*, p. 257)。

儘管愛因斯坦對發生在蘇聯的許多事情持批判態度，但他始終把蘇聯的國內政治狀況與西方對蘇聯的冷戰態度嚴加區分，從不許假借他的名義進行任何危及國際和平的反蘇活動，堅決反對用外部力量的干涉來壓制蘇聯。他認為不應強迫蘇聯參加世界政府，而應採取靈活政策並創造條件，使蘇聯從自己的利益出發而放棄孤立主義立場。他指出西方過高地估計了蘇聯的危險，其實蘇聯是想維護

和平的，因為它從武力衝突中什麼也得不到 (*HPX*, pp. 107, 186, 219)。

　　為了制止美、蘇的軍備競賽和打破社、資兩大陣營的對峙，愛因斯坦寄希望於弱小國家。他說：如果軍事上弱小的國家通力合作，就能夠對這兩個主要對手施加壓力，使它們接受聯合國的調解，並保證無保留地服從聯合國的決議，由此而和平地解決它們的爭端 (*E3*, pp. 275–276)。

　　5.和平共處應成為一切政治行動的指導思想。面對美、蘇之間帶有歇斯底里成分的軍備競賽，以及雙方以急如星火的速度在保密的堡壘後面完善大規模的破壞手段，愛因斯坦提出和平共處的思想做為處理國家關係的行動準則。他說：如果我們所採取的每一步驟都著眼於可能發生的衝突，我們就無法有真正的和平。因此，一切政治行動的指導思想應當是促成一切國家之間的和平共處。當前要做到這一點，首先必須消除相互的恐懼和不信任。不僅要鄭重宣告放棄大規模的破壞性武器，而且要放棄武力政策。其次必須建立超國家的裁判和執行機構，使它有權解決同各國安全直接有關的問題，這種放棄才會生效。歸根到底，人們的和平共處，首先是靠相互信任，其次才靠像法庭和警察這類組織。這一點對於國家也像對於人一樣是正確的，而信任的基礎是一種誠懇的互讓關係。他希望世界人民習慣於這樣一種思想：要保護國家利益，必須通過談判，而不是訴諸武力 (*E3*, pp. 283–284, 300)。他希望一切有責任心的人都同意，和平共處對於人類的生存是至關重要的，並按照這一信念行事 (*HPX*, p. 317)。

第十章　自由的民主主義

列車疾馳似遊龍，
夾岸青山相送迎。
眼底碧水流不盡，
頭上翠峰摩蒼穹。

　　　　　　　　　　　　　——李醒民〈車過南嶺〉

　　民主或民主主義❶(democracy) 是自古希臘城邦時代起就出現
的政治概念和實踐，其內涵和外延後來幾經變遷。現代的民主是一
個相當複雜的綜合體，其基本思想原則是：人民主權論，多數統治
原則，保護少數，使人愉快，符合憲法的自由，參與各級的決策，
平等主義以及別的諸多原則。其組織形式有直接民主，代議制民主，
自由民主或立憲民主，社會民主或經濟民主等。民主被證明是一種
內容豐富、充滿活力的政治完善原則，不可避免，每次朝民主方向
的發展都令許多擁護者失望，但真正的理想總是能在民主思想的完
善中再次發現。難怪有人在把所有的政治都打為壞政治時，卻認為

---

❶　《社會科學百科全書》，A. 庫珀、J. 庫珀主編，上海譯文出版社（上
　　海），1989年第一版，頁169–170。

民主是其中相對最好的；難怪當今所有的政黨和政府都標榜自己具有民主的合法性並以民主的代言人自居。

愛因斯坦是一個名副其實、徹頭徹尾的民主主義者。他說：「我的政治理想是民主主義」(E3, p. 43)，「我是一個信念十足的民主主義者」(RS, p. 75)。而且，愛因斯坦的民主主義思想之特點是以自由為本位和取向的，因此可以恰當地稱他為自由的民主主義者或具有自由傾向的民主主義者。與此同時，他的民主主義不僅僅是理想的和觀念的，也是現實的和實踐的。因為他深知：「如果沒有一批願意為自己的信念拋頭顱灑熱血、具有強烈的社會意識和正義感的男女勇士，那麼人類社會就將陷於停滯，甚至倒退。」(RS, p. 75)在本章，我們擬集中論述愛因斯坦的自由的民主主義思想以及與之相關的問題。

一、民主的理念和實踐

對愛因斯坦來說，真正的民主決不是虛幻的空想，而是實實在在的理念和實踐。在他的一生中，他始終不渝地信守他的和平、民主、自由這些基本的政治原則和價值標準，並為之奮鬥終生。早在1918年一戰行將結束之時，他就明確指出，德國的拯救唯一地在於迅速而徹底的民主化進程，它類似於西方大國的民主制度。只有通過創造一部民主的憲法——不管它可能有什麼缺點——人們才能夠達到充分程度的權力分散，從而防止1914年事件的重演。現在的政體在國外處處不再受到信任。(HPS, p. 45)

1918年11月9日，柏林的士兵和工人起義，結束了德皇的專制統治，德意志共和國❷宣告成立。兩天後，愛因斯坦向在瑞士的母

親寫了報平安的明信片，他對新誕生的民主共和國的欣喜之情溢於言表：

> 偉大的事變發生了！我曾經害怕法律和秩序完全崩潰。可是到目前為止，運動已以真正宏偉的形式終結了，這是可以想像的最為驚心動魄的經歷。最難以理解的是，人民竟欣然地接受了它。能親身經受這樣一種經歷，是何等的榮幸！儘管破壞可能達到這樣嚴重的程度，但是人們為報答如此榮耀的獎賞也會心甘情願地忍受它。軍國主義和官僚政治在這裡被鏟除得一乾二淨。❸

愛因斯坦之所以對德國革命歡欣鼓舞，是因為他關心社會主義，尤其是他一心一意地致力於民主，珍視受民主保護的個人尊嚴和思想自由。這一點在是年底的一篇簡要講演中表現得淋漓盡致。他（自稱）「做為一個老資格的民主信奉者而不是最近的民主皈依者」說：「我們的共同目標是民主，是人民的統治。」他認為只有下述兩件事是神聖不可侵犯時，這個目標才能達到：首先，要心甘情願地服從人民的意志，就像在投票選舉中所表現的那樣，即使當得票多的黨處在他們自己的願望和判斷不一致的情況下，也應如此。

---

❷　亦稱魏瑪共和國(1919–1933)，因1919年2月6日至6月11日在魏瑪召開制憲會議而得名。它是由社會民主黨人、中央黨人和民主主義者組成的聯合政府。魏瑪憲法是一個以進步特點著稱的政治文件，其中規定實行普選權和內閣制政府，作了各項有關公民權利的規定。魏瑪共和國從一誕生就困難重重，德國人民對民主尚無經驗，反動派和極端分子又極力反對它。

❸　此處引文引自(*HPS*, p. 46)，(*E3*, p. 6)中的幾句譯文有誤。

為此，在當前的緊要關頭，必須無條件地服從和竭盡全力支持公眾意志的代表機構——士兵委員會和工人委員會。其次，所有真正的民主主義者都必須保持警惕，以免左派的新階級專制代替右派的舊階級專制。不要讓復仇的情緒把我們引誘到這樣一種致命的觀點：以為暴力必須用暴力來對付，以為要把自由的概念灌輸到我們同胞的頭腦中去，就必須暫時需要無產階級專政。武力只能產生苦難、憎恨和反作用。因此，我們必須無條件地要求目前專政的政府——我們必須自覺地遵守它的命令——不考慮黨派的利益，立即籌備立憲會議的選舉，從而盡可能地消除對新暴力的一切恐懼。只有在立憲會議召開了並且圓滿地完成了它的任務之後，德國人民才能為他們給自己贏得的自由而自豪(*HPX*, pp. 47-48)。當希特勒在1933年1月30日通過陰謀和煽動手段爬上權力寶座時，他在決定不回德國的聲明中莊嚴宣布：

> 只要我在重大事件上有任何選擇，我就只想生活在這樣的國家：在這個國家，在法律占優勢的面前，存在著公民自由、寬容和全體公民的平等。公民自由意味著用言論和文字表達自己的政治信念的自由；寬容意味著尊重他人的信念，而不管這些信念是什麼。這些條件目前在德國都不存在。(*HPS*, p. 282)

愛因斯坦在上述事件中的表現以及他在1937年全力支持拯救西班牙共和政府和政治自由的行動充分證明，他是爭取民主、反對暴政的無畏鬥士，他的言論也充分展示了他對民主意義的敏銳而深刻的理解。他還特別強調：學術自由以及保護少數民族和宗教少數

派，構成了民主的基礎。使這一真理保持生命力，認清個人權利神聖不可侵犯的重要性，是教育的最重要的任務。他也表明：每一個公民都有責任盡其所能地表白他的政治觀點。如果有才智、有能力的公民忽視這種責任，那麼健康的民主政治就不可能成功(*HPS*, pp. 374, 435)。尤其是，他也認清了民主既不是目的，也不是萬能的：「政府的民主形式本身不能自動地解決問題；但它為那些問題的解決提供了有用的框架。一切最後都取決於公民的政治品質和道德品質。」(*E3*, p. 264)而且，

> 最完善的民主制度也不比人本身強，民主制度僅僅是人的工具。除非人民本身決心維護正義，除非人民發揚四海之內皆兄弟的精神，除非人民尊重真理並且有抵制盲目偏見和政治狂熱的勇氣，否則就不可能有真正的正義。(*HPX*, p. 104)

在這裡，愛因斯坦對與民主相關的正義或公正情有獨鍾。這也許是因為，在自由、平等、正義這一組價值中，正義居於支配地位。正義給個人自由以數量上的限制，正義對平等和不平等的種類和程度也加以限制。這樣一來，自由和平等才能在一個有限的範圍內協調地達到它們各自的最大限度，並能克服自由意志論者和平均主義論者的極端主義的錯誤❹。愛因斯坦號召人們做真理、正義和自由的勤務員，把那些在今天猖狂地反對理性的理想和個人自由、並試圖以野蠻的暴力建立死氣沉沉的國家奴隸制的人視為不共戴天的死敵(*E3*, p. 50)。他指出，對正義的要求足夠強時，正義將會達到(*HPS*,

---

❹　M. J. 阿德勒：《六大觀念》，陳珠泉等譯，團結出版社（北京），1989年第一版，頁20，143。

pp. 245–246)。儘管敏感的人認為是「正義」的東西決非總是一樣的，可是每個時代的人民都應當盡力去做他們認為是「公正」的事，而不應該等到確定了是否可以一勞永逸地解決什麼是「正義」的問題之後，才去考慮它(*E3*, p. 214)。

二、反對專制、極權和暴政

愛因斯坦在崇尚和爭取民主的同時，也無情地抨擊和反對專制、極權和暴政。他在1930年說：

> 在我看來，強迫的專制制度很快就會腐化墮落。因為暴力所招引來的總是一些品德低劣的人，而且我相信，天才的暴君總是由無賴來繼承，這是一條千古不易的規律。就是這個緣故，我總是強烈地反對今天我們在意大利和俄國所見到的那種制度。(*E3*, p. 44)

這是因為意大利處在法西斯陰影之下，而俄國則受秘密警察的統治，這種法西斯主義和布爾什維克主義都與愛因斯坦信奉的民主主義不相容(*HPS*, p. 313)。他進而揭示出：「專制政治的本質不僅在於一個實際上擁有無限權勢的人把握權力這個事實，而且在於社會本身變成了奴役個人的工具。」(*HPS*, p. 321)專制政治的獨裁者企圖把社會的基礎放在權威、盲目服從和強迫之上，極力破壞民主傳統和人道精神，大肆推行國家主義、不寬容以及對個人實行政治迫害和經濟壓迫(*E3*, pp. 167, 175)。

在這裡，愛因斯坦也對極權者和權欲熏心的人大加抨擊。他一

針見血地指出：「開啟權力之路所需的特質正是那些把生活變成地獄的特質。」(*HPX*, p. 63)他還說：權力在任何國家總是掌握在具有權力欲之人的手中，他們一旦取得權力就會變得肆無忌憚。不論政治制度如何，不論是民主政治還是極權政治，情況都是如此。權力之道不僅在於發號施令，還在於通過教育制度和一切公共媒體進行令人難以覺察的勸服和欺騙 (*HPX*, pp. 201–202)。自古至今，領導人之所以能夠掌權並不是憑藉他們的思維和決策能力，而是憑藉他們的號召力、說服力和利用同伴們的缺點的能力。怎樣把權力託付給既有能力又心地善良的人，這是一個老難題，迄今為止沒有人能夠解決這一難題 (*RS*, p. 77)。愛因斯坦的這些言論意味深長、寓意深刻，也許在今天還值得人們仔細思考和玩味。

　　對於專制政權和極權政府對內肆行的暴政和對外強行的暴力，愛因斯坦更是深惡痛絕。他說：

> 沒有什麼事情比目睹暴力征服珍貴的人的價值更讓人痛心的了。這是我們時代的令人髮指的不幸，它甚至比個人受難更令人痛苦。(*HPS*, p. 411)

正是基於這種認識，他「寧願蒙受苦難，也不接受訴諸暴力」(*HPS*, p. 43)。如前所述，即使對於所謂的正義的或革命的暴力，愛因斯坦也是有條件地承認的。而且，他看到它的負面影響。一位俄國學者把俄國共產主義的強迫和恐怖（至少在開始時如此）與德國社會民主主義的失敗加以比較後得出結論：在尊重以高度的努力改善經濟組織的過程中，可以在一段時間內拋棄個人自由原則。對此，愛因斯坦的回答是針鋒相對的：

> 沒有一種意圖高尚到如此地步，以致為達到它而不擇手段也能得到辯護。暴力有時可以迅速地掃除障礙，但是它從未證明自己是有創造性的。❺

由於厭惡暴力，愛因斯坦便順理成章地認為，階級的區分是不合理的，它最後所憑藉的是以暴力為根據(*E3*, p.42)。也許是出於對階級鬥爭和暴力革命頗多微詞，他對甘地的非暴力思想和偉大的人格力量發出由衷的贊賞：

> 他的人民的領導者，沒有受到外部權威支持的領導者：一個其成功不是依靠手腕，也不是依靠權術的控制，而僅僅依靠他的人格的令人信服的力量的政治家；一個總是蔑視使用暴力的勝利的鬥士；一個智慧的和謙卑的，始終如一和堅持不懈的，把他的全部精力獻身於振奮他的人民和改善他們的命運的人；一個以單純的人的尊嚴，從而每時每刻都以優勝者聳立而面對歐洲暴行的人。
>
> 未來的數代人也許將難以相信，像這樣的人永遠以血肉之軀在這個地球上行事處世。❻

愛因斯坦堅信，極權者和獨裁者的謊言、暴政和暴力終究是要失敗的，有朝一日那些無法形容的滔天罪行都將受到懲罰。但是，所有

---

❺ A. Einstein, *Out of My Latter Years*, Philosophical Library, New York, 1950, p. 182.

❻ 同❺，p. 240.

的那些痛苦，所有的那些絕望，所有的那些被毫無道理地戕害的生命——所有這一切都是永遠無法彌補的了(*RS*, p. 71)。愛因斯坦愛憎分明的情感以及對人的價值和尊嚴之珍重的情懷，由此可見一斑。

對於美國的民主狀況，愛因斯坦既看到令人贊嘆不已的一面，也看到使人蹙額搖首的一面。也許是與充滿專制和暴政的德國比較的結果，他對美國的民主政體和公民的民主意識給以高度的贊揚：國家的活動受到較多的限制，人人都有發展自己能力的平等機會，個人意識到自身的價值並對同胞尊嚴的自然尊重，富人階層的社會責任感有較大發展等等。因此，他曾把美國看成民主的生活方式的堡壘和民主國家粉碎軍國主義威脅和侵略的堡壘。與此同時，他也注意到，美國在社會分配方面不夠公正，貧富差距相當懸殊。美國人的平等感和人的尊嚴感主要只限於白人，即便在白人中也有偏見(*E3*, pp. 11–15, 209–211; *HPS*, pp. 160–161)。但是，隨著冷戰時期美國軍國主義思想的抬頭，隨著麥卡錫之流貪婪權力而竭力製造恐共病的倒行逆施，愛因斯坦不顧個人安危，挺身而出，與破壞民主精神和個人尊嚴，與侵犯公民權利和自由的邪惡勢力進行堅決鬥爭。他在1954年寫給比利時伊麗莎白王后的信中說：「在我這個新祖國裡，由於我無法保持沉默，無法忍受這裡發生的一切，於是就成了一個『專愛搗亂的人』。　而且我認為已沒有什麼可以失去的，上了年紀的人，為了受到種種限制的年輕人的利益，應當站出來講話。我想，這也許對他們有幫助。」(*HPX*, p. 309)

三、自由人為自由上帝效力

斯賓諾莎在其民主和自由的宣言書《神學政治論》中說：「自

由比任何事物都珍貴」，「政治的真正目的是自由」**❼**。愛因斯坦深諳並躬行此道，為自由和真理奮鬥了一生。他多次引用有人對海涅的評論：「他為上帝效勞，這個上帝比所有奧林比亞諸神都更偉大。我指的是自由上帝。」(*JNE*, p. 203)愛因斯坦像海涅一樣終生為自由上帝效力，也像斯賓諾莎一樣是一個自由人 —— 純依理性指導的人，對己、對物、對神具有透徹知識的人，最為樂觀、充滿生之信念的人，最有力量、最為主動的人，認識自然的永恒必然性且按此行動的人 **❽**。

斯賓諾莎把自由定義為：「凡是僅僅由自身本性的必然性而存在，其行為僅僅由它自身決定的東西叫自由。」**❾**尼采則稱自由「是人所具有的自我負責的意志」**❿**。今人的研究把自由分為三種：天生的自由、後天的自由和環境的自由 **⓫**。愛因斯坦是怎樣看待自由問題的呢？

在愛因斯坦看來，自由是這樣一種社會條件：一個人不會因為

❼ 斯賓諾莎：《神學政治論》，溫錫增譯，商務印書館（北京），1963年第一版，頁12，272。

❽ 洪漢鼎：《斯賓諾莎哲學研究》，人民出版社（北京），1993年第一版，頁654–655。

❾ 斯賓諾莎：《倫理學》，賀麟譯，商務印書館（北京），1959年第一版，頁4。

❿ F. 尼采：《上帝死了 —— 尼采文選》，戚仁譯，上海三聯書店（上海），1989年第一版，頁356。

⓫ 天生的自由 (natural freedom) 是人性中固有的自由，我們生來就擁有它，如同理性思考和綜合言說的能力。後天的自由(acquired freedom)是與智慧和美德相聯繫的自由，為獲得一定程度的美德和智慧的人擁有。環境的自由 (circumstantial freedom) 完全依賴於有利的外部環境。參見**❹**，頁144。

他發表了關於知識的一般的和特殊的問題的意見和主張而遭受危險
或者嚴重的損害。這首先必須由法律來保證。但是單靠法律還不能
保證發表的自由；為了使每個人都能表白他的觀點而無不利的後果，
在全體人民中必須有寬容的精神。這種外在的自由的理想是永遠不
能完全達到的，但如果要使科學思想、哲學和一般的創造性思想得
到盡可能快的進步，那就必須去始終不懈地去爭取這種自由(E3, p.
180)。由於這種自由的實現取決於政治因素，因此科學家不能以專
家的身份、而只能以公民的身份發揮影響。他們有義務在政治上積
極起來，有勇氣表明他們的信念和觀點，並通過組織和集體的行動，
不使言論和教學自由受到任何侵害，以高度的警惕性隨時保護自己
和社會(E3, p. 168)。

除了第一種外在的自由即外在的政治條件外，還有第二種外在
的自由即外在的經濟條件，唯此一切個人的精神發展才有可能。也
就是說，人不應當為獲得生活必需品而工作到既沒有時間、也沒有
精力去從事個人活動的程度。沒有一定程度的經濟保障，自由就不
會有什麼意義。如果合理的分工和公正的分配問題得到解決，技術
的進步就會提供這種自由的可能性(E3, pp. 180, 188)。

科學的發展以及一般的創造性精神活動的發展，還需要另一種
自由，愛因斯坦稱其為內心的自由：

> 這種精神上的自由在於思想上不受權威和社會偏見的束縛，
> 也不受一般違背哲理的常規和習慣的束縛。這種內心的自由
> 是大自然難得賦予的一種禮物，也是值得個人追求的一個目
> 標。但社會也能做很多事來促進它的實現，至少不應該干涉
> 它的發展。……只有不斷地、自覺地爭取外在的自由和內心

的自由，精神上的發展和完善才有可能，由此人類的物質生活和精神生活才有可能得到改進。(*E3*, p. 180)

愛因斯坦鄭重表明，國家或社會雖然有權利指望人們合作起來爭取公共利益，但它卻無權管轄人們的身體和心靈 (*HPS*, p. 279)。即使它一意孤行，天生自由的人也是寧死不屈的，決不會任人宰割。當然，愛因斯坦理解和追求的自由並非絕對的、任性的自由，而是有必要的、合理的限度的。他說他不相信人類有那種在哲學意義上的自由，這是由於人的行為不僅受到外界的制約，而且也要適應內心的必然。他贊同叔本華的說法：「人雖然能夠做他所想做的，但不能要他所想要的。」⓬

愛因斯坦念念不忘強調個人自由的社會意義和重要性。他說，歐洲知識分子的出色成就的基礎是思想自由和教學自由，是追求真理的願望必須優先於其他一切願望的原則。只有在這一基礎上，我們的文明才能在希臘產生，才能歌頌它在意大利文藝復興時代的再生 (*E3*, p. 48)。要是沒有這種自由，就不會有莎士比亞、歌德、牛頓、法拉第、巴斯德 (L. Pasteur, 1822–1895) 或利斯特 (J. Lister, 1827–1912)，人民群眾就不會有像樣的家庭生活，不會有鐵路或無線電，不會有傳染病的防治辦法，不會有廉價的圖書，不會有文化，

⓬ 愛因斯坦在此接著寫道：「這句話從我青年時代起，就對我是一個真正的啟示；在我自己和別人生活面臨困難的時候，它總是使我們得到安慰，並且永遠是寬容的源泉。這種體會可以寬大為懷地減輕那種容易使人氣餒的責任感，也可以防止我們過於嚴肅地對待自己和別人；它還導致一種特別給幽默以應有地位的人生觀。」(*E3*, pp. 42–43)請讀者仔細推敲、用心體會愛因斯坦這些雋語箴言！

不會有普遍的藝術享受，不會有把人從生產生活必需品的苦役中解放出來的機器。假如沒有這種自由，大多數人就會不得不過被壓迫和被奴役的生活。只有在自由的社會中，人們才能有所發明，並創造出文化價值，從而使現代人的生活更有意義 (*HPS*, pp. 317–318)。他還說，教學自由以及書報上的言論自由是任何民族的健全和自然發展的基礎。在這一點上，歷史的教訓——特別是最近的歷史教訓——實在是太清楚了。為維護和加強這些自由貢獻出每一份力量，並且運用一切可能的影響，使輿論意識到現存的危險，這是每一個人應負的責任(*E3*, p. 140)。在愛因斯坦的心目中，確實是「生命誠可貴，自由價更高」。請聽他是怎麼說的：

> 個人自由給我們帶來了知識和發明的每一個進展，要是沒有個人自由，每一個有自尊心的個人都會覺得生命不值得活下去。(*HPS*, pp. 316–317)

他通過分析得出這樣的結論：人們能夠把已經作出的發現的應用組織起來，但不能把發現的本身組織起來。只有自由的個人，才能作出發現。但是可以有這樣一種組織，科學家在那裡其自由和適當的工作條件能得到保證❸。他認為，集中只會在科學和藝術中導致片面性和僵化，因為這種集中壓制了，甚至禁止了不同意見和研究方向的任何競爭(*E3*, p. 163)。

---

❸　愛因斯坦接著問道：「你能設想一個科學家組織能作出查爾斯・達爾文那樣的發現嗎?」(*E3*, p. 203)這些話值得科研決策者和管理者捫心深思。中國大陸「兩彈一星」能上天，而至今仍與諾貝爾獎無緣，其原因蓋出於此。

正由於清楚地認識到自由的重大意義和價值，更何況它是誕生於古希臘、發祥於意大利的歐洲精神的遺產和歐洲文明的特徵，是用純潔而偉大的殉道者的鮮血換來的寶貴財富，因此愛因斯坦才不遺餘力地為捍衛和爭取個人自由和個人權利而鬥爭，承擔起社會良心的責任。1932年，柏林一家報紙請愛因斯坦就新聞自由闡述其立場，他如下寫道：

> 限制甚或壓制通過言論或文字對政治事務進行評論和批評的自由的國家，必然要墮落下去。容忍這樣的限制的公民證明了他的政治劣根性，並進而助長了這種劣根性。(*HPS*, p. 274)

他堅定不移地相信，在任何國家，只要它的公民被迫交出了出版、言論、集會和教學自由這些權利中的任何一個，就不應該把這樣的國家視為文明的國家，而只不過是一個具有麻痺的臣民的國家。獨立的個人屬於這樣的國家是不足取的，如果他有辦法能夠避免這樣做的話(*HPS*, p. 274)。他在1933年那個陰霾密布的日子裡尖銳指出：

> 不容否認，目前的世界局勢正在威脅人的高貴存在的基礎。有一些正在起作用的勢力，企圖毀滅自由、寬容和人的尊嚴這一歐洲遺產。法西斯主義、國家主義、軍國主義和共產主義在形成各種各樣的政治制度時，都通過國家導致對個人的鎮壓和奴役，並且終結了寬容和個人自由。

愛因斯坦號召，一切愛護更加尊嚴、更加滿意的人性存在的人，一切相信他們理解當今威脅的潛在原因的人，都應該被迫發出他們的

抗議聲和警告聲。如果我們不全力以赴地去行動，我們將注定墮入與古代亞洲專制政治統治下的完全無異的生活方式。事實上，由於現代的暴君有時比他們古代的老祖宗更沒有理性，他們擁有隨意支配大得多的施加暴力的技術手段以及諸如學校、無線電和報刊之類的心理武器，而一般人對此又無法抵禦，因此情況還要糟糕得多。(*HPS*, p. 321)針對1950年代美國政府推行的政治迫害和破壞科學自由交流的政策，他無情地抨擊這些無聊小動作的病根是精神不安症，並發表了不做科學家和教師而做管子工和小販的聲明，從而在美國知識界吹響了反迫害、爭自由的號角。

做為一個科學家和思想家，愛因斯坦最為關心的是思想自由及其與之密切相關的學術自由。他在1954年「為保衛學術自由和公民權利而鬥爭」的問答中說：

> 我所理解的學術自由是，一個人有探求真理以及發表和講授他認為正確的東西的權利。這種權利也包含著一種義務；一個人不應當隱瞞他已認識到是正確的東西的任何部分。顯然，對學術自由的任何限制都會抑制知識的傳播，從而也會妨礙合理性的判斷和合理性的行動。

他進而指出，由於美國藉口國家遭到所謂的外來危險，正在對學術自由進行威脅和破壞：教學和相互交換意見的自由、出版和其他使用傳播工具的自由，都受到侵犯或阻撓(*E3*, p. 323)。他早就呼籲通過有組織的行動保衛學術自由，因為沒有學術自由，民主社會的健康發展是不可能的(*HPS*, p. 430)。

儘管個人自由已明文寫入民主國家的憲法，但為何屢遭侵害

呢？愛因斯坦以美國為例揭示出，生產的集中使得生產資本集中到這個國家的少數人手裡，這一小撮人以壓倒一切的力量控制著對青年進行教育的機構，也控制著這個國家的大型報紙。同時，它還左右著政府。這本身就足以構成一種對這個國家知識分子自由的嚴重威脅。但還有另一事實，即這種經濟的集中過程產生了前所未有的部分工作人員永遠失業的問題，從而失去了外在自由的經濟條件。只有當巨大的經濟問題通過民主方式解決了，維護自由的困難才能解決，而這種解決辦法的基礎又必須以保護言論自由來作準備，使人民認識問題的真相和深層原因，這才是防止最嚴重損害的唯一方法 (*E3*, pp. 139–140)。其次，是外在自由的政治條件的喪失：反動政客借助所謂的來自國外的威脅壓制思想和學術自由，專制的政治力量侵入科學生活。對此，他力促知識分子採取各種方式進行抗爭。

為了與侵犯自由的邪惡勢力作鬥爭，愛因斯坦多次呼籲增強個人的道德感和責任感。他認為，雖然外界的強迫在一定程度上能夠影響一個人的責任感，但決不可能完全摧毀它。我們目前體制中存在的道德標準，以及我們一般的法律和習俗，都是各個時代的無數個人為表達他們認為正義的東西所作的努力集累起來的結果。體制若是得不到個人責任感的支持，從道義的意義上來說，它是無能為力的。因此，他特別強調要喚起和加強這種道德責任感，為人類的民主和自由事業作出重要貢獻 (*E3*, p. 286)。愛因斯坦本人身體力行，以高度的責任感和良心同不義和暴政作鬥爭。他說：「我對社會上那些我認為是非常惡劣的和不幸的情況公開發表了意見，對它們沉默就會使我覺得是在犯同謀罪。」 (*E3*, p. 321)愛因斯坦認為，從原則上講，每個公民對於保衛本國憲法上的自由都應當有同等的責任，但知識分子更是任重道遠：

就「知識分子」這個詞的最廣泛意義來說，他們則負有更大的責任，因為他們受過特殊的訓練，他們對輿論的形成能夠發揮特別強大的影響。這就可以解釋為什麼那些力求把我們引向獨裁的人特別熱中於恫嚇知識分子，並封住他們的嘴。因此，在當前這樣的環境下，知識分子應認識到自己對社會所負的特殊責任，也就更加重要了。這應當包括拒絕同侵犯憲法上的個人權利的任何措施合作。(*E3*, p. 324)

對於那些趨向墮落，在強權面前嚇破了膽而變成懦夫的知識分子，愛因斯坦給予無情的批評和譴責。他別無它法，只能以自己的切實行動喚起他們的良知。

最後簡單提及一下：愛因斯坦的自由和民主思想無疑受到斯賓諾莎等自由思想者和啟蒙思想家的影響。斯賓諾莎主張民主政治乃是最好的政治制度，因為它允許人民有思考和判斷的自由，是最合乎人類天性而最不易受攻擊的政治制度。他還把他的自由民主思想總結為六條基本原則❹。斯賓諾莎精心「研磨」出的這些「鏡片」，完全可以成為愛因斯坦觀察問題的利器。尤其是，斯賓諾莎的下述言論當年肯定震撼了愛因斯坦敏感的心靈，時至今日它也能給讀者以發蒙振聵的力量：

把正直的人士像罪犯加以流放，因為他們有不同意見無法隱蔽，一個國家的不幸還能想像有甚於此的嗎？我是說，人沒有犯罪，沒有作惡，只是因為他們開明，竟以敵人看待，置

---

❹　同❸，頁691–693。

之死地，警戒惡人的斷頭臺竟成一個活動場，在那裡把容忍與德性最高的實例拿來示眾，加以治權所能想到的污辱，還有比這個更有害的嗎？自知是正直的人並不怕人按一個罪犯把自己處死，不怕受懲罰，他的心中沒有因做了丟臉的事而引起的那種悔懊。他認為為正義而死不是懲罰，而是一種光榮，為自由而死是一種榮耀。❶❺

---

❶❺　同❼，頁276。

第十一章　人道的社會主義

眾芳搖落怯清寒，
暄妍未敢占故園。
惟送暗香催春使，
喚醒東風始怡然。

——李醒民〈反林逋「山園小梅」詩意〉

　　社會主義是一組富於變化且頗多歧義的政治理論和將這些理論付諸實踐的政治運動。從十九世紀初在英國和法國萌生，到十九世紀二十年代至五十年代在歐洲勃興，直至本世紀在東西方的大規模的社會實踐，形形色色的社會主義思潮和運動都曾登臺表演過，但至今仍無法用三言兩語概括它的基本要義。愛因斯坦從青年時就自認是社會主義者，他積極支持社會主義的實踐活動，並就社會主義問題發表了諸多見解，因此曾受到普林斯頓校友會的攻擊、聯邦政府的懷疑❶和麥卡錫分子的政治迫害。本章擬圍繞他的以人道主

<hr>

❶　新澤西州州議會1933年1月30日——希特勒正是這天爬上了德國總理的寶座——通過決議，邀請愛因斯坦任普林斯頓高級研究院教授會成員。但是，該院的校友會卻猛烈攻擊愛因斯坦是一個「有害於我們制

義為核心的社會主義思想加以論述。

一、學術界首要的社會主義者

在學術界，在西方著名的科學家當中，也許只有朗之萬是可與愛因斯坦媲美的社會主義者。愛因斯坦誠心誠意地擁護德國工人和士兵的十一月革命和魏瑪共和國的建立，他在1918年11月11日寫給母親的明信片中歡喜雀躍：

> 請不要擔心，迄今為止，一切都進行得十分順利──的確給人留下了不可磨滅的印象。現在的領導似乎完全勝任他的任務。我為事態正在發展的方式感到十分愉悅。只有現在，我在這裡才確實感到自由自在。戰敗創造了奇蹟。學術共同體把我看作是一個首要的社會主義者(archsocialist)。❷

他在12月4日寫給貝索的信中說：某種偉大的事物真正出現了。軍國主義宗教已經消失，我相信它不會捲土重來。看來德國南部將更多地模仿瑞士的榜樣發展下去，而這裡俄國的範例嚴重地占有優勢。大多數的人由於有了斷然措施而鬆了一口氣，因為舊經濟的消失意味著解放。雖說不少朕兆簡直令人生疑，但是我的樂觀是難以動搖

度、歷史和社會生活的學說的高談闊論的外國人」，「由於他的共產主義與和平主義學說」，應該禁止他在普林斯頓講演。美國聯邦政府也發布通報，其中有愛因斯坦的嫌疑照片，聲稱他與第三共產國際有聯繫。(*HPS*, p. 281)

❷　此處引文引自(*HPS*, p. 46)，(*E3*, p. 6)中的幾句譯文似不確。

的。「我享有一個無可指責的社會主義者的盛名。」(*E3*, p. 440)是年月底，在學生集會上的演說中，他號召大家全心全意地支持現在的社會民主主義的領導人，並祝願他們領導人民擺脫嚴重的困難，實現民主的理想(*HPS*, p. 48)。

對於一年前在俄國爆發的十月革命，愛因斯坦也表示理解和支持。1919年當西方列強直接或間接地對新生的蘇維埃政權進行武裝干涉和經濟封鎖時，他曾聯合德國知識分子發表抗議聲明。他在1950年寫給胡克(S. Hook)的信中回顧說：

> 我曾努力去了解俄國革命會成為一件必然的事。在當時俄國的一般情況下，我相信只有堅定的少數人承擔的革命才能夠取得勝利。一個關心人民幸福的俄國人，在當時存在著的條件下，自然會同這些少數人合作，並且順從他們，因為要不然，就不能達到這次革命的直接目標。對於一個獨立的人來說，這確實需要暫時地、痛苦地放棄他的個人自由。但我相信，這種暫時的犧牲，我自己會認為是我的責任，會把它看作是害處較少的。

不過，愛因斯坦同時也明確指出：這不應當理解為我贊成蘇聯政府在知識問題和藝術問題上所採取的直接和間接的干預政策。我認為這種干預是應該反對的，是有害的，甚至是荒謬的。我也相信政治權力的集中和個人自由的限制不應當超過一定的界限，這界限是根據外部安全、國內穩定和計劃經濟的需要所作的考慮而定出來的。不管怎樣，蘇維埃制度在教育、公共衛生、社會福利和經濟領域的成就無疑都是偉大的，而全體人民已從這些成就裡得到了很大益處

(*E3*, p. 285)。

　　1925年，愛因斯坦在柏林報紙發表聲明，支持共產黨人關於釋放政治犯的呼籲，因為這一活動「有助於和平與進步事業」，「意味著公正原則的基本契約的付諸實現」(*HPS*, p. 110)。1931年，他敏銳地指出，社會民主黨由於對軍國主義的妥協，致使威望和信任遭到損失。他對此深感不幸，希望國際團結的重建能使社會主義恢復元氣。(*HPS*, p. 201)他在1938年還憤怒譴責張伯倫「寧願要希特勒，也不要赤黨分子」的綏靖政策，無恥地出賣捷克和毀滅西班牙。他也無情地抨擊美國受金錢和對布爾什維克的恐懼感的統治，賣力地參與扼殺西班牙的行徑。(*E3*, pp. 468–469) 愛因斯坦雖然關注和支持社會民主黨人和社會主義的正義事業，也曾參加過該黨的一些會議和集會，與某些黨內人士過從甚密，但他可能從未加入社會民主黨，也不是黨派分支機構的成員❸。當他看到魏瑪共和國後來沒有履行他從中看到的偉大承諾時，當他對俄國和蘇聯(1922)國內政治狀況表示擔憂和不滿時，他確實感到十分失望。但是，他對民主和社會主義的信念從未動搖或改變，這種信念在1949年5月發表的〈為什麼要社會主義?〉 達到頂峰。他肯定覺得蘇聯的社會主義並不是他心目中的社會主義：「就我實際上所理解的社會主義而言，今天哪兒也不存在社會主義。」(*HPX*, p. 153)

　　對於「科學社會主義」學說的創始人和第一個社會主義國家的

---

❸　愛因斯坦1920年代的鄰居斷言：愛因斯坦當年加入了德國社會民主黨，出席過會議並參加了討論；愛因斯坦認為，花盡可能多的時間和精力，「幫助在腦勞動者和體力勞動者之間的鴻溝上架起橋樑」是他的義務。但是，愛因斯坦的家庭成員卻斷然否認愛因斯坦參加過社會民主黨和任何其他政黨(*HPS*, p. 49)。

締造者，愛因斯坦懷有尊敬之情。他說，有一種對正義和理性的熱愛深留在猶太人的傳統中，這種傳統在近代產生了斯賓諾莎和卡爾・馬克思(*E3*, p. 61)。他還說：「像摩西、斯賓諾莎和卡爾・馬克思這樣一些人物，儘管他們並不一樣，但他們都為社會正義的理想而生活，而自我犧牲；而引導他們走上這條荊棘叢生的道路的，正是他們祖先的傳統。」(*E3*, p. 164)他指出卡爾・馬克思和列寧也出身於知識分子，並從知識分子那裡汲取了消除摧殘人的偏見的力量(*HPS*, p. 357)。他曾這樣寫道：「我尊敬列寧，因為他是一位有完全自我犧牲精神、全心全意為實現社會正義而獻身的人。我並不認為他的方法是切合實際的。但有一點可以肯定：像他這種類型的人，是人類良心的維護者和再造者。」❹不過他在1932年的一封信中也說過：「在俄國境外，當然不會有人把列寧和恩格斯 (F. Engels, 1820–1895)評價為科學的思想家，也不會有人有興趣把他們作為這樣的思想家來駁斥。俄國的情況可能亦是如此，不過那裡沒有人敢這樣說罷了。」❺愛因斯坦的這些評論，純粹出自他的正義感，出自

---

❹　在 (*E3*, p. 9) 的腳注中，估計愛因斯坦寫這段話的時間大概在 1919 年，而在(*SD*, p. 12)中卻認為是1929年。

❺　參見 (*SD*, p. 12)。從引文本身看，愛因斯坦很可能是針對列寧的《唯物主義和經驗批判主義》和恩格斯的《自然辯證法》等而言的。由於無緣見到原始文件 (A. Einstein, Letter to K. R. Leistner, September 8, 1932)，不好妄下斷言。不過，愛因斯坦對《自然辯證法》評價不高，卻是有案可查的。1924年春，伯恩斯坦(E. Bernstein, 1850–1932)把恩格斯的手稿交給愛因斯坦，讓其就是否出版發表意見。愛因斯坦在 6 月30日覆信說：「要是這部手稿出自並非做為一個歷史人物而引人注意的作者，那麼我就不會建議將它付印，因為不論從當代物理學的觀點來看，還是從物理學史方面來說，這部手稿的內容都沒有特殊的趣

他的正直的、客觀的判斷，出自他對社會主義有關思想和嘗試的贊許和同情，絲毫沒有討好誰的意思。

愛因斯坦的人道的社會主義淵源於猶太人的傳統和猶太復國主義的思想和實踐。愛因斯坦認為，為知識而追求知識，幾乎狂熱地酷愛正義，要求個人獨立，是猶太人傳統的特徵(E3, p. 50)。猶太人的理想是社會正義的民主理想，以及一切人中間的互助和寬容的理想(E3, p. 164)。猶太教的中心信仰認為世人在上帝的眼中都是平等的，上帝將向他的子民顯示仁愛，團結一切人，拯救一切人。在愛因斯坦的心目中，這些美好願望、傳統和教義「能夠醫治人類社會一切弊病」(E3, p. 53)，而它們在他所處的資本主義社會是難以實現的，而與他憧憬的社會主義的理想則完全和諧一致。難怪他說：「社會主義的要求多半首先由猶太人提出來，這決不是偶然的。」 (E3, p. 104)此外，猶太復國主義的理論家和領導人大都具有民族主義和社會主義思想，愛因斯坦抵制了民族主義，但肯定受到他們的社會主義思想的影響。他還親眼看到，在古老的巴勒斯坦土

味。可是，我可以這樣設想：如果考慮到這部著作對於闡明恩格斯的思想的意義是一個有趣的文獻，那是可以出版的。」(E1, p. 202)蘇聯的一些權威人士推測,伯恩斯坦並未給愛因斯坦看恩格斯的全部手稿,只送去了關於電和磁的那部分手稿。但是，伯恩斯坦1929年在柏林告訴胡克：愛因斯坦當時看的是《自然辯證法》的全部手稿。而且，愛因斯坦在1940年6月17日寫信告訴胡克：「愛德華·伯恩斯坦送來全部手稿讓我出主意，我的評語是對全部手稿而說的。我堅信，要是恩格斯本人能夠看到，在這樣長久的時間之後，他的這個謹慎的嘗試竟被認為具有如此巨大的重要性，他會覺得可笑。」(E1, p. 202)我認為，愛因斯坦的看法是頗有道理的，(E1, pp. 202-203)中編譯者的有關結論是欠妥當的。

地上建立了社會主義和半社會主義的勞動者組織——「基布兹」和「莫夏夫」，並對這些人道主義的和值得推崇的實體大加稱讚，這顯然有助於加深他對社會主義的信念。

愛因斯坦的人道的社會主義思想也或多或少的受到德國和歐洲的社會民主黨人的影響，以及馬克思等人的學說的直接或間接的影響。在這裡，一些具有社會主義思想的思想家的影響也值得引起注意，例如波佩爾–林科伊斯、蕭伯納(G. Bernard Shaw, 1856–1950)、馬赫等。波佩爾–林科伊斯是馬赫的朋友和哲學同盟者，寫了不少關於國家和社會主義的論著。他在《生的權利和死的義務》(1878)中給出了一個接近最初的社會民主主義目標的綱領，其獨特見解在於：組織體制應限於最基本的事情，個人自由必須受到維護，否則社會民主主義國家也許比君主政體或寡頭政治的國家更暴虐。在《新國家理論基礎》(1905) 中，體現了這樣一個主旋律：多數原則是第二位的需要，受保護的個人獨立是根本的需要 ❻。愛因斯坦可能讀過這些書或了解波佩爾–林科伊斯的思想，他在紀念其逝世的文章中這樣寫道：

> 波佩爾–林科伊斯不僅是一位有才華的工程師和作家，他還是少數體現時代良心的出色人物之一。他孜孜不倦地向我們宣傳社會要對每個人的命運負責，並且為我們指出了一條把社會應盡的義務變成事實的道路。社會或國家不是他盲目崇拜的對象；他把社會要求個人作出犧牲的權力，完全建立在

❻　E. Mach, *Knowledge and Error, Sketches on the Psychology*, D. Reidel Publishing Company, 1976, p. 63.

社會應當給個人的個性以和諧發展機會這一責任之上。(*E3*,
p. 10)

蕭伯納這位英國戲劇家也是一位社會主義者和費邊社❼的創始人。
蕭伯納等費邊主義者反對暴力和暴力革命,主張用改良和漸變的方
法從資本主義過渡到社會主義。蕭伯納參與了這個中產階級社會主
義團體的一切活動,並編輯和寫作《費邊社會主義論文集》, 他也
閱讀過馬克思的著作。愛因斯坦1929年1月寫信給貝索說,他在鄉
間別墅懷著愉快的心情,專心致志地讀了蕭伯納的一本論社會主義
的書《知識女性的社會主義和資本主義指南》。 他稱贊作者「是一
個聰明能幹的人,對於人類的活動頗有真知灼見」, 並表示「想設
法替這本書宣傳宣傳」(*E3*, p. 454)。愛因斯坦無疑也會受到馬赫的
人道主義和社會主義思想❽的影響。

在維也納學派和愛因斯坦之間,似乎也存在著相互影響的問
題。維也納學派,尤其是它的「左翼」漢恩(H. Hahn, 1879–1934)、
紐拉特 (O. Neurath, 1882–1945)、弗蘭克、卡爾納普,在政治取向
上帶有明顯的乃至強烈的社會主義傾向,他們從馬赫、波佩爾－林

---

❼ 費邊社(Fabian Society)是1883–1884年在倫敦成立的社會主義團體,
其宗旨是在英國建立民主的社會主義國家。費邊社信奉漸進社會主
義,不主張革命。該社的名稱源於善用緩進待機戰術的古羅馬將軍費
邊·馬克西姆斯 (Fabius Maximus Cunctator, Quintus, ?– 西元前 203
年) 的名字,於是費邊主義成為緩步前進或謹慎小心的同義語。費邊
社最初企圖用社會主義思想滲透自由黨和保守黨,但後來他們協助建
立了獨立的「勞工代表委員會」, 該會於1906年改建為工黨,費邊社
隨即隸屬於工黨。

❽ 李醒民:《馬赫》,東大圖書公司印行 (臺北), 1995 年第一版,頁196 –207。

科伊斯和馬克思的著作中都汲取了社會主義思想的營養，這一點在維也納學派的宣言中清楚地顯示出來❾。例如，紐拉特接受了馬克思的影響，與社會民主黨人、共產黨人及工人、農民接觸很多。1919年他在巴伐利亞社會民主黨政府計劃署工作期間，曾大力推行經濟的社會主義化。他還發表了〈社會主義化的性質和道路〉等文章，向群眾宣傳社會主義思想❿。卡爾納普在《思想自述》中回顧說，維也納小組的成員幾乎都持有「科學的人道主義」觀點。他認為，合理計劃的經濟組織（某種形式的社會主義）和世界組織（逐步向世界政府發展的形式）是能使我們最有希望地實現人類最終目的組織手段，這個最終目的旨在建立一種重視個人的福利和發展、而不是國家權力的生活方式，從而使個人的人身自由和文化自由同有效的國家組織和經濟組織的發展相互協調起來⓫。通過與下面將要論述的愛因斯坦的思想相比較，人們不難發現二者相互影響的蛛絲馬跡及某種平行性。

愛因斯坦的人道的社會主義也是他對他所生活的世界的弊端

❾　H. 漢恩、O. 紐拉特、R. 卡爾納普：〈科學的世界概念：維也納學派〉，曲躍厚譯，《自然科學哲學問題》（北京），1989年第1期，頁16–24，27。

❿　涂紀亮：《分析哲學及其在美國的發展》，中國社會科學出版社（北京），1987年第一版，頁204–207。

⓫　《現代西方哲學論著選輯》（上冊），洪謙主編，商務印書館（北京），1993年第一版，頁555–557。「科學的人道主義」的三個觀點是：1. 人類沒有什麼超自然的保護或仇敵，因此人類的任務就是去做一切可以改善人類生活的事情。 2. 相信人類有能力改善他們的內部的和外部的生活環境，即免除目前所受的許多痛苦。 3. 人類一切深思熟慮的行為都是以關於世界的知識為前提的，而科學方法是獲得知識的最好方法，因此必須把科學看作改善人類生活的最有價值的工具。

和不公正所作出的反應，這雖不能說是有條理的研究的結果，但無論如何是審慎的觀察和嚴肅的思考的結果。愛因斯坦歷訴了資本主義的禍害：經濟的無政府狀態，寡頭政治，對個人的摧殘 (*E3*, pp. 271–273)。他看到，資本主義社會的生產的集中和社會化與資本和生產資料的私人占有，導致並加劇了生產和經濟的無政府狀態。一方面，工商業界的巨頭以他們認為合適的方式來處置生產手段，不斷地剝奪社會成員的集體勞動果實，這種剝奪不是通過暴力，而是嚴格按照法定的條例進行的，從而加速了資本的集中。另一方面，由於勞動合同是「自由的」，因而決定工人收入的，不是他所生產的商品的實際價值，而是他的生活的最低需要，以及資本家對勞動力的需求同就業競爭的工人數目的關係。加之資本主義生產經營的目的是為了利潤，而不是為了使用，因此失業大軍一直存在，工人經常受到失業的威脅。既然失業的和報酬微薄的工人提供不出有利可圖的市場，消費品的生產就受到限制，結果造成巨大的經濟困難。技術的進步經常產生的是更多的失業，而不是使勞動負擔普遍有所減輕。追逐利潤，加上資本家之間的競爭，使資本的積累和利用不穩定，從而導致日益嚴重的不景氣。

與此同時，資本家的競爭以及技術進步和不斷分工引起了更大生產單位的形成，使私人資本日趨集中在少數人手裡。這些發展的結果造成了私人資本的寡頭政治，它的巨大權力甚至連民主組織起來的國家也無法有效地加以控制。事實的確如此，因為立法機關的成員是由政黨選出來的，而這些政黨要不是大部分經費是由私人資本家提供的，也是在其他方面受他們影響的，他們實際上把選民和立法機關隔離開來了。結果是，人民的代表事實上不能充分保護人民中無特權的那一部分人的利益。此外，在目前條件下，私人資本

家還必然直接或間接地控制情報和知識的主要來源（報紙、廣播電臺、教育）。 因此，一個公民要達到客觀的結論，並且理智地運用他的政治權利，那是極其困難的，在多數情況下甚至完全不可能，這自然而然地使某些民主和自由條文形同虛設。

愛因斯坦強調，對個人的摧殘是資本主義的最大禍害。撇開物質生活無保障不談，人們的精神也日益蒙受巨大的創傷。現在的個人的唯我論傾向總是在加強，而本來就比較微弱的社會傾向卻逐漸在衰退。他們感到憂慮不安、孤單寂寞，並且喪失了天真、單純和淳樸的生活樂趣。另外，我們的整個教育制度都蒙受其害。人們還把誇張的競爭姿態教給學生，訓練他們對好勝喜功的崇拜，以做為他們未來生涯的一種準備。內森對這一切作了如下的總括性的評論：

> 愛因斯坦是一位社會主義者。他之所以相信社會主義，是因為他做為一個令人信服的平等主義者，反對資本主義的階級分化和人對人的剝削，他覺得資本主義制度比以前的任何經濟組織更能巧妙地為這一切大開方便之門。他之所以是一位社會主義者，是因為他相信，資本主義經濟不能充分地改善全體人民的福利，資本主義的無政府狀態是當代社會許多罪惡的淵藪。最後，他之所以是一位社會主義者，是因為他深信不疑，在社會主義制度下，比在人們已知的其他制度下，更有可能達到與公共福利相一致的、最大程度的個人自由。
> (*HPS*, pp. 2–3)

二、以人道為本的社會主義思想

愛因斯坦深信，要消滅資本主義所產生的嚴重禍害，只有一條道路，那就是建立社會主義經濟，同時配上一套以社會目標為方向的教育制度。在這樣一種經濟制度裡，生產手段歸社會本身所有，並且有計劃地加以利用。計劃經濟按社會的需要調節生產，它應該把工作分配給一切能工作的人，並且應當保障每一個人——無論男女老幼——都能生活。對個人的教育，除了要發揮他本人的天賦才能，還應當努力發展他對整個人類的責任感，以代替我們目前這個社會對權力和名利的讚揚。與此同時，他念念不忘社會主義應保證制度民主和個人自由：

> 然而應當記住，計劃經濟還不就是社會主義。計劃經濟本身還可能伴隨著對個人的完全奴役。社會主義的建成，需要解決這樣一些極端困難的社會—政治問題：鑒於政治權力和經濟權力的高度集中，怎樣才有可能防止行政人員變得權力無限和傲慢自負呢？怎樣才能使個人的權利得到保障，同時對於行政權力能夠保持一種民主的平衡力量呢？(*E3*, pp. 273–274)

應該說，愛因斯坦近半個世紀前提出的這些問題並非杞人之憂，它們過去沒有、現在依然沒有得到恰當而有效的解決。

愛因斯坦的頭腦是清醒的，他指出：「不能認為社會主義是解決一切社會問題的辦法，而只能看作是一種能夠容納這類解決辦法

的框架。」 雖然他相信資本主義無力制止失業，也無力使生產同人民的購買力保持健康的平衡，而社會主義的管理部門只要還保持哪怕是不徹底的適當管理標準，社會主義經濟所有的優點就肯定足以抵消它的缺點。但是，他還是向批評他的蘇聯同行強調：

> 我們還是不應當錯誤地把現存的社會和政治的禍害都歸咎於資本主義，也不應當錯誤地假定，只要建立起社會主義就足以醫治人類的一切社會和政治的痼疾。這樣一種信仰所必然有的危險，首先在於它鼓勵「忠實信徒」的狂熱的偏狹性，從而把一種可行的社會組織形式變成了一種像教會那樣的東西，把一切不歸屬它的人都污蔑為叛逆或者是為非作歹的壞分子。一旦到了這種地步，諒解「非忠實信徒」的行為和信念的能力也就完全消失了。我深信你們從歷史上一定知道，那些堅持這樣一類頑固信仰的人，曾經使人類遭受了多少不必要的痛苦。(*E3*, pp. 242–243)

不過，愛因斯坦倒是建議，把這種做為「共產主義制度在東方的力量的一個源泉」的「宗教的特徵」所激勵起的「類似於宗教的情緒」，做為爭取「法治基礎上的和平」運動的「深摯的感情力量」， 因為單用邏輯喚醒人是不行的(*E3*, p. 235)。

愛因斯坦不贊同無政府主義。因為他深信，沒有政府，任何文明的社會形態也就不可能存在。在健全的社會中，人民的意志和政府之間維持著一種動態平衡，可以防止政府向暴政退化。可是，如果在一個國家中，政府不僅掌握著武裝力量，而且還掌握了教育和信息的每一條渠道和每一個公民的經濟生活，那麼它向暴政的退化

就更加嚴重(*E3*, p. 243)。正是出於這種考慮，儘管他多麼相信社會主義的必要性，可還是擔心社會主義國家必然引起的權力高度集中有可能在國內損害民主和自由，在國際上也可能導致野心膨脹和強權擴張，從而無法解決國家間的安全問題。他認為：「社會主義官僚想搞侵略行為的傾向不見得比現在的私人經濟勢力的代表人物要小。」(*E3*, p. 288)他否認「社會主義的本性就決定了它是把反對戰爭作為解決問題的方式」的說法，而堅持「兩個社會主義國家之間也會發生戰爭」的觀點。難怪他強調：「和平主義比社會主義更容易贏得人民」，「我們首先應該為和平主義而工作，然後為社會主義而工作。」(*HPS*, p. 173)

愛因斯坦的人道的社會主義思想不是僵化的意識形態教條，而是對活生生的現實認真地進行無拘無束的思索的結果。正是出於冷靜的觀察和理性的分析，他才對世界第一個社會主義國家蘇俄既有讚揚，又有批評。他不相信報刊的欺騙宣傳，他在1942年稱頌俄國人民和政府在科學、技術、經濟和文化方面所取得的異乎尋常的和史無前例的成就和進展；在日常生活中實現了平等目標、平等權利以及平等的社會義務；真誠而明確地為國際安全盡力，支持西班牙合法政府，為捷克提供援助，從未縱容德國和日本的冒險政策。對於蘇聯為抵抗德國侵略而蒙受的巨大痛苦和犧牲，他提醒為之受惠的世界人民和子子孫孫都應對此感恩戴德。他在二戰前堅決反對用暴力鎮壓俄國為創建一個公正的、理性的經濟秩序而作出的獨一無二的嘗試，在戰後又堅決反對孤立、敵視蘇聯和對它進行所謂的預防性戰爭。對於俄國政治領域中的嚴厲強制政策，愛因斯坦也表示有條件的理解。他說，這可能部分地是由於必須粉碎先前的統治階級的權勢，使國家免受侵略，把政治上無經驗的、文化上落後的、

深深紮根於過去傳統中的人民改造成為生產勞動而充分組織起來的民族。他認為，為取得個人的經濟保障和公共利益，個人自由蒙受某些犧牲也是難免的。他從俄國人民反抗強大外敵的鬥爭中，從每一個人的無畏犧牲和模範克己的行為中，看到他們為保衛已贏得的成果的堅強意志和普遍願望。(*HPS*, pp. 426–427)

　　儘管如此，愛因斯坦還是毫無保留地對蘇聯國內的狀況提出過中肯的批評。由於新聞媒體的某些誇張和反共、恐共政客的有意歪曲，他只能十分艱難地嘗試對在蘇維埃俄國發生的情況形成一種判斷。在今天看來，他在1932年的評論並非偏頗之詞：

> 在頂端出現的是個人鬥爭，在這一鬥爭中，從利己動機出發而行動的、渴望權力的個人利用最骯髒的手段；在底部似乎是對個人和言論自由的十足的壓制。人們感到驚奇：在這樣的條件下，生活有什麼價值。(*HPS*, p. 242)

愛因斯坦在前述的給胡克的信(1950)中，雖則對蘇聯的政治狀況表示某種程度的理解，但仍尖銳地指出對知識和藝術問題的超過一定限度的干預是有害而荒謬的。他在1952年也這樣寫道：「我們聽到的關於蘇聯的報導當然是片面的、誇張的。但是，似乎可以肯定，儘管它取得了一定的社會和經濟成就，但它的政治制度要比我們野蠻殘暴得多。」(*HPS*, p. 271)此外，針對蘇聯學術界和官方某些人士以哲學教條和意識形態為根據而詆毀相對論的作法，他在1950年代初如下揶揄打著蘇聯印記的唯物辯證法：

> 當全能的上帝制定自然界的永恒法規時，有這樣一個疑慮使

他憂心忡忡，即使到後來他也無法打消這個疑慮：如果將來
唯物辯證法的最高權威宣布上帝的某些甚至全部法規均為非
法，那麼局面將是多麼尷尬。

後來，在他創造唯物辯證法的先知和聖人時，一個大同小異
的疑慮又鑽進了他的心靈，但他很快就恢復了平靜，因為他
發現自己有絕對把握認為，這些先知和聖人是永遠也不會相
信唯物辯證法的信條會同理智與真理背道而馳的。(*RS*, p.
80)

愛因斯坦之所以對社會主義的權力集中表示擔憂，對蘇聯的踐
踏個人權利和自由、意識形態的宗教化和教條化提出批評，也許在
於這一切不正常的事態有礙於作為社會主義方向的社會─倫理目標
的實現。在他看來，只要具有崇高道德理想的人構想出來的目的不
是死胎，而是有充沛的生命力的，那麼它們就會被許多人採納並向
前發展，從而自覺或不自覺地決定著社會的緩慢進化 (*E3*, p. 268)。
愛因斯坦的社會─倫理目標的核心就是包括人道和人權思想在內的
人道主義，他所構想的社會主義藍圖正是以人道主義為根本方向的。
這就是我們把愛因斯坦的社會主義思想稱之為人道的社會主義的緣
由。

愛因斯坦是一個偉大的人道主義者，他的人道主義思想是科學
人道主義（卡爾納普意義上的）和倫理人道主義（人們在日常生活
中的行為應建立在邏輯、真理、成熟的倫理意識、同情和普遍的社
會需要的基礎上❷）的綜合物。如果說愛因斯坦的宇宙宗教感情是

---

❷　P. A. Bucky, *The Private Albert Einstein*, A Universal Press Syndicate
Company, Kansas City, 1993, p. 81.

探索科學的高尚動機的話，那麼科學的和倫理的人道主義則是愛因斯坦處理社會和個人問題的聖潔的情懷，是他的社會主義思想的立足之本。他把人道主義看作是歐洲的理想和歐洲精神的本性，並揭示出它所包括的豐富內容和寶貴價值：

> 歐洲的人道主義理想事實上似乎不可改變地與觀點的自由表達，與某種程度上的個人的自由意志，與不考慮純粹的功利而面向思想客觀性的努力，以及與鼓勵在心智和情趣領域裡的差異密切相關。這些要求和理想構成了歐洲精神的本性。人們不能用理性確立這些價值標準和準則的價值，因為它們是生活進路中的基本原則的問題，是只能用感情來肯定或否定的出發點。⓭

　　如果說科學人道主義更多地來自古希臘精神所導致的創造源泉和愛因斯坦的科學實踐的話，那麼追根溯源，愛因斯坦的倫理人道主義則出自猶太教《聖經》所規定的人道方面的原則——無此則健康愉快的人類共同體便不能存在。他的經典性的闡述如下：

> 我們的文明總是基於我們文化的保持和改善。而文化則受到兩個源泉的滋養。其一來自由意大利文藝復興所更新和補充的古希臘精神。它要求個人去思考、去觀察、去創造。其二來自猶太教和原始的基督教。它的特徵可用一句箴言來概括：用為人類的無私服務證明你的良心。在這個意義上，我們可

⓭　A. Einstein, *Out of My Latter Years*, Philosophical Library, New York, 1950, p. 181.

以說,我們的文化是從創造的源泉和道德的源泉進化而來的。直到中世紀末,文化生命是唯一地從第二個源泉即道德源泉獲取它的力量的。所導致的是思想貧乏的但卻是穩定的文化。在文藝復興時期,當人的創造力的源泉開始比較自由地湧流時,結果產生了花繁葉茂的文化,它一代一代地傳下去直到當代,提供了永不枯竭的激勵源泉。這一激動人心的進化的結果是,創造了強大的文明和技術以及人口的激增,提高了生活的物質水準和精神水準。

我們顯然已經忘記,道德源泉對於我們的生存依然是極其重要的。可是現在我們沮喪地認識到,這個源泉已經喪失了它的許多力量,而沒有它,我們命中注定是毫無希望的。以往各代人的創造能力傳到我們手中的工具越強大,人們明智地使用它的道德力量也必須越偉大。要克服社會中的罪惡,人不能缺少理智;而現在缺乏的正是他對人類利益的無私的、負責的奉獻。(*HPS*, pp. 220–221)

愛因斯坦的旨意很明白:必須修理好社會進步雙輪馬車中的殘損的道德輪子,從道德源泉汲取與創造源泉相平衡的足夠的力量,唯此人類的文化生命才能煥發新的活力。他的倫理人道主義和人道的社會主義均是以此做為出發點和歸宿的,難怪他認為「指引社會主義方向的是一個社會 — 倫理目的」(*E3*, p. 268)。

愛因斯坦終生把源於猶太教的人道原則置於至高無上的地位,人道原則在他的心目中無異於康德的「頭上的星空和內心的道德律」❹。他在1917年寫給朋友的信中說:「這個愛好文化的時代怎

麼可能腐敗墮落到如此地步呢？我現在越來越把人道和博愛置於一切之上⋯⋯我們所有那些被人吹捧的技術進步 —— 我們唯一的文明 —— 好像是一個病態心理的罪犯手中的一把利斧。」(*RS*, p. 78)面對人道原則在德國和西歐各地「正在蒙受損失」，他大聲疾呼：「正是人道，應該得到首要的考慮。」(*HPS*, p. 71) 他還經常敦促人們以憂樂與共的同情心去理解同胞，以便大家在這個世界上和睦相處 (*E3*, p. 294)。他說：

> 我們最難忘的體驗來自我們同胞的愛和同情。這種同情是上帝的禮物，當它似乎是不應得的時候，它就更加使人高興了。同情總是應該用真心誠意的感激之情和用從人自己的機能不全的感覺中流露出的謙遜來接受；它喚起了投木報瓊、投李報桃的欲望。(*HPS*, p. 331)

　　與尊重人道原則相伴隨，愛因斯坦也十分重視爭取和捍衛人權。他所理解的人權實質上指的是：保護個人，反對別人和政府對他的任意侵犯；要求工作並要求從工作中取得適當報酬的權利；討論和教學的自由；個人適當參與組織政府的權利。他強調還有一種注定非常重要的、但卻不常被提及的人權，那就是個人有權利和義務不參與他認為是錯誤的或者有害的活動。愛因斯坦看到，儘管上述內容中一些現今在理論上已得到承認，但它們在實際上卻受到更

❹　康德說：「有兩種東西，我愈時常、愈反覆加以思維，它們就給人心灌注了時時在翻新、有加無已的讚嘆和敬畏：頭上的星空和內心的道德法則。」參見I. 康德：《實踐理性批判》，商務印書館（北京），1960年第一版，頁164。

大的摧殘。為此，他義無反顧地指出：

> 人權的存在和有效性不是從天上掉下來的。是那些歷史上有
> 見識的人設想出人在相互對待的行為方面的理想，並以此教
> 導給人們；也是他們發展了最令人嚮往的社會結構的基本思
> 想。這些從歷史經驗中和對美與和諧的熱望中得出來的同樣
> 理想和信念，在理論上通常是容易為人們接受的，但是在人
> 的獸性本能的壓力下，這些思想信念又總是被人們所踐踏。
> 歷史中充滿了爭取人權的鬥爭，這是無休止的鬥爭，它的最
> 後勝利老是在躲開我們。但要厭倦這種鬥爭，就意味著要引
> 起社會的毀滅。(*E3*, pp. 321–322)

三、注重計劃管理的經濟觀

在本節，我們擬順便論述一下愛因斯坦的經濟觀。這不僅對完整地把握他的社會哲學是必要的，而且對深入理解他的人道的社會主義也是有助益的。

愛因斯坦對當時資本主義自由經濟的內在矛盾和嚴重後果瞭如指掌。他看到，根本的困難是勞動力市場幾乎無限制的自由同生產方法上的異常進步結合在一起。要滿足今天的社會需要，完全用不著全部現有的勞動力。其結果是失業和工人之間不健康的競爭，這兩者都使購買力下降，因而不僅使整個經濟體系嚴重失調，而且也嚴重地損害了個人的自由發展。他不相信自由主義的經濟學家堅持的觀點，即勞動上的每一項節約都有需求的增長與之平衡。他指

出，即使這種情況是真的，上述因素也常常迫使大部分人的生活水準下降到不合情理的低水平(*E3*, pp. 54, 40)。

針對無限制的經濟自由的困境和危險，愛因斯坦著力論述了計劃經濟的可行性和有效性，以解決現代化大工業引起的複雜的生產和分配問題❶。他說：

> 無論如何，現有的以自由企業為基礎的經濟體制，將無法依靠它自己的能力克服這些困難。需要通過國家調節，來安排人力和消費品的分配；沒有這樣的政府管理，即使是最富有的國家的經濟也將不能恰當地發揮作用。事實是，由於技術的改進，為滿足人的需要而要求的工作總量顯著地減少了：「自由」經濟不再能夠為所有想要工作的人提供就業了。要使國家中的每一個人都從技術進步中受益，而不讓一個人受到損害，那麼專門的規章措施就變得必不可少了。(*HPS*, p. 218)

愛因斯坦堅信：為了防止寶貴的生產力的浪費，並且不使大部分人民貧困和道德敗壞，生產、勞動和分配都必須根據確定的計劃組織起來 (*E3*, p. 99)。倘若按照我們的需要組織我們的資源，而不去做

---

❶ 愛因斯坦在西方資本主義經濟危機時期提出的計劃經濟方案是可以理解的，在當時對醫治社會經濟痼疾也有其積極意義。但社會主義國家的計劃經濟模式在實踐中被證明是失敗的；在理論上，面對龐大而複雜的社會經濟系統，由於信息收集、條件多變、決策繁難等因素，也很難制定出一個切合實際的計劃來。當今，行之有效的經濟模式是國家適當宏觀調控的市場經濟。其實，愛因斯坦在反對放任的自由經濟時，也不主張絕對的計劃經濟。

僵化的經濟理論或傳統的奴隸，那麼就會有足夠的錢財、足夠的工作和足夠的食物(*HPS*, pp. 174–175)。

愛因斯坦在強調計劃管理的必要性和重要性時，也不主張完全的計劃經濟 (*E3*, pp. 91–92)。他說，邏輯上最簡單但也是最大膽的解決辦法是完全的計劃經濟，即消費品由社會來生產和分配。今天俄國正在試行的辦法本質上就是如此。主要的還是要看這種強迫實驗所產生的結果如何。要在這裡冒昧地作出預言，那是太放肆了。不過，他心存狐疑問道：在這種制度下，貨物能否像在一種允許私人企業有較多自由的制度下一樣經濟地生產出來呢？這種制度如果不靠迄今還在伴隨的恐怖，它究竟能不能維持下去呢？這樣一種硬性的、集中的經濟制度會不會傾向於貿易保護政策而阻礙有益的革新呢？為了形成客觀的判斷，愛因斯坦沒有讓這些疑慮變成偏見。不過，他談了個人的意見：

> 只要同著眼的目標沒有任何矛盾，那些尊重現有傳統和習慣的方法，一般說來較為可取。我也不相信，把經濟驟然移交給政府管理，從生產觀點來看會是有利的；應當給私人企業留有活動的餘地，只要它還沒有因為企業卡特爾化而被工業本身排擠掉。

不過，愛因斯坦提出，這種經濟自由應該受到兩方面的限制。一方面，在各個工業部門中，應該通過法律縮短每週工作時間，使失業能有步驟地消除掉。同時應該確定最低工資，使工人的購買力能跟得上生產發展的步調。另一方面，在那些通過企業主組織而變成壟斷性質的工業裡，價格應當由國家控制，使資本的收益保持在合理

的限度內，並且防止人為地抑制生產和消費。照此辦理，也許可能建立起生產和消費之間的適當平衡，而不用對自由企業作太大的限制，同時也可制止生產手段（土地和機器）的占有者對靠工資過活的人（就其最廣泛的意義而言）的暴虐統治。

愛因斯坦的上述言論，都是針對1929–1933年間的資本主義世界經濟危機而作出的反應。對於這次經濟危機的原因和擺脫危機的辦法，他還提出了一系列有啟發性的見解❻。他揭示出，這次經濟危機與以前的危機在性質上有所不同，它是在完全放任主義的經濟制度下，由生產方法的迅速進展而導致的大量失業及其惡性循環（失業→購買力下降→失業增加→購買力更猛烈地下降→以此類推）引起的。生產過剩，賠款，新關稅壁壘的設立，中國和俄國兩大國退出世界貿易，戰後中下層階級的經濟上升，都不能算作是美國和世界經濟危機的真正原因。所謂的生產過剩只是表面的，其實質不是沒有需要，而是消費者無錢購買。因此，用生產過剩不能解釋經濟危機，這樣作的人不過是玩弄文字戲法(*E3*, pp. 89–91)。

---

❻ 愛因斯坦下述的內心獨白是意味深長的：「如果有什麼理由能使一個經濟學的門外漢有勇氣來對目前嚴重的經濟困難的性質發表意見的話，那就是專家之間的意見混亂不堪。我所要講的並沒有什麼新的東西，只不過是表示一個獨立的和誠實的人的意見，這樣的人沒有階級偏見和民族偏見的包袱，一心一意嚮往著人類的幸福和人類生活的最和諧的可能遠景。如果在下面寫的東西裡，好像我確信自己所說的話是真理，那不過是為了表達的方便而不是出於無根據的自信，也不是由於相信我自己腦子裡對這些問題的簡單想法是絕對無誤的，因為實際上這些問題是異乎尋常的複雜。」(*E3*, p. 89)讀者注意，愛因斯坦高度的社會責任感，純真的人道主義情懷，虛懷若谷的謙遜態度，在這段話裡不是自然而然地流露出來了麼？

對於那些一本正經地要求禁止技術革新的人，愛因斯坦認為其解決方案是荒唐的，因為目前這種苦難並不是技術本身的過錯——技術完全可以使人類免除為其生存所必須的大部分勞動(E3, p. 91)。為了醫治經濟危機這一痼疾，他開列的天然處方如下：第一，為擺脫失業現象，對工業各個部門按照不同等級，由法令規定縮短勞動時間，並且結合固定最低工資，使群眾購買力適應可供消費的商品總量。第二，把流通中的貨幣總量和信貸總量控制在一定範圍內，使得物價水平保持穩定。取消任何通貨本位制。第三，某些商品由於壟斷或形成卡特爾，實際上已經退出自由競爭，就由法令限制它們的價格。第四，對外貿易必須由國家機構控制，以便在同那些不參加這種規定的國家發生相互影響時，不招致損失。第五，實行這樣的計劃，要以擺脫政治上的骯髒交易為先決條件。(E3, pp. 93, 460)愛因斯坦強調指出，目前的經濟危機清楚表明，現存的經濟組織是不適宜的。人們應該努力以這樣的方式組織經濟：人的真正生存將不再受經濟危機的威脅。(HPS, pp. 168–169)

對於第二條，尤其是通貨（黃金）本位制，愛因斯坦還有專門論述。他的見解是：

> 金本位制存在著嚴重的不利，黃金供應的短缺自動地導致信貸的緊縮，同時也造成流通中通貨總額的收縮，處於這種緊縮的情況下，物價和工資就不能十分迅速地自行調整。(E3, p. 93)

愛因斯坦認為，支持金本位制是沒有理由的。對於一個有集中金融管理體制的地區的內部經濟來說，人們根本不需要黃金。在進出口

貿易可以自由進行的不同貨幣地區,黃金對於貨物的交換有好處(在多少是正常的條件下)。 在這裡,黃金作為容易運輸而又能持久的商品,可以起方便交易的作用。但是,當一個國家的商品輸出不能抵償它的商品輸入時,或者當一個富國沒有生產出外國所需要的商品時,這便首先導致黃金匱乏,然後導致外國信貸的窒息。此時,金本位制對紙幣持有者不能提供保證,黃金兌付不得不停止,從而給金本位制帶來災難。因此,愛因斯坦建議,國家最好取消黃金準備金,取而代之的是,依據法定辦法長期地保持平均物價(指數),並以該指數標準為基礎調整貨幣和信貸量。(*E3*, pp. 458–459, 462)

　　愛因斯坦在經濟上注重計劃管理的社會主義以及他總括的人道的社會主義,迄今並未在地球上的任何一個地方實現。但是,他所設想的社會—倫理目標和理想並不是烏托邦,因為他的人道的社會主義及其經濟觀的合理成分已滲透或落實在當今的社會機體之中。在二戰之後,資本主義國家通過加強立法、政策調整、社會改良和科技進步,優化了生產要素的配置,促進了經濟發展,推進了民主建設,緩和了勞資矛盾,縮小了貧富差距,穩定了社會秩序。尤其是本世紀中葉開始的新技術革命,更是促進了資本主義社會的繁榮。而馬克思之後的社會主義實踐(計劃經濟、權力集中,意識形態僵化)卻遇到難以克服的困難,不得不另起爐灶或改弦更張。但是,資本主義國家加強對生產的宏觀干預和對社會關係的改良,也不可避免地容納了某些社會主義因素,顯示出向「左」靠攏的趨向❼。另一方面,社會主義陣營的解體以及現有的自稱是社會主義

---

❼　愛因斯坦1926年在美國就洞察到這一跡象。他說:「『社會主義』這個詞在這裡是一種禁忌,但思想和改良的嘗試都朝著這個方向。」(*E3*, p. 464)

國家所實行的市場經濟和緩慢的政治改革，也汲取了資本主義行之有效的作法（這是全人類的寶貴財富），從而逐漸向「右」靠攏（所謂的「與國際慣例接軌」就是如此）⓲。這樣一來，面對全球化的難題和挑戰（人口、環境、資源、高消費、道德澆漓、戰爭與和平、民族與文化問題等），兩種相向運動終有一天將在一個必要的張力點上相會。這個會聚點將是一個比愛因斯坦的理想在內容上還要豐富的社會——和平共處的、效率加公平的、可持續發展的、符合人道和生態倫理原則的、多元價值取向的、物質和精神高度文明的、以智力為社會中軸的社會。相對於人類歷史上先後出現的以體力、德力、權力和財力為中軸的社會，我願稱以智力為中軸的社會為「智力社會」。這不是烏托邦(Utopia)，更不是敵托邦(dystopia)，而是未來的現實。

⓲　其實，高度發達的、貫徹公平原則的資本主義本身就是人道的社會主義。其實「社會主義」(socialism)一詞本身就包含「社會化」的意思，而且它不僅僅是政治取向，還有經濟和道德取向。在大陸，某些極左人士熱中爭論的姓「資」姓「社」問題，是一個無意義的假問題。事實是，資本主義正在和平長入社會主義，社會主義也正在和平長入資本主義。誰能說北歐一些國家的資本主義不比自詡為「社會主義」的國家還要社會主義呢？當前，大陸官方高唱的「社會主義精神文明」，實際上塞進了一黨的許多「私貨」。精神文明對全人類是共同的，那有所謂的「社會主義的」和「資本主義的」之分呢？

第十二章　遠見卓識的科學觀

陽春三月綠映紅，
青春年少面春風。
不知春心隨夢去，
還是春潮萬里征？

——李醒民〈春〉

愛因斯坦就做為一個整體的科學發表了許多總括性的見解和看法，這些具有遠見卓識的觀點形成了他的科學觀。我們在第一編論述他的科學哲學時曾涉及到一些（如科學理論的結構等），本章擬集中進行論述。

一、對科學內涵的剖析

儘管人們至今未能（也許根本就不可能）對科學下一個公認的確切定義，但科學的三大內涵——做為知識體系的科學、做為研究活動的科學和做為社會建制的科學——還是大體上取得了共識。對於前兩者，愛因斯坦著力進行過剖析。對於後者，他雖然認識到「科

學能使從事它的人變得崇高,不管他是學者還是學生」 ❶ ,但卻未能進而探討之所以如此的重要的內在原因 —— 美國科學社會學家默頓(R. K. Morton, 1910–)在1942年分析了做為社會建制的科學的規範結構❷ ,成為這一內在原因的恰當說明。

愛因斯坦從知識體系的角度給科學下了這樣一個定義:

> 科學就是一種歷史悠久的努力,力圖用系統的思維,把這個世界中可感知的現象盡可能徹底地聯繫起來。說得大膽一點,它就是這樣一種企圖:要通過構思過程,後驗(posterior)地來重建存在。(*E3*, p. 181)

這個定義實際上是就科學(或科學家)的目的或企圖而言的。他在不同場合多次論述科學的雙重目的:使經驗互相協調,並將其納入邏輯體系❸。他的更為精確的陳述是:

> 科學的目的,一方面是盡可能完備地理解全部感覺經驗的關係,另一方面通過最少個數的原始概念和原始關係❹的使用

---

❶ *Some Strangeness in the Proportion, A Centennial Synposium to Celebrate the Achievments of Albert Einstein*, Edited by H. Woolf, Addison-Wesley Publishing Company, Inc., 1980, p. 512.

❷ R. K. 默頓:〈科學的規範結構〉,李醒民譯,《科學與哲學》(北京),1982年第4輯,頁119–131。默頓概括出的科學的規範結構或精神氣質是:普遍性、公有性、無私利性和有條理的懷疑論。

❸ A. 愛因斯坦:《相對論的意義》,李灝譯,科學出版社(北京),1961年第一版,頁1。

❹ 按照愛因斯坦的用語,「原始」是指直接同感覺經驗相對應的,「基本」

來達到這個目的。(在世界圖像中盡可能地尋求邏輯的統一，
即邏輯元素最少。)(*E1*, p. 334)

在這裡，愛因斯坦特別強調了二者的對應。他說：科學是這樣一種
企圖，它要把我們雜亂無章的感覺經驗同一種邏輯上貫徹一致的思
想體系對應起來。在這種體系中，單個經驗同理論結構的相互關係，
必須使得到的對應是唯一的，並且是令人信服的(*E1*, p. 384)。他堅
決反對把科學看成是定律的彙編和許多互不相關的事實的目錄，反
覆指明科學是人類用自由發明的觀念和概念所做的智力創造物，是
實在的圖像及其與廣闊的感覺印象世界的聯繫❺。由此可見，愛因
斯坦既反對把科學視為對經驗材料進行歸納、整理的純經驗論的科
學觀，也反對把數學知識視為一切知識的原型，從而要使理性成為
關於世界的知識之源泉的純理性論的科學觀，而是在二者之間保持
了必要的張力。

　　關於科學的本性，愛因斯坦的兩個看法值得引起注意：其一是
科學的客觀性和主觀性問題，其二是與此有關的科學的邏輯統一問
題。他有一段原則性的論述：

　　科學做為一種現存的和完成的東西，是人們所知道的最客觀
　　的、同人無關的東西。但是，科學做為一種尚在制定中的，
　　做為一種被追求的目的，卻同人類其他一切事業一樣，是主

　　是作為邏輯推理的前提的，兩者的意義有嚴格區別。但是，這裡的「原
　　始概念和原始關係」顯然是指「基本概念和基本關係」。(*E1*, p. 344)
❺　A. 愛因斯坦、L. 英費爾德：《物理學的進化》，周肇威譯，上海科學技
　　術出版社（上海），1962年第一版，頁215。

觀的，受心理狀態制約的。(*E1*, p. 298)

愛因斯坦承認科學的客觀性，這就斷然與科學主觀主義劃清了界限。在科學主觀主義看來，科學理論並不反映客觀世界及其規律，它既不需要經驗為其泉源，也不需要經受實踐的檢驗，科學研究純粹是科學家的智力遊戲，科學理論純粹是科學家自由意志的產物。更重要的是，愛因斯坦同時也強調了科學的主觀性，這就斷然與科學客觀主義劃清了界限。科學客觀主義只承認科學的客觀性，而否定科學的主觀性，它把科學家這個認識主體僅僅視為「傳感器」和「平面鏡」，完全剝奪了活生生的科學家的能動作用。與此針鋒相對，愛因斯坦多次指出，感覺經驗是既定的素材，但是要說明感覺經驗的理論卻是人造的，面對同一經驗材料的複合，完全可以用不同的概念和理論來描述。由此可知，科學理論根本不是客觀世界的「攝影」和「映象」，而是以客觀世界為題材構思描繪的圖畫。這樣一來，科學理論就是一個極其艱辛的適應過程的產物：假設性的，永遠不會是完全最後定論的，始終要遭到質問和懷疑(*E1*, p. 384)。愛因斯坦關於科學主觀性的觀點，肯定了科學家在科學研究中應該享有更多的自由，它體現了二十世紀科學的方法論原則和進取精神，反映了現代科學的精神氣質和發展潮流。

科學的客觀性和主觀性問題，實際上也就是科學的共性和個性問題。科學的共性主要體現在科學的根本內容或最終結果上，而科學的個性則主要體現在科學的外觀形式或追求過程中。面對同樣的反常問題，洛倫茲和彭加勒在以太的基礎上，通過構造性的努力構築電子論和電子動力學。二者都是構造性理論，但前者通過堆積眾多特設假設達至目的，而後者卻具有精緻的數學外衣。愛因斯坦則

大膽採用探索性的演繹法，建構起做為原理理論的狹義相對論的邏輯體系。從根本內容上看，二者都能說明經驗事實，但從形式上看，它們則大異其趣，充分體現了科學的主觀性和創造它們的科學家的個性。比較一下薛定諤的波動力學和海森伯的矩陣力學及其創立過程，也有類似的情況。由此不難看出，科學的主觀性集中表現在科學家建構科學理論時所追求的目的之中。對於愛因斯坦來說，十分強有力地吸引他的特殊目標，是物理學的邏輯的統一。

與科學的目的和本性有關，愛因斯坦認為，「科學的現狀是不可能具有終極意義的」(*E1*, p. 562)，而是暫時的或暫定的。他說：規律決不會是精確的，因為我們是借助於概念來表達規律的，即使概念會發展，在將來仍然會被證明是不充分的(*E1*, p. 285)。另一方面，做為科學的一個特徵，科學史上常常碰到有些重大問題似乎得到解決，但卻又以新的形式重新出現，這些基本問題可能會永遠糾纏我們(*E1*, p. 619)。他還風趣地寫道：

> 科學理論家是不值得羨慕的，因為大自然——或者更準確地說是實踐——總是毫不留情並且很不友善地評判科學理論家的工作。它從來不對一個理論說「對」，即使是最獲青睞的理論也只不過得一個「也許」的評價，而絕大部分理論都被它評一個「否」字。如果實踐同理論相符，那麼這項理論就得到一個「也許」。如果不相符合，那就是個「否」字了。也許每一個理論或遲或早都要吃個「否」字——大部分理論形成不久就被「否」掉了。(*RS*, p. 24)

對於自己的理論，愛因斯坦更是如此看待。他說，相對論還不是理

論物理學的最後定論。它的基礎（沒有絕對運動）固然是不可動搖的，但是它的表達方法卻是在進化的過程之中，即是暫時的，而不是注定永遠不變的。(*E3*, p. 381) 他的這些看法與其說是出自謙遜，毋寧說源於他的關於科學理論暫定性的一貫觀點。

關於科學探索的動機，愛因斯坦在紀念普朗克六十壽辰的講話中作了十分精彩的闡述 (*E1*, pp. 100–103)。他說，在科學的廟堂裡有許多房舍，住在裡面的人各式各樣，其進入的動機也形形色色。有許多人之所以愛好科學，是因為科學給他們以超乎常人的智力上的快感，科學是他們特殊的娛樂，他們在這種娛樂中尋求生動活潑的經驗和雄心壯志的滿足。這個廟堂裡的另外許多人之所以把腦力產物奉獻在祭壇上，為的是純粹的功利目的。如果上帝有位天使跑來把尋求遊戲作樂和追求功名利祿的人都趕出廟堂，那麼那裡的人就會大大減少。但是，仍然有一些人留在科學的廟堂裡，其中有古人也有今人，而普朗克便是其中之一，這就是人們愛戴他的原因。

愛因斯坦指出，如果科學廟堂只有上述兩類人，那麼這個廟堂也就決不會存在了，正如只有蔓草就不成其為森林一樣。因為對於這些人來說，只要有機會，人類活動的任何領域他們都會去幹；他們究竟成為工程師、官吏、商人還是科學家，完全取決於環境。可是，為天使所寵愛的人中的大多數是相當怪癖、沉默寡言和孤獨的人，但他們彼此之間也有諸多很不相同的特點，不像被天使趕走的那許多人那樣彼此相似。究竟是什麼把他們吸引到科學的廟堂裡來的呢？

對於這個不能用一句話籠統回答的難題，愛因斯坦從心理剖析的角度給出妙趣橫生的說明。他把他所推崇的探索的動機分為兩種：消極的動機和積極的動機。首先，他同意叔本華所言，把人們引向

藝術和科學的最強烈的動機之一，是要逃避日常生活中令人厭惡的粗俗和使人絕望的沉悶，是要擺脫人們自己反覆無常的欲望的桎梏。一個修養有素的人總是渴望逃避個人生活而進入客觀知覺和思維的世界；這種願望好比城市裡的人渴望逃避喧囂擁擠的環境，而到高山上去享受幽靜的生活，在那裡透過清寂而純潔的空氣，可以自由地眺望，陶醉於那似乎是為永恆而設計的寧靜景色。可是，

　　除了這種消極的動機以外，還有一種積極的動機。人們總想以最適當的方式來畫出一幅簡化的和易領悟的世界圖像；於是他就試圖用他的這種世界秩序 (cosmos)❻ 來代替經驗世界，並來征服它。這就是畫家、詩人、思辨哲學和自然科學家所做的❼，他們都按自己的方式去做。各人都把世界秩序及其構成作為他的感情生活的支點，以便由此找到他在個人經驗的狹小範圍內所不能找到的寧靜和安定。

　　愛因斯坦關於「消極的」和「積極的」的動機的劃分，是就外在表現形式——消極逃避和積極進取——而言的，事實上它們都是道德高潔的人的高尚動機。二者可謂殊途而同歸：心靈回歸到寧靜

❻　cosmos和universe均被譯為「宇宙」。但前者指在秩序上和諧的系統化的宇宙，其與渾沌(chaos)相對；後者指在宇宙中所觀察到的或所假定的事物和現象的總體。

❼　請注意愛因斯坦這句話中所體現的多世界觀點和科學並非唯一的、最好的認知手段的觀點。畫家用顏色、音樂家用音符、詩人用語詞、哲學家用概念、科學家用數學符號都在勾畫各自的世界圖像，它們是各人的經驗世界的代替物，具有同樣的真實性和有效性，無所謂優劣高下之分（在整個文化群的意義上），相互之間是不可替代的。

而和諧的思維世界，身體似乎也在遼遠而美妙的觀念世界裡詩意地棲居。在一個充斥著齷齪、醜惡和罪行的現實世界裡，個人追求的美好願望和遠大目標屢屢化為泡影而又無回天之力，他毅然遁入自然界或思想世界追尋崇高感、質樸感與和諧的秩序，而不與世俗社會同流合污、沆瀣一氣，這樣的乍看是消極解脫的行為難道不也令人肅然起敬嗎？許多偉大的科學思想和經典的藝術作品不就是如此產生出來，從而豐富了人類文化的寶庫嗎？

就愛因斯坦本人而言，其探索動機似乎是兼而有之，不過好像更偏重於積極的動機。他說：

> 我從事科學研究完全是出於一種不可遏止的想要探索大自然奧秘的欲望，別無其他動機。我酷愛正義，並竭盡全力為改善人類境況而鬥爭，但這些同我對科學的興趣是互不相干的。(*R S*, p. 23)

愛因斯坦本來想成為一位工程師，可後來他發現這種行業遠非他所能忍受，因為他不願把發明創造的能力用於製造一些使日常生活更複雜的玩意兒，而所有這些卻只是為了掙一些無聊的金錢。他甚至在早年就對這些實際目的漠不關心，而喜歡沉酣於令人舒暢愜意的思維之中，那怕是毫無目的地重新驗證早已諳熟的數理公式(*R S*, p. 23)。

與探索的動機密切相關的是探索的動力，這也許是同一心理情結的兩面——念頭和力量。愛因斯坦認為，在研究者的不倦的努力後面，潛存著一種強烈得多的、而且也是比較神秘的推動力：這就是人們希望去理解存在和實在(*E1*, p. 298)，即渴望看到一個和諧的

世界。他說：

> 渴望看到這種先定的和諧，是無窮的毅力和耐心的源泉。我
> 們看到，普朗克就是因此而專心致志於這門科學中的最普遍
> 的問題，而不使自己分心於比較愉快的和容易達到的目標上
> 去。我常常聽到同事們試圖把他的這種態度歸因於非凡的意
> 志力和修養，但我認為這是錯誤的。促使人們去做這種工作
> 的精神狀態是同信仰宗教的人或談戀愛的人的精神狀態相類
> 似的；他們每天的努力並非來自深思熟慮的意向或計劃，而
> 是直接來自激情。(*E1*, p. 103)

確實，激情是創造的無窮源泉，也是破壞的巨大淵藪，只要引
導得法，它就會煥發出永不枯竭的創造的原動力。誠如愛因斯坦所
說，感情和願望是人類一切努力和創造背後的動力，不管呈現在我
們面前的這種努力和創造外表上是多麼高超。求理解的熱情像對音
樂的熱情一樣，無此熱情則無自然科學 (*E1*, pp. 279, 495)。他稱這
樣的激情、熱情或感情為「宇宙宗教感情」， 並認為它是「科學研
究的最強有力、最高尚的動機」。他說：

> 只有那些作了巨大努力，尤其是表現出熱忱獻身——要是沒
> 有這種熱忱，就不可能在理論科學的開闢性工作中取得成就
> ——的人，才會理解這樣一種感情的力量，唯有這種力量，
> 才能作出那種確實是遠離直接現實生活的工作。為了清理出
> 天體力學的原理，開普勒和牛頓花費了多年寂寞的勞動，他
> 們對宇宙合理性——而它只不過是那個顯示在這世界上的理

性的一點微弱反映——的信念該是多麼深摯,他們要了解它
的願望又是多麼熱切!(*E1*, p. 382)

與上述觀點相一致,愛因斯坦像彭加勒❽一樣,大力倡導「為
科學而科學」。 在他看來,科學本身就負荷著它的目的,而不必要
通過對準其他意圖而偏離它自己的道路。他說:「科學發展本身基
本上是追求對純粹知識渴望的滿足,這種渴望從心理學上表明自己
是宗教感情,這就是我的內在信念。」❾他還這樣寫道:

科學是為科學而存在的,就像藝術是為藝術而存在的一樣,
它既不從事自我表白,也不從事荒謬的證明。(*E1*, p. 285)

愛因斯坦表示贊同彭加勒的觀點,相信科學是值得追求的,因為它
揭示了自然界的美。也就是說,科學家所得到的報酬是在於彭加勒
所說的理解的樂趣,而不是在於他的任何發現可以導致的應用的可
能性(*E1*, p. 304)。他曾深有體會地寫道:「為思想而思想,如同音
樂一樣!」(*R S*, p. 23)

愛因斯坦清楚地認識到:「科學研究僅當不考慮實際應用,為
科學而科學時,才會興旺發達。」(*HPX*, p. 98)當然,這是就純科學
研究的終極目的而言的。他揭示出,人們對於他們直接需要範圍以

---

❽ H. 彭加勒:《科學的價值》,李醒民譯,光明日報出版社 (北京),1988
年第一版, 頁345–355。

❾ A. Moszkowski, *Einstein: The Searcher, His Work Explained from Diologues with Einstein*, Translated by H. L. Brose, Methuen & Co. Ltd., London, 1921, pp. 172–173.

外的東西，一般是看不到的。對於直接生產物質財富的工作，他們才願付出代價。但是科學如果要繁榮，就不應當有實用的目的，而且在許多情況下，還要等待幾代以後才見效。對科學的忽視，其結果會造成缺乏這樣一類腦力勞動者，他們憑著自己的獨立見解和判斷，能給工業指出新的途徑，或者能適應新的形勢。凡是科學研究受到阻礙的地方，國家的文化生活就會枯竭，結果會使未來發展的許多可能性受到摧殘(*E3*, p. 94)。

正是基於為科學而科學的思想以及在勒科克絮梅爾漁村避難的體驗，愛因斯坦覺得平靜而孤獨的生活能激發有創造性的思想。他抱怨現在的年輕人在最多產的時期，沒有幾個人在一段時間內可以不受干擾地全神貫注於科學性質的問題。即使年輕人足夠幸運地在有限時間內得到了獎學金，他也被迫要盡可能快地得出確定的結論。這種壓力對於從事純科學的學生極為有害。他在給一位素昧平生的學生寫信時說：

> 如果一個人不必靠從事科學研究來維持生計，那麼科學研究才是絕妙的工作。一個人用來維持生計的工作應該是他確信有能力從事的工作。只有在我們不對其他人負有責任的時候，我們才可能在科學事業中找到樂趣。(*RS*, pp. 55–56)

愛因斯坦把這看作是很重要的、有廣泛適應性的意見，曾認真地建議研究科學、數學和哲學的人從事一種不需要花費較多的體力勞動和腦力勞動的職業維持生計，如燈塔看守員、鞋匠之類的工作，免得受那種「要麼出書成名，要麼默默無聞」的壓力，這種壓力經常破壞人們創造性工作的樂趣並導致人們發表一些空洞膚淺的東西。

當他被邀請到柏林就任時，他曾詼諧而略帶嘲諷地把自己比喻為一隻人們希望其不斷下蛋的母雞。他推崇斯賓諾莎靠磨鏡片謀生而思考哲學的榜樣，他懷念伯爾尼專利局這個「世俗修道院」的黃金時代——他一生的重大成果就是在那個時期創造出來的。

二、科學發展：進化還是革命❿？

愛因斯坦認為，科學萌生於日常生活，誕生於前科學。他說，科學的概念體系同日常生活的概念體系之間並沒有原則性的區別，前者來自後者，是按科學的目的和要求，對後者進行修正、提煉而完成的⓫。而且，科學思想也是前科學思想的一種發展(*E1*, pp. 245, 341, 257)。他還就近代西方科學的基礎發表了如下看法：

> 西方科學的發展是以兩個偉大的成就為基礎，那就是希臘哲學家發明的形式邏輯體系（在歐幾里得幾何學中），以及通過系統的實驗發現有可能找出因果關係（在文藝復興時期）。在我看來，中國的賢哲沒有走上這兩步，那是用不著驚奇的。要是這些發現〔在中國〕全都做出來了，那倒是令人驚奇的。

---

❿ 這裡的「進化」(evolution) 一詞主要意指事物隨時間變化的連續性，與之相對的「革命」(revolution)是強調其某種程度上的間斷性。關於進化概念的演變，參見田洺：〈進化是進步嗎?〉，《自然辯證法通訊》（北京），第18卷（1996），第3期，頁71–75。

⓫ 愛因斯坦接著說：「正因為如此，物理學家的批判性思考就不可能只限於檢查他自己特殊領域裡的概念。如果他不去批判地考查一個更加困難得多的問題，即分析日常思維的本性問題，他就不能前進一步。」(*E1*, p. 341)

(*E1*, p. 574)（作者按：最後一句*E1*中的翻譯有誤！）

愛因斯坦多次強調，在科學共同體內部和外部創造並形成一個寬鬆的、自由的環境，是科學進步的先決條件，一切對研究和交流自由的限制，都會大大有害於科學。他認為，科學進步源於人類對知識的探求，極少源於人類對實際應用的追求。倘若讓科學服務於實際目的，科學就會停滯不前。因此，社會應該以物質上的資助大力促進科學研究；但社會不應干涉科學研究本身，因為這種干涉只會對科學工作造成有害的後果。例如，任何規定保守基礎研究領域秘密的法律，不但會對科學造成很大的損害，而且對於用立法手段阻礙科學家從事真正創造性工作的國家來說，也危害其發展。這樣的國家實際上也破壞了人類思想的發展。(*HPX*, pp. 79-80) 對於通過組織和計劃進行國際科學研究，愛因斯坦持謹慎態度：

> 科學史表明，偉大的科學成就並不是通過組織和計劃取得的；新思想發源於某一個人的心中。因此，學者個人的研究自由是科學進步的首要條件。除了在某些有意挑選的領域，如天文學、氣象學、地球物理學、植物地理學中，一個組織對於科學工作來說只是一種蹩腳的工具。(*HPX*, p. 84)

有趣的是，愛因斯坦還強調指出，必須不要失去知識分子和大眾之間的接觸。這對於社會的上進，同樣地對於復興腦力勞動者的力量都是必要的；因為科學之花不能在不毛之地生長。他還一般地就文化（科學無疑也在其內）和昌盛發表了評論：較高形式的文化是嬌嫩的植物，它依賴於錯綜複雜的條件的集合，在任何給定時期

只有在少數幾個地方它才長得枝繁葉茂。為了它繁花盛開，首先需要某種程度的昌盛，從而使得一部分人有可能從事不是維持生計所必需的事情；其次需要尊重文化價值和文化成就的道德傳統，藉此其他階層即提供生活直接必需品的階層才會為這個階層提供生活資料。德國在歷史上曾充分滿足過這兩個條件，因而德意志民族產生了豐碩的文化果實，構成近代世界發展的一個組成部分。❷

科學發展採取什麼形式？是進化還是革命？愛因斯坦對此從來沒有作過專門的、系統的論述，不過從他的零散的議論統而觀之，科學進化和科學革命的思想似乎在他身上兼而有之。在愛因斯坦看來，科學理論的體系是有層次性的，層次越高則邏輯基礎愈簡單。但是，各個層次之間並不是間斷的，是不能清楚分隔開的。甚至哪些概念屬於第一層，也不是絕對明晰的。(*E1*, p. 345)他還以總結性的語調這樣寫道：

> 物理學構成一種處在不斷進化過程中的思想的邏輯體系，它的基礎可以說是不能用歸納法從經驗中提取出來的，而只能靠自由發明來得到。這種體系的根據（真理內容）在於導出的命題可由感覺經驗來證實，而感覺經驗對這基礎的關係，只能直覺地去領悟。進化是循著不斷增加邏輯基礎簡單性的方向前進的。為了要進一步接近這個目標，我們必須聽從這樣的事實：邏輯基礎愈來愈遠離經驗事實，而且我們從根本基礎通向那些同感覺經驗相關聯的導出命題的思想路線，也不斷地變得愈來愈艱難，愈來愈漫長了。(*E1*, p. 372)

---

❷　A. Einstein, *The World As I See It*, Translated by A. Harris, Philosophical Library, New York, 1949, pp. 20, 74.

這段經典性的言論不僅包含著愛因斯坦關於科學進化（方向和過程）、科學理論結構的思想，而且幾乎涵蓋了他的科學哲學思想之精髓。愛因斯坦此後與英費爾德合著的《物理學的進化》看來就是以此為指導思想的，該書的任務就是用粗線條描繪物理學觀念的進化❸。

愛因斯坦持有這樣的理論進化觀：「物理學理論最美妙的命運是能指出一條建立一個包容更廣的理論的途徑，而舊理論本身則是新理論的一種極限情形。」❹正是基於這種思想，他多次強調，沒有物理學前輩伽利略、牛頓、麥克斯韋、洛倫茲的發現和先導理論，就不可能有相對論。他說：「我們關於自然過程觀念的全部進化，可以認為是牛頓思想的一種有系統的發展。」「我們在這裡並沒有革命行動，而不過是一條可以回溯幾世紀的路線的自然繼續。」(*E1*, pp. 228, 164)

可是，愛因斯坦確實也多次談及科學危機與革命。他認為世紀之交有兩個「基本危機」，即以太問題和黑體輻射(*E1*, pp. 11, 17)，並以〈論理論物理學的現代危機〉為題撰寫文章(*E1*, p. 170)。他強調「場論的革命性」(*E1*, p. 171)，指出「這次革命的最大部分出自麥克斯韋」(*E1*, p. 294)，並稱麥克斯韋的電磁理論是「革命的理論」❺(*E1*, p. 15)。在愛因斯坦的心目中，「科學的進步會引起它的

---

❸　同❺，參見「原序」。

❹　I. B. 科恩：《科學革命史》，楊愛華等譯，軍事科學出版社（北京），1992年第一版，頁444。

❺　1927年，愛因斯坦為紀念牛頓逝世二百週年撰文說：「甚至由法拉第和麥克斯韋所發動的電動力學和光學的革命，也完全是在牛頓思想的

基礎的深刻變革」， 在「整個物理學的基礎可能需要從根本上加以改造」之時，便是科學革命發生之日，「其深度不會比不上場論所帶來的變革」（E1, pp. 170–172）。但是，愛因斯坦從未稱相對論革命，他只是唯一地稱他的光量子論文「是非常革命的」（E3, p. 349）。後來在1929年接受普朗克獎章時卻總結說：「我在量子領域中發現的東西，只是在同大問題作無結果鬥爭過程中產生的偶然的見識或片段。在這個時候為此而接受這麼大的榮譽，我感到羞愧。」（SD, p. 37）

科恩認為，在評價愛因斯坦科學革命的觀點時，我們必須注意在他獲得國際聲望之前，他的觀點與其後來的觀點是不同的。科恩還解釋說，愛因斯坦認為相對論是先前物理學邏輯的和進化式的發展，而光量子假設同已經建立起來的原理不能相容。他認為他得到的光的概念是奇特的，也許甚至完全是站不住腳的。因此，他採用「革命的」作光量子假設的定語也許暗示了這種不合適的、甚至不正確的特性，而不只是文字上的渲染❶。

科恩的說明具有啟發性，也可能道出了部分真理，但是仍未說透愛因斯坦既承認科學革命、又承認科學進化的「矛盾」事實。愛因斯坦從未自稱相對論革命，不用說有天生謙遜和厭惡大眾傳媒進行輿論爆炒的成分，但是不容否認的是，他確實認為他的理論與牛頓的理論有某種連續性。他在一篇文章中對新聞誤導頗有微詞：「讀

影響下發生的，這一革命是牛頓以後理論物理學中第一次重大的基本進展。」（E1, p. 225）從上下文和作者的口氣推測，他似乎也承認以伽利略革命為先導的牛頓革命。這一推測也可由下述事實得到佐證：他在1953年稱伽利略的《對話》的實際內容具有「革命性」（E1, p. 581）。

❶　同❶，頁437, 440。

者得到的印象是每過五分鐘就發生一次科學革命，簡直就像某些不穩定的小國發生軍事政變一樣。」他指出：「過多使用科學革命這個術語會使人對科學發展過程產生錯誤印象」，「發展過程來自前後相繼的幾代人的精華薈萃以及不知疲倦的努力」，是「逐漸導致對自然規律的更深刻的認識過程」❼。但是，愛因斯坦畢竟沒有反對像英費爾德、普朗克這樣的科學家以及嚴肅的評論家稱許相對論革命，也未一般地反對科學革命的提法。原來，愛因斯坦強調的是科學發展的累積性和連續性；即使在科學的基礎發生重大變革（革命）之時，科學概念和理論的更替也不是絕對間斷的，仍能窺見到連續和累積的特徵。因此，愛因斯坦的科學革命的觀點大大弱於庫恩的範式不可通約論，甚至也稍弱於彭加勒的危機—革命觀（理論框架被打碎，但理論中的不變量存留下來）❽。我們不妨把愛因斯坦的觀點稱為進化—革命觀，其中心旨意是：科學發展是具有累積性和連續性特徵的進化過程；即使在罕有的革命時期，理論基礎的重大變革也未喪失這些特徵。

三、科學的異化及其批判

愛因斯坦認為，科學對人類事務和歷史進程具有重大的影響。科學的這種社會功能主要通過兩種方式起作用：其一是科學直接地、並在很大程度上間接地生產出完全改變了人類生活的器具；第二種方式是教育性質的——它作用於心靈。乍看起來，第二種方式好像

---

❼ 同❹，頁438。

❽ 李醒民：《科學的革命》，中國青年出版社（北京），1989年第一版，頁51–54，61–86。

不大明顯，但至少同第一種方式一樣行之有效。

第一種方式是眾所周知的。科學最突出的實際效果在於，它使那些豐富生活的東西的發明成為可能（雖然這些東西同時也使生活複雜起來）。這些發明給予人類最大的實際利益，在於使人從繁重的體力勞動中解放出來，從而廢除了苦役，減少了為維持生計的必要勞動時間，豐富了人們的精神生活。同時，科學的不朽榮譽在於它通過對人類心靈的作用，克服了人們在自己面前和在自然界面前的不安全感。而原始人由於看到的自然規律是片段的，從而引起對鬼神的信仰。他們總是害怕起自然的專橫力量干擾他們的命運，所以經常處於恐懼之中 (*E3*, pp. 135–137)，科學能削弱和破除迷信，因為科學發展的是邏輯思維和研究實在的合理性態度，它鼓勵人們根據因果關係來思考和觀察事物。(*E1*, pp. 244, 284) 在這裡，愛因斯坦實際上已涉及到科學的物質價值(以技術為中介)和精神價值⑲問題。

與此同時，愛因斯坦並未陶醉在科學的勝利進軍中，他早就清醒地意識到科學的異化及其危險。按照他的觀點，科學的異化似乎表現在兩個方面：其一是做為科學「副產品」的技術這個「雙刃刀」的負面影響，其二是科學專門化和技術化所造成的兩種文化的分裂和精神的扭曲。關於前者，他原原本本地把真相告訴人們：

> 以前幾代人給了我們高度發展的科學和技術，這是一份最實

---

⑲　科學的精神價值的内涵是十分豐富的，光是作為知識體系的科學就具有信念價值、解釋價值、預見價值、認知價值、增殖價值和審美價值。參見李醒民：〈論科學的精神價值〉，《福建論壇》（福州），1991年第2期，頁1–7。《科技導報》（北京），1996年第4期轉載並加有編者按。

貴的禮物，它使我們可能生活得比以前無論哪一代人都要自由和美好。但是這份禮物也帶來了從未有過的巨大危險，它威脅著我們的生存。(*E3*, p. 99)

透徹的研究和敏銳的科學工作，對人類往往具有悲劇的涵意。一方面，它所產生的發明把人從精疲力竭的體力勞動中解放出來，使生活更加舒適而富裕；另一方面，給人的生活帶來嚴重的不安，使人成為技術環境的奴隸，而最大的災難是為自己創造了大規模毀滅的手段。這實在是難以忍受的令人心碎的悲劇。(*E3*, pp. 259–260)

對於被異化的科學（應用科學或技術的副作用）在經濟、政治、安全、倫理方面所造成的巨大惡果，愛因斯坦作了詳細的分析 (*E3*, pp. 135–136, 73, 40)。第一，機械化的生產手段在無組織的、生產資料私人占有的經濟制度中已產生了這樣的結果：相當大的一部分人對於商品生產已經不再是必需的，因而被排除在生產循環之外，其直接後果是購買力降低，勞動力因劇烈競爭而貶值，這就引起了週期越來越短的商品生產嚴重癱瘓的危機。第二，科學並沒有使人們從必須完成的單調的勞動中得到多大程度的解放，反而使人成為機器的奴隸。人們絕大部分一天到晚厭倦地工作著，他們在勞動中毫無樂趣，而且經常提心吊膽，唯恐失去他們一點點可憐的收入。科學使我們的生活變得匆忙和不安定，大大加劇了生存競爭，嚴重地損害了個人自由的發展。第三，科學技術使距離縮短了，並且創造出新的非常有效的破壞工具，這種工具掌握在要求無限制行動自由的國家的手裡，就變成了人們相互毒害和相互殘殺的手段，對人類安全和生存構成致命的威脅，這是技術進步的最大禍害。第四，

通訊工具——印刷文字的複製過程和無線電——同現代化武器結合在一起時，已有可能使肉體和靈魂都置於中央政權的束縛之下——這是人類危險的又一個來源。現代的暴政及其破壞作用，清楚地說明了我們還遠遠未能為人類利益而有組織地利用這些成就。第五，人們的倫理道德之所以淪喪到如此令人恐懼的地步，主要是因為我們生活的機械化、原子化和非人性化，這是科學技術發展的一個災難性的副產品(*RS*, p, 72)。

愛因斯坦的人類文化觀念與流行觀點——文化的發展借助於技術進步來衡量——格格不入，他關心的是技術改善和進展是否有助於促進人類的福利❷。對於科學的異化和技術的濫用，他認為科學家是不負什麼責任的 (*E1*, p. 404)，而且也不能把罪責歸咎於科學，只能歸咎於道德淪喪，歸咎於沒有建立起有效的組織(*HPX*, p. 208)。因此，採用因噎廢食的辦法禁止技術革新顯然是荒唐的 (*E3*, p. 91)；要使問題得到妥善解決，就要創立一種社會制度和社會傳統❹——無此新工具就不可避免地要帶來最不幸的災難(*E3*, p. 135)。愛因斯坦的看法是頗有道理的。確實，科學的異化和技術的誤用或惡用，不能歸罪於自然科學（它是真善美三位一體的統一體❷），甚至不能歸咎於自然技術（儘管它有善惡兩面性）本身，而只能歸因於與社會科學相對應的社會技術或社會工程的不發達，以致無法有效地約束或扼制蠢人或惡人的邪行或獸行所致❷。

---

❷ 同❾, p. 174.

❹ 我猜想，愛因斯坦心目中的那種「社會制度和社會傳統」，就是前面論述的人道的社會主義和自由的民主主義。

❷ 李醒民：〈科學家的科學良心〉，《百科知識》（北京）， 1987年第2期，頁72–74。

在這裡尚須注意的是，愛因斯坦在反對反科學之人怪罪科學的同時，也反對科學萬能論和專家政治(technocracy)❷。玻恩有一次問愛因斯坦：「你是否相信，將來有可能不管什麼都一律用自然科學的方式來反映?」他的回答是:「是的，這可以設想。不過，這樣做毫無意義。這就是用不恰當的方法來反映，例如用氣壓曲線來表示貝多芬的交響樂。」(*JNE*, p. 206)他告誡人們: 在涉及人類的問題時，我們應當注意不要過高地估計科學和科學方法; 我們也不應當認為只有專家才有權利對影響社會組織的問題發表意見(*E3*, p. 268)。

對於專門化導致的科學文化和人文文化的嚴重分裂以及人的精神扭曲和不健全，愛因斯坦看在眼裡，憂在心頭:

> 科學地決定事實的職權大大地擴展了，理論知識在每一個科學部門都變得非常深奧。但是人的智力的同化能力是並且依然是極其有限的。因此，情況不可避免地是，各個研究者的活動便被局限在人類知識的越來越小的片段內。更糟糕的是，做為這種專門化的結果，甚至要粗略地一般把握一下做為一個整體的科學正在變得愈益困難，而沒有這樣的把握，為保持與進步同步的真正的探索精神必然受到妨礙。情況正在發展得類似於《聖經》中巴比通天塔的故事所象徵地描述的那樣。每一個嚴肅的科學工作者都痛苦地意識到被不自覺地放

---

❷ 詳細論述請參見李醒民:〈反科學主義思潮評析〉，《哲學動態》（北京），1990年第11期，頁25–26, 17。

❷ 專家政治亦譯技術統治、技治主義、技術治國等，關於其涵義及優劣得失，可參見李醒民:〈專家政治得失談〉，《中國科學報》（北京），1991年5月3日，第三版。

逐到永遠窄小的知識圈子內，這正在構成一種威脅，它剝奪
了研究者的廣闊視野，並使他淪為一個工匠的水平。㉕

不僅如此，他還注意到，職業和知識的廣泛專業化，使得個人就像
是大規模生產的機器的部件一樣，顯得是可替換的了 (*E1*, p. 580)。
尤其是，核物理使用的龐大設備，會成為科學方法的真正危險。它
使研究人員成為工具的奴隸，而丟棄或根本不去尋找新的觀念 (*E1*,
p. 532)。他歆慕法拉第像一位情人愛戀著遠方的心上人那樣熱愛著
神秘的大自然，他欣羨法拉第的時代沒有單調乏味的專業化，而專
業化總是自命不凡地透過有角質架的眼鏡來觀察事物，把事物所有
的詩意全都破壞了 (*RS*, p. 86)。對此，愛因斯坦既不像實證主義者
那樣看待自然科學，也不像存在主義者那樣看待人文學科，而是以
其富有啟發性的科學思想和富有獨創性的科學方法在兩種文化之間
鋪路架橋，同時又以藝術家的旨趣和普通公民的身份重塑科學和科
學家的形象，從而把科學與哲學、政治、倫理、藝術等門類溝通起
來。同時，他贊揚像柏林內爾(A. Berliner, 1862–1942)這樣的科學
通俗刊物編輯，以巨大的才智和決心引導有成就的科學家，用非專
家也能懂的形式講出他們應當講的東西，從而使科學家和外行人增
進見聞，熟悉科學的問題、方法和結果的發展。這種為科學的明晰
性和廣博性的見解所進行的鬥爭，使科學在很多人的心裡獲得了充
沛的生命力。他認為，使知識活起來，並且使它保持生氣勃勃，這
同解決專門問題一樣重要(*E1*, p. 308)。

㉕　同⑫, p. 15.

四、科學與倫理及科學家的社會責任

愛因斯坦多次討論過科學與倫理問題，他認為二者既有嚴格的區分，又有一定的聯繫。他贊同休謨的觀點：一組完全由關於事物存在的描述性的判斷所組成的前提（不論其多麼完備），不能有效地推導出任何命令性的結論（一個以「應該」形式出現的語句）。他說，我們必須仔細地在我們一般希望的東西和我們做為屬於知識世界而研究的東西之間作出區分。在科學領域裡根本作不出道德的發現，科學的目的確切地講是發現真理。倫理學是關於道德價值的科學，而不是發現道德「真理」的科學❷。換句話說，科學方法所能告訴我們的，只不過是事實如何相互關聯、如何彼此制約的。儘管想要獲得這種客觀知識的志向是人的最高尚的志向，但同樣清楚的是，是什麼的知識並未向應該是什麼直接敞開大門。人們能夠具有最明晰、最完備的是什麼的知識，可是卻不能從中推導出我們人類渴望的目標應該是什麼。客觀知識向我們提供達到某些目的的強有力的手段，但終極目標本身和對達到它的渴望則來自另外的源泉。我們的存在和活動只有通過建立這樣的目標和相應的價值才會獲得意義，這一觀點幾乎沒有必要去爭辯。真知本身是奇妙的，但是它一點也不能起指導作用，甚至它不能證明對每一個真知的渴望有正當的理由和價值。因此，正是在這裡，我們面臨著科學和純粹理性的概念的限度❷。也許正是在這種意義上，愛因斯坦把科學思維的

---

❷　同❾，p. 145.

❷　A. Einstein, *Out of My Latter Years*, Philosophical Library, New York, 1950, pp. 21–22.

特徵概括為：科學陳述和定律是真的或假的，我們對它們的反應是
「是」或「否」； 科學理論體系所用的概念是不表達感情的。在科
學領域之內，

> 對於科學家來說，只有「存在」，而沒有什麼願望，沒有什麼
> 價值，沒有善，沒有惡；也沒有什麼目標。……追求真理的
> 科學家，他內心受到像清教徒一樣的那種約束：他不能任性
> 或感情用事。(E3, p. 280)

做為一個理性論者,愛因斯坦固然強調了理智在科學中的巨大作用,
但也明確指出它在倫理道德領域內的軟弱無力。他告訴人們：

> 我們一定要注意，切不可把理智奉為我們的上帝；它固然有
> 強有力的身軀，但卻沒有人性。它不能領導，而只能服務；
> 而且它挑選它的領導人是馬馬虎虎的。這種特徵反映在它的
> 祭司即知識分子的品質中。理智對於方法和工具具有敏銳的
> 眼光，但對於目的和價值卻是盲目的。(E3, p. 190)

另一方面，愛因斯坦也強調指出，儘管科學和理智思維在形成
目標和倫理判斷中不能起作用，但是當人們認識到，為達到某個目
的某些手段是有用的，此時手段本身就變為目的。理智雖不能給我
們以終極的和根本的目的，但卻能使我們弄清楚手段和目的的相互
關係，正確地評價它們並在個人感情生活中牢固地確立它們❷。此

---

❷　同❷, p. 22.近年的研究表明，科學並非價值中立，它本身包含一定的
　　價值成分，並能對價值判斷起某些直接的或間接的作用。參見李醒

外，關於事實和關係的科學陳述固然不能產生倫理準則，但邏輯思維和經驗知識卻能使倫理準則合乎理性，並且聯貫一致。如果我們能對某些基本的倫理命題取得一致，那麼只要最初的前提敘述得足夠嚴密，別的倫理命題就能從它們推導出來(*E3*, pp. 280–281)。

　　像數學公理一樣的基本倫理準則從何而來呢？縱觀愛因斯坦的零散觀點❷，其源泉有四。第一，它們來自猶太教─基督教的深厚底蘊和崇高目標。這些東西構成我們的抱負和評價的牢靠基礎，成為人們精神的支柱和感情生活的支點，這是宗教的重要的社會功能。第二，它們來自健康社會中的強有力的優良傳統。這些傳統影響著個人的行為、抱負和判斷，調整和維繫社會成員之間的正常關係。第三，它們來自我們天生的避免苦痛和滅亡的傾向，來自個人積累起來的對於他人行為的感情反應。它們不是通過證明，而是通過啟示，通過強大的人格中介形成的。第四，只有由有靈感的人所體現的人類的道德天才，才有幸能提出廣泛且根基紮實的倫理公理，以致人們會把它們做為在他們大量個人感情經驗方面打好基礎的東西而接受下來。但是，愛因斯坦反對把道德基礎放在神話之上，也反對將其同任何權威聯繫在一起。否則，對神話或權威合法性的懷疑，都有可能危害作出健全判斷和行動的基礎 (*RS*, p. 83)。他認為，倫理公理的建立和考驗同科學公理並無很大區別。真理是經得住經驗考驗的。

　　1951年，愛因斯坦在給索洛文的信中，把科學與倫理既獨立又

　　　　民：〈關於科學與價值的幾個問題〉，《中國社會科學》（北京），1990
　　　　年第5期，頁43-60；李醒民：〈科學價值中性的神話〉，《蘭州大學學
　　　　報・社會科學版》（蘭州），第19卷(1991)，第1期，頁78-82；以及❶。
❷　同❷，pp. 22–23，以及(*E3*, p. 281)和(*HPX*, pp. 254–255)。

關聯的關係簡要概括如下：

> 我們所謂的科學的唯一目的是提出「是」什麼的問題。至於
> 決定「應該是」什麼的問題，卻是一個同它完全無關的獨立
> 問題，而且不能通過方法論的途徑來解決。只有在邏輯聯繫
> 方面，科學才能為道德問題提供一定的規範，也只有在怎樣
> 實現道德所企求的目標這個問題上，科學才能提出一些方法；
> 至於怎樣決定這些道德目標的本身，就完全超出科學的範圍
> 了。(*EI*, p. 526)

顯而易見，科學對倫理的作用是間接的而非直接的，即提供邏輯聯
繫和方法手段。另一方面，倫理對科學的內容毫無作用，但對科學
探索的動機和動力卻提供支承，此時獨立於道德標準的科學便依賴
於道德標準了。誠如愛因斯坦在一次談話中所言：「正是在這一點
上表現出我們本性的道德方面——理解真理的內在企求，斯賓諾莎
把它稱為理智之愛而如此經常地加以強調。正如你看到的，在你說
起科學的道德基礎的時候，我是完全同意你的。但把這個問題顛倒
過來並談論道德的科學基礎，則是不行的。」(*EZ*, p. 566)

　　正是基於科學與道德的相互獨立性，愛因斯坦認為，責備科學
損害道德是不公正的(*EI*, p. 282)。只有當道德力量退化時，科學和
技術才會使他變得低劣，沒有什麼東西能夠保護它，即使我們業已
建立起來的制度也無能為力 (*HPS*, p. 205)。相反地，像物理學和數
學這樣的科學除有助於刺激技術發展外，它做為一種有效的武器，
還可以防止人們屈從於消沉乏味的物欲主義，這種物欲主義反過來
也能夠導致毫無節制的利己主義的統治 (*HPS*, p. 436)。遺憾的是，

愛因斯坦對此沒有詳加深究，他雖然並不否認在所有真正的科學中
存在著倫理的因素，但卻矢口否認科學的倫理功能或道德的科學基
礎。其實，做為知識體系和研究活動的科學本身也包含著某些價值
和規範，它們直接或間接地有助於倫理準則的形成，或者有助於強
固公認的道德規範❸。尤其是做為社會建制的科學，本身就具有一
整套規範結構或科學的精神氣質(ethos)：

> 科學的精神氣質是有感情情調的一套約束科學家的價值和規
> 範的綜合。這些規範用命令、禁止、偏愛、贊同的形式來表
> 示。它們借助於習俗的價值而獲得其合法地位。這些通過格
> 言和例證來傳達，通過法令而增強的規則在不同程度上被科
> 學家內在化了，於是形成了他的科學良心，或者人們如果願
> 意用現代術語的話，也可以說形成了他的超我。❸

　　也正是基於科學與倫理分離的觀點，愛因斯坦堅決反對科學主
義❸及科學萬能論。他指出，目前成為時髦的把物理科學的公理應

---

❸　可參見❸中的三個中文文獻。例如，科學中的實證方法、理性方法和
　　臻美方法就有助於確立或強化人們的崇實、尚理、愛美的品格。

❸　同❷。按照弗洛伊德的學說，人格結構是由伊德(id)、自我(ego)和超
　　我(superego)構成。伊德是充滿動物式本能的潛意識，使人的心理充滿
　　活力，它服從快樂原則，故也稱為本我。超我可以說是道德化的自我，
　　包括通常所說的良心和自我理想。本我和超我之間具有尖銳的矛盾，
　　而自我則居於中間地位。自我的功能一是通過知覺和思維來滿足本我
　　的要求，實現所謂的現實原則；二是做為一個保護系統，把人們違背
　　超我時的內疚不安斥回到潛意識中去。

❸　科學主義(scientism)的一種涵義是過分信賴科學方法的普適性，或給

用到人類生活上去，那不僅是完全錯誤的，而且也是應當受到譴責的(*E1*, p. 303)。他認為，科學方法這個工具在人的手中究竟會產生些什麼，那完全取決於人類所嚮往的目標的性質。只要存在著這些目標，科學方法就能提供實現這些目標的手段。可是它不能提供這些目標本身。科學方法本身是不會引導我們到哪裡去的，要是沒有追求清晰理解的熱忱，甚至根本就不會產生科學方法 (*E1*，p. 397)。在手段的完善和目標的混亂為特徵的時代，愛因斯坦特別強調科學的局限性和道德的巨大社會意義。他說：科學本身不是解放者，不是幸福的最深刻的源泉。它創造手段，而不是創造目的。它適合於人利用這些手段達到合理的目的。當人進行戰爭和征服時，科學的工具變得像小孩手中的剃刀一樣危險。我們應該記住，人類的發展完全依人的道德發展而定(*HPS*, pp. 413–414)。這是因為，如果手段在它背後沒有生氣勃勃的精神，那麼手段無非是遲鈍的工具。但是，如果在我們中間對達到目標的渴望是極其有生氣的，那麼我們將不缺少力量找到接近目標和把它化為行動的手段❸。他進而這樣寫道：

> 改善世界的根本並不在於科學知識，而在於人類的傳統和理想。因此我認為，在發展合乎道德的生活方面，孔子、佛陀、耶穌和甘地這樣的人對人類作出的巨大貢獻是科學無法作到的。你也許明明知道抽煙有害於你的健康，但卻仍是一個癮君子。這同樣適用於一切毒害著生活的邪惡衝動。我無需強

科學以超出其合理範圍的權威。據我所知，稍有頭腦的科學家都從未提出或堅持這種類型的科學主義，它也許是某些「蹩足的」社會學者和人的「產兒」或反科學運動虛設的「風車」。

❸ 同❷，p. 24.

調我對任何追求真理和知識的努力都抱著敬意和贊賞之情，但我並不認為，道德和審美價值的缺乏可以用純智力的努力加以補償。(*HPX*, p. 255)

愛因斯坦向來認為，沒有良心的科學是靈魂的毀滅，沒有社會責任感的科學家是道德的淪喪和人類的悲哀。科學家在致力科學研究的同時，必須以高度的道德心，自覺而勇敢地擔當起神聖的、沉重的社會責任，制止科學的異化和技術的濫用，使科學技術賜福於人類。他強烈譴責那些不負責任和玩世不恭的專家：讓所有那些輕率地利用科學和技術奇蹟的人們感到羞恥吧！他們對科學和技術奇蹟的了解，不比母牛對它盡情咀嚼的那些植物的植物學了解得更多一些[34]。他呼籲科學家要以諾貝爾為榜樣，要有良心和責任感。堅決拒絕一切不義要求，必要時甚至採用最後的武器：不合作和罷工(*E3*, pp. 205, 213)。他諄諄告誡未來的科學家和工程師：

如果你們想使你們一生的工作對人類有益，那麼你們只了解應用科學本身還是不夠的。關心人本身必須始終成為一切技術努力的主要目標，要關心如何組織人的勞動和商品分配，從而以這樣的方式保證我們科學思維的結果可以造福於人類，而不致成為詛咒的禍害。當你們沉思你們的圖表和方程時，永遠不要忘記這一點！(*HPS*, p. 171)

---

[34]　F. 赫爾內克：《原子時代的先驅者》，徐新民等譯，科學技術文獻出版社（北京），1981年第一版，頁148。

第十三章　別具隻眼的教育觀

綠柳乍黃又一春，
回首流年入夢頻。
人生有涯學無垠，
莫作後之視今人。

　　　　　——李醒民〈書「激動人心的年代」之後〉

　　嚴格地講，愛因斯坦並不是一位教育家或教育學家，從未對教育學作過專門的、系統的研究。誠如他所說：「在教育學領域，我是個半外行人，除卻個人經驗和個人信念之外，我的見解就別無基礎。」「這些見解所根據的只不過是他自己在做學生和當老師時所積累起來的個人經驗而已。」(*E3*, pp. 142, 147)但是，愛因斯坦卻終生對教育懷有興趣：這種興趣不是邊緣性的或插曲性的，而是根深蒂固的和持久不衰的，儘管他就教育所發表的言論或文章僅占他的全部論著的極少一部分。

　　早在十六歲時，愛因斯坦就想當一名教師，雖說部分原因是雙親生意破產使全家生計陷入窘境。他在1909年正式當上大學教師時說：「我喜歡新的活動領域。教學工作給我帶來許多樂趣。」❶他在

談話中透露，他一生中的最大遺憾是沒有教少年兒童。他說他喜歡孩子，能以獨特的風格把複雜的問題簡化，使孩子們心靈開竅。少年兒童總是天真、好奇而富有生氣，這種感染力反過來也會使他共享歡娛。他們對知識是敞開的，不害怕詢問「愚蠢的」問題，人們能夠從他們的眼睛中讀懂他們的真正興趣之所在。由此可見，愛因斯坦即使對啟蒙教育也是十分傾心的。

在阿勞中學，米爾貝格(F. Muehlberg)教授的教育哲學給愛因斯坦留下了深刻的印象。這種教育哲學的精神實質是：發現新事物的心智能力、意志和興味比獲得短暫的、飛逝的知識更重要。這位自然科學教師和自然史博物館的管理者經常帶學生到戶外考察，以證明自然的奇蹟❷。這些影響加上愛因斯坦對自己做學生和做老師的經歷的深沉的反思（包括從所經歷的壞作法中悟出好作法），逐漸形成了他的別具隻眼的教育觀，其中不少觀點即使在今天看來還是那麼生氣勃勃、富有啟發意義。

一、目標：培養獨立行動和
獨立思考的個人

在為數不多的論教育的文章和談話中，愛因斯坦十分關注教育目標的設定。他把該目標定位為培養獨立行動和獨立思考的個人，並認為這對有價值的教育是生命攸關的。他說：

---

❶ K. 塞利希：《愛因斯坦》，黑龍江大學俄語系翻譯組譯，黑龍江人民出版社（哈爾濱），1979年第一版，頁104。

❷ P. A. Bucky, *The Private Albert Einstein*, A Universal Press Syndicate Company, Kansas City, 1993, p. 99.

　　有時，人們把學校簡單地看作是一種工具，靠它來把最大量
的知識傳授給成長中的一代。但這種看法是不正確的。知識
是死的，而學校卻要為活人服務。它應該發展青年人中那些
有益於公共福利的品質和才能。但這並不意味著個性應當消
滅，而個人只變成像一隻蜜蜂或螞蟻那樣僅僅是社會的一種
工具。因為一個由沒有個人獨創性和個人志願的規格統一的
個人所組成的社會，將是一個沒有發展可能的不幸的社會。
相反地，學校的目標應當是培養有獨立行動和獨立思考的個
人，不過他們要把為社會服務看作是自己人生的最高目的。
(*E3*, p. 143)

愛因斯坦強烈反對把個人當作死的工具來看待。他認為學校的目標
始終應當是：青年人在離開學校時，是做為一個和諧的人，而不是
做為一個專家。這在某種意義上即使對技術學校來說也是正確的，
儘管技術學校的學生將要從事的是一種完全確定的專門職業。他進
而指出：

　　發展獨立思考和獨立判斷的一般能力，應當始終放在首位，
而不應當把獲得專業知識放在首位。如果一個人掌握了他的
學科的基礎理論，並且學會了獨立地思考和工作，他必定會
找到自己的道路，而且比起那種主要以獲得細節知識為其培
訓內容的人來說，他一定會更好地適應進步和變化。(*E3*, p.
147)

愛因斯坦一再重申，用專業知識教育人是不夠的。專業教育可以使人成為有用的機器，但是不能成為一個和諧發展的人。要使學生對價值即社會倫理準則有所理解並產生熱烈的感情，那是最基本的。否則，他連同他的專業知識就像一隻受過訓練的狗，而不像一個和諧發展的人。因此，他堅決反對過分強調競爭制度，堅決反對從直接用途著眼而過早專門化，因為這會扼殺包括專業知識在內的一切文化生活所依存的那種精神。(*E3*, p. 310)在這裡，愛因斯坦的確向我們提出了一個二者擇一的嚴峻問題：是造就以為社會服務為崇高目標的獨立的與和諧的個人，還是培養工具、機器、蜜蜂、螞蟻，乃至聽話的狗？如果把後者做為目標，那麼走出校門的年輕人只能是有腦袋而無思想的行屍走肉，是遭人踐踏的小草和任人擺布的螺絲釘。由這樣的毫無獨立性和獨創性的個人組成的社會，也只能是一個墨守成規的、死氣沉沉的社會。這對個人和社會來說都是大大的不幸！

按照愛因斯坦的觀點，教育系統有四項主要任務：在特定的道德價值和社會價值基礎上的品格教育；學生智力才能和身體才能二者的發展；一般知識的教學；專門技能的培養。他揭示出專門化訓練成為不可逆轉的潮流的原因，在於人們狂熱地追求功利和效用本身，而忘記了權利的價值。他把德育教育與教育目標結合起來，始終放在教育工作的首位。他指出，使構成民主基礎的那些原則有充沛的生命力，並認清個人權利神聖不可侵犯，是教育的最重要的任務；幫助青年人在這樣一種精神狀態中成長，使他們感到這些基本原則對他來說就像他所呼吸的空氣一樣，是教育和學校應有的職能(*E3*, pp. 168, 175)。由於認識到教育是如此重要的政治工具，因此愛因斯坦十分擔心教育變成競爭的政治集團的利用對象，變成國家

強力控制的工具，從而造成這樣的危險：給學生灌輸往後很難擺脫的不詳偏見，使他們保持思想上的奴性(*HPS*, p. 410)。

另一方面，愛因斯坦基於對人的恰當評價是相對於他付出的東西而不是他收到的東西的信念，強調必須訓練人們具有向他們同胞付出的態度。如果人類要從他的每一個成員中受益，那麼就必須從年輕時起用人道主義哲學諄諄教誨他們。只有如此，人們才會樂意為做為一個整體的共同體作有益的事情 —— 這就是好學校的基本工作❸。但是，他看到的嚴酷現實卻令人寒心：

> 在我們的教育中，往往只是為著實用和實際的目的，過分強調單純智育的態度，已經直接導致對倫理價值的損害。我想得比較多的還不是技術進步使人類所直接面臨的危險，而是「務實」的思想習慣所造成的人類相互體諒的窒息，這種思想習慣好像致命的嚴霜一樣壓在人類的關係之上。(*E3*, p. 293)

愛因斯坦的態度很明確：單純的才智不能代替道德的正直 (*HPS*, p. 203)；要是沒有倫理教育，人類就不會得救(*E3*, p. 294)。他把教育的目標用一句話概括為：「個人的自由而有責任心的發展，使他得以在為全人類的服務中自由地、愉快地貢獻出他的力量。」(*E3*, p. 175)

怎樣才能達到這一崇高的目標呢？愛因斯坦認為，要培養出有教養的和有責任感的人，是通過同教育者親身接觸，而不是 —— 至少主要不是 —— 通過教科書傳授給青年一代的(*E3*, p. 310)。僅僅通

---

❸　同❷, p. 94.

過教給學生像「你要像愛你自己那樣愛你的鄰人」之類的虔誠的程式，或用表現得完美無缺的所謂典型人物的故事教化，都無法達到品格訓練的目的。一般而言，健全的社會態度不是通過教導，而是通過經驗獲得的。集體精神只有加以實踐，它才能夠被意識到。學生的興趣不應該通過鼓勵自我崇拜的競爭來激勵，而應該通過喚起對創造性工作的愉悅感來激勵。只有用這種方式，同學們才能學會相互採取友好的、建設性的關係。此外，學校不應該宣傳特定的政治學說。如果學校能夠教給年輕人掌握批判的精神和社會取向的態度，那麼他們就會做所必須做的一切事情。屆時學生將會逐漸用生活在健全的民主社會的公民必須先具備的那些品質裝備起來 (*HPS*, pp. 410–411)。

二、途徑：實行自由行動和 自我負責的教育

愛因斯坦早在阿勞中學上學時就體會到「自由行動和自我負責」的教育的「優越性」，他在大學就是這樣身體力行的 (*E1*, pp. 43–44)。此後，他成為自由教育和自由學習原則的堅定支持者和積極倡導者。他認為應該採取一種自由的教學形式，使學生有自由選擇所學科目的權利。這樣一來，教師和學生雙方都會更明確地認識到各自工作的重要性，並使整個教育過程變成幸福的經歷。沒有這類教育自由，學生的精神只會腐朽，因為人不是機器，不能像機器一樣去處置。他倡導學生應有較多的決定是否上課的自由，這樣學生才有更多的時間自主地深究他們的問題，至於那些濫用特許權的人，他們本來就不會追求該科目。他強調在教育中也許最有價值的

財產是自學或閱讀。一個人接受教學完全是對的，但是教學在某種程度上與教師的個性不可分割。如果教師有不好的個性，那麼學生往往會拒絕在正常情況下對他們來說是有趣的科目。然而，當人們對一個科目有興趣並自己讀書時，他就有機會在沒有他人影響的情況下把握該科目。愛因斯坦表明，他的自由教育思想與嚴格要求並不矛盾。嚴格本身並不是錯誤的，倘若它處在自身的限度內且不限制個人思維的話。所謂教育中的自由，僅僅意指的是，不應該規定或強迫人們學習他們天然地不傾心的任何東西。不用說，在這個框架內，嚴格性和準則是必然的事❹。顯然，愛因斯坦倡導自我行動和自我負責的自由教育，無非是想藉此途徑，培育學習的樂趣，從而達到他所設想的教育目標。誠如他在給一份學生雜誌所寫的：

> 千萬別把學習視為義務，而應該把學習視為一種值得羨慕的機會，它能使你們了解精神領域中美的解放力量，它不但能使你們自己歡樂無比，而且還能使你們將來為之工作的社會受益匪淺。(*RS*, p. 55)

　　兵營般的德國中學的嚴厲強制和充滿自由精神的瑞士中學的活躍氣氛形成了強烈的反差，這在愛因斯坦的心靈中打上了不可磨滅的烙印，以致他在晚年回顧時，當年的情景仍歷歷在目。他說：人們為了考試，不論願意與否，都得把所有廢物統統塞進自己的腦袋。這種強制的結果使我畏縮不前，致使考試後整整一年對科學問題的任何思考都感到掃興。在談到研究問題的神聖的好奇心時，他繼續說：

---

❹　同❷, pp. 95–98.

> 這株脆弱的幼苗，除了需要鼓勵以外，主要需要自由；要是
> 沒有自由，它不可避免地會夭折。認為用強制和責任感就能
> 增進觀察和探索的樂趣，那是一種嚴重的錯誤。我想，即使
> 是一頭健康的猛獸，當牠不餓的時候，如果有可能用鞭子強
> 迫牠不斷地吞食，特別是當人們強迫餵給牠吃的食物是經過
> 適當選擇的時候，也會使牠喪失貪吃的習性的。(*E1*, p. 8)

因此，愛因斯坦認為，對於像他這樣愛好沉思的人來說，因循守舊的大學教育並不總是有益的。無論多麼好的食物強迫吃下去，總有一天會把胃口和肚子搞壞的。純真的好奇心的火花會逐漸地熄滅❺。(*E1*, p. 45)他指出，法拉第正因為沒有受傳統的正規大學教育，沒有背上傳統思想的包袱，才發明了場概念和電磁感應定律(*E1*, p. 498)。

愛因斯坦把強制視為自由教育的最凶惡的敵人，他從青少年時代起就與之進行頑強的鬥爭。為此，他用一個粗魯的、發音凶惡的詞Zwang❻來表達它。他唾棄這個詞，就像一個人扔掉魚骨一樣❼。

---

❺　W. 奧斯特瓦爾德甚至認為：「後來在生活中注定成為發現者的孩子幾乎毫無例外地在學校是壞孩子！最強有力地抵制學校規定的智力發展形式的，恰恰是天賦最高的年輕人！學校從未停止表明它們本身是天才的最厲害的、冷酷無情的敵人。」參見❷，p. 82.奧斯特瓦爾德早年就是這樣的「壞孩子」，後來卻成為科學天才和思想家。參見李醒民：《理性的光華》，福建教育出版社（福州），1993年第一版；業強出版社（臺北），1996年第一版。

❻　其意為強制、強迫、脅迫、暴力等。

❼　A. Vallentin, *Einstein, A Biography*, Translated from the French by M.

他認為：

> 對於學校來說，最壞的事是，主要靠恐嚇、暴力和人為的權威這些辦法來進行工作。這種做法摧殘學生的健康的感情、誠實和自信；它製造出來的是順從的人。……要使學校不受這種一切禍害中最壞的禍害的侵襲，那是比較簡單的。教師使用的強制手段要盡可能地少，學生對教師的尊敬的唯一源泉在於教師的德和才。(*E3*, p. 144)

為此，愛因斯坦反對死記硬背，反對用事實、名字、年代、公式塞滿年輕人的記憶和思想。他覺得沒有必要死記住聲速，認為迫使學生硬背歷史日期是荒謬的，因為需要時可在書本或百科全書中方便地查到它們。教育應該致力於青年人的思考，給他們以課本不能提供的訓練。他把考試視為教育的禍害，把接受測驗比之為走向斷頭臺。因為學校以考試迫使學生學習許多不必要的東西，記憶大量無用的信息，從而大大妨礙科學探索和分析❽。

愛因斯坦甚至主張放棄升學錄取考試。因為它像某種可怕的怪物看守著我們離開學校，把它的陰影投射到前面很遠的地方，迫使教師和學生不斷地朝向人為的知識顯示而工作。這種考試通過強制手段猛烈地訓練投考者記下只能維持幾小時的東西，然後便永遠喪失了洞察力。如果取消了考試，那就也隨之去掉了費力的記憶，那就不再需要花費數年時間埋頭於在幾個月內將被忘記得一乾二淨的材料。大自然堅持從最小的努力獲取最大的結果，而錄取考試則違

Budberg, Weidenfeld and Nicolson, London, 1954, p. 20.

❽ 同❷，pp. 94–99.

背自然的本性。那麼誰將被容許進入大學呢？愛因斯坦認為，一個人不僅在具有偶然性的決定性測驗中顯示出他自己是有能力的，而且在他的整個行動中顯示出來。教師將是這個事情的鑒定人，他應該知道誰是合格的。他將發現，全部課程在年輕人精神上造成的重壓越少，決定誰充分達到獲得許可證在相應的程度上也就越容易❾。愛因斯坦反對過多的、帶有強制性的、僵化式的考試不用說是很有道理的，但他提出的升學許可辦法卻是過於理想化了，在現實中不是短時間內就能行得通的，因為作為鑒定人的教師很難不受局外因素和個人偏好的影響，從而無法保證人才選拔的公正性和合理性。考試制度固然不能說是選才的好辦法，但眼下它依然是所有不好辦法中的好辦法❿。在目前條件下，問題是怎樣暫時去進一步完善它，而不是立即取消它。

愛因斯坦大力呼籲減輕學生負擔。他認為一天六小時應該是足夠的了——四小時在學校，兩小時作家庭作業。這個時間一點也不少，要知道人的思想在空閑時也是處於緊張狀態之中，因為它必須接納整個感知世界。在這麼一些時間內如何安排全部課程呢？他建

---

❾　A. Moszkowski, *Einstein: The Searcher, His Work Explained from Diologues with Einstein*, Translated by H. L. Brose, Methuen & Co. Ltd., London, 1921, p. 66.

❿　中國古代的科舉制度不管有多少缺陷，但這種不論出身、財富、地位的選拔人才和官員的考試制度畢竟有其公正性，有助於當時社會的穩定和繁榮。當前在中國大陸，腐敗等不正之風無孔不入，但每年一度的高考恐怕是唯一一塊沒有被污染的土地。營私舞弊行為不能說沒有，但確實很少。而且，由於「遊戲規則」嚴格，也易於發現、糾正和查處。由於它的公正性，也由於沒有更好的辦法去替代它，人們還是認可它的權威性。

議把一切不必要的過量負擔扔掉！比如歷史課，所謂的通史大部分是不必要的，因為它被一些姓名和日期表弄得模糊不清，可用寬泛的大綱描述取而代之。尤其是古代史，它們與我們日常存在相去甚遠。如果學生沒有學習亞歷山大大帝和其他幾十位征服者──其文獻像無用的壓艙物一樣壓在他的記憶中──的事情，這決不會有什麼不幸。如果他要一瞥古代的端倪的話，那就讓他省掉居魯士 (Cyrus)、阿爾塔薛西斯 (Artaxerxes) 和韋辛格托里克斯 (Vercingetorix) 吧，但卻要告訴他某些文明先驅阿基米德 (Archimedes，約西元前287– 約前212 年)、托勒密 (Ptolemy，活動時期二世紀)、希羅 (Hero，鼎盛期約62)、阿波洛尼烏斯 (Appolonius，約西元前247– 約前205 年) 以及發明者和發現者的事情，這樣歷史課才不會歸結為一系列冒險和屠殺。❶ 愛因斯坦就減輕學生過重負擔發表了如下的一般性評論：

> 由於太多和太雜的學科（學分制）造成了青年人的過重負擔，大大危害了獨立思考的發展。負擔過重必定導致膚淺。教育應當使所提供的東西讓學生做為一種寶貴的禮物來接受，而不是做為一種艱苦的任務要他去負擔。(E3, p. 310)

愛因斯坦注重獨立思考和自由行動的教育，也是基於這樣一個深刻的認識──智慧比知識更重要。所謂智慧(wisdom)，就是對事物的認識、辨析、判斷處理和發明創造的能力。智慧是個人特有的敏銳的洞察力和健全的判斷力，或一言以蔽之曰「卓識」(good sense)。智慧是不可言說的和不可言傳的，是難以在短期內從書本和他人之

───────────────
❶　同❾，pp. 66–67.

處習得的；而知識則是可言說的和可言傳的，是能夠在不太長的時間內從書本和他人之處學到的。因此，智慧與知識二者之間有顯著的質的差異。愛因斯坦一直強調，教育要培育學生的活生生的智慧，而不是單純灌輸死沉沉的知識。他說：「人必須被教育得『靈活地起作用』，他必須獲得和發展『智力肌肉』!」⓬ 這裡的「智力肌肉」，無疑是智慧的隱喻。果不其然，他的下述言論就是最好的佐證：

> 如果青年人通過體操和走路訓練了他的肌肉和體力的耐勞性，以後他就會適合任何體力勞動。思想的訓練以及智力和手藝方面的技能鍛煉也與此類似。因此，有個才子講得不錯，他對教育下了這樣一個定義：「如果一個人忘掉了他在學校裡所學到的每一樣東西，那麼留下來的就是教育。」(*E3*, p. 146)

基於這樣的考慮，愛因斯坦不贊成學校必須直接教授那些在以後生活中要直接用到的專業知識和技能，因為生活中所要求的東西太多種多樣了，不大可能容許學校採取這樣的專門訓練。但是，一個具有足夠智慧和能力的人，則能夠以不變應萬變，顯示出極強的適應性和創造性。

三、教師、教法及其他

愛因斯坦認為，學校向來是把傳統的精神財富從一代傳到下一代的手段，人類社會的正常延續和健康發展在相當高的程度上有賴於學校教育。而在學校教育中，教師負有很大的責任。比一般知識

⓬ 同❾，pp. 63–64.

和理解更為重要的，是學校的理智氣氛（比單個教師更重要）、 教師的有效行動和樹立的榜樣 (*E3*, pp. 143, 169)。他不相信用道德說教就能達到理想的教育目標。他說：

> 言詞是並且永遠是空洞的，而且通向地獄的道路總是伴隨著理想的空談。但是人格決不是靠所聽到的和所說出的言語，而是靠勞動和行動來形成的。(*E3*, p. 143)

　　愛因斯坦從他自己和朋友厄任費斯脫的求學經歷中深深地體會到：無知和自私的教師對青少年心靈摧殘所引起的屈辱和精神壓抑，是永遠不能解脫的，而且常常使以後的生活受到有害的影響(*E1*, p. 526)。他感到，大多數的教師的弱點是，他們從不嘗試把他們自己放到他們學生的位置上，並力圖像學生可能想地那樣想問題。他們像雙親一樣，期望孩子們像成人一樣行動、思考和反應。做為一個好教師，必須設身處地、將心比心地從學生的角度著想❸。他相信，主要不是學生缺乏才能，而是教師缺乏才幹。大多數教師把時間浪費在發現學生所不知道的疑問，而真正的質疑藝術其目的在於發現學生知道什麼或能夠知道什麼。無論何時犯這類過失，教師的責任大多是失職的❹。即使兒童在物理現象的宇宙中迷失了，也能設法使他們接受偉大的自然定律。如果它們是能夠為人們理解的東西，那麼人們就能夠清楚地說明它們❺。愛因斯坦指出，一個好教師的最重要的特質是，他具有適宜的心理素質，能夠心領神會地理

---

❸　同❷，p. 90.

❹　同❾，p. 65.

❺　同❼，p. 23.

解學生的需要。即使這樣的教師缺乏所要求的知識，他總是能夠從書本或經驗中獲得它們。但是，世界上最有知識的教師若不理解對待他的學生的心理學，他也是一位不好的教師 ⑯。

愛因斯坦強調，愚蠢的不是學生，而往往是老師。他經常為兒童就科學所提的問題而驚奇：他們在大多數情況下比成年人、甚至比專業人員詢問問題更有邏輯性。他們不害怕問問題，可是成年人則害怕問「愚蠢的」問題而受到抑制。但是，在我們的詞彙表中，就數學和科學而言，「愚蠢的」一詞並不存在。這就是許多教師犯錯誤的地方。這些教師把他們沒有能力教好某人歸咎於那個人是愚蠢的，而不是歸咎於他們自己缺乏耐心或不願意改變教學進路。譬如說，有許多人自認或被人認為在數學和科學上是「愚蠢的」，可是同樣的人卻能成為出色的汽車駕駛員，能把汽車順利地拆卸和組裝起來。這是為什麼？因為他們對汽車極為感興趣。從哪個方面或何種進路激發學生對所學科目的興趣，是教師的責任，是對教師的一個巨大挑戰。教會那些在智力上比較遲鈍的學生迅速地適應學習，才算是真正的教師 ⑰。愛因斯坦表示，天生的教師的標誌在於，不是把結果現成地呈現給學生，而是在介紹了與所構想的理由矛盾的可能性後，激發起學生對科學的好奇心，從而強烈地吸引住他們的整個身心，此時才通過充足的論據闡明問題。這樣一來，就能把在書本中存儲的無生命的知識變成在人的意識中存儲的活生生的知識。書本知識儘管是不可或缺的，但僅占據次要地位，而知識的第二種存在形式才是基本的 ⑱。

---

⑯　同❷，p. 96.

⑰　同❷，p. 99.

⑱　A. Einstein, *Ideas and Opinions*, Edited by C. Seelig, Crown Publishers

　　愛因斯坦提出了一個原則性的準則：教師的首要藝術是喚醒創造和認識的樂趣⑲。他認為，在每項成績的背後都有一種推動力，它是成績的基礎，反過來，這種推動力也通過任務的完成而得到加強和滋養。在這裡，推動力的出發點大為不同：是靠恐怖和強制，還是靠追求威信和榮譽的好勝心，抑或靠誠摯的興趣和追求真理與理解的願望（這是每個兒童都具有的天賦的好奇心，不過往往早就衰退了）？　愛因斯坦堅決反對第一種作法。對於第二種作法，他進行了細緻的分析。說得婉轉點，好勝心也就是期望得到贊許和尊重，它根深柢固地存在於人的本性中。要是沒有這種精神刺激，人類合作就完全不可能；一個人希望得到他的同類贊許的願望，肯定是社會對他的最大約束力之一。但是在這種複雜的感情中，建設性的力量同破壞性的力量密切地交織在一起。想要得到贊許和表揚的願望，本來是一種健康的動機；但如果要求別人承認自己比同伴或者同學更高明、更強或者更有才智，那就容易在心理上產生唯我獨尊的態度，這無論對個人和社會都是有害的。因此，學校和教師必須防範使用那種容易產生個人野心的簡單辦法去引導學生從事辛勤的工作。愛因斯坦表明，用怕受到損害的恐懼和自私的欲望去作為推動力都是誤導，良好的動機應來源於對快樂和滿足的追求：

> 在學校裡和在生活中，工作的最重要動機是工作中的樂趣，
> 是工作獲得結果時的樂趣，以及對這個結果的社會價值的認
> 識。啟發並且加強青年人的這些心理力量，我看應該是學校

　　Inc., 1982, pp. 79–80.

⑲　A. Einstein, *The World As I See It*, Philosophical Library, New York, 1949, p. 23.

的最重要任務。只有這樣的心理基礎才能導致一種愉快的願望，去追求人的最高財產——知識和藝術技能。

當然，要啟發這種創造性的心理能力，不像使用強力或者喚起個人好勝心那樣容易，但它是更有價值的。關鍵在於發展孩子對於遊戲的天真愛好和獲得贊許的天真願望，並把孩子引向對於社會很重要的領域；這種教育主要是建立在希望得到有成效的活動能力和社會認可的願望之上的。如果學校和老師從這樣的觀點出發，工作得很成功，那麼就會受到成長中的一代人的高度尊重，學校所規定的作業就會被當作一種禮物來領受，學生就會更喜歡在學校而不是放假。這樣的學校要求教師在他的本職工作中成為藝術家。要獲得這種精神雖說沒有萬應靈藥，但是某些必要的條件還是可以滿足的。首先，教師應當在這樣的學校裡成長起來。其次，在選擇教材和使用教學方法上，應當給教師以廣泛的自由，因為強制和外界壓力無疑也會扼殺他在安排他的工作時的樂趣 (*E3*, pp. 144–146)。愛因斯坦曾在一封短箋中把他的上述思想歸結如下：

> 雄心壯志或單純的責任感不會產生真正有價值的東西，只有對於人類和對於客觀事物的熱愛與獻身精神才能產生真正有價值的東西。(*RS*, p. 46)

愛因斯坦還就教育方法和教學方法發表了許多議論。他指出，最重要的教育方法是鼓勵學生去實際行動。這對於初入學的兒童第一次學寫字是如此，對於大學裡寫博士論文也是如此，就是在簡單地默記一首詩，寫一篇作文，解釋和翻譯一段課文，解一道數學題

目，或者進行體育鍛煉，也都無不如此(*E3*, p. 143)。

　　至於具體的教學方法，愛因斯坦堅持訴諸直覺，採取從具體到抽象的進路，更為實際地去講授。他抱怨數學教學幾乎普遍地存在著缺陷：它不是建立在實際有趣的東西之上和能被直覺把握的東西之上，而是用定義和純粹的概念餵養孩子。數學一開始不應在教室裡教，而應該到戶外的大自然中去教。應該向兒童表明，草地如何測量，如何與另外的比較。必須把他們的注意力對準塔的高度，它在各個時刻陰影的長度，太陽相應的高度。用這種方法，能使他們更迅速、更可靠、更熱情地把握數學關係，比用詞和粉筆記號給他們灌輸維度、角度或三角函數的概念要好得多。這樣也能使他們明白，科學起初正是起源於實踐的。在物理教學中，頭一批課程應該是觀看實驗和其他有趣的東西，因為一個漂亮的實驗比從我們精神抽取的二十個公式更有價值。此外，他敏銳地看到電影在教學領域裡的作用。借助教學影片，有可能系統地講某些課程，如地理學。影片提供的精彩畫面和豐富信息能使教學直觀清晰、形象生動，如植物生長、動物心臟的跳動、昆蟲羽翼的振動。它還能使學生觀察到工業技術的各個部門——發電站、機車、報紙和書籍的印刷、玻璃廠和煤氣廠的生產流程。許多不能用學校的儀器演示的困難實驗也能清楚地顯示出來，無疑會使學習變得生動活潑❷⓪。

　　愛因斯坦認為，有資格的教師應該有能力或才幹向他的學生深入淺出地講清問題，從而激起學生的興趣。有兩個例子也能說明愛因斯坦對生動直觀的啟發式教學方法的重視。其一是，當他還是小孩子時，叔叔是這樣向他說明代數是什麼的：「好的，我將告訴你，我們正在追獵一隻小動物，而我們卻不知道牠的名字。為此緣故，

------

❷⓪　同❾, pp. 68–70.

我們稱其為 x。當我們得到我們的獵物時，我們便俘獲了牠，只有此時我們才能確定牠的名字是什麼。」 經叔叔這麼一說，使他茅塞頓開，一下子就打破了對代數的神秘感**❹**。其二是，俄亥俄州一位五年級教師發現許多學生在得知人類也屬於動物時都大吃一驚，他勸學生寫信徵詢偉大學者和專家的意見。愛因斯坦在1953年寫信答覆如下：

> 我們不應該問「什麼是動物」，而應該問「我們稱之為動物的是什麼?」我們總是把有某種特徵的東西稱為動物，例如它必須吸收營養，繁衍後代，它會獨立行走，從小到大不斷生長，到一定的時候就會死亡。這就是我們把昆蟲、雞、狗、猴子等等都稱為動物的理由。我們人類又怎麼樣呢? 用剛才說過的方法來考察一下這個問題，然後你們就可以判斷把我們人也稱為動物是不是自然的事情了。(*RS*, p. 34)

關於課程設置及內容改革，愛因斯坦認為，只要按照上述教育目標和途徑行事，那麼究竟以文科為主還是以理科專業教育為主都成為次要的了；對於古典文史教育的擁護者和注重自然科學教育的人之間的抗爭，他一點也不想偏袒哪一方(*E3*, p. 146)。不過，他還是針對某些具體科目發表了若干評論。他不贊成在學校接受基本的政治訓練。其理由在於，一是教育不能消除官方的影響，二是政治問題需要成熟的精神來應付。他倡導學生必須學會一種手藝，如做一個硬木工、裝釘工、鎖匠或其他行業的成員。這既是為了掌握一種技能或謀生本領，也是為了增進與廣大人群的聯繫和感情。手工

---

❹ 同**❷**，p. 95.

不應做為中學生賺錢的手段，但它將擴大並強固他將做為一個合格的人所賴以立足的根基。學校不必生產未來的官員、學者、講師、律師和作家，而是真正的人，不是智力機器。普羅米修斯 (Prometheus) 並沒有以天文學開始他對人的教育，而是開始教火的性質和火的實際用處❷。愛因斯坦的這些看法與他強調科學研究獨立於實用和反對過早專門化並不矛盾，因為後者是就純粹研究的終極目的和教育的最終目標而言的。

關於語言教育，愛因斯坦一方面不主張過於倉促地進行改革，以統統消除舊規範學校的基本特徵及對拉丁語的偏愛。另一方面，他又對重視古典語言教育的文科學校不懷熱情，這是從他自己中學的經歷和未來教育的發展而作出的公正反應。在他看來，語言教育的價值一般而言是大大地被高估了。他懷疑「每一種額外獲得的語言代表了一種附加的品格」的格言是普遍有效的，因為這一格言沒有經受真正的檢驗，而所有的經驗又都與之矛盾。否則，我們就應該被迫把智者中的最高地位讓給像米特拉達梯 (Mithridates)、梅佐凡蒂(G. Mezzofanti, 1774–1849)❷這樣的語言強者。事實上，情況正好相反，在具有最強品格和對進步作出最重要貢獻的人中，他們的眾多特色並不取決於語言的綜合知識，他們倒是避免提出多餘的記憶要求而加重精神負擔❷。在對語言學習的看法上，愛因斯坦與馬赫可謂不謀而合❷。

---

❷　同❾，pp. 67–68.

❷　梅佐凡蒂是意大利神職人員、語言學家。他懂五十七國語言，能流利地講十二國語言，以博言家的代表而聞名於世。

❷　同❾，pp. 62–63.

❷　李醒民：《馬赫》，東大圖書公司印行（臺北），1995年第一版，頁

愛因斯坦對數學、物理、歷史、地理等課程的內容及教法的設想，我們前已述及。他對許多學校大力強調體育活動不以為然。他認為，體育除了做為一種煥發精力的手段，使學生能夠充分地集中於他們的學習而外，它似乎無助於任何一個人的一般教育。這不是貶低體育，因為一個人的教育的最大的和最重要的方面是在他實際上用體力完成某些職責之時，例如一個孩子初次學習寫字之時❷。

關於政府對教育的作用，愛因斯坦總的看法是：政府應從財力上大力支持教育，但不宜直接橫加干預。他明確表示：

> 政府能夠而且應該保護所有教師免受任何經濟威脅，因為經濟威脅會影響他們的思維。它應該扶植出版良好的、廉價的書籍，普遍地鼓勵普及教育。它還應該使經濟拮据的學生保證得到與他們的才幹相適應的智力和專業訓練。最後，學校系統不應當讓中央集權來管理，這易於造成強制性的順從，並且應當盡可能地不依賴私人資本。(*HPS*, p. 374)

他還特別談到教師的工資問題。他說，在健康的社會裡，任何有益的活動所得到的報酬都應當使人能過一種像樣的生活。從事任何有價值的社會活動，都可能得到內心的滿足；但是內心的滿足不能當作工資。教師不能用他的內心的滿足來填飽他的孩子們的肚子。(*E3*, p. 305)

223–224。

❷ 同❷, pp. 98–99.

第十四章　獨樹一幟的宗教觀

酷暑冰心伏案頭，

不求聞達羞雞鶩。

十年面壁何其苦，

盡隨憩園付東流。

——李醒民〈暑日〉

　　做為一個有思想、有感情的早熟少年，愛因斯坦因鄙棄人生無休止的追逐而深深地信仰過宗教。可是在1890年，他通過閱讀通俗科學書籍毅然擺脫了使他得到首次解放的宗教天堂，而迷戀和獻身科學。也許就在他凝視深思大自然的偉大而永恆的謎之時，他就萌生了把大自然與上帝融為一體的情結，萌動了宇宙宗教感情。至於宇宙宗教何時在他心目中牢固確立起來，也許是1895年在阿勞中學思索追光悖論的時期，也許是1901年在科學探索中認識到複雜現象的統一性而獲得一種壯麗的感覺的時刻，當然他對宇宙宗教的詳盡闡述卻是後來的事。在宗教信仰上，愛因斯坦經歷了皈依、擺脫、復歸的三部曲。不過，他的宗教復歸不是簡單地回歸到傳統的宗教，而是上升到一個更高的思想水準和情感境界。而且，他的歸宿既不

像馬赫和奧斯特瓦爾德那樣成為宗教和教會的激烈反對者，也不具有像邏輯經驗論者的反神學、反教士的觀點，當然更不是一個宗教教徒。他賦予宇宙宗教以特定的涵義和功能，並認為清除了迷信、僵化教條和人格化上帝的宗教具有不可或缺的倫理道德職能，完全可以與科學和平共處。

一、信仰斯賓諾莎的上帝

1929年4月24日，紐約猶太教堂牧師戈爾茨坦(H. Goldstein)從紐約發了一個僅有五個英文單字的海底電報到柏林，要求愛因斯坦用電報回答這樣的詢問：「你信仰上帝嗎?」愛因斯坦當日就發了下述回電：

> 我信仰斯賓諾莎的那個在存在事物的有秩序的和諧中顯示出來的上帝，而不是信仰那個同人類的命運和行為有牽累的上帝。(*E1*, p. 243)

愛因斯坦自己對斯賓諾莎的上帝的解釋是：「同深摯的感情結合在一起的、對經驗世界中所顯示出來的高超的理性的堅定信仰，這就是我的上帝概念。照通常的說法，這可以叫做『泛神論的』概念（斯賓諾莎）。」(*E1*, p. 244)

按照斯賓諾莎的哲學，神（上帝）、 自然、實體是等同的，是同一個術語。他說：「自然或❶神是一個被斷定為具有無限多屬性的

---

❶　這裡的「或」(sive)含有「即」、「等於」之意。據說「自然或神」在斯賓諾莎的著作中出現過四次。

存在，其自身包含有被創造的一切本質」❷。「神或實體，具有無限多的屬性，而它的每一屬性各表示其永恆無限的本質，必然存在。」❸據研究❹，斯賓諾莎三位一體觀中的神、自然、實體概念是相互限定、相互補充的，從而達到完美的同一。神做為科學認識的對象，是指自然界及其必然規律；神做為理智愛的對象，是無限圓滿的存在，活生生的自然全體；神做為道德信仰的對象，是最高倫理的善。斯賓諾莎一方面把神化為自然（神化自然），另一方面又把自然加以神聖化（自然神化），前者把宗教上的神貶低，後者把現實的自然拔高。這種對立的傾向合二為一，構成了一種特殊的泛神論，即對自然的壯麗和統一懷有詩意的和浪漫的情感的學說。這一顯著特徵，不僅影響了後來的德國古典哲學和浪漫主義文學，而且也深刻地影響了愛因斯坦，激發了他的宇宙宗教感情，形成了他的宇宙宗教觀念。

　　愛因斯坦結合自己科學探索的實踐經驗和內心體驗，沿著斯賓諾莎的思想路線前進了一大步。他每每用世界的合理性和可理解性、宇宙的和諧、自然的秩序、事物的規律、現象的統一性、實在的理性本質等等作為他的宇宙宗教(cosmic religion)的信條，他也常常將其稱為宇宙宗教感情。他給宇宙宗教（感情）所下的定義是：

---

❷ 斯賓諾莎：《神、人及其幸福簡論》，洪漢鼎等譯，商務印書館（北京），1987年第一版，頁259。

❸ 斯賓諾莎：《倫理學》，賀麟譯，商務印書館（北京），1959年第一版，頁10。

❹ 洪漢鼎：《斯賓諾莎哲學研究》，人民出版社（北京），1993年第一版，頁186–187，256–258。

> 人們感覺到人的願望和目的都屬徒然，而又感覺到自然界裡和思維世界裡卻顯示出崇高莊嚴和不可思議的秩序。個人的生活給他的感受好像監獄一樣，他要求把宇宙做為統一的有意義的整體來體驗。(*E1*, p. 280)

　　在愛因斯坦看來，宇宙宗教感情的開端早已出現在早期的歷史發展階段中，比如在大衛的許多《詩篇》中，以及在某些猶太教的先知那裡。佛教所包含的這種成分還要強烈得多，這特別可以從叔本華的絕妙著作中讀到。他認為，一切時代的宗教天才之所以超凡出眾，就在於他們具有這種宗教感情。這種宗教感情不知道什麼教條，也不知道照人的形象而想像成的上帝，因而也不可能有哪個教會會拿它來做為中心教義的基礎。因此，恰恰在每個時代的異端者中間，我們倒可以找到那些洋溢著這種最高宗教感情的人，他們在很多場合被他們的同時代人看作是無神論者，有時也被看作聖人。用這樣的眼光來看，像德謨克利特、阿西西的方濟各(Francis of Assisi, 1181/1182–1226)和斯賓諾莎這些人都極為接近。如果宇宙宗教感情不能提出什麼關於上帝的明確觀念，也不能提出什麼神學來，那麼它又怎麼能夠從一個人傳到另一個人呢？愛因斯坦對此的答覆是：在能夠接受這種感情的人中間，把這種感情激發起來，並且使他保持蓬勃的生氣，這正是藝術和科學的最重要的功能(*E1*, p. 281)。他說：

> 我們所能有的最美好的經驗是奧秘的經驗。它是堅守在真正藝術和真正科學發源地上的基本感情。……就是這樣的奧秘的經驗——雖然摻雜著恐怖——產生了宗教。我們認識到有

某種為我們所不能洞察的東西存在，感覺到那種只能以其最原始的形式為我們感受到的最深奧的理性和最燦爛的美──正是這種認識和這種情感構成了真正的宗教感情；在這個意義上，而且也只是在這個意義上，我才是一個具有深摯的宗教感情的人。我無法想像一個會對自己的創造物加以賞罰的上帝，也無法想像它會有像在我們自己身上所體驗到的那樣一種意志。我不能也不願意去想像一個人在肉體死亡以後還會繼續活著；讓那些脆弱的靈魂，由於恐懼或者由於可笑的唯我論，去拿這種思想當寶貝吧！我自己則滿足於生命的永恆的奧秘，滿足於覺察現存世界的神奇的結構，窺見它的一鱗半爪，並且以誠摯的努力去領悟在自然界中顯示出來的那個理性的一部分，即使只是極小的一部分，我也就心滿意足了。(*E3*, pp. 45–46)

要完整而深入地把握愛因斯坦的宇宙宗教（感情）的內涵，就必須抓住它的核心信條和反對對象。這些東西在他的上述言論中已經充分體現出來。他多次強調：「在一切比較高級的科學工作的背後，必定有一種關於世界的合理性或者可理解性的信念，這有點像宗教的感情。」(*E1*, p. 244)當世界的合理性或可理解性通過人的理性建構的完美的理論顯現出來時，這種和諧的宇宙和和諧的理論所展示出來的「燦爛的美」怎能不激起愛因斯坦「壯麗的感覺」和宗教般的感情呢？誠如普朗克所說：「沒有一種由信仰所激發的精神進行理智的干預，系統的經驗資料永遠不能成為真正的科學。……當我們信仰一種以相信這個世界的理性秩序為基礎的世界哲學時，我們有理由感到心安理得。」❺

　　愛因斯坦在崇拜自然界、信仰自然的理性秩序的同時，也毫無保留地反對傳統宗教中的人格化的或擬人論的上帝。因為愛因斯坦心目中的「上帝」本來就是客觀的自然界及其規律性（自然的理性）的別名，它不擲骰子，不干預因果秩序和科學家的自由，這原本就是他的實在論的本體論的題中應有之義。在愛因斯坦看來，在人類精神進化的幼年時期，人的幻想按照人自己的樣子創造出各種神來，而這些神則被認為通過它們意志的作用在決定著，或者無論如何在影響著這個現象世界。人們企求借助於巫術和祈禱來改變這些神的意向，使其有利於他們自己。現在宗教教義中的上帝觀念是古老的神的概念的一種昇華。比如，人們用各種祈禱來懇求所信奉的神明的援助，以求得滿足他們的願望，這一類事實就說明了這種上帝觀念的擬人論的特徵。他繼續說：

　　　　肯定不會有人否認，這個認為有一個全能、公正和大慈大悲的人格化了的上帝存在的觀念，能給人以安慰、幫助和引導；因為這個觀念比較簡單，它也容易被最不開化的心靈所接受。但是另一方面，這種觀念本身有它的致命的弱點，這是有史以來就被痛苦地感覺到了的。這就是，如果這個神是全能的，那麼每一件事，包括每一個人的行動，每一個人的思想，以及每一個人的感情和志向也都應當是神的作品；怎麼可能設想在這樣的全能的神面前，還認為人們要對自己的行動和思想負責呢？在作出賞罰時，神會在一定程度上對他自己作出評判。怎麼能夠把這樣的事同神所具有的仁慈和公正結合起

❺　G. 霍爾頓：《科學思想史論》，許良英編，河北教育出版社（石家莊），1990年第一版，頁64。

來呢？(*E3*, p. 183)

　　因此，愛因斯坦無法想像直接影響每個人的思想和行動、親自審判那些由他自己創造出來的人的上帝，也不能設想能夠以人的面容顯示自己的人格化的上帝。要求盲目信仰的、完全排除邏輯的上帝概念是與他的精神格格不入的。他說，如果他不得不談論人格化的上帝，那麼他便會認為他自己是一個說謊的人❻。1947年，他在涉及到上帝概念時說：

> 在我看來情況似乎是，人格化的上帝觀念是擬人論的概念，我不能認真採納它。我覺得也不能設想在人的範圍之外的某種意志和目標。我的觀點接近於斯賓諾莎：讚美秩序與和諧之美，相信秩序的邏輯簡單性和我們能夠謙卑地、即便不完善地把握的和諧。我認為，我們必須使我們自己滿足於我們的不完善的知識和理解，把價值和道德義務做為純粹人的問題——一切人的問題中最重要的問題——來處理。❼

在愛因斯坦的宇宙宗教中，沒有目標，也沒有必須做的事，只有一種純粹的存在。而且，他也不認為大自然有什麼目的和目標，或者具有人的什麼特徵 (*RS*, pp. 41, 61)。在談到傳統宗教中的人格化的上帝時，愛因斯坦的言語中往往流露出諧戲乃至諧謔的成分。他說：

❻　P. A. Bucky, *The Private Albert Einstein*, A Universal Press Syndicate Company, Kansas City, 1993, pp. 83–84.

❼　B. Hoffmann, *Albert Einstein, Creator and Rebel*, The Viking Press, New York, 1972, p. 95.

孩子們終歸會有一天認識到，上帝不過是一種氣態的脊椎動物。上帝和撒旦之間的差別僅僅在於，一個帶正號而另一個帶負號(*EZ*, p. 403)。他還說過一段值得玩味的話：「我看圖畫，可是我的想像力不能描述它的創作者的外貌。我看錶，可是我也不能想像創造它們的鐘錶匠的外貌是怎樣的。人類理智不能接受四維。他怎麼能理解上帝呢？對於上帝來說，一千年和一千維都呈現為一。」(*E1*, p. 286)

　　愛因斯坦反對人格化的上帝概念有雙重理由：其一是因果性和認識論的考慮，其二是出於對上帝正義論❽和人的自主性與道德行為的反應。這從前述的引文中不難看出。其中第二個理由預設了人的自主性——人有權對上帝的固有觀念作理性的批判，有權質疑被指稱的上帝的道德行為，有權拒絕失去人道的神學——這也是對上帝正義論所作出的理性反應❾。至於第一個理由，是他多次論述的主題。他認為，科學研究是根據因果關係來觀察和思考事物，因而能破除迷信，其中包括像人格化的上帝這樣的迷信。他指出，科學的自然定律不僅在理論上產生出來，而且也在實踐中被證明。因此，很難使人相信有能力干預這些自然定律的擬人論的上帝概念❿。他的下述言論把兩個理由似乎都囊括在內了：

---

❽　上帝正義論(theodicy)為上帝辯解，以上帝為正義，而設法調和上帝既是聖善和正義，但世上仍有邪惡和災難的矛盾。萊布尼茲在1710年所著的《上帝正義論》一書中力辯邪惡雖然存在，上帝仍為正義。他認為，所云上帝全能，只是說凡在邏輯上屬可能的事，上帝均能做到。

❾　R. D. Morrison II, Einstein on Kant, Religion, Science, and Methodological Unity, *Einstein and the Humanities*, Edited by D. P. Ryan, Greenwood Press, New York, 1987, pp. 47–57.

❿　同❻，p. 86.

凡是徹底深信因果律的普遍作用的人，對那種由神來干預事件進程的觀念，是片刻也不能容忍的——當然要假定他是真正嚴肅地接受因果性假設的。他用不著恐懼的宗教，也用不著社會的或者道德的宗教。一個有賞罰的上帝，是他所不能想像的，理由很簡單：一個人的行動總是受外部和內部的必然性決定的，因此在上帝眼裡，就不能要他負什麼責任，正像一個無生命的物體不能對它的行動負責一樣。因此有人責備科學損害道德，但這種責備是不公正的。一個人的倫理行為應當有效地建立在同情心、教育以及社會聯繫和社會需要上；而宗教基礎則是沒有必要的。如果一個人因為害怕死後受罰和希望死後得賞才約束自己，那實在是太糟糕了。(*E1*, pp. 281–282)

顯而易見，宇宙宗教（感情）與幼稚的人所篤信的宗教大相逕庭，愛因斯坦不是傳統意義上的宗教徒。他明確表示：「我是一個深沉的宗教異教徒」❶，決不會因年邁力衰而變成「神父牧師們的獵物」(*E1*, p. 533)。為此，他遭到教會和教徒們的強烈抗議和譴責。他們吶喊，正是上帝的這種人格化因素，對人來說是最珍貴的。他們發出警告：不許愛因斯坦這位「難民」干擾和貶損他們對人格化上帝的虔誠信仰❷。既然如此，愛因斯坦為何還要用「宗教」和「上帝」之類的術語表達他的思想和信念呢？他在1951年給索洛文的信中對此作了透闢的說明：

---

❶　G. Holton, *The Scientific Imagination: Case Studies*, Cambridge University Press, 1978, p. 280.

❷　P. Frank, *Einstein: His Life and Times*, London, 1949, pp. 343–344.

你不喜歡用「宗教」這個詞來表達斯賓諾莎哲學中最清楚地
表示出來的一種感情的和心理的態度，對此我可以理解。但
是，我沒有找到一個比「宗教的」這個詞更好的詞彙來表達
我們對實在的理性本質的信賴；實在的這種理性本質至少在
一定程度上是人的理性可以接近的。在這種信賴的感情不存
在的地方，科學就退化為毫無生氣的經驗。儘管牧師們會因
此發財，我可毫不在意，而且對此也無可奈何。(*E1*, pp.
525–526)

確實，愛因斯坦的這種信賴感情和心態是類似於宗教的信仰和態度，
只有用「宇宙宗教」才能恰如其分地描述它們。在這方面，楊振寧
與愛因斯坦可謂「心有靈犀一點通」。他說：「一個科學家做研究工
作的時候，當他發現有一些非常奇妙的自然界的現象，當他發現有
許多可以說是不可思議的美麗的自然的結構，我想應該描述的方法
是，他會有一個觸及靈魂的震動，因為當他認識到，自然的結構有
這麼多的不可思議的奧妙，這個時候的感覺，我想是和最真誠的宗
教信仰很接近的。」❸

二、宇宙宗教（感情）的表現形式和功能

斯特恩(A. Stern)在1945年發表的一篇訪問記中寫道：只要愛因
斯坦的非凡心靈還活著，它就不會停止對宇宙的最後秘密的沉思。

---

❸ 《楊振寧講演集》，寧平治等編，南開大學出版社（天津），1989年第
一版，頁173–174。

他自己的哲學，他稱之為「宇宙宗教」，鼓舞他始終忠誠於他所獻身的事業：探索「自然界裡和思維世界裡所顯示出來的崇高莊嚴和不可思議的秩序」（E3, p. 379）。宇宙宗教不僅內化為科學家對宇宙合理性和可理解性的信仰，而且也外化為科學家對自己的研究對象（客觀的世界）和研究結果（完美的理論）所表露出的強烈個人情感，乃至參與塑造了他的整個人格。愛因斯坦覺得，由於沒有擬人化的上帝概念同它對應，因此要向沒有宇宙宗教感情的人闡明它是什麼，那是非常困難的。但是，從他對具有此種感情的人的觀察中，尤其是從個人的深切體驗中，他也談及了宇宙宗教感情的表現形式。

宇宙宗教感情的表現形式之一是對大自然和科學的熱愛和迷戀。從十二歲起，凝視深思自然的永恆之謎就使愛因斯坦的精神得到第二次解放。他終生篤信做為希伯來精神和古希臘精神完美結合的「對神的理智的愛」，斯賓諾莎的這一命題既體現了對大自然的熱愛之情，也體現了對認識自然的迷戀之意。這種熱愛和迷戀不僅表現在他的諸多言論中，而且有時也使他在行動上達到如醉如痴、鬼使神差的地步，乃至對人世間的許多功利追求和物質享受都無暇一顧或不屑一顧。

宇宙宗教感情的又一表現形式是奧秘的體驗和神秘感。愛因斯坦把世界的合理性和可理解性視為永恆的秘密，並從中獲得了最深奧的奧秘的體驗。他曾發自內心慨嘆：「當人們想通過實驗來探索自然的時候，自然變得多麼詭譎啊！」（E3, p. 412）他在一次談話中說：

　　　　我相信神秘，坦率地講，我有時以極大的恐懼面對這種神秘。換句話說，我認為在宇宙中存在著許多我們不能覺察或洞悉

的事物，我們在生活中也經歷了一些僅以十分原始的形式呈現出來的最美的事物。只是在與這些神秘的關係中，我才認為我自己是一個信仰宗教的人。但是我深刻地感覺到這些事物。⓮

誠如愛因斯坦所說，他的這種神秘感和奧秘的體驗「同神秘主義毫不相干」。他尖銳地指出：「我們這個時代的神秘主義傾向表現在所謂的通神學和唯靈論的猖獗之中，而在我看來，這種傾向只不過是一種軟弱和混亂的症狀。」⓯

　　另一種宇宙宗教感情的表現形式是好奇和驚奇感。對於宇宙的永恆秘密和世界的神奇結構，以及其中所蘊涵的高超理性和壯麗之美，愛因斯坦總是感到由衷的好奇和驚奇。這種情感把人們一下子從日常經驗的水準和科學推理的水準提升到與宇宙神交的水準——聆聽宇宙和諧的音樂，領悟自然演化的韻律——從而直覺地把握實在。這種情感既使科學家心蕩神馳、心明眼亮，也使科學變得生氣勃勃而不再枯燥無味。難怪愛因斯坦說：「不熟悉這種神秘感的人，喪失了驚奇和尊崇能力的人，只不過是死人而已。」⓰他指出，在否

⓮　同❻，p. 85.

⓯　愛因斯坦接著說：「我們的內心體驗是各種感覺印象的再造和綜合，因此脫離肉體而單獨存在的靈魂這種概念，在我看來是愚蠢而沒有意義的。」(RS, p. 41)有文獻認為，愛因斯坦傾向於相信傳心術，相信與人的磁場和唯靈論的研究有關聯的人的射氣，並拒絕斷言每一個神秘的事物與精密科學不相容，因為科學還處在它的嬰兒期。參見 A. Vallentin, *Einstein, A Biography*, Weidenfeld and Nicolson, London, 1954, pp. 110–111.我懷疑這些說法的可靠性，因為它們與愛因斯坦的一貫思想水火不容。

認神（自然）的存在和世界有奇蹟這一點上，充分暴露了實證論者和職業無神論者的弱點。我們應該滿意於承認奇蹟的存在，即使我們不能在合法的道路上走得更遠（證明其存在）(*E1*, p. 553)。在這裡，我們情不自禁地想起彭加勒的名言：「定律是人類精神最近代的產物之一，還有人生活在永恆的奇蹟中而不覺得奇怪。相反地，正是我們，應當為自然的合乎規律性而驚奇。人們要求他們的上帝用奇蹟證明規律的存在，但是永恆的奇蹟就是永遠也沒有這樣的奇蹟。」⓱

讚賞、尊敬、景仰乃至崇拜之情也是宇宙宗教感情的表現形式。愛因斯坦明確表示，他的宇宙宗教是由讚頌無限高超和微妙的宇宙精靈(spirit)構成的，這種精靈顯現在我們脆弱的精神所察覺的細枝末節中⓲。對於宇宙的神秘和諧，他總是懷著「讚賞和景仰的感情」(*E1*, p. 277)。對於存在中所顯示的秩序和合理性，他每每感到「深摯的崇敬」(*E3*, p. 185)，始終持有「尊敬的讚賞心情」(*E1*, p. 284)。他還說：

> 我的宗教思想只是對宇宙中無限高明的精神所懷有的一種五體投地的崇拜心情。這種精神對於我們這些智力如此微弱的人只顯露出我們所能領會的極微小的一點。(*RS*, p. 58)

謙恭、謙卑乃至敬畏同樣是宇宙宗教感情。面對浩淼的宇宙在

⓰　同⓯，p. 110.

⓱　H. 彭加勒：《科學的價值》，李醒民譯，光明日報出版社（北京），1988年第一版，頁190。

⓲　同⓰，p. 86.

本體論上的無限性，面對神秘的世界在認識論上的不可窮盡性，做為滄海之一粟的人，自然而然地會產生這樣的感情。誠如愛因斯坦所說：我在大自然裡所發現的只是一種宏偉壯觀的結構，對於這種結構人們現在的了解還很不完善，這會使每一個勤於思考的人感到謙卑 (*RS*, p. 41)。做為一個人，人所具備的智力僅能夠使自己清楚地認識到，在大自然面前自己的智力是何等地欠缺。如果這種謙卑的精神能為世人共有，那麼人類活動的世界就更加具有吸引力了 (*RS*, p. 48)。他還提到，對於理解在存在中所顯示出來的合理性有過深切經驗的人來說，

> 通過理解，他從個人的願望和欲望的枷鎖裡完全解放出來，從而對體現於存在之中的理性的莊嚴抱著謙恭的態度，而這種莊嚴的理性由於其極度的深奧，對人而言是可望而不可即的。但是從宗教這個詞的最高意義來說，我認為這種態度就是宗教的態度。因此我以為科學不僅替宗教的衝動清洗了它的擬人論的渣滓，而且也幫助我們對生活的理解能達到宗教的精神境界。(*E3*, pp. 185–186)

這種謙恭和謙卑的情感有助於抑制人的妄自尊大和目空一切的惡習❶。此外，愛因斯坦也許對叔本華的觀點——人們能夠感到的敬畏的程度是人們自己的固有價值的量度——心領神會，他的氣質和

---

❶ 愛因斯坦在1952年說過：「當我正在進行運算，一隻小蟲落在我的桌上時，我就會想，上帝多麼偉大，而我們在科學上的妄自尊大是多麼可憐，多麼愚蠢啊！」K. 塞利希：《愛因斯坦》，黑龍江人民出版社(哈爾濱)，1979年第一版，頁228。

感情中充分滲透了對大自然的敬畏感。他說：「如果我身上有什麼稱得上宗教性的東西，那就是一種對迄今為止我們的科學所能揭示的世界的結構的無限敬畏。」(RS, p. 44)他在分析了牛頓虔誠而敏感的心靈後指出：「在每一個真正的自然探索者身上，都有一種宗教敬畏感；因為他發現，不可能設想他是第一個想出把他的感知關聯起來的極其微妙的線索。還未被暴露的知識方面，給研究者以類似於兒童試圖把握大人處理事物的熟練方式時所經歷的那種情感。」⓴

最後，喜悅、狂喜也屬於宇宙宗教感情的範疇。愛因斯坦表示，儘管人們對世界的美麗莊嚴還只能形成模糊的觀念，但也會感到一種興高采烈的喜悅和驚奇，這也是科學從中汲取精神食糧的那種感情(E3, p. 104)。在談到科學家的宗教精神時，愛因斯坦說：

> 他的宗教感情所採取的形式是對自然規律的和諧所感到的狂喜和驚奇，因為這種和諧顯示出這樣一種高超的理性，同它相比，人類一切有系統的思想和行動都只是它的一種微不足道的反映。只要他能從自私的欲望的束縛中擺脫出來，這種情感就成了他生活和工作的指導原則。這樣的感情同那種使自古以來一切宗教天才著迷的感情無疑是非常相像的。(E1, p. 283)

宇宙宗教感情直接地成為科學研究的最強有力的、最高尚的動機。愛因斯坦認為，只有那些作出了巨大努力，尤其是表現出熱忱

⓴　A. Moszkowski, *Einstein: The Searcher, His Work Explained from Diologues with Einstein*, Methuen & Co. Ltd., London, 1921, p. 46.

獻身——無此則不能在理論科學的開關性工作中取得成就——的人，才會理解這樣一種感情的力量，唯有這種力量，才能作出那種確實是遠離直接現實生活的工作。只有獻身於同樣目的的人❷，才能深切地體會到究竟是什麼在鼓舞著這些人，並且給他們以力量，使他們不顧無盡的挫折而堅定不移地忠誠於他們的志向。給人以這種力量的，就是宇宙宗教感情。(*E1*, p. 282)他說：

> 固然科學的結果是同宗教的或者道德的考慮完全無關的，但是那些我們認為在科學上有偉大創造成就的人，全都浸染著真正的宇宙宗教的信念，他們相信我們這個宇宙是完美的，並且是能夠使追求知識的理性努力有所感受的。如果這種信念不是一種有強烈情感的信念，如果那些尋求知識的人未曾受過斯賓諾莎的對神的理智的愛的激勵，那麼他們就很難會有那種不屈不撓的獻身精神，而只有這種獻身精神才能使人達到他的最高的成就。(*E3*, p. 256)

---

❷ 玻恩和楊振寧就是這樣的人。玻恩說：「科學家對研究的衝動，像宗教信徒的信仰或藝術家的靈感一樣，是人類在宇宙的迴旋中渴望某種固定的事物、處於靜止的事物——上帝、美、真理——的表達。真理是科學家對準的東西。」參見 M. Born, *Physics in My Generation*, Heidelberg Science Library, London, 1970, p. 166.楊振寧指出，科學家在意識到自然的神秘結構時，常常會產生深深的敬畏之情，這種感受是最深層的宗教感情。在科學家日復一日的生活中，最具吸引力的並不都是其研究成果的實際應用，而是以某種方式進入大自然的令人敬畏的本質。參見楊振寧：〈東西方教育的文化差異〉，董群譯，《科學譯叢》(北京)，1991年第5期，頁10–17。

事實上，正是由宇宙宗教感情所激發的忘我的獻身精神，才使科學家像虔誠的宗教徒那樣，在世人瘋狂地追求物質利益和感官享受的時代，在一件新式時裝比一打哲學理論受青睞的時代，也能夠數十年如一日地潛心研究，矢志不移，絲毫不為利欲所動。

愛因斯坦看到，開普勒、牛頓、馬赫、普朗克就是這樣的科學家。為了從浩如煙海的觀察數據中清理出天體力學的原理，開普勒和牛頓全靠自己的努力，花費了幾十年的寂寞勞動，專心致志地致力於艱辛的和堅忍的研究工作，他們對宇宙合理性 —— 而它只不過是那個顯示在這個世界上的理性的一點微弱的反映 —— 的信念該是多麼深摯，他們想了解它的願望又該是多麼熱切！正是宇宙宗教感情，給他們以強烈的探索動機和無窮的力量源泉。愛因斯坦本人何嘗不是如此呢！深沉的宇宙宗教信仰和強烈的宇宙宗教感情不僅是他從事科學研究的巨大精神支柱，而且在某種程度上成為他安身立命的根基。他鄙視對財產、虛榮和奢侈生活的追求，他生性淡泊、喜好孤獨，都或多或少與之有關。

宇宙宗教（感情）既是科學探索的強大動機和動力，也是愛因斯坦的一種獨特的思維方式。這種思維方式不同於科學思維方式(實證的和理性的)和技術思維方式（實用的和功利的），它是直覺型的，即是虔敬的、信仰的、體驗的和啟示的，在形式上與神學思維方式有某種類似性，我們不妨稱其為「宇宙宗教思維方式」。

在宇宙宗教思維中，思維的對象是自然的奧秘而不是人格化的上帝；思維的內容是宇宙的合理性而不是上帝的神聖性；思維的方式中的虔敬和信仰與科學中的客觀和懷疑並不相悖，而且信仰本身就具有認知的內涵，它構成了認知的前提

或範疇（科學信念）；此外，體驗與科學解釋或科學說明不能截然分開，它能透過現象與實在神交；啟示直接導致了靈感或頓悟，從進而觸動直覺和理性，綜合而成為科學的卓識和敏銳的洞察力。與此同時，宇宙宗教思維方式中所運用的心理意象(imagery)❷和隱喻、象徵、類比、模型，直接導致了新的科學概念的誕生❸。這種思維方式在很大程度上是擺脫了語言束縛和邏輯限制的右腦思維，從而使人的精神活動獲得了廣闊的活動空間和無限的自由度，從而易於形成把明顯不同領域的元素關聯起來的網狀思維——這正是創造性思維過程的典型特徵，因為語詞的或邏輯的思維是線性過程。

愛因斯坦常常談到上帝，不用說，此處的上帝不是在神學的意義上使用的，而是他進行（或表達）宇宙宗教思維的過程（或結果）的一種心理意象和隱喻形象（有時還帶有思想實驗的某些特徵）。在這裡，上帝或做為客觀精神（宇宙的理性或自然的規律），或做為主觀精神（思維的科學家），或二者水乳交融、兼而有之。關於前者，愛因斯坦說過這樣一些話：

> 我想知道上帝如何創造了這個世界。我對這種或那種現象不感興趣，對這種或那種元素的光譜不感興趣。我想知道他的思想，其餘的都是細節。❹

---

❷ A. I. 米勒(Miller)：〈意象、審美和科學思維〉，《自然辯證法通訊》(北京)，第10卷(1988)，第3期，頁1–6。

❸ 李醒民：〈科學革命的語言根源〉，《自然辯證法通訊》(北京)，第13卷(1991)，第4期，頁11–19。

不過，他從他自己漫長的科學生涯中認識到：要接近上帝是萬分困難的，如果不想停留在表面上的話(E3, p. 484)。他曾表明：「上帝是不管我們在數學上的困難的，他是從經驗上集成一體的。」(JNE, p. 221)在談到量子力學時，愛因斯坦曾對弗蘭克說：「我能夠設想，上帝創造了一個沒有任何定律的世界：一句話渾沌。但是，統計定律是最終的和上帝拈鬮的概念對我來說是極其不喜歡的。」❷他在堅持閉合空間假設時說：耶和華不是在無限空間這個基礎上創造世界的，因為它導致了極其荒誕的結果 (E3, p. 426)。他在給外爾 (H. Weyl, 1885–1955)的信中這樣寫道：如果上帝放過了你所發現的機遇而使物理世界和諧，人們能夠真的責備上帝不一致嗎？我以為不能。假如他按照你的計劃創造了世界，那麼我會斥責地對他說：「親愛的上帝，假如在你的權力內給予〔分隔開的剛體的大小〕以客觀意義並非說謊，那麼你理解不深的上帝為什麼不輕視〔保持它們的形狀〕呢?」❷在這些言論中，上帝基本上是做為實在論的客觀精神的面目出現的，愛因斯坦有時以旁觀者的身份凝視上帝，有時則面對面地與上帝親暱地或幽默地對話，由上帝的反應中猜測自然的奧秘，從而達到一種神馳和神悟的境界。從上述言論中也不難看出，愛因斯坦對自然統一性、和諧性、簡單性、因果性的堅定信仰。

　　愛因斯坦有時也站在上帝的立場上，力圖從上帝的觀點來看待

❷　Y. Elkana, The Myth of Simplicity, *Albert Einstein, Historical and Cultural Perspectives*, Edited by G. Holton and Y. Elkana, Princeton University Press, 1982, pp. 205–251.

❷　同❷。

❷　同❼, p. 224

事物，設身處地地像上帝那樣思想和行動。這時，上帝就成為科學家的主觀精神的代名詞，科學家的思想便像天馬行空、獨往獨來，其才思縱橫、噴湧如泉，達到最大限度的精神自由。愛因斯坦曾對他的助手說過：「實際上使我感興趣的東西是，上帝在創造世界時是否有任何選擇。」❷上帝會創造一個概率的宇宙嗎？他覺得答案是否定的。如果上帝有能力創造一個科學家能在其中辨識科學規律的宇宙，那麼他就有能力創造一個完全受這樣的定律支配的宇宙，而不會創造一個個別粒子的行為不得不由機遇決定的宇宙。在理論建構和選擇方面，據羅森回憶：

> 愛因斯坦的思維具有最大的明晰性和簡單性，他從一些做為基礎的簡單觀念開始，然後一步一步地建立起理論。當在一個給定階段有幾種繼續前進的道路時，他會選擇在他看來是最簡單的道路。他常用的一個詞是「合理的」(vernünftig, reasonable)。在建造一個理論時，他會在採納之前問自己，某一個假定是否合理。有時，當他考慮不同的可能性時，他會說：「讓我看看，假如我是上帝，我會選擇其中哪一個？」正如我們所說的，他通常選擇最簡單的。❷

在愛因斯坦看來，簡單的東西是上帝也不肯放過的 (*JNE*, p. 232)。他說：「當我評價一個理論時，我問我自己，假如我是上帝，我會以那種方式造宇宙嗎？」❷對於美的理論，他會說：「這是如此漂亮，

---

❷ 同❶，p. 281.

❷ N. Rosen, Reminiscences, 同❷，pp. 405–407.

❷ 這是愛因斯坦的助手霍夫曼的回憶。參見 *Some Strangeness in the*

上帝也不會拒絕它。」　相反地，如果一種理論不具有上帝要求的簡單之美，那它至多只是暫時的，是「反對聖靈的罪惡」❸⓪。

宇宙宗教思維的第三種方式也許是一種最高的思想境界。此時，客觀精神和主觀精神，或自然與認知主體，或上帝與科學家，完全融為一體，你中有我，我中有你。這是一種出神入化、天人合一的境界，有些類似於莊周（西元前約369–前286）夢蝶、知魚之樂，從而直入自然之堂奧，窺見實在之真諦——因為此時「我們用來看上帝的眼睛就是上帝用來看我們的眼睛」❸①。誠如分子生物學的奠基人之一莫諾(J. Monod, 1910–1976)所言：「當注意力如此集中的想像的經驗達到出神入化而忘卻其他一切的境地時，我知道（因為我就有過這種經驗）一個人會突然發現他自己同客體本身，比如說同一個蛋白質分子完全融為一物了。」　❸②主體與客體融為一體之時，正是把握實在、獲得真知的天賜良機。

愛因斯坦的光量子論文也許就是這樣的神來之筆，要不他怎麼稱光量子概念是「來自上帝的觀念」❸③呢？儘管他認為無法偷看上

Proportion, Edited by H. Woolf, Addison-Wesley Publishing Company, Inc., 1980, pp. 476 – 477.

❸⓪　E. G. Straus, Memoir, A. P. French ed., *Einstein: A Centenary Volume*, Harvard University Press, 1979, pp. 31–32.

❸①　這是萊茵蘭神秘主義創建人愛克哈特(M. Eckehart, 約1260–1327/1328)的一句名言，轉引自 E. H. Erikson, Psychoanalytic Reflections on Einstein's Centenary,同❷④, pp. 151–173.愛克哈特認為心靈與上帝的結合經過四個階段——差別、相似、同一、突破。開始時，上帝是大全，造物是虛無。到最後階段，心靈超越上帝。這一過程的動力是超脫。

❸②　J. 莫諾：《偶然性與必然性》，上海人民出版社（上海），1977年第一版，頁115。

❸③　同❼, p. 101.

帝手裡握的底牌或囊中的藏物，但是他還是試圖通過「物化」，達到「天地與我並生，而萬物與我為一」❸❹的境界，猜中上帝的底牌或藏物，至少是較有把握地估計一下。請聽他1916年在一封信中是如何揣摩實在的理性結構的：

> 你已經正確地把握了連續統帶來的退卻。如果物質的分子觀點是正確的（近似的）觀點，即如果宇宙的部分是用有限數目的運動點描述的，那麼目前理論的連續統就包含太大的可能性的流形。我也相信，這種「太大」是為下述事實負責的：我們目前的描述手段對於量子論是失敗的。在我看來問題似乎是，人們如何在不求助連續統（空時）的幫助下能夠詳盡闡述不連續的陳述；連續統做為一種不受問題的本質的辯護的補充構造物應該從理論中被取締，這種構造物並不對應於「實在的」東西。但是很不幸，我還缺乏數學結構。在這條道路上我已經把我自己折磨得多麼厲害！
>
> 可是我在這裡也看到原理的困難。電子（作為點）在這樣一個體系中是終極實體（建築磚塊）。實際上存在這樣的建築磚塊嗎？上帝按他的智慧把它們造得都一樣大，彼此相似，是因為他想以那種方式造它；如果情況使他高興，他會以不同的方式造它們，這種說法令人滿意嗎？用連續統的觀點，人們在這方面境況會好些，因為人們不必從一開始就規定基本的建築磚塊。進一步的，是古老的虛空問題！但是，這些考慮必須把壓倒之勢的事實圍在外面：連續統比所描述的東西更充分。❸❺

---

❸❹ 《莊子・齊物論》。「物化」意指物我界限消解，萬物融化為一。

　　1921年，愛因斯坦對一位同事說過一句雋語箴言，這句話後來被刻在普林斯頓法因廳的壁爐上：「上帝難以捉摸，但是不懷惡意。」愛因斯坦在1930年對這句話作了解釋：「大自然隱匿了它的秘密，是由於它本質上的崇高，而不是使用了詭計。」❸❻不過，他有一次在散步時對外爾說：「也許，上帝畢竟懷有一點惡意。」(*EZ*, p. 333)這些隱喻式的話語負荷著巨大的思想分量，蘊涵著豐富的體驗妙諦。可以說，它把愛因斯坦宇宙宗教的信仰、感情、動機和動力、思維方式等集於一身，充分顯示出自然的無窮雋永和科學的博大智慧。

　　斯賓諾莎在他的倫理學中區分了三種不同的人性生活：感性生活、理性生活和神性生活。感性生活來源於我們心靈的想像和不正確的觀念，因而使我們受制於激情，順從自然的共同秩序，這可以說是人類的奴隸階段或自然狀態。理性生活來源於理性認識和正確觀念，因而使我們擺脫激情的控制，不受制於自然的共同秩序，而遵循理性的指導而生活，這可以說是人類的理智階段或社會狀態。神性生活來源於神的本質觀念，因而使我們能擺脫一切秩序，直接與神合二為一，這可以說是人類的自由階段或宗教狀態❸❼。愛因斯坦就是一位達到了自由階段、進入到神性生活的科學家和人。他像斯賓諾莎那樣有機地融宗教、知識和道德（乃至藝術）即真善美於一體。他的宇宙宗教（感情）不僅是追求真知底蘊的絕妙氛圍，而

---

❸❺　J. Stachel, The Other Einstein: Einstein Contra Field Theory, *Science in Context,* 6 (1993), pp. 275–290.

❸❻　愛因斯坦雋語箴言的原文是Raffiniert ist der Herr Gott, aber boshaft ist er nicht.(*SD*, pp. 131–132)

❸❼　同❹，頁209。

且也是理想的人生境界。這實際上是一種高超的科學哲學和人生哲學，是最高的智慧和最大的幸福。無怪乎愛因斯坦認為：「你很難在造詣較深的科學家中間找到一個沒有自己宗教感情的人」，「在我們這個物欲主義的時代，只有嚴肅的科學工作者才是深信宗教的人。」(*E1*, pp. 283, 282)

三、宗教及其與科學和道德的關係

愛因斯坦沒有參與什麼宗教活動，也未專門研究過宗教問題，但是他偶爾就宗教及其與科學和道德的關係發表的評論卻是饒有興味的。他的非教條的宗教觀與科學方法、批判哲學、人文主義的倫理學和人對終極關懷的感覺基本上是相容的。因此，有人表示，負責任的神學家應該認真考慮愛因斯坦的觀點，批判的宗教哲學應該借助愛因斯坦的思想和工作重新估價我們的宗教遺產❸。

愛因斯坦認為，人類所作的和所想的一切都關係到要滿足迫切需要和減輕苦難，它決定著人類的精神活動及其發展，而感情和願望又是人類一切努力和創造背後的動力。那麼，引導人們到最廣義的宗教思想和宗教信仰的感情和需要究竟是什麼呢？在他看來，這在不同時期和階段是各不相同的，從而在歷史先後形成三種不同類型的宗教——恐懼宗教、道德宗教和宇宙宗教 (*E1*, pp. 279–282)。在原始人心裡，引起宗教觀念的最主要的是恐懼——對飢餓、野獸、疾病和死亡的恐懼。因為在這一階段的人類生活中，對因果關係的理解還沒有發展，於是人類的心理就造出一些多少同他自己相類似的虛幻的東西（鬼神）來，以為那些使人恐怖的事情都取決於它們

---

❸　同❾。

的意志和行動。所以人們就企圖求得它們的恩寵，按照代代相傳的傳統，通過一些動作和祭獻，以邀寵於它們，或者使它們對人有好感。在這個意義上，愛因斯坦將其稱為恐懼宗教。這種宗教雖然不是由一些人創造出來的，但是由於形成了一個特殊的僧侶階層，從而具有很大的穩定性；僧侶階層把自己做為人民和他們所害怕的鬼神之間的中間人，並且在此基礎上建立起自己的霸權，而且常常為了各自的利益和目的，他們與世俗權力和統治者結合起來。

社會感情是形成宗教的另一源泉。父親、母親和範圍更大的人類集體的領袖都不免要死和犯錯誤。求得引導、慈愛和扶助的願望形成了社會的或者道德的上帝概念。就是這個上帝，他保護人，支配人，獎勵人和懲罰人。上帝按照信仰者的眼光所及的範圍來愛護和撫育部族的生命，或者是人類的生命，或者甚至是生命本身。上帝是人在悲痛和願望不能滿足時的安慰者，又是死者靈魂的保護者。這就是社會的或道德的上帝概念。猶太民族的經典美妙地說明了從恐懼宗教到道德宗教的發展。一切文明人，特別是東方人的宗教，主要都是道德宗教。從恐怖宗教發展到道德宗教，實在是民族生活的一大進步。但是必須防止這樣一種偏見，以為原始宗教完全以恐懼為基礎，而文明人的宗教則純粹以道德為基礎。實際上，一切宗教都是這兩種類型的不同程度的混合，其區別在於：隨著社會生活水平的提高，道德性的宗教也就愈占優勢。

愛因斯坦看到，所有這些類型的宗教撇開它們的神話，而只看它們的基本實質時，彼此之間並不存在根本的區別。尤其是，它們所共有的，是它們的上帝概念的擬人化特徵。一般說來，只有具有非凡天才的個人和具有特別高尚品格的集體，才能大大超出這個水平。屬於這些人的還有第三個宗教經驗的階段，儘管它的純粹形式

是難以找到的。它就是前面論述過的宇宙宗教。

對於傳統宗教的道德教育的職能和價值，愛因斯坦是充分肯定的。鑒於一定的組織和儀式有助於增強布講的效果而言，他也對教會及禮儀的存在未提出質疑。他明確地揭示出：

> 僅憑思考，我們還領會不到那些終極的和基本的目的。弄清楚這些基本目的和基本價值，並且使它們在個人的感情生活中牢固地建立起來，我以為這正是宗教在人類社會生活中所必須履行的最重要的職能。如果有人問，這種基本的目的的根據是從哪裡來的？既然它們不能單憑理性來陳述和加以證明，那麼人們就只好這樣回答：它們是做為影響個人的行為、志向和判斷的強有力的傳統而存在於一個健康的社會中；它們是做為一種有生命力的東西存在於那裡，沒有必要為它們的生存尋找根據。它們不是通過證明，而是通過啟示，通過有影響的人物的作用而存在的。人們決不可企圖證明它們，而只能簡單地、明白地感覺到它們的本性。(E3, p. 174)

在愛因斯坦看來，一個受宗教支持的民族的道德態度，總是以保護和促進共同體及其個人的心智健全和精力充沛為其目的，否則這個共同體必然要趨於滅亡。一個以虛偽、誹謗、欺詐和謀殺為光榮的民族，一定是不可能維持很久的。以宗教的基本要求來考察今天文明人類的實際生活狀況，人們會為耳聞目睹的東西深深地感到痛苦和失望。雖然宗教規定在個人之間和團體之間應當兄弟般地相親相愛，但實際景象倒像一個戰場，而不像一個管弦樂隊。在經濟生活和政治生活中，到處都是以犧牲自己同胞來無情地追逐名利為指導

原則。這種競爭精神甚至流行在學校裡，它毀滅了人類友愛和合作的一切感情，把成就不是看作來自對生產性和思想性工作的熱愛，而是來自個人的野心和對被排擠的畏懼 (*E3*, pp. 254, 255)。他在1930 年批評教士在歷史進程中往往成為有組織的憎恨力量的奴隸，他們要為人們之間的許多衝突和戰爭負責。他提醒他們想想做為人的明確責任，變成抵制戰爭、爭取和平的力量(*HPS*, pp. 146–147)。

在科學與宗教的關係問題上，愛因斯坦的立場與美國科學界的代表人物密立根(R. Millikan, 1868–1953)的立場不謀而合，接近自由主義的新教的觀念 ❸❾。依愛因斯坦之見，

> 一切宗教、藝術和科學都是同一株樹的各個分枝。所有這些志向都是為著使人類的生活趨於高尚，把它從單純的生理上的生存境界提高，並且把個人導向自由。我們較古老的大學就是從教會學校發展起來的，這決非偶然。教會和大學——就它們執行其真正的職責來說——都是為了使個人高尚。它們企圖通過擴大道德上和文化上的諒解以及拒絕使用暴力來完成這一偉大任務。(*E3*, p. 149)

遺憾的是，在十八世紀的部分年代以及十九世紀，宗教與包括科學在內的文化機構就失去了本質上的一致性，而產生了無意義的敵對

---

❸❾　密立根說：「讓我們表明，在事物的本性中為何不能夠存在衝突。只要人們試圖確定什麼是宗教在人的生活中的位置，這一點就顯示出來。科學的意圖是毫無偏見地發展事實的知識和自然定律。另一方面，即使比較重要的宗教的任務也是提升人類的良心、理想和抱負。」同 ⓬，p. 346.

性。人們廣泛地認為，科學和宗教 —— 廣義地講知識和信仰 —— 之間存在著不可調和的矛盾。那時，先進人物之間流行著這樣的見解：這個時代應該是知識日益代替信仰的時代；不以知識為根據的信仰就是迷信，因此必須加以反對❹。愛因斯坦指出，這種用粗魯形式表達出來的極端理性論觀點是十分片面的(E3, p. 173)。造成這種狀況的原因在於，人們沒有清楚地劃分科學和宗教各自的功能和範圍，從而造成不必要的相互干涉、入侵和衝突。要知道，那些為我們的行為和判斷所必需的並且起決定作用的信念，不是單靠沿著堅實的科學道路就能夠找到的。反過來，人們關於自然的知識，也不是宗教教義和信仰所能提供的。

愛因斯坦從區分科學和宗教入手以闡明他的觀點。他把科學定義為尋求我們感覺經驗之間規律性關係的有條理的思想。科學直接產生知識，間接產生行動的手段。如果事先建立了確定的目標，它就導致有條理的行動。至於建立目標和作出價值的陳述則超出了它的作用範圍。科學從它掌握因果關係這一點來說，固然可以就各種目標和價值是否相容作出重要的結論，但是關於目標和價值的獨立的基本定義，仍然是在科學所能及的範圍之外。至於宗教，情況則正好相反：

　　大家一致認為，它所涉及的是目標和價值，並且一般地涉及人類思想和行動的感情基礎，只要這些不是為人類的不可改

---

❹　例如叔本華就認為：「物理學和數學是宗教的天敵。在它們之間談論和平與調合，實為荒誕；這是一場你死我活的戰爭。」參見A. 叔本華：《意欲與人生之間的痛苦》，李小兵譯，三聯書店上海分店出版，1988年第一版，頁181–182。

變的遺傳下來的本性所預先決定了的。宗教關係到人對整個自然界的態度，關係到個人生活和社會生活理想的建立，也關係到人的相互關係。宗教企圖達到這些理想，它所用的辦法是對傳統施以教育的影響，並且發展和傳布某些容易被接受的思想和故事（史詩和神話），這些思想和故事都適宜於按照公認的理想來影響價值和行動。(*E3*, pp. 253–254)

為了進一步加深對宗教內涵的理解，愛因斯坦還深入地剖析了信仰宗教的人的志向之特徵。在他看來，一個人受了宗教感化，他就是盡他的最大可能從自私欲望的鐐銬中解放出來，而全神貫注於那些因其超越個人的價值而為他所堅持的思想、感情和志向。重要的是在於這種超越個人的內涵的力量，在於對它超過一切的深遠意義的信念的深度，而不在於是否曾經企圖把這種內涵同神聯繫起來，因為要不然，佛陀和斯賓諾莎就不能算是宗教人物了。所以，說一個信仰宗教的人是虔誠的，意思是說他並不懷疑超越個人的目的和目標的莊嚴和崇高，而這些目的和目標是既不需要也不可能有理性基礎的。但是它們的存在同他自己的存在是同樣必然的，是同樣實實在在的。在這個意義上，宗教是人類長期的事業，它要使人類清醒地、全面地意識到這些價值和目標，並且不斷地加強和擴大它們的影響。

在對科學和宗教（以及信仰宗教的人的內心世界）作了上述定義和理解之後，愛因斯坦得出結論：科學和宗教之間顯得不可能有什麼衝突。因為科學只能斷言「是什麼」，而不能斷言「應當是什麼」，可是在它的範圍之外，一切種類的價值判斷仍是必要的。而與此相反，宗教只涉及對人類思想和行動的評價：它不能夠有根據

地談到各種事實以及它們之間的關係。依照這種解釋，過去宗教同科學之間人所共知的衝突則應當完全歸咎於對上述情況的誤解。比如，當宗教團體堅持《聖經》上所記載的一切都是絕對真理的時候，就引起了衝突。這意味著宗教方面對科學領域的干涉，教會反對伽利略和達爾文學說的鬥爭就屬於這一類。另一方面，科學的代表人物也常常根據科學方法試圖對價值和目的作出根本性的判斷，這樣他們就把自己置於同宗教對立的地位。這些衝突全都來源於可悲的錯誤 (E3, pp. 181–182)。愛因斯坦特別指出，傳統宗教中的神秘內容，或者更確切地說，那些象徵性的內容，可能會同科學發生衝突。只要宗教的這套觀念包含著它對那些原來屬於科學領域的論題所作的一成不變的教條式的陳述，這種衝突就一定會發生。因此，為了保存真正的宗教，最重要的是要避免在那些對實現宗教的目的實際上並非真正必要的問題上引起衝突。(E3, p. 254)

尤其是，愛因斯坦一針見血地揭示出，今天宗教領域同科學領域之間的衝突主要來源在於人格化的上帝這個概念，因為它與科學中的因果性概念勢不兩立。科學的目的是建立那些能決定物體和事件在時間和空間上相互聯繫的普遍規律。對於自然界的這些規律或者定律，要求——而不是要證明——它們具有絕對的普遍有效性。這主要是一種綱領，而對於這種綱領在原則上是可以完成的信仰，只是建立在部分成功的基礎上的。但是大概不會有誰能否認這些部分的成功，而把它歸之於人類的自我欺騙。至於我們能夠根據這些定律很精密地預測一定範圍內的現象在時間上的變化情況，這個事實已經深深紮根於現代人的意識之中，即使他們對這些定律的內容也許還了解得很少。就起作用的因子數目太大的複雜現象來說，雖然還處在科學方法所精確預測的範圍之外，但其中並非沒有因果聯

繫或秩序可言。至於生物領域裡的規律性，我們所洞察的還很不深刻，但至少足以使人感覺到它是受著確定的必然性支配的。一個人愈是深刻感受到一切事件都有安排好的規律性，他就愈是堅定地深信：除了這種安排好的規律性，再也沒有餘地讓那些本性不同的原因存在。對他來說，不論是人的支配還是神的支配，都不能做為自然事件的一個獨立的原因而存在著。固然，主張一個能干涉自然界事件的人格化的上帝這種教義，決不會被科學真正駁倒，因為這種教義總是能夠躲進科學知識尚未涉足的一些領域裡去的。不過，愛因斯坦確信：

> 宗教代表人物的這種行為，不僅是不足取的，而且也是可悲的。因為一種不能在光天化日之下而只能在黑暗中站得住腳的教義，由於它對人類進步有著數不清的害處，必然會失去它對人類的影響。在為美德而鬥爭中，宗教導師們應當有魄力放棄那個人格化的上帝的教義，也就是放棄過去曾把那麼大的權力交給教士手裡的那個恐懼和希望的源泉。在他們的勞動中，他們應當利用那些能夠在人類自己身上培養出來的善、真和美的力量。不錯，這是一個比較困難的任務，然而卻是一個價值無比的任務❹。在宗教導師完成了上述的淨化過程以後，他們必定會高興地認識到：真正的宗教已被科學知識提高了境界，而且意義也更加深遠了。(*E3*, pp. 183–185)

---

❹　愛因斯坦原注：「這種思想令人信服地表現在赫伯特・薩繆耳(Herbert Samuel)的書《信仰和行為》(*Belief and Action*)中。」由此可以看出，愛因斯坦比較注意論述關於宗教及其與科學的關係的書籍。

在這裡，愛因斯坦的意思很明確：傳統宗教中的人格化的上帝不僅與科學的鵠的和綱領格格不入，而且對於道德宗教本身來說也是不必要的。必須清除宗教中的擬人論的渣滓和神秘主義內容，只有這樣淨化後的宗教才能與科學和睦共處。

愛因斯坦一方面在宗教和科學之間劃出了截然分明的界線，另一方面又強調二者之間還存在著牢固的相互關係和依存性。他認為，科學和宗教並非處於天然的對立之中，事實上二者都是重要的，它們之間的關係是十分密切的，應該攜手合作。無論誰不為宗教中的真理和科學中的真理驚奇，他就像行屍走肉一樣❷。他進而表明：

> 雖然宗教可以決定目標，但它還是從最廣義的科學學到了用什麼樣的手段可以達到它自己所建立起來的目標。可是科學只能由那些全心全意追求真理和嚮往理解事物的人來創造。然而這種感情的源泉卻來自宗教的領域。同樣屬於這個源泉的是這樣一種信仰：相信那些對於現存世界有效的規律是能夠合乎理性的，也就是說可以由理性來理解的。我不能設想一位真正的科學家沒有這樣深摯的信仰。這種情況可以用這樣一個形象來比喻：科學沒有宗教就像瘸子，宗教沒有科學就像瞎子❸。(*E3*, p. 182)

---

❷ 同❻, p. 85. 請注意，愛因斯坦也說過：「對我來說，『宗教真理』是完全莫名其妙的。」(*E1*, p. 244)這裡的關鍵在於如何給「真理」下定義，定義不同則結論隨之不同。這從引文中的上下文也可看出。

❸ 天文學家布朗(H. Brown)的下述言論也許有助於我們理解愛因斯坦的這一思想：「科學和宗教二者都試圖解釋同一個神秘的世界。有條理的宗教借助於生活的意義系統地解釋世界，並通過敬畏、崇敬、熱愛和善惡觀念把我們與世界聯繫起來。科學旨在創造非個人的和客觀的

在愛因斯坦的心目中，只有宇宙宗教才是科學和宗教的最佳結合。難怪他認為：「人類精神愈是向前進化，就愈可以肯定地說，通向真正宗教感情的道路，不是對生和死的恐懼，也不是盲目的信仰，而是對理性知識的追求。」(*E3*, p. 186)

　　關於宗教和道德的關係，愛因斯坦所論不多（前面已有所涉及），　但他的看法仍然值得我們重視。他考察了在宗教發展的過程中，那些著手建立一種對所有的人都一律適用的道德觀念的人，都把這種觀念同宗教密切結合起來。至於這些道德要求對於所有的人都是同樣的，這一事實也許同人類從多神教進到一神教的宗教文化的發展有很大關係。普遍的道德觀念由於同宗教結合起來而獲得了最初的精神力量，但這種密切結合卻是道德觀念的致命傷。儘管一神教在不同民族和不同人群中間的不同形式之差別決不是根本性的，可是不久這些差別比共同本質卻更為人們重視。因此，宗教時常引起敵對和衝突，而不是用普遍的道德觀念使人類團結起來 (*E3*, p. 156)。

　　但是，猶太教一基督教的優秀傳統畢竟給我們的志向和判斷以最高原則，從而為我們的倫理道德提供了堅實的基礎❹。在宗教清

　　知識，它借助於這種知識系統地為我們解釋世界，並通過合理性的認識和驚奇把我們與世界聯繫起來。在協調科學和宗教中能夠作出任何進展之前，必須理解的極其重要的一點是，它們既不是競爭對手，也不是二者只應擇一；世界從根本上講是神秘的，我們總想更充分地了解我們的世界經驗的意義，在這樣的嘗試中，我們需要科學和宗教。它們沒有一個能夠自稱獨占了『整個真理』——不管這種真理可能是什麼。」參見H. 布朗：〈論科學與宗教的關係〉，李醒民譯，《科學學譯叢》（北京），1989年第6期，頁1–10。

洗掉迷信成分之後，它所留下來的就是培養道德行為這種最重要的源泉。在這個意義上，宗教構成了教育的一個重要部分，但是對於宗教，教育卻考慮得太少了，就連僅有的那一點考慮也還是很不系統的(*E3*, p. 294)。

愛因斯坦對宗教為實現道德原則而努力感到高興，但他同時也提醒人們注意：道德訓示不單是同教會和宗教有關，而且是全人類的寶貴遺產。面對支配一切的對效率和發跡的崇拜，以及由無情的經濟鬥爭和戰爭喧囂所造成的道德敗壞，他強調在宗教範圍之外有意識地培養道德感，重視同人類社會道德目的有關的事和人的價值。這樣就可以引導人們把社會問題看成是為達到美好生活而愉快服務的機會，因為從一個單純的人的觀點來看，道德行為並不意味著僅僅放棄某些生活享受，而是對全人類幸福的善意關懷。他給道德下了這樣一個定義（請與宗教定義加以比較）：

> 道德並不是一種僵化不變的體系。它不過是一種立場、觀點，據此生活中所出現的一切問題都能夠而且應當給以判斷。它是一項永無終結的任務，它始終指導著我們的判斷，鼓舞著我們的行動。(*E3*, pp. 157–158)

㊹ A. Einstein, *Out of My Latter Years*, Philosophical Library, New York, 1950, p. 23.

第三編

愛因斯坦的人生哲學

第十五章　人生的價值和生命的意義

寒風料峭殘雪存，
臘梅鬥艷勝似金。
裝點荒山美如畫，
時盡成泥亦甘心。

　　　　　　　——李醒民〈題國畫「山花爛漫」〉

　　人生是什麼？是舞臺還是客棧，是拼搏還是旅行，是享樂還是苦役，是泡影還是永恆？也許自人類有自我意識以來，就有敏感的心智提出並試圖回答這樣的問題，可是迄今仍未見到一個公認的答案（也許根本就沒有公認的答案）。如果說人生似謎，人們是否能窺見其謎底？如果說人生如夢，人們是否有夢醒的時候？

　　對於百味人生這個斯芬克斯之謎，愛因斯坦有時好像也頗感困惑。他問道：「究竟是什麼東西使一個人對自己的工作極端認真負責？這真是一個謎。這一切都是為了誰？難道說是為了自己？——一個人不用多久就會棄世而去的。是為了同輩人嗎？還是為了子孫後代？都不是。這仍是一個懸而未決的謎。」(*RS*, p. 89)不過，他似乎並不茫然，還是力圖設法揣度人生的價值和生命的意義。他說：

「不可思議的是我們在這裡處在地球之上。我們每一個人都來此做短暫的訪問，不知道為什麼，可是有時大概可推測出意圖。」❶正是這種建立在外部啟示和內心體悟基礎上的推測，形成了愛因斯坦的「高山仰止，景行行止」❷的人生觀。

一、高山景行的人生觀之源泉

愛因斯坦的高山景行的人生觀源於人類優秀的文化傳統和他的自覺的道德修養及社會實踐。他說，當條頓族的野蠻人破壞了歐洲古代文化以後，一種新的比較優秀的文化生活從兩個源泉逐漸發展起來，這兩個源泉就是猶太人的《聖經》和希臘人的哲學和藝術。不知什麼緣故，它們沒有在普遍的浩劫中被埋葬掉。把這兩個彼此不同的源泉匯合起來，標誌著我們目前這個文化新時代的開始，而且這種匯合，直接或間接地產生了構成我們今天生活的真正準則的一切內容(*E3*, pp. 127–128)。他還說：

> 我們的猶太祖先即先知者，以及中國古代聖賢了解到並且宣告：使我們人類生活定型的最重要因素是樹立並使人民接受一個目標。這個目標就是一個自由幸福的人類公社，它要求人們通過內心不斷的努力奮鬥，把自己從反社會性的和破壞性的本能的遺傳中解放出來。在這種努力中，理智能夠成為

---

❶ R. D. Morrison II, Einstein on Kant, Religion, Science, and Methodological Unity, *Einstein and the Humanities*, Edited by D. P. Ryan, Greenwood Press, New York, 1987, pp. 47–57.

❷ 《詩經・小雅・車轄》。

最有力的輔助。理智努力的成果，加上這種奮鬥本身，同藝術家的創造性活動結合起來，就給生活提供了內容和意義。(*E3*, p. 190)

尤其是，「猶太教的基本特質是現實主義和樂觀主義，因為它認為物質世界是絕對真實的東西，而且把生活看作是為我們奉獻的令人愉快的禮物。」❸ 對於叔本華的這一看法，愛因斯坦也深有同感。他認為，猶太教「幾乎只涉及人生的道德態度和對生命的道德態度」，猶太教中的「為上帝服務」也就等於「為生命服務」。 猶太人中的最優秀者，特別是先知們和耶穌，就曾為此進行了不懈的鬥爭。他指出：

> 猶太教決不是一種先驗的宗教；它所涉及的是我們在過著的生活，並且是在一定程度上能夠掌握的生活，此外就沒有別的。因此我覺得，如果按照宗教這個詞的公認意義，那就很難說它是一種宗教，特別是要求於猶太人的，不是「信仰」，而是超越個人意義的生命的神聖化。(*E3*, pp. 103–104)

在愛因斯坦人生觀的形成過程中，也不能忽視邁蒙尼德、叔本華、尼采等哲人的思想影響，以及甘地、馬赫、普朗克、洛倫茲、居里夫人等人格高潔、品德高尚的人物的榜樣力量。尤其是斯賓諾莎對人生和生活的態度，更是他刻意學習和仿效的楷模。他稱讚猶太人哲學家邁蒙尼德以自己的著作和本人的努力促進了希伯來精神

---

❸　A. 叔本華：《意欲與人生之間的痛苦》，李小兵譯，三聯書店上海分店（上海），1988年第一版，頁179。

和希臘精神的綜合，從而為以後的發展鋪平了道路，對後代人產生了決定性的良好影響。他呼籲，在一個激情和衝突比平常更容易掩蓋理性思維和公平正義的時代，更應增強我們內心對於寶貴文化財富的熱愛和尊重 (*E3*, pp. 127–128)。他稱讚斯賓諾莎是一位卓越的人物、有思想的人，一個純潔而孤獨的靈魂。斯賓諾莎看到了醫治恐懼、仇恨和苦惱的手段，不僅清楚準確地說明了自己的推理，而且以自己的全部生活為例證明自己的信念是有充分理由的。(*E1*, p. 433)他對斯賓諾莎的一言一行都懷有深深的崇敬之情，並自稱是斯賓諾莎的「追隨者」。他認為斯賓諾莎是「我們猶太人產生的最深刻、最純潔的靈魂之一」，「第一個以真正的一致性把對所發生的一切的決定論的約束之觀念應用於人的思想、感情和行為」❹。斯賓諾莎的下述思想顯然直接而有機地融入到愛因斯坦的人生觀中：

> 在通常的生活環境中，那些被人們公認（他們的行為可以證明）為最高的幸福的，歸納起來，大約不外三項：資產、榮譽、感官快樂。這三件東西縈繞人們的心思，使人們不能想到別的幸福。……經過深長的思索，使我確切地見到，如果我徹底下決心，放棄迷亂人心的資財、榮譽、肉體快樂這三種東西，則我所放棄的必定是真正的惡，而我所獲得的必定是真正的善。……但是愛好永恆無限的東西，便足以培養我們的心靈，使得它經常歡欣愉快，不會受到苦惱的侵襲，因

---

❹ B. Hoffman, *Albert Einstein, Creator and Rebel*, The Viking Press, New York, 1972, pp. 94–95.在1932年，愛因斯坦謝絕寫一篇關於斯賓諾莎的簡短研究的邀請。他說沒有一個人能做到這一點，因為這不僅需要專門知識，而且也要求作者具有「異常的純潔、想像力和謙遜」。

此它是最值得我們用全副精神去追求、去探尋。❺

　　也許是社會文化基因和家族遺傳基因以及家庭生活氛圍的共同作用，愛因斯坦從小就對人生無意義的追逐感到厭煩。宗教天堂使他的思想和情感首次得到解放，不像宗教天堂那樣舒坦和誘人的科學天堂又使他得到第二次解放。科學使他的精神境界進一步昇華，成為排除一生煩擾的天使。從少年時代起，他對真、善、美、自由、平等、正義就有深摯的，乃至病態的愛，這乍看起來是本能的天性，實際上卻是他日後成形的人生觀的先兆。不用說，愛因斯坦的人生觀主要是他本人修身絜行，內正其心，外正其身的結果。他說：

　　　　一個人活著就應該捫心自問，我們到底應該怎樣度過一生，這是一個合情合理的問題，也是一個非常重要的問題。在我看來，問題的答案應該是：在力所能及的範圍內盡量滿足所有人的欲望和需要，建立人與人之間和諧美好的關係。這就需要大量的自覺思考和自我教育。不容否認，在這個非常重要的領域裡，開明的古代希臘人和古代東方賢哲們所取得的成就遠遠超過我們現在的學校和大學。(*RS*, p. 31)

在修身和內省乃至自覺思考和自我教育方面，愛因斯坦何止是「吾日三省吾身」❻！他不僅每天上百次提醒自己嚴加檢點，而且超越自我，廣泛而深入地思索人生的價值和生命的意義問題，從而形成

---

❺　《西方哲學原著選讀》（上卷），北大哲學系編譯，商務印書館（北京），1981年第一版，頁403–404。

❻　《論語・學而》載曾子語。

了他的高山景行的人生觀和積厚流廣的人生哲學，成為激勵和砥礪後人的無窮無盡的精神寶藏。

二、人生的目的和人的價值

愛因斯坦喟嘆，我們這些總有一死的人的命運是多麼奇特呀！我們每個人在這個世界上都只作一次短暫的逗留，目的何在，卻無所知，儘管有時自以為對此若有所感。但是，他還是認為，不必深思，只要從日常生活就可以明白：

> 人是為別人而生存的——首先是為那樣一些人，他們的喜悅和健康關係著我們的全部幸福；然後是為許多我們所不認識的人，他們的命運通過同情的紐帶同我們密切結合在一起。我每天上百次提醒自己：我的精神生活和物質生活都依靠著別人（包括生者和死者）的勞動，我必須盡力以同樣的分量來報償我所領受了的和至今還在領受了的東西。我強烈地嚮往儉樸的生活。並且時常發覺自己占用了同胞的過多勞動而難以忍受。……我也相信，簡單純樸的生活，無論在身體上還是在精神上，對每個人都是有益的。(*E3*, p. 42)

在愛因斯坦看來，要追究一個人自己或一切生物生存的意義或目的，從客觀的觀點而言總是愚蠢可笑的。可是，他還是表示：

> 每個人都有一定的理想，這種理想決定著他的努力和判斷的方向。從這個意義上，我從來不把安逸和享樂看作是生活目

的本身——這種倫理基礎，我叫它豬欄的理想。照亮我的道路，並且不斷給我新的勇氣去愉快地正視生活的理想，是善、真和美。要是沒有志同道合者之間的親切感情，要不是全神貫注於客觀世界——那個在藝術和科學工作領域裡永遠達不到的對象，那麼在我看來，生活就會是空虛的。人們所努力追求的庸俗目標——財產、虛榮、奢侈的生活——我總覺得是可鄙的。(*E3*, p. 43)

愛因斯坦的這兩段典型的言論，從個人與社會和他人的關係上，從個人的理想與追求上，展現了他的人生目的，概括了他的人生哲學。他反對向青年人鼓吹以習俗意義上的成功做為人生的目標。因為一個獲得成功的人，從他同胞那裡所取得的，總是無可比擬地超過對他們所作的貢獻。然而看一個人的價值，應當看他貢獻什麼，而不應當看他取得什麼(*E3*, p. 145)。

這裡已涉及到人生的價值❼問題。愛因斯坦把擺脫自我和有益社會作為判斷人的價值的標準：「一個人的真正價值首先決定於他在什麼程度上和在什麼意義上從自我解放出來。」「一個人對社會的價值首先取決於他的感情、思想和行動對增進人類利益有多大作用。」(*E3*, pp. 35, 38)他特別指出：個人及其創造力的發展，是生命

---

❼　愛因斯坦對「價值」的理解有兩點值得注意。他說：「歸根結底，人類的一切價值觀都建築在道德觀念之上，我們的摩西在人類原始時期就認清了這一點，這就是他獨特的偉大之處。」(*RS*, p. 22)他還認為，人類種族把價值建立在文化上，因此要防止文化的枯竭。文化能夠喚起被民族中心主義推居幕後的較高的共同感情，使人的價值具有獨立於政治和國界的有效性。參見 A. Einstein, *The World As I See It*, Philosophical Library, New York, 1949, p. 75.

中最有價值的財富 (*HPS*, p. 413)。這樣一來，人生才能體現出它的意義和價值，使人從渾渾噩噩的生存躍入冰清玉潔的存在。

　　愛因斯坦清楚地看到，個人對社會的依賴，顯然是自然界的一個不可抹煞的事實。我們吃別人種的糧食，穿別人縫的衣服，住別人造的房子。除了物質上的依賴外，還有精神上的依賴：我們的大部分知識和信仰都是通過社會交往取得的，我們的文化素質是受社會影響形成的。我們勝過野獸的主要優點就在於我們生活在人類社會之中。一個人如果生下來就離群索居，那麼他的思想和感情中保留的原始性和獸性就會達到難以想像的程度。因此，他得出結論說：

> 個人之所以成為個人，以及他的生存之所以有意義，與其說是靠著他個人的力量，不如說是由於他是偉大人類社會中的一個成員，從生到死，社會都支配著他的物質生活和精神生活。(*E3*, p. 38)

　　愛因斯坦詳細地分析了人的雙重屬性：人既是孤立的人，同時卻又是社會的人。做為孤立的人，他企圖保衛自己的生存和那些同他最親近的人的生存，企圖滿足他個人的欲望，並且發展他天賦的才能。做為社會的人，他企圖得到他的同胞的賞識和好感，同他們共享歡樂，在他們悲痛時給以安慰，並改善他們的生活條件。只是因為存在著這些多種多樣的、時常相互衝突的努力，才能說明一個人獨有的性格，而且這些努力的特殊結合就決定了個人所能達到的內心平衡的程度，以及他對社會福利所能作出貢獻的程度。這兩種傾向的相對強度很可能主要取決於遺傳。但他最後表現出來的個性，它的形成主要取決於人在發展中所處的環境，取決於他所成長於其

中的社會的結構，取決於那個社會的傳統，也取決於社會對各種特殊行為的評價。對於個人來說，「社會」這個抽象概念意味著他對同時代人以及以前所有各代人的直接關係和間接關係的總和。個人是能夠自己進行思考、感覺、奮鬥和工作的；但在他的肉體、理智和感情的生活中，他是那樣地依靠著社會，以致在社會組織之外，就不可能想起他，也不可能理解他。是「社會」供給人以糧食、衣服、住宅、勞動工具、語言、思維形式和大部分的思想內容；通過過去和現在億萬人的勞動和成就，他的生活才有可能，而這億萬人全都隱藏在「社會」這兩個小小的字眼背後。可以稍微誇張一點地說，人類甚至在目前就已經組成了一個生產和消費的行星公社。愛因斯坦敏銳地洞察到，由於沒有正確對待和處理個人與社會的關係，從而釀成了我們時代的危機。他尖銳地指出：

> 現在的個人比以往都更加意識到他對社會的依賴性。但他並沒有體會到這種依賴性是一份可靠的財產，是一條有機的紐帶，是一種保護的力量，反而把它看作是對他的天賦權利的一種威脅，甚至是對他的經濟生活的一種威脅。而且他在社會中的地位總是這樣，以致他性格中的唯我論傾向總是在加強，而他本來就比較微弱的社會傾向卻逐漸在衰退。所有的人，不論他們的社會地位如何，全都蒙受這種衰退過程。他們不自覺地做了自己的唯我論的俘虜，……人只有獻身於社會，才能找出那實際上是短暫而有風險的生命的意義。(*E3*, pp. 269–271)

愛因斯坦曾多次表示，只有對共同體的工作和服務，才有考慮

的價值，而個人的得失則是無關緊要的 (*HPS*, p. 135)。他贊頌高爾基是「社會的公僕」(*E3*, p. 105)。他欽佩布蘭代斯 (L. D. Brandeis, 1856–1941) ❸「把如此深奧淵博的知識、才能同嚴於律己的自我克制精神融為一體，在默默無聲地為社會服務之中尋找自己生活的真正樂趣」，是在我們這個缺乏真正的人的時代中的「一個真正的人」(*RS*, pp. 75–76)。另一方面，他也強調社會應對個人負責，尊重個人的思想自由和應有的權利，尤其不能用暴力侵犯人的尊嚴和價值。這種比較全面認識來源於他的下述觀點：「社會的健康狀態取決於組成它的個人的獨立性，也同樣取決於個人之間密切的社會結合。」(*E3*, p. 39)

在處理個人與他人的關係上，愛因斯坦堅持個人應為人類或人民服務和與他人無私合作的原則。他像洛倫茲那樣，把「服務而不是統治」視為「個人的崇高使命」 ❾。在他的心目中，為人類服務是至高無上的和無比神聖的：

> 沒有比為人類服務更高的宗教了。為公共利益而工作是最大的信條。 ❿

因此，愛因斯坦認為，每一個有良好願望的人就是要盡其所能，在

---

❽ 布蘭代斯曾任美國最高法院大法官(1916–1939)，是擔任高級法院職務的第一個猶太人。他從1879年起在波士頓私人開業期間，經常不要報酬地為消費者、工會和大公司中的小股東服務，被稱為「人民律師」。

❾ A. Einstein, *Out of My Latter Years*, Philosophical Library, New York, 1950, p. 23.

❿ W. Cahn, *Einstein, A Pictoral Biography*, The Citade Press, New York, 1955, p. 126.

他的小天地裡作堅定的努力，使純粹人性的教義（清除掉後來附加在猶太教和基督教中的東西而留下來的）成為一種有生命的力量，從而使自己和他人都從中獲得幸福（*E3*, p. 53）。他不僅自己身體力行，而且總是呼籲人們誠實地回報同胞的辛勤勞動：既從事一些能使自己滿意的工作，也應從事公認的能為他人服務的工作。不然的話，不管一個人的要求多麼微不足道，他也只能是一個寄生蟲。（*RS*, p. 57）

　　愛因斯坦把個人與他人之間的無私合作看作真正有價值的東西。他說，對於有善良意願的人，當他以提高生活和文化為唯一目的，付出了重大犧牲，把一項社會事業籌辦起來，他再也沒有比這個時候更高興的了。（*E3*, p. 29）他希望人們學會通過使別人幸福快樂來獲取自己的幸福，而不要用同類相殘的無聊衝突來獲取幸福。只有心中容下這點天良，生活中的重擔才會變輕或可以忍受，才能耐心而無畏地找到生活之路，而把歡歌笑語帶到四方。（*RS*, p. 36）他應邀在一個青年人的名言集錦簿中這樣寫道：

> 你們是否知道，如果要實現你們熾熱的希望，那就只有熱愛並了解世間萬物——男女老幼、飛禽走獸、樹木花草、星辰日月，唯有如此你們才能與人同甘共苦、同舟共濟？睜開你們的眼睛，打開你們的心扉，伸出你們的雙手，不要像你們的祖先那樣從歷史中貪婪地吮吸鴆酒毒汁。那麼，整個地球都將成為你們的祖國，你們的所有工作和努力都將造福於人。（*RS*, pp. 33–34）

　　當然，愛因斯坦所倡導的理想和道德並不是泯滅人性的假道學

和唱高調，他在「人類的兄弟關係和單個人的個人主義 (individualism)」❶ 之間保持了必要的張力，從而使二者協調一致。他認為，「在人生的服務中，犧牲成為美德」(*E3*, p. 63)；但同時又指出，「自我犧牲是有合理的限度的」(*E3*, p. 499)。他表示：「道德行為並不意味著僅僅嚴格要求放棄某些生活享受的欲望 ❷，而是對全人類更加幸福的命運的善意關懷。」 在他看來，這個觀念蘊涵著一個首要的要求，那就是，每個人都應該有機會發展他的天賦。只有這樣，個人才會得到他所應得的滿足；而且也只有這樣，社會才能達到它最大的繁榮。因為凡是真正偉大的和激動人心的東西，都是由能夠自由地勞動的個人創造出來的。只有為了生存安全的需要，限制才是合理的。這個觀念還導致了另外的事情：

> 我們不僅要容忍個人之間和集體之間的差別，而且確實還應當歡迎這些差別，把它們看作是我們生活的豐富多彩的表現。這是一切真正寬容的實質；要是沒有這種廣泛意義上的寬容，就談不上真正的道德。(*E3*, pp. 157–158)

太史公司馬遷（西元前145年–?）曰：「天下熙熙，皆為利來；天下攘攘，皆利往。」❸因此，在對待金錢或物質財富的態度上，往往很能反映出一個人的人生哲學。愛因斯坦認為，「巨大的財富

---

❶　P. A. Bucky, *The Private Albert Einstein*, A Universal Press Syndicate Company, Kansas City, 1993, p. 84.

❷　在這一點上，愛因斯坦不像斯賓諾莎那麼激進或極端。斯賓諾莎似乎有點接近禁欲主義。

❸　漢·司馬遷：《史記·貨殖列傳序》。

對愉快和如意的生活並不是必需的」(*E3*, p. 14)，「生活必需提供的最好東西是洋溢著幸福的笑臉」❹。他這樣表白自己的心跡：

> 我絕對深信，世界上的財富並不能幫助人類進步，即使它是掌握在那些對這事業最熱誠的人的手裡也如此。只有偉大而純潔的人的榜樣，才能引導我們具有高尚的思想和行為。金錢只能喚起自私自利之心，並且不可抗拒地會招致種種弊端。有誰能想像摩西、耶穌或者甘地竟拷著卡內基❺的錢包呢？(*E3*, p. 37)

也許正是在這種意義上，他指出「酷愛金錢和權勢」是「邪惡的」(*RS*, p. 58)。他表明，「經濟成就只不過是服務於人的價值的發展的工具」，並讚揚諾貝爾對待金錢的善良意圖和高尚行為 (*HPS*, p. 330)。愛因斯坦像斯賓諾莎一樣，抵制了墨菲斯托❻的種種誘惑，始終不為外物所動。他對金錢的態度與叔本華的說法如出一轍：「金錢，是人類抽象的幸福。所以一心撲在錢眼的人，不可能會有具體的幸福。」❼

---

❹　A. Moszkowski, *Einstein: The Searcher, His Work Explained from Diologues with Einstein,* Methuen & Co. Ltd., London, 1921, p. 239.

❺　卡內基(A. Carnegie, 1835–1919)是美國鋼鐵工業巨頭，號稱鋼鐵大王。

❻　墨菲斯托(Mephisto)是墨菲斯托菲里斯(Mephistopheles)的簡稱，是浮士德傳說中的魔鬼精靈。在歌德的《浮士德》中，魔鬼墨菲斯托處處引誘浮士德加深罪惡，阻礙浮士德上進，但總以失敗告終。

❼　同❸，頁158。

三、生命的意義和永恒

愛因斯坦不僅從個人與社會、與他人的關係等問題中思索了人生的目的和價值,而且進而深入到生命的意義和永恒層面加以反思。不用說,他深知這個反思對象的難度:一個人很難知道他自己的生涯中什麼是有意義的,當然也不應當以此去打擾別人。魚對於它終生都在其中游泳的水又知道些什麼呢? (*E3*, p. 138)關於這個千古之謎,也許帕斯卡(B. Pascal, 1623–1662)最為淋漓盡致地表露了他的內心的迷茫和困惑:

> 我不知道是誰把我安置在這個世界上來的,也不知道世界是什麼,我對一切事物都處於一種可怕的愚昧無知之中。我不知道我的身體是什麼,我的感官是什麼,我的靈魂是什麼,以及甚至於我自己的那一部分是什麼——那一部分在思想著我所說的話,它對一切、也對它自身進行思考,而它對自身之不了解一點也不亞於其他事物。我看到整個宇宙的可怖空間包圍了我,我發現自己被附著在那個廣漠無垠的領域的一角,而我又不知道我何以被安置在這個地點而不是在另一點,也不知道何以使我得以生存的這一小點時間要把我固定在這一點上,而不是在先我而往的全部永恆與繼我而來的全部永恆中的另一點上。我看見的只是各個方面的無窮,它把我包圍得像個原子,又像個僅僅曇花一現就一去不返的影子。我所明瞭的全部,就是我很快就會死亡,然而我最為無知的又正是我所無法逃避的死亡本身。

正像我不知道我從何而來，我同樣也不知道我往何處去；我僅僅知道在離開這個世界時，我就要永遠地或則是歸於烏有，或則是落到一位憤怒的上帝的手裡，而並不知道這兩種狀況哪一種應該是我永恆的應分。這就是我的情形，它充滿了脆弱和不確定。由這一切，我得出結論說，我因此就應該不再夢想去探求將會向我臨頭的事情而度過我一生全部的日子。也許我會在我的懷疑中找到某些啟明；但是我不肯費那種氣力，也不肯邁出一步而尋求它；然後，在滿懷鄙視地看待那些究心於此的人們的同時，我願意既不要預見也沒有恐懼地去碰碰這樣一件大事，並讓自己在對自己未來情況的永恆性無從確定的情形之下，懨懨地被引向死亡。❶⑧

　　帕斯卡一方面對世人面臨如此重大的疑團麻木不仁，而對生活瑣事卻津津樂道感到不可思議，另一方面他又知難而退，遁入宗教神秘主義的王國尋求解脫。與之相反，愛因斯坦則知難而進，竭盡全力地在現世設法尋求答案。他大膽而徑直地提出這樣的問題：人類生命的意義是什麼？（或者廣而言之，任何生物的生命的意義是什麼？）他在解釋這個提問的意思時說：凡是認為他自己的生命和人類的生命是無意義的人，他不僅是不幸得很，而且也難以適應生活（*E3*, p. 34）。他從猶太教的法典和戒律中看到，生命觀的本質在於對天地萬物的生命的肯定態度⑲。他如下闡述了（人的）生命的意

---

⑱　B. 帕斯卡：《沉思錄》，何兆武譯，商務印書館（北京），1985年第一版，頁92–93。

⑲　本章中的愛因斯坦的諸多言論，也充分體現了他的生態倫理學和生命倫理學思想。

義：

> 個人的生命只有當它用來使一切生命的東西都生活得更高
> 尚、更優美時才有意義。生命是神聖的，也就是說它的價值
> 最高，對於它，其他一切價值都是次一等的。把個人以外的
> 生命視為神聖，就引起對一切有靈性的東西的尊敬——這是
> 猶太傳統的一個突出特徵。(E3, p. 103)

與此相一致，愛因斯坦多次強調，人的短暫而有風險的生命的
意義只有在獻身於社會中才能找到(E3, p. 271)；唯有重視至高無上
的、永久的價值，才能給生命增添意義 (HPS, p. 319)。他一向認為
自己的生活既有趣味又有意義，並且深信人類的生活完全有可能並
且有希望變得更有意義 (RS, p. 62)。愛因斯坦本人的生命的意義主
要滲透他的有益於社會和人類的科學工作中，科學研究也是他的
生命存在的真正本質和宇宙宗教感情的表現場所。他有時想像自己
擺脫自身，站在一個小行星的某個地方，驚奇地凝視著永恆的、深
不可測的東西那種冷色的、意味深長地運動著的美：生和死川流不
息地合為一體，既沒有進化，也沒有天數，有的只是存在。他覺得，
他一生的激動人心的探索經歷，使他的生命也顯得有意義了 (HPS,
pp. 371–372)。

基於倫理道德是人類自己的事，其背後沒有什麼超越人類之上
的權威，愛因斯坦不相信靈魂不朽和人格化的上帝 (RS, p. 40)。但
是，他卻深信事物的永恆，尤其是人對永恆事物的認識（思想）的
永恆，以及人類精神的永恆目標——真、善、美。他認為，潛心於
研究一些永恆的事物是大好事，因為只有從這種永恆的東西中才能

產生出一種精神。這種精神不僅能使人世間獲得和平與安寧，而且也能使人類在共同創造的不朽事物中獲得永生，並從中發現生活的樂趣和生命的意義 (*RS*, p. 52; *E3*, p. 47)。生命的永恆就在這裡。他在1936年深有體會地這樣寫道：

> 上了年歲的人如果能對年輕一代的所作所為感到無限歡樂，那麼他們自己也可重新煥發出青春活力。當然，在現在這動盪不定的歲月裡，這種歡樂也籠罩著不祥的陰影。但是春光總會帶回新的生機，新的生命會使我們樂而忘憂，並為它的成長壯大作出我們的貢獻。莫札特的音樂過去是、將來也永遠是優雅、溫柔而流暢的。生活中總有一些東西是永恆不滅的，無論是命運之手，還是人的一切誤解都奈何它不得。上了年紀的人比那些在希望與恐懼之間搖擺不定的青年人更接近這種永恆的東西。我們年長的人能特別體會那種最純潔的真與美。(*RS*, p. 51)

在愛因斯坦看來，生命的永恆既體現在追求崇高目標的過程中，也表現在其結果中。他說：「在研究和追求真與美的領域裡，我們可以永保赤子之心。」(*RS*, p. 73)「理解力的產品比喧嚷紛擾的世代經久，它能經歷好多世紀而繼續發出光和熱。」(*E1*, p. 401)

　　愛因斯坦關於生命的永恆的思想是與斯賓諾莎的「心靈的永恆」❷⓿和叔本華的「真理的生命悠久」❷① 的思想是一拍即合的。他

---

❷⓿　洪漢鼎：《斯賓諾莎哲學研究》，人民出版社（北京），1993年第一版，頁xvi。

❷①　A. 叔本華：《作為意志和表象的世界》，石沖白譯，商務印書館（北

終生關注持久而永恆的東西，漠視稍縱既逝的實利和物欲，從而跨過了自然的恆久世界和人生的短暫世界之間的難以逾越的鴻溝，在追求永恆中得以昇華。蘭佐斯在愛因斯坦逝世後中肯地評論道：像他這樣的人是永生的，其思想和精神是不會死亡的(*RS*, p. 99)。

思維是人的存在之本質（故笛卡兒有「我思故我在」之雋語箴言），理解真理是精神存在的天性和天職，人的精神又是人異於禽獸的根本標誌，而人的精神境界之高低又使賢人有別於常人。愛因斯坦一生都以獨立自主的思考❷和力圖提高人的精神為己任，並從中悟出並實現了生命的意義和永恆。在談到愛因斯坦的科學思維時，英費爾德想起了充滿熾熱火焰和原始生命力的黑人舞蹈——這種強烈的運動好像不需要任何喘息，可以永遠地進行下去。他說：

> 當我觀察愛因斯坦的時候，這幅畫面常常浮現在我眼前。就像一架最富有生命力的機器在他的腦子裡轉動似的。這就是被昇華出來的生命力。有時，這種觀察是令人難受的。愛因斯坦能談政治，能以他所特有的極其驚人的好心腸聽取各種請求，回答各種問題，但是在這些外部活動後面可以感覺出他在不斷地思考科學問題；他的大腦機器不停地開動，只有死才能中斷這架機器的永恆運轉。(*EZ*, p. 248)

京），1982年第一版，頁8。叔本華的原話是：「人生是短促的，而真理的影響是深遠的，它的生命是悠久的。」

❷ 叔本華說：「從根本上說，只有我們獨立自主的思考，才真正具有真理和生命。因為，唯有它們才是我們反覆領悟的東西。他人的思想就像別人餐桌上的殘羹，就像陌生客人扔下的衣衫。」同❸，頁60。

確實，愛因斯坦對宇宙之謎的思索像一股急流那樣永不停息，不僅無謂的瑣事，而且親人的病亡和社會的悲慘事件也無法使它停止或轉彎——他說「熱情地專注於事業能使人獨立於命運的變遷」(HPS, p. 341)。但這決不是說他對個人或社會的命運漠不關心，親友的亡故和社會災難使他深感悲痛，但他依然緊張地從事研究，極端抽象的思維對他來說就像呼吸一樣自然❷和須臾不可或缺。只要他的非凡的心靈還活著，他就不會中止對宇宙秘密的沉思。對他來說，這種思維像音樂一樣，令他感到十分愜意和陶醉。誠如他在1936年的一封信中所寫的：

> 一個著了魔的人還能幹些什麼呢？如同我年輕時一樣，我現在坐在這裡無休止地苦思冥想，希望能發掘出深埋地下的秘密。那個所謂的偉大世界，也就是那個喧囂雜亂的塵世，對我越發沒有吸引力了。因此我日復一日地發現自己越來越像一位隱士。(RS, p. 22)

愛因斯坦終生為提高人類的生活盡心竭力，但他主要珍視的是人類生活的質量而不是數量，尤其是關注人的心靈的淨化和精神的昇華，也就是力圖提高人的思想境界。他說：

---

❷ 叔本華說：「你可以自覺地使自身投入讀書和學習中，然而你實際上不可能使自己完全投入思考：思考需要精心培植，就像火苗需要風扇助力一樣。它需要對其本身的目的保持某種興趣。這種興趣，或是一種客觀的興趣，或是一種純屬主觀的興趣。後一種興趣只可能關注影響我們個人的東西；而前一種興趣只屬於那些就其本性便願意思考的人，即那些把思考看作與呼吸一樣自然的人，而這類人微乎其微。這就說明，為什麼大多數學者並不會思考。」同❸，頁59。

> 我非常真誠地相信，一個人為人民最好的服務，是讓他們去
> 做某種提高思想境界的工作，並且由此間接地提高他們自己
> 的思想境界。這尤其適用於大藝術家，在較小的程度上也適
> 用於科學家。當然，提高一個人的思想境界並且豐富其本性
> 的，不是科學研究的成果，而是求理解的熱情，是創造性的
> 或領悟性的腦力勞動。(*E3*, p. 36)

在愛因斯坦看來，觀察和理解的樂趣，是大自然的最優美的禮物。
在這個過程中，人的感情和思想能夠得以淨化，從而獲得最微妙、
最高尚的樂趣：對藝術創造和思維的邏輯秩序的美的樂趣 (*E3*, pp.
315, 155)。他明確指出：做真理、正義和自由的忠實勤務員，用創
造性的工作提高人類的精神境界，是歷史賦予我們的艱巨任務 (*E3*,
p. 50)。

第十六章　追求真善美的使徒

科學大會喜逢春，

畫角連天催征人。

夸父宏志與日走，

不惜道渴化鄧林。

——李醒民〈科學大會〉

　　愛因斯坦秉承了猶太人的傳統特徵和理想——為知識而追求知識，幾乎狂熱地酷愛正義，以及要求個人獨立的願望——他終生都是追求真善美的使徒。他的求真以至善為目的，以完美為標準；他在為善的同時也激勵了探索的熱情，煥發了審美的情趣；他從臻美中洞見到實在的結構，徹悟出道德的目標。愛因斯坦之所以孜孜不倦地追求三位一體的真善美，為的是自然、社會和思維更加有序與和諧。因為誠如卡西勒所說：「科學在思想中給予我們以秩序；道德在行動中給予我們以秩序；藝術則在對可見、可觸、可聽的外觀之把握中給予我們以秩序。」❶

---

❶　E. 卡西勒：《人論》，甘陽譯，上海譯文出版社（上海），1985年第一版，頁213。

一、追求而不是占有真理

愛因斯坦十分欣賞萊辛的名言：「對真理的追求要比對真理的占有更為可貴。」 ❷他用自己的言論和行動表明，他是真理的無畏的、不懈的追求者❸，從來也不與謬誤、謊言、邪惡妥協。他感到自己生活中的唯一真正的滿足，來源於探求真理的堅忍不拔的毅力（*RS*, p. 72）。愛因斯坦一生把時間和精力主要用於追求自然的真理（他熱戀自然就像農人摯愛土地一樣）， 但他也念念不忘追求社會的真理和人生的真理——在這裡，他追隨斯賓諾莎而進入超個人的境界，把追求真理同追求善、追求人的道德完美聯繫起來——因為真理包含著人類心智中終極的善。因此，科學家在獻身於真理的追求時，也就履行了科學家的社會責任和道德義務，而真理的非個人性和超文化性，又使這種共同追求成為可能。難怪愛因斯坦在悼念

---

❷ 參見(*E1*, p. 394)。愛因斯坦在(*E1*, p. 50)中是這樣引用的：「為尋求真理的努力所付出的代價，總是比不擔風險地占有它要高昂得多。」愛因斯坦引用的是大意，萊辛的原話也許是：「如果上帝把所有真理藏在他的右手，僅僅在左手持有對真理的強烈欲望，儘管總是以我會犯錯誤為條件；上帝對我說：請選擇！我會謙卑地落入他的左手。」 轉引自H. Woolf (ed.), *Some Strangeness in the Proportion*, Addison-Wesley Publishing Company, Inc., 1980, p. 259.

❸ 真理只有追求才有可能獲得。為什麼？也許叔本華的下述隱喻可以作為解釋：「真理不是娼婦，別人不喜愛她，她卻要摟住人家的脖子；真理倒是這樣矜持的一位美人，就是別人把一切都獻給她，也還拿不準就能獲得她的青睞呢！」參見A. 叔本華：《做為意志和表象的世界》，石沖白譯，商務印書館（北京），1982年第一版，頁11。

普朗克時這樣寫道：即使在我們這樣的時代，政治狂熱和暴力像劍一樣高懸在痛苦和恐懼的人的頭上，可是我們追求真理的鮮明旗幟還是高舉著。這種理想，是一條永遠聯結一切時代和一切地方的科學家的紐帶，它在普朗克身上體現得非常完滿(E1, p. 445)。

　　培根(F. Bacon, 1561–1626)說過：「真理（它是只受本身的評判的）教給我們說，研究真理（就是向它求愛求婚）、認識真理（就是它的獲得）和相信真理（就是享用它）乃是人性中最高的美德。……一個人的心若能以仁愛為動機，以天意為歸宿，並且以真理為地軸而轉動，那這人的生活可真是地上的天堂了。」❹愛因斯坦深有同感。他認為，追求真理的願望必須優先於其他一切願望的原則，是一份最有價值的思想遺產；對真理和知識的追求並為之奮鬥，是人為之自豪的最高尚的品質之一(E3, pp. 48, 190)。在他看來，一個人如果不承認追求客觀真理和知識是人的最高的和永恆的目標，他就不會受人重視(E3, p. 149)。他指出下述論斷是無可懷疑的：

　　　追求真理和科學知識，應當被任何政府視為神聖不可侵犯；
　　　而且尊重那些誠摯地追求真理和科學知識的人的自由，應該
　　　做為整個社會的最高利益。(E3, pp. 48–49)

　　愛因斯坦奉行「為真理而真理」的準則。他說：「唯有抱著為真理而真理的目的行動，才能使精神得到解放，變得崇高。」❺他提

---

❹　F. 培根：《培根論說文集》，水天同譯，商務印書館（北京），1983年第二版，頁5–6。

❺　A. Moszkowski, *Einstein: The Searcher, His Work Explained from Diologues with Einstein*, Methuen & Co. Ltd., London, 1921, p. 146.

出這樣的問題：追求真理——或者比較謹慎地說，我們通過構造性的邏輯思維去理解可認識的宇宙的那種努力——是不是應該成為我們工作的獨立目標？或者說，追求真理是不是應該服從某些別的目標，比如服從一些「實用上的」考慮？他認為，這個問題不能根據邏輯來作出決定。可是，不管我們的決定是怎樣作出的，只要它是出自深摯的、不可動搖的信念，它就會對我們思想上和道義上的判斷乃至人格產生很大的影響。他的結論是：

> 為求得更深廣的見識和理解而鬥爭，是這樣一些獨立目標之一。要是沒有這些目標，一個有思想的人對待生活就不會有積極自覺的態度。(*E3*, pp. 289–290)

關於真理及其追求，愛因斯坦還有許多精闢的見解。例如，他認為「進入人們頭腦中的權威是真理的最大敵人。」❻他說：真理是無比強大的，用長矛和瘦馬去保衛真理是可笑的、唐吉訶德式的(*E1*, p. 386)。1952年，愛因斯坦獲悉蘇聯科學院一位院士攻擊相對論與馬克思主義哲學基礎即辯證唯物主義背道而馳，他以輕鬆愉快的語調說，這使他感到極大的快慰。長期以來，他一直為在蘇聯限制思想和言論的自由而煩惱，於是在1953年寫了這樣的警句：「在真理尋求者的領域裡沒有人的權威，無論誰試圖扮演地方法官的角色，都會摔倒在上帝的笑聲之中。」❼此外，針對蘇聯學術界以官方哲學

---

❻ 許良英：〈一項宏偉的歷史工程〉，《自然辯證法通訊》（北京），第10卷(1988)，第1期，頁58–63。

❼ 該引文的出處與下邊的詩句相同。類似的言論也出現在愛因斯坦在給貝克(L. Baeck)八十壽辰的獻詞中：「誰要是把自己標榜為真理和知識

和意識形態做為判定科學真理的標準之作法，他還寫下題為〈辯證唯物主義的智慧〉的辛辣詩句：

費盡空前的汗水和辛勞，
最終難道看見了真理的顆粒？
呵，傻瓜！累死累活地強迫你使盡氣力。
我們的黨用法令製造真理。

哪個大膽的心智膽敢懷疑？
砸爛腦殼，對他回報多麼迅疾。
我們如此教訓他，永遠不要像以前那樣，
快與我們一起生活於驚人的一致。❽

二、世界上最善良的人

英費爾德多次說過，愛因斯坦是世界上最善良的人。他詳細分析了（這位好人的）善意的源泉。他說，對別人的同情，對貧困、不幸的同情，這就是善意的源泉，它通過同情的共鳴器起作用。但是，善意還有完全不同的根源。這就是建立在獨立清醒思考基礎上的天職感。善的、清醒的思想把人引向善、引向忠實，因為這些品質使生活變得更純潔、更充實、更完美，因為我們用這種方法在消

領域裡的裁判官，他就會被神的笑聲所覆滅。」（*E3*, p. 315）

❽　B. Hoffmann, *Albert Einstein, Creator and Rebel*, The Viking Press, New York, 1972, pp. 245–246.

除我們的災難，減少同我們生活環境之間的摩擦，並在增加人類幸福的同時，保持自己內心的平靜。在社會事務中應有的立場、援助、友誼、善意，可以來自上述兩個源泉，可以來自心靈或頭腦。英費爾德更加珍視第二類善意——它來自清醒的思維，並認為不是由清醒的理智支持的感情十分有害(*EZ*, pp. 249–250)。

英費爾德的分析是中肯的。在愛因斯坦身上，理性的思維和善意的行為是珠聯璧合的。進而言之，愛因斯坦的善意的源泉，是建立在對自己、對他人和社會以及對道德價值的清醒而明晰的認識的基礎上。他經常說：「我是自然的一個小碎屑」❾。這種謙卑感和敬畏感經常流露在他的字裡行間，成為他自知、自律、自制的心理動機。他在一次海上旅行時是這樣描繪暴風雨的壯觀景象的：

> 人好像已經解體，同大自然融為一體了。人比平常任何時候都更加清楚地認識到自己是多麼地渺小，這使人感到非常愉快。(*RS*, p. 28)

他還說過：「在大自然面前——以及在學生面前，一個理論物理學家顯得多麼寒傖！」「在這個我們所降生於其間的偉大的神秘世界面前，我們永遠是充滿好奇心的孩子。」(*RS*, pp. 28, 72)不用說，對他人和社會的負債感和回報感（上一章述及），也是愛因斯坦善意和善行的巨大源泉。值得注意的是，他也能從社會逆境中汲取無窮的道德力量，並把歷盡艱難困苦的道路視為唯一的通向人類的真正的偉大的道路(*RS*, p. 76)。

---

❾　G. Holton, *Thematic Origins of Scientific Thought, Kepler to Einstein*, Harvard University Press, 1973, p. 366.

愛因斯坦的內心時時處處被道德價值和倫理準則占據著，他甚至從陀思妥耶夫斯基的文學作品中也能獲得道德的迫切需要。在愛因斯坦看來，「一切人類的價值的基礎是道德」(*E3*, p. 376)，「人類的發展完全依人的道德發展而定」(*HPS*, p. 414)，因此「人類完全有理由把高尚的道德標準和價值觀置於所發現的客觀真理之上」(*RS*, p. 61)。他得出的結論是：

> 人類最重要的努力莫過於在我們的行動中力求維護道德準則。我們的內心平衡甚至我們的生存本身全都有賴於此。只有按道德行事，才能賦予生活以美和尊嚴。教育的首要任務可能就是把道德變成一種動力，並使人清楚地認識到這一點。(*RS*, p. 83)

愛因斯坦不僅對倫理的價值和道德的意義有深刻的認識，而且以身作則，有勇氣在風言冷語的社會中堅持倫理信念並作出道德示範。他覺得，不管時代的氣質如何，總有一種人的尊貴品質，它能夠使人擺脫他那個時代的激情(*E1*, p. 620)。愛因斯坦對善的追求或為善主要表現在三個方面：正心（對己）、愛人（對人）和秉正（對社會）。他嚴於律己，時時以道德和良心自省，處處以先賢和時賢自勉；他寬於待人，滿懷善意之心和博愛之情為人處事；他堅持正義，主持公道，投身社會事務比任何科學家都多，用自己的聲譽和影響行善舉、幹好事。良心是愛因斯坦道德感的核心，良心使他的為善具有一種負債感、天職感和使命感。寬容是他待人和愛人的前提之一。他深得寬容的真諦和實質：尊重他人的任何信念，不僅容忍，而且確實應當歡迎差異或異議。他是這樣給寬容下定義的：

> 寬容就是對於那些習慣、信仰、趣味與自己相異的人的品質、
> 觀點和行動作恰如其分的評價。這種寬容不意味著對他人的
> 行動和情感漠不關心，這種寬容還應包括諒解和移情。(*RS*,
> p. 78)

愛因斯坦在時人失去了對正義和尊嚴的追求熱情時高舉正義的旗
幟，他把知識和正義看得遠遠高於財富和權力。塞利希認為，「他
對正義幾乎有先知般的天賦」(*JNE*, p. 131)。

按照愛因斯坦的觀點，單純的才智不能代替道德的正直 (*HPS*,
p. 203)，第一流人物在道德品質方面比在才智成就方面對人類社會
的貢獻更大(*E3*, p. 339)。正是基於這樣的認識，他在回憶和紀念文
章中經常稱頌一些著名人物和朋友的人格和品德，為自己和公眾樹
立仿效的楷模和榜樣。他稱讚哥白尼內心的獨立性和人格的偉大，
謙虛謹慎而鄙棄無聊的驕傲癖好(*E1*, p. 601)。他誇贊開普勒堅忍不
拔，不為貧困和誤解所累，排除萬難去追求真理(*E1*, pp. 486–488)。
他詠讚伽利略敢於反對權威和教條，勇於堅持經驗和周密思考才是
真理的標準 (*E1*, p. 584)。他多次盛讚斯賓諾莎的純潔而孤獨的心
靈，斯賓諾莎的道德追求和實踐永遠是他的一面最好的鏡子。

對於同時代的一些科學家，愛因斯坦由於或多或少與他們打過
交道，對他們的高尚品質有直接的感受，從而發出來自內心的欣義。
他讚美馬赫堅不可摧的懷疑主義和獨立性、對神的理智的愛和對外
部世界的好奇心，在字裡行間閃爍著一種善良的、慈愛的和懷著希
望的喜悅精神,沒有流行的時代病即民族狂熱病(*E1*, pp. 10, 83, 90)。
他多次表示對洛倫茲的欽佩和愛戴超過他了解的任何人。他讚揚洛

倫茲擺脫了國家的偏見而獻身全人類的共同目標；為別人的幸福工作，卻不讓別人知道他；專心致志地經辦手頭的事務，沒有為任何其他東西留有餘地；具有明智、寬宏、仁慈、謙遜的品格和正義感❿。他讚賞能斯特難得的擺脫偏見的客觀性和準確的判斷力，摒棄國家主義和軍國主義，幽默而不同凡響 (*E1*, pp. 398–400)。他讚頌斯其盧霍夫斯基 (M. von Smoluchowski, 1872–1917) 是一位高尚的、敏感的、友善的人，人們將珍視他的生活榜樣和著作(*E1*, p. 99)。他讚許厄任費斯脫的精神力量和正直，豐美心靈的仁慈和溫暖以及壓抑不住的幽默和敏銳的機智(*E1*, p. 327)。他對居里夫人偉大人格的讚佩更是感人至深：

> 她的堅強，她的意志純潔，她的律己之嚴，她的客觀，她的公正不阿的判斷——所有這一切都難得地集中在一個人的身上。她在任何時候都意識到自己是社會的公僕，她的極端的謙虛，永遠不給自滿留下任何餘地。由於社會的嚴酷和不平等，她的心情總是抑鬱的。這就使得她具有嚴肅的外貌，很容易使那些不接近她的人發生誤解——這是一種無法用任何藝術氣質來解脫的少見的嚴肅性。一旦她認識到某一條道路是正確的，她就毫不妥協地並且極端頑強地堅持走下去。

愛因斯坦認為，居里夫人的品德和熱忱，那怕只要有一小部分存在於歐洲知識分子中間，歐洲就會面臨一個比較光明的未來。(*E1*, pp. 339–340)他讚譽朗之萬純淨潔白和光明正大，為理性和正義的光輝

---

❿　A. Einstein, *The World As I See It*, Philosophical Library, New York, 1949, pp. 11–14. 以及 (*E1*, p. 627)。

以及全人類的幸福而自我犧牲，對每一個高尚事業都極端熱忱，對一切人都抱著諒解的善意，在生命結束時像一件藝術品一樣展現出來(*E1*, pp. 434–435)。

對於冰壺秋月式的政治家、藝術家，乃至普通朋友，愛因斯坦也是推崇備至，感佩之情溢於言表。他頌揚甘地在道德淪喪的時代是代表最高精神境界的唯一的政治家，以崇高道德生活的榜樣贏得人心(*HPX*, p. 152)。他褒揚蕭伯納是具有強烈的正義感的精神高尚的人，把一生獻給提高人類社會並使個人從卑鄙的壓迫中獲得解放的事業 (*E3*, p. 62)。他導揚拉特瑙的高瞻遠矚和感情熱烈，能識別人和愛一切人，是塵世上的理想主義者(*E3*, p. 18)。他揄揚索耳夫(H. Solf)博士在浮躁而惡劣的環境中株守良知和良心，不計名利而埋頭工作：

> 你把你的精力毫不猶豫地用在不會贏得桂冠的領域，為了理智和精神生活的普遍規範而默默地、忠誠地工作著，而這種生活由於形形色色的境況在今天處於特別的危險之中。對體育競技的過分看重，由於近年技術發明隨之引起的生活混亂所導致的過量粗劣的表演，因為經濟危機而產生的日益嚴重的生存鬥爭，政治生活中的蠻橫行徑——所有這些因素都是人的品格的成熟和對真正文化的需要的敵人，標誌著我們的時代是一個野蠻粗俗的、物欲主義的和浮躁淺薄的時代。❶

愛因斯坦對他心目中的賢良之士的推崇和宣揚，既是自身從善如流的需要，更是為了在上述的世道澆漓和浮躁淺薄的時代彰善癉

---

❶ 同❿, p. 20.

惡、揚清激濁、匡救世風。這無疑也是他的為善之舉的一種方式。
與諸賢相對照，誰能否認愛因斯坦是其美德的集大成者呢？

三、科學工作中的臻美情結

　　愛因斯坦是一位絕妙的科學的藝術家。他的科學理論的本質在
於其藝術性，他的科學方法的最鮮靈之處在於臻美取向和審美判斷。
可以毫不誇張地說，愛因斯坦的科學理論和科學方法，在美學上都
達到了無與倫比的地步。霍夫曼深中肯綮地指出：

> 愛因斯坦的方法，雖然以淵博的物理學知識為基礎，但在本
> 質上是美學的、直覺的。我一邊同他談話，一邊盯著他，我
> 才懂得科學的性質；只是讀他的著作，或者只是讀其他偉大
> 的物理學家或哲學家、科學史家的著作，那是不大可能理解
> 科學的性質的。除了他是牛頓以來最偉大的物理學家之外，
> 我們可以說，他是科學家，更是個科學的藝術家。(JNE, p.
> 229)

　　研究愛因斯坦的許多作者都洞察到，愛因斯坦的創造性工作有
一種藝術的秩序。愛因斯坦深信科學創造的動機和藝術創造動機是
相同的，人類智慧的這兩個領域是由同一個共同源泉哺育的 —— 這
就是對於未知事物的憧憬。(JNE, p. 187) 請聽愛因斯坦本人是怎樣
議論「科學與藝術的共同之處」的：

> 當這個世界不再能滿足我們的願望，當我們以自由人的身份

對這個世界進行探索和觀察的時候，我們就進入了藝術和科學的領域。如果用邏輯的語言來描繪所見所聞的身心感受，那麼我們所從事的就是科學。如果傳達給我們的印象所假借的方式不能為理智所接受，而只能為直覺所領悟，那麼我們所從事的便是藝術。這兩者有一個共同之處，那就是對於超越個人利害關係和意志的事物的熱愛和獻身精神。(*RS*, pp. 39-40)

對美的追求不僅是愛因斯坦進行科學探索的動機和動力之源，也是他行之有效的一種科學方法 —— 準美學方法。準美學方法自始至終地貫穿在他的科學創造的全過程 —— 提出問題、發明原理、評價理論（內部的完美）—— 之中，起著不可或缺的、舉足輕重的作用。誠如他所言：「在科學領域裡，時代的創造性的衝動有力地迸發出來，在這裡，對美的感覺和熱愛找到了比門外漢所能想像的更多的表現機會。」(*E3*, p. 373)

抽象概念對稱性的考慮是愛因斯坦準美學方法的精髓，是他發現現存理論固有缺陷並指明前進方向的阿拉丁神燈❷。他一向認為：

對於沒有任何經驗體系的不對稱性與之對應的這樣一種理論結構的不對稱性，理論家是無法容忍的。(*E1*, p. 124)

正是從物理學家關於氣體或其他有重物體所形成的理論觀念同麥克

---

❷　阿拉丁神燈(Aladdin's lamp)之典出自《天方夜譚》。阿拉丁是蘇丹國一個裁縫的兒子，他在洞穴中找到神燈與戒指。阿拉丁神燈是如意神燈，能使持有者百事如意。

斯韋關於所謂空虛空間中的電磁過程的理論之間，存在著深刻的形式上的分歧即不對稱性中，他發現了問題所在並提出了光量子概念加以補救。狹義相對論的創立直接與他的下述洞察有關：麥克斯韋電動力學應用到運動物體上時，就要引起一些不對稱，而這種不對稱似乎不是現象所固有的❸。對慣性系優越於其他一切剛性坐標系的不滿，對舊理論內在不對稱性——在運動定律中出現的慣性質量也在引力定律中出現，但不在其他各種力的表示式裡出現；把能量劃分為本質上不同的兩部分即動能和勢能，必須認為是不自然的——的不安，是他著手建構廣義相對論的初始動機和強大動力，而廣義相對性原理和等效原理的提出就是這一思考的邐直的結果 (*E1*, pp. 13–14)。統一場論的探索也充分體現了愛因斯坦追求理論對稱性和統一性的苦心孤詣，這一未竟之大業為後人指出了正確方向。

　　請欣賞和品味愛因斯坦相對論的美輪美奐的觀念之美和結構之美吧！相對論猶如一座瓊樓玉宇，其外部結構之華美雅致，其內藏觀念之珍美新奇，都是無與倫比的。相對論的邏輯前提是兩條在邏輯上簡單不過的原理，它們像厄瑞克泰翁廟的優美的女像柱❹一樣，支撐著內涵豐盈的龐大理論體系而毫無重壓之感。其建築風格是高度對稱的，從基石到蓋頂莫不如此。四維時空連續統顯示出貫穿始終的精確的對稱性原理，它蘊涵著從日常經驗來看決不是顯而

---

❸　《愛因斯坦文集》第二卷，范岱年等譯，商務印書館（北京），1977年第一版，頁37，83。

❹　厄瑞克泰翁廟(Erechtheum)是西元前421至西元前405年建於希臘雅典衛城上的愛奧尼亞式雅典娜神殿，由於其體形複雜和細緻完美而著名。神廟的愛奧尼亞式柱頭在希臘建築中是最精美的，而與眾不同的女像柱（caryatid，代替柱子用作建築支撐物的女性雕像）廊在古典建築中是罕見的。

易見的不變性或協變性。空時對稱性（楊振寧把這看作是愛因斯坦對物理學的最大貢獻）規定著其他的對稱性：電荷和電流、電場和磁場、能量和動量等的對稱性。正如外爾所言，整個相對論只不過是對稱的另一個方面；四維連續統的對稱性、相對性或齊性首次被愛因斯坦描述出來，相對論處理的正是四維空時連續統的固有對稱⓯。在這樣高度對稱的瓊樓玉宇中，又陳放著諸多奇異的觀念(四維世界，彎曲時空，廣義協變，尺縮鐘慢等)，從而通過均衡中的奇異而顯示出更為卓著的美！面對這樣一個異彩紛呈、美不勝收的完美建築，人們對於對稱決定相互作用原理的欽佩之情怎能不油然而生？人的靈魂又怎能不為相對論的結構之美和大自然的神奇而感到敬畏、顫慄？難怪楊振寧認為，對稱性觀念既簡單又美妙，在物理學中所起的作用怎麼強調也不過分。因為物理學家不再從實驗出發而達到對稱性，而是反過來把對稱性做為出發點，嘗試建立滿足對稱性的方程式⓰ —— 這正是愛因斯坦運用自如的準美學方法。

　　與愛因斯坦接觸過的人都能深深感受到他的藝術家的氣質和思維的審美特徵。凱澤爾指出，愛因斯坦的完整工作程序驚人地類似於藝術家的工作程序。一旦他遇到一個問題，他不是緩慢地、費力地拾級而上去解決的。他對可能的解已有洞察，考慮了它的價值和接近它的途徑。對於橫倒豎歪在通向精確解之路上的障礙物，他不僅通過新科學真理的總和來清理，而且也通過審美的愉悅來排除，從而創造出一個明晰而和諧的思想世界。此時，他會說：「多美的

⓯　同❾，p. 365.

⓰　《楊振寧演講集》，寧平治等主編，南開大學出版社（天津），1989年第一版，頁217，387。

解啊！結果是多麼可愛呀！」人們不難從中辨認出他在抽象思維中表露出來的藝術家的本性❶。羅森是這樣描繪愛因斯坦給自己留下的深刻印象的：

> 愛因斯坦一生都相信人類的理性能夠獲得正確描述各種物理現象的理論。在構造一種理論時，他採用的方法與藝術家的方法具有某種共同性；他的目的在於求得簡單性和美（對他來說，美在本質上終究是簡單性）。當衡量一種理論的要素時，他總是要提出尖銳的問題：「這合情合理嗎？」一種理論不管取得了怎樣的成功，如果在他看來是不合情理的（他使用德語中vernuntig這個詞），那麼他認為這一理論不可能對自然界提出一種真正是基本的理解。(*JNE*, p. 228)

愛因斯坦的藝術氣質和臻美取向也給霍夫曼留下強烈的印象。在愛因斯坦的心目中，科學是一種創造性的藝術。他的科學探索不是受邏輯——在該詞的狹義上——促動的，而是受美感促動的。他總是在他的工作中尋求美❶。

愛因斯坦不僅以美學標準鑑賞科學理論，而且也從美學角度評論科學家。他嘆慕馬赫美好的寫作風格給人以理智上的滿足和愉快，能吸引人一再去讀他的著作 (*E1*, p. 89)。他嘆賞普朗克把藝術性的要求做為他創作的主要動機之一，從而使論文具有給人愉悅的那種純真的藝術風格 (*E1*, p. 73)。他嘆羨洛倫茲的理論和講演總是像優

❶　A. Reiser, *Albert Einstein, A Biographical Portrait*, Albert & Charles Boni, New York, 1931, pp. 117–118.

❶　同❷，p. 476.

等的藝術品一樣明晰和美麗,而且表現得那麼流暢和平易 (*E1*, pp. 576–577);他的生活直至最小的細節都像藝術作品那樣有序不紊 ❶。他嘆服施瓦茨希耳德(K. Schwarzschild, 1873–1916)源源不斷的創作動機在很大程度上來自發現數學概念之間的精美聯繫的那種藝術家的喜悅,而不是要去認識自然界中尚未被發現的關係的渴望 (*E1*, p. 91)。他多次嘆絕邁克耳孫 (A. A. Michelson, 1852–1931) 是偉大的天才和藝術家,具有科學的藝術家的感觸和手法,尤其是對於對稱和形式的感覺;他認為邁克耳孫—莫雷 (E. W. Morley, 1838–1923) 實驗以及後繼的實驗是物理學中最美麗的實驗;他說:「我總認為邁克耳孫是科學的藝術家。他的最大樂趣似乎來自實驗本身的優美和所使用方法的精湛。」(*E1*, pp. 491, 562, 566)在對科學美的追求和鑒賞方面,愛因斯坦與邁克耳孫等人可謂靈犀相通,志趣相投。他們無愧於科學的藝術家的美名,而愛因斯坦更是他們之中的登峰造極者。

關於美和真的關係,愛因斯坦的觀點是:真具有獨立於人的客觀性,而美則不是離開人而獨立的東西 (*E1*, pp. 269–271);真和美具有統一性:美的理論不一定在物理上為真,但物理上真的理論必須是美的(*E1*, p. 380),概念的正確性將在美中顯示它自己 ❷;不美的理論儘管與經驗事實相符,也是不完善的、暫時的、過渡性的,它終將被美的理論所代替 —— 科學理論的美學價值是該理論的成就的量度,理論在美學上的不足程度即是它在科學上的不完善的程度。愛因斯坦的見解不像古希臘精神(美始終具有一種完全的客觀意義,美就是真,它是實在的一種基本品格) ❸、濟慈(美是真理,真理

---

❶　同❶, p. 11.

❷　同❷, p. 482.

是美的）❷、狄拉克（使一個方程具有美感比使它符合實驗更重
要）❷的看法那麼極端，他沒有把二者等同起來（美即真或真即美），
而是在二者之間保持了必要的張力——這本身也是一種美即張力之
美。愛因斯坦大概會與拉丁格言——簡單是真的印記，美是真理的
光輝——共鳴，他也肯定會贊同海森伯的下述觀點：「在精密科學中，
絲毫也不亞於在藝術中，美是啟發和明晰的最重要的源泉。」❷也許
正是基於美與真的張力關係的考慮，他才拒絕某種「數學美」的誘
惑：「讓裁縫和鞋匠去關心美吧！真理才是我們探求的目的。」❷「樣
式使人成為聾子，至少在一段時間如此。」❷不過，這些言論並不表
示他輕視科學美或數學美，而是審時度勢，恰當地擺正美與真之間
的關係❷。愛因斯坦是美的熱愛者和追求者，但卻不是唯美主義者。

---

❷　同❶，頁267–268。

❷　濟慈(J. Keats, 1795–1821)是英國詩人，也是十九世紀最偉大的詩人之
　　一。引文轉引自M. J. 阿德勒：《六大觀念》，陳珠泉等譯，團結出版社
　　（北京），1989年第一版，頁137。

❷　楊振寧：〈美和理論物理學〉，張美曼譯，《自然辯證法通訊》（北京），
　　第10卷(1988)，第1期，頁1–7。

❷　W. 海森伯：〈精密科學中美的含義〉，曹南燕譯，《自然科學哲學問題
　　叢刊》（北京），1982年第1期，頁40–47。

❷　K. 塞利希：《愛因斯坦》，黑龍江人民出版社（哈爾濱），1979年第一
　　版，頁132。

❷　A. Fine, Einstein's Interpretations of the Quantum Theory, *Science in
　　Context*, 6 (1993), pp. 257–273.

❷　也許對於數學家來說，可以把數學美看得高於一切。誠如哈代 (G. H.
　　Hardy, 1877–1947)所說：「數學家的圖形像畫家的圖案或詩人的格式
　　一樣，必須是美麗的；觀念像顏色或詞語一樣，必須和諧地配合在一
　　起。美是第一檢驗標準：醜陋的數學在世間是沒有持久的地位的……

愛因斯坦的臻美情結和審美判斷與他的宇宙宗教感情也是相類相從的。這既體現在追求的動機和評價的過程之中，也表露在達到目標面對美的理論而激起的敬畏和驚喜之時。霍夫曼說得好：

> 每當愛因斯坦判斷一個科學理論時，他自己的或是別人的，他都會問自己，如果他是上帝的話，他是否會那樣地創造宇宙。這個判別準則乍看起來似乎很接近神秘主義，而不接近於一般的科學思想，可是它表明愛因斯坦信仰宇宙中有一種最終的簡單性和美。只有一個在宗教上和藝術上具有一種深摯信念的人，他相信有美，等待去發現，才會創造出這樣的理論，這些理論最突出的本性——遠遠超過它們那些驚人的成功——就是它們的美。(*JNE*, p. 97)

四、名副其實的藝術家和鑑賞家

愛因斯坦不僅在他從事的科學領域是一位出類拔萃的藝術家，而且在德語寫作方面，尤其是在音樂方面，也是一位名副其實的藝術家和鑑賞家。對文學藝術和音樂的熱愛陶冶了他的思想情操，激勵了他的科學研究，從而使對真善美的追求在他身上實實在在地融為一體，以致他本人成為真善美的真正使徒和化身。

我們已經在第一章敘述過塞利希等人筆下的愛因斯坦的讀書

也許很難定義數學美，但是它像任何其他種類的美一樣真實。」 參見 A. I. Miller, *Imagery in Scientific Thought*, Birkhäuser Boston Inc., 1984, p. 272.

生活。凱澤爾在1930年是這樣描繪的：在文學上愛因斯坦特別欽佩那些創造了各種體裁和刻劃出偉大角色的作家。他認為莎士比亞的偉大作品在人物性格的表現上和詩的形式上都同樣偉大，它是世界文學的高峰。此外，他還欣賞目前已不流行的席勒的作品。他對戲劇感興趣，是因為它同人間生活最密切。他不喜歡抒情詩和史詩。他喜愛像托爾斯泰和陀思妥耶夫斯基這樣一些東方深沉的自我懺悔者，也喜愛法朗士(A. France, 1844–1924)❷❽和蕭伯納帶著懷疑的笑聲。豪普特曼(G. Hauptmann, 1862–1946)❷❾在他看來是當代德國最有影響的詩人。愛因斯坦在當代其他的文藝作品中找不到可以同豪普特曼的詩媲美的、那種詩一樣的人類世界，那樣有血有肉、具有那樣深切的社會感情。豪普特曼的品格正如他的作品。因此，豪普特曼和愛因斯坦交往談話是他們兩人的快樂的源泉。雖然他們之中一個人的作品是抽象的理性思維的論文，另一個人的作品是訴諸感情的生動活潑的詩，兩者迥然不同，然而這個詩人和這個思想家的人性倒很相似。他們倆都是最高表率的人，很接近自然的天性，在生活中反對一切做作和拘泥於形式外表的東西。愛因斯坦和蕭伯納之間有一種相知之感：二人由於他們富有懷疑的幽默和社會態度而

❷❽　法朗士是法國著名作家、文藝評論家。他於1921年獲諾貝爾文學獎，同年加入新成立的法國共產黨。出於深厚的人道主義感情，他在政治上一直站在窮人和被壓迫的弱小者一邊，仇視資本主義秩序，擁護社會主義。愛因斯坦的人道的社會主義思想也可能受到他的影響。

❷❾　豪普特曼是德國現代著名劇作家，1912年獲諾貝爾文學獎。1885年定居柏林郊區後，常與科學家、哲學家和先鋒派作家往來。他雖然不是一個空談理論的自然主義者、社會主義者或唯物主義者，但他的最初一些劇作是在這些思想影響下產生的。在政治上，他與納粹思想並不合拍。

心心相印。(*JNE*, p. 181)他說蕭伯納的作品使他想起莫札特的曲調:

> 在蕭伯納的散文中沒有任何一個多餘的詞,正如在莫札特的
> 音樂中沒有任何一個多餘的音符一樣。一個在旋律的領域裡
> 作過,而另一個在語言的領域裡作著的事就是:完美無缺地、
> 幾乎是以超人的精確性表達自己的藝術和自己的思想。(*EZ*,
> p. 603)

閱讀文學作品無疑煥發了愛因斯坦的語言文字才華,形成了他
的清新俊逸、行雲流水的文風。更重要的是,它增進了愛因斯坦對
社會倫理問題的思考和道德責任感。在讀古典詩時,他對古希臘三
大悲劇詩人之一的索福克勒斯(Sophocles,約西元前 496- 約前
406年)感到特別親近❸。索福克勒斯的安提戈涅(Antigone)的吶喊
——「我在這裡不是恨你們而是愛你們」——震撼了他的心靈,成
為他的人道主義思想和情感的基調,使他超越混亂的現實政治而進
入理想的純樸道德境界。他從陀思妥耶夫斯基那裡洞見了生活的真
相和意義,反思了精神存在之謎(*EZ*, p. 562)。他說:「我個人在與
藝術作品❸接觸時經歷了最大程度的愉悅。它們給我提供了強烈的

---

❸ 同❺,p. 238.

❸ 這裡不光是指文學作品,還有繪畫尤其是音樂。對於繪畫,他當然喜
歡舊時的大師。在他看來,他們比當代大師「更有說服力」。 不過,
他也看畢卡索 (P. Picasso, 1881–1973) 早期的畫 (1905, 1906)。立體派、
抽象派等未來主義流派對他來說毫無意義,他把它們放逐到較低的層
次。意大利畫家喬托 (Giotto, 約 1266/1267–1337)、安吉利科 (F.
Angelico, 約1400–1455)、 弗朗切斯科(Francesco, 1439–1502)的繪畫
使他深受感動。當他看到倫勃朗 (Rembrandt, 1606–1669) 的畫時, 就

幸福情感，我從其他領域是不能得到這些幸福情感的。」 這些幸福情感是崇高的倫理原則的實現，他對藝術的摯愛也以此為軸心：

> 如果我們希望說明，最大程度的幸福被期望來自藝術作品，那麼我們就必須採納新的價值基礎。當藝術作品展示出來時便抓住了我，這正是道德的印記、崇高感。在我偏愛陀思妥耶夫斯基的作品時，我正在思考這些倫理因素。❸❷

音樂是愛因斯坦的最大愛好，音樂伴隨著他度過了七十餘個春秋。他是一位出色的小提琴家，也能熟練地彈奏鋼琴。他外出時總是帶著心愛的小提琴，並且常常想起鋼琴的琴鍵。他曾不經意地考慮過做一個職業小提琴手，並數次說過，如果他在科學上不成功，他會成為一個音樂家。他幾乎沒有一天不拉小提琴，而且常有鋼琴家伴奏，演奏奏鳴曲和協奏曲。他也喜歡室內音樂，同傑出的職業音樂家一道演奏三重奏和四重奏。他的音樂朋友或合作者很多，有時演奏完全是不拘形式的。與音調、音色已預先調好的結構複雜的鋼琴相比，只有四根弦的小提琴的兩個相鄰音階之間沒有清楚的界限，其音響、振動、音質在很大程度上由演奏者把握，因而特別適合表達個人內心的隱秘世界。愛因斯坦具有不必事先準備而即席演奏的才能，演奏時而明快流暢，時而委婉悠揚，時而雄渾莊嚴，極

低徊讚嘆，感觸頗深。他對雕塑十分尊重，對意大利古城的建築大為欣賞，建築在他心目中像女神。哥特式建築直插雲天的尖頂使他聯想起巴赫的音樂，因為歌德和施萊格爾(A. W. von Schlegel, 1767–1845)都稱建築是「凝固的音樂」。參見(*SD*, pp. 17–18)以及❺，p. 241.

❸❷ 同❺，pp. 184, 186.

富於變化。此時，他就像忘情的孩子，完全神遊於音樂的王國，沉迷在豐富的幻想或惬意的思維之中，忘卻了人間的世界，對一切實存的東西都毫無感覺，「飄飄乎如遺世獨立，羽化而登仙」❸。他不願同職業藝術家一起公演比賽，這既出自他做為業餘愛好者的謙遜，也怕給職業音樂家造成難堪。但是，他卻常為慈善事業義演。愛因斯坦也即興彈鋼琴，一有外人進屋，他就立即中斷彈奏。音樂此時成為他勞動之後的輕鬆和消遣，或是新工作開始之前的醞釀和激勵。凱澤爾這樣評論說：

> 愛因斯坦最大的愛好是音樂，尤其是古典音樂。在這裡，感受之深，寓意之遠，是同美的形式交織在一起的，這種統一在愛因斯坦看來，就意味著人間最大的幸福。在大事小事中時時感受到人類要生存的這種意志已經通過音樂上升到一種絕對的力量，這種力量反過來又吸收了各種感受，並把它融化為高超的美的現實。從巴赫到貝多芬和莫札特這個德國音樂流派，對愛因斯坦來說，鮮明地展示出音樂的本質。但這並不是說，他對其他音樂家和其他流派就持武斷和輕視態度。他愛古老的意大利音樂，也愛德國浪漫主義音樂，但是在他看來，音樂成就的頂峰還是這三個燦爛的明星。有一次，在回答別人問及巴赫時，他曾簡短地說道：「關於巴赫的生平和工作：諦聽它，演奏它，敬它，愛它——而不要發什麼議論！」(*JNE*, pp. 181–182)

至於對愛因斯坦小提琴演奏水平的評論，行家認為：他是一個真正

❸ 宋·蘇軾：〈前赤壁賦〉。

的音樂家；儘管他沒有時間去練習，但無論如何演奏得十分好。一位不知道他是物理學家的音樂批評家寫道：愛因斯坦的演奏是出色的，但他不值得享有世界聲譽，因為有許多其他同樣好的小提琴手❸❹。

愛因斯坦只是熱愛、聆聽和演奏音樂，不大關心討論音樂。不過，他有時也對作曲家及其作品加以評論❸❺，這些評論總是簡潔的和有理解力的。他的品味是十分古典的，不大喜歡十九世紀的浪漫派。他偏愛十七和十八世紀作曲家的風格：純正、雅緻和均衡。他喜歡莫札特、巴赫、維瓦第(A. Vivaldi, 1678–1741)，可能還有海頓(J. Haydn, 1732–1809)、舒伯特 (F. Schubert, 1797–1828)，以及意大利和英國的一些老作曲家。他對貝多芬的興趣差一些，即便喜歡也是早期的貝多芬，而不是後期的「風暴和欲望」。

愛因斯坦為莫札特的帶有神意的、古希臘式的質樸和美的旋律所傾倒。他認為莫札特的作品達到爐火純青的地步，過去是、將來也永遠是優雅、溫馨而流暢的，是宇宙本身的內在之美和生活中的永恆之美。莫札特的音樂是如此純粹簡單，以致它似乎永遠存在於宇宙之中，等待著莫札特去發現。莫札特是他的理想、他的迷戀對象，也是他的思想的主宰者。即便如此，愛因斯坦還是堅持他的判斷的獨立性。有一次，他在鋼琴上演奏莫札特的一段曲調。在出了

❸❹　P. A. Bucky, *The Private Albert Einstein*, A Universal Press Syndicate Company, Kansas City, 1993, pp. 149–150.

❸❺　愛因斯坦的評論散見於(*RS*, pp. 51, 66–68)；(*EZ*, pp. 597, 599–600)；❷❺，頁14–15，179–180；❽，pp. 251–252；❸❹，pp. 147–156；❷，p. 488；以及*Albert Einstein, Historical and Cultural Perspectives*, Edited by G. Holton and Y. Elkana, Princeton University Press, 1982, pp. 409–416.

錯誤後，他突然停下來對女兒瑪戈特說：「莫札特在這裡寫下了這樣的廢話。」

愛因斯坦很難說出，究竟是巴赫還是莫札特更吸引他。他一直是巴赫的熱情崇敬者，他覺得對巴赫的音樂只有洗耳恭聽的義務，而沒有說三道四的權利。巴赫曲調的清徹透亮、優雅和諧每每使他的心靈充滿幸福感，扶搖直上的巴赫音樂也使他聯想起聳入雲霄的哥特式教堂和數學結構的嚴密邏輯。不過，巴赫作品的新教自我欣賞卻使他著實有點掃興。

愛因斯坦對貝多芬的態度是複雜的。他理解貝多芬作品的宏偉，其室內樂的晶瑩剔透使他著迷，但是他不喜歡其交響樂的激烈衝突：在他看來這是作者好動和好鬥的個性表現，其中個人的內容壓倒了存在的客觀和諧。他覺得貝多芬過於激烈，過於世俗，個性過強，音樂戲劇性過濃，C小調在激情上過載，從而顯得有些支離破碎。他不大贊同有人說貝多芬是偉大的作曲家，因為與莫札特相比，貝多芬是創作他的音樂，是個人創造性的表達，而莫札特的音樂是發現宇宙固有的和諧，是大自然韻律的普遍表達。他曾成功地說服了他的朋友厄任費斯脫不再偏愛貝多芬，而把時間花在巴赫樂曲上。他對浪漫主義作曲家頗有微詞：他們像糖塊一樣，過甜了。他認為，由於浪漫主義的影響，就作曲家和畫家而言，傑出的藝術家顯著地減少了。

愛因斯坦一向認為韓德爾 (G. F. Handel, 1685–1759) 的音樂很好，甚至達到完美無缺的地步，尤其是其形式的完備令人欽佩。但他在其中找不到作者對大自然的本質的深刻理解，因而總覺得有些淺薄。同時，他也不大滿意韓德爾作品中表現出來的狂熱激情。愛因斯坦很喜歡和親近舒伯特，因為這位作者表達感情的能力很強，

在旋律創作方面頗有功力，並繼承了他所珍愛的古典的結構。遺憾的是，舒伯特幾部篇幅較大的作品在結構上卻有一定的缺陷，這使他感到困惑不解。舒曼(R. Schumann, 1810–1856)篇幅較小的作品對他頗有吸引力，因為它們新奇、精巧、悅耳，感情充沛，很有獨到之處。但是，他在舒曼的作品中感覺不到概括的思維的偉大，又覺得其形式顯得平庸，所以無法充分欣賞。

　　愛因斯坦認為孟德爾頌(F. Mendelssohn, 1809–1847)很有天才，但似乎缺乏深度，因而其作品往往流於俚俗。他覺得布拉姆斯(J. Brahms, 1833–1897)的幾首歌曲和幾部室內作品很有價值，其音樂結構也同樣有價值。但由於其大部分作品似乎都缺乏一種內在的說服力，使他不明白寫這種音樂有何必要。在他看來，對位法的複雜性並不給人以質樸、純潔、坦誠的感覺，而這些則是他首先看重的。同在科學中一樣，他深信純潔和質樸是如實反映實在的保證。

　　愛因斯坦讚賞華格納(R. Wagner, 1813–1883)的創作能力，但認為其作品結構有缺陷，這是頹廢的標誌。華格納的風格也使他不可名狀地感到咄咄逼人，甚至聽起來有厭惡之感。這也許在於，他從中看到的是由作曲家天才和個性調整好了的宇宙，而不是超個人的宇宙，儘管作曲家以巨大的激情和虔誠表達宇宙的和諧，但他還是從中找不到擺脫了自我的存在的客觀真理。愛因斯坦在史特勞斯(R. Strauss, 1864–1949)那裡也沒有找到這種客觀真理。他認為史特勞斯雖然天資過人，但缺乏意境美，只對表面效果感興趣，只揭示了存在的外部節律。愛因斯坦說，他並非對所有的現代音樂都不喜愛。纖巧多彩的德布西(C. Debussy, 1862–1918)的音樂使他入迷，猶如他對某個數學上優美而無重大價值的課題入迷一樣。但是德布西音樂在結構上有缺陷，且缺少他所想望的非塵世的東西，故而無

法激起他的強烈熱情。他對布洛克(Ernest Bloch, 1880–1959)很是尊敬。他說：「我對現代音樂所知甚微，但有一點我確信不疑：真正的藝術應該產生於創造力豐富的藝術家心中的一股不可遏制的激情。在恩斯特·布洛克的音樂中我能夠感受到這股激情，這在後來的音樂家中是少有的。」 愛因斯坦太擅長於從結構上領會音樂了：如果他不能憑本能和直覺抓住一部作品的內在統一的結構，他就不會喜歡它。他看待音樂就像他看待科學一樣，注重追求一種自然的、簡單的美。

愛因斯坦曾經說過：「音樂確實溶化在我的血液中。」❸⑥信哉斯言！音樂的確不知不覺地進入了他的心理世界，自然而然地塑造了他的個性和人生觀，美化了他的精神風景線。愛因斯坦拿起小提琴或坐在鋼琴旁，常有一種即興創作的欲望。他說：

> 這種即興創作對我來說就像工作那樣必要。不論前者或後者都可以使人超脫周圍的人們而獲得獨立。在現代社會裡，沒有這種獨立性是沒法過活的。(*EZ*, p. 600)

愛因斯坦之所以喜愛莫札特，不僅因為莫札特的音樂優美輕快，而且也因為它具有超越時間、地點和環境的驚人的獨立性——這正是為愛因斯坦而預先創造的音樂。除莫札特外，愛因斯坦還迷戀幾齣歌劇，因為它們表現了一個社會主題——自由。愛因斯坦個性和情感世界中的超脫、孤獨、幽默、戲謔、譏諷也是莫札特式的。這不僅使他在紛亂的世界中獲得了心靈的自由和人格的獨立，也使他面對醜陋和惡行減輕了傷感和痛苦（但決不是逆來順受），音樂從而

---

❸⑥ 同❸④, p. 155.

構成他生活中的有效的緩衝劑和安全閥。這就像演莫札特的奏鳴曲一樣，因為莫札特同樣把對人世間的悲慘的印象變為生氣勃勃的輕鬆曲調。

關於音樂與科學研究的關係，愛因斯坦認為二者是相輔相成、相得益彰的。「音樂並不影響研究工作，它們兩者都是從同一渴望之泉攝取營養，而它們給人類帶來的慰藉也是互為補充的。」(RS, p. 69)他在另一處這樣寫道：

> 音樂和物理學領域中的研究工作在起源上是不同的，可是被共同的目標聯繫著，這就是對表達未知的東西的企求。它們的反應是不同的，可是它們互相補充著。至於藝術上和科學上的創造，那麼在這裡我完全同意叔本華的意見，認為擺脫日常生活的單調乏味，和在這個充滿著由我們創造的形象的世界中尋找避難所的願望，才是它們的最強有力的動機。這個世界可以由音樂的音符組成，也可以由數學公式組成。我們試圖創造合理的世界圖像，使我們在那裡就好像在家裡一樣，並且可以獲得我們在日常生活中不能達到的安定。(E1, p. 285)

音樂和科學就這樣在追求目標和探索動機上溝通起來：科學揭示外部物質世界的未知與和諧，音樂揭示內部精神世界的未知與和諧，二者在達到和諧之巔時殊途同歸。此外，在追求和探索過程中的科學不僅僅是理智的，也是深沉的感情的，這無疑與音樂會在某種程度上發生共鳴，從而激發起發明的靈感。誠如萊布尼茲所說：音樂是上帝給世界安排的普遍和諧的仿製品。任何東西都不像音樂

中的和聲那樣使感情歡快，而對於理性來說音樂是自然界的和聲，對自然界來說音樂只不過是一種小小的模擬 (*EZ*, p. 606)。尤其是，音樂創作的思維方式和方法與科學創造是觸類旁通的，在創造性的時刻，二者之間的屏障往往就消失了。愛因斯坦對音樂的理解是與他對科學的把握完全類似的：

> 在音樂中，我不尋找邏輯，我在整體上完全是直覺的，而不知道音樂理論。如果我不能直覺地把握一個作品的內在統一（建築結構），那麼我從來也不會喜歡它。**㊲**

這種從整體上直覺地把握的思維方式和方法，既是莫札特和巴赫的創作魔杖，也是彭加勒和愛因斯坦等科學大師的發明絕技。愛因斯坦從小就通過音樂不知不覺地訓練了心靈深處的創造藝術，並把這種藝術與科學的洞察和靈感、宇宙宗教感情熔為一體，從而鑄就了他勾畫自然宏偉藍圖的精神氣質和深厚功力。

音樂和科學——尤其是浸潤在數學中的科學（這是愛因斯坦的科學）——在愛因斯坦身上是珠聯璧合、相映成趣的。他經常在演奏樂曲時思考難以捉摸的科學問題。據他妹妹瑪雅回憶，他有時在演奏中會突然停下來激動地宣布：「我得到了它！」彷彿有神靈啟示一樣，答案會不期而遇地在優美的旋律中降臨。據他的小兒子漢斯說：「無論何時他在工作中走入窮途末路或陷入困難之境，他都會在音樂中獲得庇護，通常困難會迎刃而解。」**㊳**確實，音樂在愛因斯坦科學創造中所起的作用，要比人們通常想像的大得多。他從他所

㊲ 同**㉞**，p. 153.

㊳ 同**㉞**，pp. 148–149.

珍愛的音樂家的作品中彷彿聽到了畢達哥拉斯怎樣制定數的和諧，伽利略怎樣斟酌大自然的音符，開普勒怎樣譜寫天體運動的樂章，牛頓怎樣確定萬有引力的旋律，法拉第怎樣推敲電磁場的序曲，麥克斯韋怎樣捕捉電動力學的神韻，……愛因斯坦本人的不變性原理（相對論）和統計漲落思想（量子論），　何嘗不是在「嘈嘈切切錯雜彈，大珠小珠落玉盤」❸❾的樂曲聲中靈感從天而降，觀念從腦海中噴湧而出的呢？

---

❸❾　唐・白居易：〈琵琶行〉。

第十七章 人格、人性、人品

熏風蘭佩適逢春，
春暖蘭譜結同心。
心儀蘭味空谷夢，
夢斷蘭溪謝子衿。

—— 李醒民〈空谷幽蘭〉

做為一個成就卓著和思想深透的學者，愛因斯坦無疑是偉大的，但是做為一個普通人的愛因斯坦也許更為偉大，因為後一形象由於其富有魅力和張力的性格，直至現在還不時地觸動或震撼著每一個人的心靈。誠如塞利希所說：「不論做為物理學家和哲學家的愛因斯坦多麼偉大，做為人的愛因斯坦在我看來更有意義。他的品質無與倫比，是世界的良心，他對任何盛氣凌人、虛張聲勢、踩著別人肩膀向上爬的行為都充滿厭惡。獨來獨往和脫俗超凡，使愛因斯坦達到可望而不可及的道德高峰。」 愛因斯坦本人也堅持這樣的生活原則：「良好的性格和堅強的意志比聰明和博學更為重要。」❶

---

❶ K. 塞利希：《愛因斯坦》，黑龍江人民出版社（哈爾濱），1979年第一版，頁204，234。

一、富有魅力和張力的個性

　　愛因斯坦的個性是在家庭、學校、時代氛圍的影響與他的心理特徵和氣質綜合作用下逐漸形成的。尤其是逆境，對他個性的鑄就是不可低估的。難怪他說：「經歷逆境仍不失為一件好事。」(*HPX*, p. 276)在1901年那些舉目無著的日子裡，他肯定想到了斯賓諾莎的人生之旅，他也十分投入地閱讀了叔本華的處世之道格言。叔本華的下述箴言也許撩動了他那孤寂的、純淨的、但又桀驁不馴的心弦：

> 平靜而安詳的性情，完美的健康和健全的機體，明晰的、活躍的、透徹的和可靠的理智，有分寸的、高貴的意志，以及明澈如鏡的良心，這些是名望和財富不可替代的優勢。因為一個人就其自身而言是什麼，他在孤獨和隔絕中遵守什麼，人能夠從他那兒付出或接受什麼，這對他來說比他擁有的一切或他在別人眼中是什麼顯然更為基本。一個有才華的人在完全隔絕中享受與他自己的思想和想像進行壯麗的對話，反之對於隱隱現出殘缺的人來說，甚至繼續各種各樣的交往、遊戲、遠足、娛樂也不能保護他不出現轉彎抹角的厭煩之情。……於是，就人在這一生的幸福而言，人做哪一種人，人的品格，絕對是第一位的和最本質的事。❷

---

❷　D. Howard, A Peek Behind the Veil of Maya: Einstein, Schopenhauer, and the Historical Background of the Conception of Space as a Ground for the Individuation of Physical Systems, 1996. 這是作者寄給我的複印件，出處書寫不清。

在對宇宙奧秘的追求和探索中，在為促進「所有事業中最偉大的事業——人與人之間的善良意願和地球上的和平」(*HPS*, p. 176)的合作和鬥爭中，愛因斯坦都是一個具有幾乎入迷著魔勁頭的人，他的個性也從中形成並顯露出來——栩栩如生而富有魅力和張力。內森和諾登(*HPS*, pp. 7–9, 15)對此作了細緻而深湛的概括：與他同時代的其他人也許不一樣，愛因斯坦享有非凡的世界聲望，他受到尊崇、贊美、敬重和愛戴。就他的氣質和他的科學想像之大膽而言，他是一個出類拔萃的人。就偉大和謙卑而言，他的名字具有不可界定的意義，這部分是因為他成為具有重大意義的科學發現的象徵，也許更多的是因為他的天生的、以奇妙的方式使之與世人溝通的品格。世人必定會覺察到只有與他進行個人接觸才能充分顯露出的東西：他習慣於自然地發出笑聲，生性熱情，具有魅力，沒有虛榮心和虛偽，隨和而慈祥，彬彬有禮而又不拘禮節，對朋友和陌生人一視同仁，絲毫沒有優越感，常常表現出堅強有力和令人滿意的秉性，從不多愁善感，言談爽直坦率。他的談吐、衣著、飲食以及他書房的傢俱——這一切都顯得十分簡樸，表現了他的個性，實在叫人難以充分描繪。他從不使用那些對人的生存不是必需的或非基本的東西；他在物質和時間方面極其節儉地安排自己的生活，盡量避免一切多餘的東西，全神貫注地從事在他看來是重要的、充實的或有趣的事情。就人們所知，簡樸甚至是他的感情生活的特徵。

儘管愛因斯坦很熱情，但是除了稀有的場合以外，他與外界存在著幾乎無法逾越的鴻溝。雖然他和幾個朋友交情甚篤，但他卻是一個孤獨的人，他因這種孤獨感而痛苦，他的悲痛的眼睛時常流露出淒涼的、恍惚的神色，彷彿想要看穿宇宙的奧秘。他以挖苦的方

式充分意識到這樣一個事實：世人也在肉體方面使他的生活變得孤獨了。他的罕有的聲望和人所共知的容貌，使他成為他自己的房子和房子周圍環境的事實上的囚徒；他處處受到人們的注意，這給他帶來不便，他不能像千百萬人那樣過日常生活，他不能到他樂於去的地方去，他不能做使他高興的事情，他不能與看來情投意合或志趣相投的人打成一片。在例外的情況下，他會坐在雜貨鋪的櫃臺旁，或沉迷於某種類似的「活動」——這種活動無論在哪裡都是人們經常的、平淡的習慣——此時他才能得以感受他的困惑和歡樂。不過，孤獨也給他帶來巨大的好處：他說他自己是一個 Einspänner❸，一個按自己的判斷行動，從孤獨汲取力量的人。

愛因斯坦了解人們對他的崇敬，他無法向自己解釋這種崇敬，並認為這是不應得到的。不管他為此感到多麼窘迫，他仍然承認，這給他為他人和整個社會的利益而行動提供了特別的機會。他深感自己有責任發揮他的努力和影響，他無論何時都希望它們富有成效。他時刻準備中斷他的科學工作——甚至當他忙於其他事情時，他也全神貫注於科學工作——以便把時間和精力奉獻給他人的或公共的事業。他接待來訪者，研究文件，準備公共聲明或提供所需要的任何服務。無論接觸大學者還是公眾的喝采，或者是接觸對他和世界一無所知的人，這都是無關緊要的。他毫不遲疑地去行動，他對與他交往的任何個人的情感總是十分敏感，而不管這個人在世間的地位多麼低微。

愛因斯坦給予支持的事業都是緊迫的，他從不拖延或應付，這些事業是：公民自由、民主、社會主義、猶太人問題、社會正義和經濟公平，以及為使生活更為豐富和有益的普通教育。甚至還在他

---

❸ 原意指「單駕馬車」，轉意指「喜歡獨居者」。

的孩提時代，他就對獨裁主義、軍國主義、國家主義和野蠻的偏執
行為深惡痛絕。隨著歲月的推移，沒有什麼事情比廢除戰爭和爭取
和平更令他迫不及待了。他無情地譴責戰爭狂人的罪行，揭露利己
主義當權者的愚蠢，他也哀嘆學術共同體的遲鈍，喟嘆許多淪為民
族主義犧牲品的人的無知。但是他沒有絕望，因為他對理性和正義
的力量從未喪失信心。他本著良心與良知，毫不顧及個人得失，勇
敢地投身到各種有益於人類的共同事業中去。

　　愛因斯坦似乎意識到他的個性的豐贍性和兩極性。他覺得「自
從出名以來，我變得越來越笨，當然這是一種普遍現象。在一個人
同他在其他人心目中的形象之間，至少在其他人所說的他們心目中
的形象之間，確實有著天壤之別。但他卻不得不以一種詼諧幽默的
心情來接受這一事實。」(*RS*, pp. 15–16)他在給凱澤爾所寫的《愛因
斯坦傳》作序時提醒人們注意：

　　　　被作者所忽視的，也許是我性格中的非理性的、自相矛盾的、
　　　可笑的、近於瘋狂的那些方面。這些東西似乎是那個無時無
　　　刻不在起作用的大自然為了它自己的取樂而埋藏在人的性格
　　　裡面的。但這些東西只有當一個人的心靈受到嚴重考驗的時
　　　刻才會分別流露出來。這是理所當然的。因為要不是這樣，
　　　人與人之間的距離又怎麼能夠縮短呢？ (*E3*, p. 41)

　　確實，愛因斯坦的個性中的矛盾性或兩極張力是無處不在、無
時不有的：他嚮往孤獨，卻又不時介入世事；他對世事淡漠，卻又
對人滿腔同情和熱情；他超然物外，卻又俗事纏身；他精神無限自
由，卻又受良心和道德牢牢約束；他充滿幻想，卻又腳踏實地；他

幽默、好開玩笑、甚至有時有點惡作劇和玩世不恭，但對社會正義
和公正又有十分嚴肅的責任感，並且狂熱地加以捍衛；……愛因斯
坦本人也覺察到這一切，他說：

> 我對社會正義和社會責任感的強烈感覺，同我顯然的對別人
> 和社會接觸的淡漠，兩者總是形成古怪的對照。我實在是一
> 個「孤獨的旅客」，我未曾全心全意地屬於我的國家，我的家
> 庭，我的朋友，甚至我最親近的親人；在所有這些關係面前，
> 我總是感覺到有一定的距離並需要保持孤獨——而這種感受
> 正與年俱增。人們會清楚地發覺，同別人的相互了解和協調
> 一致是有限度的，但這不足惋惜。這樣的人無疑會失去他的
> 天真無邪和無憂無慮的心境；但另一方面，他卻能夠在很大
> 程度上不為別人的意見、習慣和判斷所左右，並且能夠不受
> 誘惑要去把他的內心平衡建立在這樣一些不可靠的基礎之
> 上。(*E3*, p. 43)

　　愛因斯坦心理上的這種內在的兩極性是互補的、和諧地起作用
的，從而使他的個性顯示出常人難以企及的魅力——他的外在魅力
也許是內在張力的外化。許多研究者都注意到愛因斯坦的這一特徵。
庫茲涅佐夫說：一個孤獨的和嚮往孤獨的觀察者也是社會正義的狂
熱捍衛者。在同人們交往時思想開朗、誠摯爽快，同時又急不可待
地渴求離開人們（無論是偶遇的交談者還是朋友、家人），回到自
己的內心世界中去。愛因斯坦的形象顯得非常矛盾。可是就在這些
矛盾中，你總能捉摸出一種深刻的和諧。(*EZ*, pp. 231–232) 弗蘭克
說：愛因斯坦的言談常常把無害的笑話和尖刻的嘲諷揉合起來，以

致使某些人啼笑皆非。他的玩笑往往是這樣的，即把一些錯綜複雜的關係提得像是個機靈的孩子提的那樣。這樣一種態度時常彷彿是在作深刻的批評，有時甚至給人留下玩世不恭的感覺。因此，愛因斯坦給他周圍的人們造成的印象是介於兩個極端之間：既有孩子氣的快樂，又有點玩世不恭。而在這兩極之間，人們會認為他是一位引人快樂和生氣勃勃的人。同他在一起，會感到開闊了眼界，增長了知識。其次，人們還有種種不同的、因人而異的印象：他對所有不相識的人的命運深富同情，但與他進一步交往，就立即感到他很淡然❹。凱澤爾的描繪和分析則更有深度：

> 征服與服務，發現和謙遜，決定著這個有創造力的人的命運。這些力量從未在愛因斯坦身上發生過衝突，而是和諧地起著作用。這一點使他的統一品格達到最大的幸福和魅力。由於他的工作的無可比擬的意義和他的人格的傳奇性而使他在我們時代成為一個聲名顯著的人物。他的聲望並沒有使他的本質的人性發生一點變化。他一直逃避這種聲譽所能帶來的一切榮華和危險。這種聲譽，從前使他感到厭惡，現在依然如此。他的道路是遵循條理井然的思維規律和他自己天性的規律。他的謙遜的感恩的心情懂得那允許他始終能忠實於自己並作出這樣大量工作的罕見的幸運。這是一種人們必須以謙卑和感激來對待的幸福。這也是這位偉大人物令人驚奇的事，他為多少世紀出現一次的偉大研究工作的寂寞孤立起來，同時又受到同時代人的讚美與推崇。這難道不是少見的、不可

❹　J. 伯恩斯坦：《阿爾伯特·愛因斯坦》，高耘田等譯，科學出版社（北京），1980年第一版，頁68–69。

理解的奇蹟嗎？(*JNE*, pp. 187–188)

二、獨立的人格

愛因斯坦的人格的鮮明特徵，就是以心靈自由為底蘊的絕對獨立性。可以說，這種獨立性肇始於他告別宗教、皈依科學的少年時代，伴隨他度過了一生。他戲稱自己是一個「流浪漢和離經叛道的怪人」(*E1*, p. 45)，一個「執拗頑固而且不合規範的人」❺，其實這正是他獨立人格真實而生動的寫照。試想，一個生在德國、長在德國、又任顯赫學術職位於德國的人，竟然如此尖銳地批評和斥責德國，沒有堅如磐石的獨立人格能行嗎？

愛因斯坦深知具有獨立性的人格的價值和社會意義，他把這種人格視為人生的真正可貴的東西。但是，他卻痛苦地看到，科學的異化及其引起的權力集中正使科學家遭受悲慘的命運。在他真心誠意地企圖達到思想明晰和内心獨立時，通過他的純然是超乎常人的努力，結果卻製造出了那些不僅會奴役他，而且還會從内心上毀滅他的工具。那些掌握著經濟和政治權力的少數人使科學家在經濟上依附於人，同時也從精神上威脅著他的獨立，阻礙他的獨立人格的發展，迫使他噤若寒蟬。可悲的是，科學家居然倒退到如此程度，以致把強加給他的奴役當作不可避免的命運接受下來；他甚至自甘墮落到這種地步，竟然馴服地獻出自己的才能為虎作倀 (*E3*, pp. 291–292)。

面對這種現實狀況，愛因斯坦的立場和態度十分堅定：寧為雞

---

❺ A. Einstein, *Ideas and Opinions*, Crown Publishing, Inc., New York, 1982, p. 33.

口，無為牛後；寧為玉碎，不為瓦全。為了獲得人格獨立和思想自由，他多次表示寧肯做人格獨立的管子工、鞋匠、小販、也不做失去自由的科學家。他的這番幽默式的冷嘲熱諷決不是故作姿態，而是發自心靈深處的需要。與此同時，他對那些固守獨立人格的傑出人物總是表示由衷的欽佩。他向蕭伯納致敬，因為蕭伯納能「以充分的獨立性觀看他們同代人的弱點和愚蠢」，具有「把事情擺正的熱忱」❻。他在〈給一位批評家的賀詞〉中這樣寫道：

> 用自己的眼睛去觀察，在不屈從時代風尚的推動力量的情況下去感覺和判斷，能夠用生動的句子甚或精心的修飾的詞彙表達觀察到和感覺到的東西──這難道不令人愉快嗎？這難道不是祝賀的恰當主題嗎？❼

　　愛因斯坦的獨立人格，充分體現在他始終如一地追求他心目中的真善美理想和目標。他說：「一旦我設立一個目標，它們就很難離開我。」❽無論在科學工作中還是在社會、政治、道德領域，他從不急功近利、趨時趕潮，更不會同流合污、沆瀣一氣。他根據情勢變化修正的只是策略和方法，而決不是大方向。他像一頭執拗的騾子，馱著沉重的負荷，艱難地爬坡，一步也不後退，不達目的誓不罷休。這一特徵甚至也滲透在他的日常生活中，成為他的個性的一

---

❻　A. Einstein, *The World As I See It*, Philosophical Library, New York, 1949, p. 37.

❼　同❻, p. 36.

❽　E. G. Straus, Memoir, *Einstein: A Centanary Volume*, Edited by A. P. French, Harvard University Press, 1979, pp. 31–32.

個方面。他在1920年代對一位朋友說：「我既不喜歡新衣服，也不喜歡新食品，我最好不去新學什麼語言。」(*SD*, p. 17)據助手斯特勞斯回憶，他和愛因斯坦剛剛完成了一篇論文，正找一個別針把它固定起來。可找到的別針彎得不能用了，他們想用工具修它。此時愛因斯坦偶然間找到一盒新別針，他馬上把其中一個弄成工具來修那個彎別針。確實，愛因斯坦一旦決心朝一個目標努力，要讓他改變方向是不可能的。

反對權威和個人崇拜，也是愛因斯坦獨立人格的集中體現。愛因斯坦之所以反對權威，是因為他深知，在真理領域權威也不能充當裁判官，更何況進入人們頭腦中的權威還是真理的「最大敵人」❾。他認為，盲目崇拜權威是智商低下的表現。他在談到亞里士多德的著作時說：

> 要是這些東西不是寫得如此隱晦和含糊，這種哲學就不會存在很久了。可是，多數人恰恰是對他們不能理解的東西充滿敬意，而對他們能夠理解的哲學家卻認為膚淺不足道。這是智能有限的生動例證。❿

愛因斯坦一向厭惡個人崇拜。尤其是對他本人的崇拜，他更覺得十分離奇且無法容忍。他說：

> 個人崇拜總是沒有道理的。固然，大自然在它的兒女中間並

---

❾　許良英：〈一項宏偉的工程〉，《自然辯證法通訊》（北京），第10卷（1988），第1期，頁58–63。

❿　同❶，頁206。

不是平均地分配它的賜物；但是，多謝上帝，得到優厚天賦的人是很多的，而我深信，他們多數過的是淡泊的、不引人注目的生活。要在這些人中間挑出幾個，加以無止境的頌揚，認為他們的思想和品質具有超人的力量，我覺得這是不公正的，甚至是低級趣味的。這就是我所經歷過的命運，把公眾對我的能力和成就的估計同實際情況作個對照，簡直怪誕得可笑。(*E3*, p. 11)

讓每一個人都做為個人而受到尊重，而不讓任何人成為崇拜的偶像。我自己受到人們過分的讚揚和尊敬，這不是由於我自己的過錯，也不是由於我自己的功勞，而實在是一種命運的嘲弄。其原因大概在於人們有一種願望，想理解我以自己的微薄綿力通過不斷的鬥爭所獲得的少數幾個觀念，而這種願望有很多人卻未能實現。(*E3*, pp. 43–44)

對於那些根本不了解他的盲目崇拜者，愛因斯坦實在感到無可奈何。他有次發牢騷說：「為什麼這麼多人追我，雖然他們對我的理論一竅不通，而且不感興趣？難道我有點像魔術師和催眠士，所以才招他們來看我，就像看馬戲團的小丑一樣？」❶❶據弗蘭克回憶，在1920年代，外國人到柏林觀光時都想一睹愛因斯坦的丰采。在講演廳，經常可以看到一些身著貴重裘皮大衣的貴婦人，占據了大廳的大部分地方，手拿觀劇鏡仔細端詳他。愛因斯坦此時通常宣告：「現在休息一會兒，好讓所有對下面的內容不感興趣的人能夠自由離開課堂。」結果留下的只有八、九個大學生。他對此感到十分舒心，因為

---

❶❶　同❶，頁181。

他不必面對那一張張納悶的陌生面孔了，可以自由發揮他的思想了 **⑫**。愛因斯坦活著時就下決心，不讓他的普林斯頓的房子成為朝聖者目睹聖徒之骨的朝聖地（現在朝聖者只能拍照房子而進不去），骨灰秘密撒放以免崇拜者前來憑弔。

　　孤獨和超凡脫俗，是愛因斯坦獨立人格的顯著特徵。佩斯說得對：「如果我必須用一個單詞來刻畫愛因斯坦的特徵，我會選擇『離群性』。」 **⑬** 愛因斯坦嚮往孤獨，甘心離群索居 **⑭**：他歆羨獨自看守燈塔的工作，懷念專利局世俗修道院的美好歲月，著迷乘船遠洋旅行時的寧靜遐想。他滿意地談到：「我雖然大名鼎鼎，但是離群索居，幾乎沒有人事關係」(*E3*, p. 466)。「我總是生活在寂寞之中，這種寂寞在青年時使我痛苦，但在成年時卻覺得其樂無窮。」(*E3*, p. 138)孤獨既是他的天性，也是外部環境的驅迫。他說：「我是那種不能被套在一起拉車的馬。」 **⑮** 「我性喜孤獨，這是一種隨著年歲的

---

⑫ F. 赫爾內克：《原子時代的先驅者》，徐新民等譯，科學技術文獻出版社（北京），1981年第一版，頁147–148。

⑬ G. Holton, "What, Precisely is 'thinking'? "Einstein's Answer, 同**❽**, pp. 153–165.

⑭ 尼采這樣寫道：「亞里士多德說：離群索居地生活的人要麼是動物，要麼是神。然而卻有第三種情形：有人既是動物又是神 —— 這就是哲學家。」參見F. 尼采：《上帝死了 —— 尼采文選》，戚仁譯，上海三聯書店（上海），1989年第一版，頁50–51。

⑮ A. Vallentin, *Einstein*, *A Biography*, Weidenfeld and Nicolson, London, 1954, p.84.這並不意味著愛因斯坦難以與人共事或合作。事實上，與愛因斯坦進行合作研究的同輩人和青年人竟達三十餘人，他的部分論文也是與他人聯名發表的。在普林斯頓，他身邊總是有一兩個或兩三個助手，他們合作得很愉快，工作很緊張。參見(*SD*, pp. 587–608)。

增大而越來越明顯的性格。如此知名而又如此寂寞，這令人奇怪。事實是，我享受到的名望逼使我退避三舍，造成了我的孤獨。」(*HPX*, p. 268)

　　孤獨也是愛因斯坦科學研究、政治取向乃至道德和感情的需要。孤獨使他超然物外，超脫世俗，也超越了個人，使他能夠獲得一個寧靜而客觀的立足點和觀察視角，從而獲得高度的精神自由和人格獨立——這是沒有一絲一毫利己主義的離群索居。愛因斯坦稱孤獨「這種解脫方式實在是真正的文化賦予人們的無價的珍寶」❶⁶，可謂一言中的。他說他從青年時代起就想望和期盼安靜地坐在某個角落作自己的事，沒有公眾注意他。他正是在潛心研究的孤獨中獨闢蹊徑，獨出心裁，洞悉出自然的奧秘。孤獨是愛因斯坦科學創造的一個最顯著的特徵。誠如英費爾德所說：

> 　　對他來說，孤獨是求之不得的，因為它可以防止走老路。孤獨，獨立地思考自己向自己提出的問題，在自己選定的荒僻小路上探索，使他得以避開干擾——這是他的創作的最有代表性的特點。也許只有當我們仔細分析愛因斯坦的問題和方法時才會懂得，這不單是標新立異和科學幻想，這是某種更偉大的東西。(*EZ*, pp. 342–343)

孤獨也使愛因斯坦能夠在危機四伏、危險叢生的政治領域獨立不羈、獨具慧眼，始終忠於純樸的方向和判斷的徑直性。愛因斯坦之所以能夠在兩次世界大戰前後那樣險惡的環境中獨行其事、獨樹一幟，

---

❶⁶　H. M. 薩斯：〈愛因斯坦論「真正的文化」以及幾何學在科學體系中的地位〉，《自然科學哲學問題》（北京），1980年第3期，頁47–49。

而沒有絲毫的怯懦畏縮和奴顏媚骨，不能不說與他的孤獨的人格和秉性有關。值得注意的是，愛因斯坦也從他珍愛的孤獨中找到他的精神家園和心靈歸宿——這是一種更深邃的感情和思想境界。孤獨使他獨善其身，獨行其道，在人欲橫流的社會和麻木不仁的人海中獨立不群，獨步當時。他在1933年給一位因處境困難而悲觀絕望的職業音樂家的信中寫道：「千萬記住，所有那些品質高尚的人都是孤獨的——而且必然如此——正因為如此，他們才能享受自身環境中那種一塵不染的純潔。」 (*RS*, p. 100)他在1939年給比利時伊麗莎白王后的信中這樣說：

> 也許在某一天，孤獨將最終做為人格的老師恰當地被認識、被欣賞。東方人早就了解這一點。經歷過孤獨的人將不容易變成民眾挑動的受騙者。(*HPS*, p. 376)

孤獨使愛因斯坦始終心境坦然，處事泰然，看問題達觀豁然。由於他堅定地揚清抑濁、嫉惡如仇，在原則問題上毫不妥協、從不退讓，因而招來邪惡勢力的惱恨和仇視。對此，他澹然置之：

> 苦和甜來自外界，堅強來自內心，來自一個人的自我努力。我所做的絕大部分事情都是我自己的本性驅使我去做的。它居然會得到那麼多的尊重和愛好，那是我深為不安的。仇恨之箭也曾向我射來；但它們未射中我，因為不知何故它們總是屬於另一個世界，而我同那個世界一點關係也沒有。(*E3*, p. 138)

在勸說一位因受到錯誤評論而耿耿於懷的人的信中，愛因斯坦寫道：「你對倫敦《泰晤士報》文學增刊所載的一篇書評如此義憤填膺，不禁使我啞然失笑。有人為了一點錢，才一知半解地去寫一篇似通非通的、誰也不會去仔細閱讀的文章，對此你怎麼能認真對待呢？」他接著說：

> 外面發表的針對我的無恥謊言和胡謅的東西多得可以用大桶來裝，如果我對它們稍加注意的話，那我早就成為泉下之鬼了。人們應該這樣安慰自己：時光老人手裡有個篩子，那些重要貨色中的絕大部分都會漏過網眼，掉入遺忘的深淵，而所剩下的也往往還是些糟粕。(*RS*, p. 26)

在勸慰一對老年喪子（或喪孫）的夫婦時，愛因斯坦除表達了自己的深切同情和悲傷外，還開導說：我們人類總以為自己的生活很安全，在這個似乎是既熟悉又可靠的物質環境和社會環境中很自在。可是一旦日常生活的正常進程被中斷，我們就會認識到，自己就好像是在海上遇難的人一樣，只知抱一塊無濟於事的木板，卻忘卻了自己來自何方，也不知道自己將漂向何處。但是只要我們能全盤地接受這一點，那麼生活就會變得輕鬆，我們也不再會對漂浮的人生感到失望了。他在另一處還這樣寫道：我們都是出生在野牛群的人，只要沒有過早地被踩扁踏平，那就應該感到慶幸(*RS*, p. 63)。

　　愛因斯坦的孤獨，主要還是精神的孤獨，他的理論和主張難以為時人理解和實行，也許更加劇了這種孤獨。即使他在人群中正做某種具體的事情，他的心靈彷彿離開了肉體，雲遊於思想的王國。人們往往以為他心不在焉，其實他思有所繫，情有所鍾。他經常抽

沒有煙的煙斗，用完餐不知道吃的是什麼，吃一整盒魚子醬也未品出味道。他的夫人愛爾莎時常在門廳叫住他，讓他穿上大衣再外出，可是半小時後卻發現他還站在那裡沉思。有一次，他出席一個盛大的歡迎宴會，他卻一直低頭忙著在節目單背面寫數學方程式，忘記了周圍發生的一切。當祝詞結束時，全體與會者起立鼓掌向他致意，而他竟全然不知。秘書杜卡絲提醒他趕快站起來答謝，他照辦了，但由於不曉得歡迎是對著他的，他也隨大家一起鼓個不停。

　　愛因斯坦以孩子般的單純，經常思考一些別人不留意的物理現象❼，思考在別人看來司空見慣的、不成問題的問題——他從中看出問題，並以全新的角度審查它們。他曾自問自答地說道：「我有時自問，怎麼偏偏是我創立了相對論呢？我認為其原因如下：一個正常的成年人不見得會思考空間和時間問題。他會認為這樣的問題早在童年時代就搞清楚了。我則正相反，智力發展得很慢，成年以後才開始思考空間和時間問題。很顯然，我對這些問題比兒童時期發育正常的人想得要深。」❽確實，愛因斯坦在寂靜的思維世界裡如魚得水，但他並不是與實際生活完全隔絕的書齋型學者。他能針對具體問題提出聰明的方案並在必要時切實行動，一旦事情安排就緒，他的眼睛就會發出神奇的光亮，凝視著未知的遠方。愛因斯坦就是這樣在孤獨中激發靈感、汲取力量、砥礪意志、反省自我，從而使他的獨立人格愈益豐贍。

---

❼　他注意到，在攪動茶水時，茶葉集中在杯底的中心，而不是邊緣。他找到了說明，並意外地把它與河的曲流聯繫起來。在沙灘上散步時，他驚奇地發現：人在濕沙上可以堅實地立足，而在乾沙和浸沒在水中的沙子上卻難以立足。他思索出其中的原因。

❽　同❶，頁70。

三、仁愛的人性

猶太教的上帝之愛和仿效上帝的聖潔誡命，歐洲文藝復興和啟蒙運動的人道和博愛精神，以及東方佛教的「行善者成善」、「四無量心」⑲和儒家「仁者愛人」的箴言，好像在愛因斯坦身上集為一體，融會成他的仁愛的人性。愛因斯坦的仁愛的人性，也許是我們這個世界最驚人、也是最感人的奇蹟。

愛因斯坦認為「世間最美好的東西，莫過於有幾個頭腦和心地都很正直的嚴正的朋友」(*E1*, p. 485)。他在「非人性化」的「災難性弊病」流行之時，在「人比他所居住的地球冷卻得更快」的處境中，始終以愛心和同情心來溫暖世人，這從許多軼事和日常小事都能看到。他把電梯讓給搬行李的女佣人，自己和客人則登樓梯上樓。在一家旅館，他憐憫看門老頭，沒有讓老頭提箱子，自己費力提上樓去，結果因心力衰竭而病倒了。他經常謝絕記者的拍照和採訪，但當他聽說一位女記者專程趕到比利時來訪問他，想寫篇獨家訪問記保全飯碗來養活三個孩子時，他出於深切的同情心破例允諾了。他不計較個人恩怨，專程到監獄解救一位要槍殺他的、患有偏執狂的瘋女人。愛因斯坦尤其喜歡小孩子。有一位有疑問的小女孩的母親代女兒親口要求愛因斯坦給女兒寫封信，小女孩不多日果真收到如下內容的信：「地球已經存在了十億年有餘。至於它何時終了的問題，我的意見是：等等看吧！又及：附上幾張郵票供你集郵。」

---

⑲　四無量心指慈無量心（思如何予眾生以快樂），悲無量心（思如何拯救眾生脫離苦難），喜無量心（見眾生離苦得樂而喜）和捨無量心（對眾生一視同仁）。

(*RS*, p. 36)據維格納(E. P. Wigner, 1902–1995)回憶，一次他開車帶妻子和正患水痘的兩個小孩去拜訪愛因斯坦。按當地規矩，患傳染病的小孩是不許離開車子的。愛因斯坦說：「我自己也出過水痘，看來他們不會傷害我。」他邊說邊走下樓來，與兩個孩子親切和藹地交談❷。1955 年 3 月，在愛因斯坦七十六歲生日將至時，正上小學五年級的一班兒童給愛因斯坦寫了封生日賀信，並隨信附寄了一枚領帶別針和一套袖扣作為生日禮物。愛因斯坦在回信中這樣寫道：

> 非常感謝你們贈送給我的生日禮物和賀信。你們贈送的禮物非常恰當地提醒我今後應該比過去穿得稍微講究一點，因為領帶和袖扣對我來說僅存在於遙遠的回憶之中。(*RS*, p. 94)

愛因斯坦的愛心和同情心也延伸到那些小生靈。據斯特勞斯講，愛因斯坦家的貓在下雨時顯得很可憐，愛因斯坦向貓道歉說：「親愛的，我知道什麼不好，但是我確實不知道如何使天不下雨。」當斯特勞斯家的貓生了小貓時，愛因斯坦渴望去看牠們。斯特勞斯繼續講他的故事：「愛因斯坦在步行回家的路上繞道與我們一塊向家裡走去。當他看到我們的鄰居都是研究所的人時，他感到驚愕並說：『讓我們走快點，這裡有這麼多的人，我都謝絕了他們的邀請。我希望他們沒有發現我來探望你的小貓。』」❷

愛因斯坦樂於助人。他的心腸太善良了，可以隨時中斷手頭的事情，為求助者寫介紹信，幾乎是有求必應。由於介紹信寫得太多，

---

❷ E. P. Wigner, Memoir, 同❽，p. 33.

❷ B. Hoffmann, *Albert Einstein, Creator and Rebel*, The Viking Press, New York, 1972, p. 252.

加之他雖有名氣而無廣泛的社會交往，其作用並不像人們想像的那麼大，許多介紹信都被人家當作珍貴的手跡珍藏起來了。布基 (G. Bucky)醫生說，愛因斯坦不同意畫家給他畫像，但有一個理由準能對他起作用。畫家只要說一點就足夠了：愛因斯坦的畫像或許會——即便是暫時地——幫助他擺脫貧困，於是愛因斯坦就會毫無怨尤地陪上許多小時，讓這個可憐人為自己畫像。據英費爾德回憶，他在普林斯頓申請獎學金遭到否決後，勉強克制住難為情，結結巴巴地、前言不搭後語地向愛因斯坦說明了想與之合寫《物理學的進化》的打算，以解決生活費用問題。愛因斯坦靜心聽完後，覺得這個主意不錯，遂與他詳細討論了該書的主旨、架構和內容，希望能把它寫成一本科學愛好者都感興趣的思想戲劇。在準備和撰寫期間，愛因斯坦異常熱心，全神貫注，然而一旦寫完手稿，他就對它毫無興趣了，連清樣和樣書都不看一眼 (EZ, pp. 250–254)。愛因斯坦心地善良和樂於助人，有時甚至達到令人難以置信的程度。有一次，他接到一個小姑娘的來信，請求他幫她解決一道幾何學難題，他工整地寫好解題步驟和答案給她寄去，滿足了她的要求。他還使孩子相信，不必為眼前的困難煩惱，因為他自己的困難還要大得多。英費爾德在談及這一點時寫道：

> 雖然只有物理學和自然規律才引起愛因斯坦的真正激情，但是他發現誰需要幫助並認為這種幫助能起作用的話，他從不拒絕提供幫助。他寫過成千上萬封推荐信，對千百個人出過主意，一連幾個鐘頭同瘋子談話，因為瘋子的家人寫信告訴愛因斯坦，只有他一個人能夠幫助病人。他善良、慈祥、健談、面帶笑容，但異常不耐煩地（雖然是暗中）期待著他將

能重新投入工作的時刻。(*EZ*, p. 231)

人們了解並感受到愛因斯坦的仁愛人性和博愛情懷，所以從世界各地寫信給他，向他傾訴心中最深處的焦慮和心事，告訴他許多與他不相關的、使他發笑的事情，因為人們堅信「這個人能幫助我們，這個人將幫助我們」❷。

　　愛因斯坦一向平等待人，一視同仁，無論他們是總統、皇后、大學校長、知名學者、電影名星，還是青年學生和普通人。即使對被視為社會最低層的看門人、佣人乃至偏執症患者，他也能尊重對方，以禮相待。有位農民發明了一種能夠把飲料一份一份倒出來的閉鎖裝置，送到專利局申請專利，鑒定專家審查後擬拒絕受理。愛因斯坦看了圖紙後，建議把那位農民叫來當場表演一下，這樣既不傷同事的自尊心，又不埋沒發明人的成果。結果，這個利用毛細作用的裝置獲得了專利權，農民的權益得到應有的保護 (*JNE*, p. 138)。愛因斯坦對青年人十分和藹可親、平易近人。當霍夫曼首次拜訪愛因斯坦時，愛因斯坦請他在黑板上寫方程，然後溫煦地對他說:「請寫得慢一點。我無法迅速地理解事情。」 一句話說得他進門後的緊張和局促頓時煙消雲散，他的心一下子就貼近了愛因斯坦❸。當二十二歲的研究生凱梅尼 (J. G. Kemeny) 給七十歲的愛因斯坦做助手時，愛因斯坦給他提供一個職位後並留時間讓他完成博士論文的寫

---

❷　A. Reiser, *Albert Einstein, A Biographical Portrait*, Albert & Charles Boni, New York, 1931, pp. 161–162.

❸　B. Hoffmann, Reminiscences, *Albert Einstein, Historical and Cultural Perspectives*, Edited by G. Holton and Y. Elkana, Princeton University Press, 1982, pp. 401– 404.

作。儘管他的論文內容（數理邏輯）距愛因斯坦的興趣甚遠，愛因斯坦還是十分耐心地聽了半個小時的論文介紹，並詢問了許多問題。在聽完他的回答後，愛因斯坦說：「現在讓我告訴你，我正在做什麼。」他猜想，愛因斯坦的心思肯定是這樣的：「如果要使他對我的工作發生興趣，那麼我就必須對他的工作有興趣。」❷⁴

　　即便在對求助者提供幫助時，愛因斯坦也特別注意尊重對方，設身處地地為他人著想。他說過一句意味深長的話：「要想成為羊群中的一個純潔無瑕的分子，必須首先是一隻羊。」 (*E3*, p. 314)他把求助者看作是平等的、是朋友，他的謙和與謙恭的態度使他們一點也沒有屈尊或恩賜的感覺，連回敬一句感恩戴德的話也顯得不合時宜或根本無隙可乘。愛因斯坦經常收到世界各地的學生的來信，要求解答一些困惑的物理學和數學問題。百事纏身的他不知怎麼忙裡偷閒，竟耐心地回答了有關來信。從下面他給布基醫生的信件中，人們不難看出他對求教者是多麼尊重，對疑問者的好奇心和解決問題的靈巧是多麼愛護：

　　　　我剛剛從一個年輕學生的信中收到寄給我的一個十分有趣的數學問題。他推導出一個數學命題，該命題無疑是正確的、有獨創性的。他努力從數學上證明他的推斷的正確性。不幸的是，在他的計算中有兩個錯誤的排列。他熱情地構想出該命題，但在他的證明中卻出了錯。我糾正了計算，可是為了不就正確計算的優先權與這位年輕人競爭，也不造成依賴他的感覺，我寫信給他說，該命題是正確的，但是我對他的錯誤計算的糾正在任何時候都是像他希望得到它的那樣的處理

---

❷⁴　J. G. Kemeny, An Einstein Anecdote, 同❽, p. 34.

方式進行的。用這樣的方式，他保留著該想法的不受限制的優先權，並且能夠為他自己找到正確的解決辦法，而又不會變得依賴我。㉕

　　愛因斯坦的仁愛人性也從他為人處事的寬容態度上可略見一斑。他認為，具有非正統和激進思想的人在他們所處的時代究竟被視為天才還是怪人，「那是沒有客觀檢驗標準的」，比如向公認思想挑戰的開普勒就是如此(*E1*, p. 621)。「人有保守秘密的權利，即使在他死後也是如此」，牛頓意識到他的神學結論不完美而把它們鎖在箱子內，皇家學會頂住要求刊印這些著作的壓力是正確的(*E1*, p. 626)。對於那些可能是「狂妄的」但不是「壞的」書，愛因斯坦的態度是：「讓它去吧，它會曇花一現，公眾的興趣會消逝，它也會就此了結。」(*E1*, p. 622)據香克蘭(R. S. Shankland)1950年報導，即使對於勒納德和斯塔克這樣的惡毒攻擊相對論和愛因斯坦本人的納粹科學家，愛因斯坦講到他們時，語氣是完全公正的，沒有一點惡意和挖苦的味道(*E1*, p. 492)。

　　在看待和處理優先權問題上，也能衡量愛因斯坦人性的寬容和正直。據I. B. 科恩1955年報導，愛因斯坦對伽利略不承認開普勒的工作「感到傷心」，對牛頓在與胡克(R. Hooke, 1635–1703)、萊布尼茲為優先權的激烈爭論中的所作所為（不給胡克任何榮譽，在幕後操縱國際調查委員會）「感到震驚」，並認為這一切都是「虛榮」。對於科恩關於「富蘭克林從來沒有為了保護他的實驗或思想寫過一點爭辯的東西，那是足以為榮的」說法，愛因斯坦只是部分同意。

㉕　P. A. Bucky, *The Private Albert Einstein*, A Universal Press Syndicate Company, Kansas City, 1993, pp. 92–93.

他說：

> 要避免個人的勾心鬥角那是對的，但是一個人為自己的思想
> 辯護，那也是重要的。人們不應當由於不負責而簡單地放棄
> 自己的思想，好像他並不是真正地相信它們似的。(*E1*, pp.
> 620–621)

在牽涉到與自己有關的優先權問題時，愛因斯坦也能正確地加以對
待。1908年2月17日，愛因斯坦從伯爾尼專利局有點憤憤不平地給
後來獲得諾貝爾獎的斯塔克寫了一張明信片：「得悉閣下不承認是
我首先發現了慣性質量與能量之間的聯繫，真令我感到吃驚。」2月
19日，施塔克寫來一封熱情洋溢、充滿友善和欽佩之情的長信，愛
因斯坦讀後真有點過意不去。他在2月22日的回信中坦率地承認錯
誤：「在收到你的來信之前，我對自己就誰先發現這個問題草率衝動
地大動肝火一事，已經感到不勝慚愧，你詳盡的來信使我進一步認
識到自己的過分敏感是毫無道理的。有幸對科學發展作出貢獻的人
們，不應該讓這種事情破壞自己對大家齊心協力取得的成果所感到
的歡樂。……」(*RS*, p. 25)1953年，惠特克(E. Whittaker)寫了本《以
太和電理論的歷史》第二卷❷，第二章的標題是〈彭加勒和洛倫茲

---

❷　E. Whittaker, *A History of the Theories of Aether and Electricity II, The
Modern Theories*, Thomas Nelson, London, 1953. 惠特克的觀點是偏
頗的，愛因斯坦的狹義相對論基本上是獨立於邁克耳孫－莫雷實驗、
獨立於彭加勒和洛倫茲的工作的。參見李醒民：《論狹義相對論的創
立》，四川教育出版社（成都），1994年第一版，頁56–63。但是，愛
因斯坦對彭加勒作為相對論先驅的角色以及他從中汲取的營養，似乎
沒有予以足夠的肯定。參見李醒民：《彭加勒》，東大圖書公司印行(臺

的相對論〉，其中這樣寫道：「1905年秋，愛因斯坦……把彭加勒和洛倫茲的相對論加以擴充而重新提了出來，引起了很大注意。」 當時，與惠特克一起在愛丁堡大學工作的玻恩看到手稿後，心中很是不安和吃驚，他在勸阻惠特克無果後寫信讓愛因斯坦進行抗議。愛因斯坦在回信中說：

> 不要為你朋友的書而失眠。每個人都做他認為是對的事，或者用決定論的語言來說，都做他所必須做的事。我自己對我的努力固然感到滿足，但是要像一個老守財奴保護他辛苦攢來的幾個銅板那樣，把我的工作當作我自己的「財產」來保護，那我並不認為是明智的。我對他毫無怨尤之意，對你當然也不會有什麼意見。歸根結底，我用不著去讀這種東西。
> (*E1*, p. 599)

四、高潔的人品

「高人千丈崖，千古儲冰雪。」❷愛因斯坦的高潔的人品像千丈山崖，峻拔偉岸；像千古冰雪，晶瑩明澈。凡是與愛因斯坦接觸過的人，無一不受到他的人品的魅力的巨大感染，油然產生「見賢思齊」❷的強烈欲望。恰如玻恩在紀念愛因斯坦的文章裡所說：

北），1994年第一版，頁18–21，243–278。

❷ 宋・辛棄疾：〈生查子・簡子似〉。

❷ 《論語・里仁》。

> 我們自己是不完善的，我們在不完善之中奔忙。一旦我們得
> 以親身體驗某種形式的完善，我們整個身心就會深深銘刻，
> 終身不忘。我們就再也不會忘記，完美是有的，並非高不可
> 攀。每一個接近愛因斯坦的人都會有這種感受。人們在談論
> 他的時候，幾乎不能不使用這樣華美的詞藻，幸而他已經讀
> 不到悼念他的文章了。(*JNE*, p. 205)

愛因斯坦高潔的人品體現在他的方方面面、一言一行，我們僅就他
淡泊名利、簡樸平實、謙虛謹慎、持之以恆、通脫幽默這幾個方面
略而述之。

　　愛因斯坦淡泊名利，視名利如浮雲和敝屣。在人人熱中於追逐
的名利場上，愛因斯坦總是獵獲物而不是狩獵者。在1921年獲諾貝
爾獎後，他的親屬滔滔不絕地誇耀、恭維，他卻冷冷地說：「說這
麼多話幹什麼？我不過是在自己的工作中沒有退縮而已。沒有別
的。」❷⁹他在填寫履歷表和任職書時，經常忽略填寫獲諾貝爾獎，這
不能僅僅解釋為記憶力不佳。愛因斯坦經常收到許多榮譽證書，他
並沒有把它們鑲入鏡框掛在牆上，而是把它們藏在一個他戲稱為「誇
耀角落」裡(*RS*, pp. 19, 15)。他極力設法迴避榮譽，有時記者採訪，
或崇拜者朝拜，他寧肯去公園一躲幾個小時。有一次，愛因斯坦到
一個熟人家去拉小提琴，女主人藉機想向客人顯示一下他，他戴起
帽子就要馬上離開。直到主人答應關上大門，屋裡除伴奏者外再沒
有其他閒人時，他才留了下來(*JNE*, p. 286)。愛因斯坦拒絕寫自傳，
從不亂掛名，亂署名，也不輕易簽名。他常為索要簽名而煩惱，曾
對一位朋友說：「獵取簽名是同類相食的最後遺風：過去通常是人

---

❷⁹　同❶，頁168。

吃人，但是現在他們找到了他們的象徵性的片屑取而代之。」❸ 一位女士買了一張愛因斯坦的畫像，送到家裡請他題詞，他在畫像底下寫了一首短詩：

> 無論我走到那裡，站到那裡，
> 我總是看見眼前有一張我的畫像。
> 在寫字臺上，在墙壁上，
> 在脖子周圍，在黑色絲帶上。

> 男男女女懷著欽佩的神情，
> 來索取一個簽名留念。
> 每人從那個被人敬重的孩子那裡，
> 得到幾個潦潦草草的字兒。

> 有時我感到無比的幸福，
> 在那清醒的瞬間，我想：
> 是你自己已經發瘋，
> 還是別的蠢牛？ ❸

---

❸ 同❸，p. 252.

❸ 此詩引自(*JNE*, pp. 205–206)。在(*RS*, p. 64)中有一個內容和譯文稍有出入的版本，其中後兩小節是：「人們的遊戲多麼新奇，殷殷想求：『請你簽名』，不容學者有半點兒推辭，非要他寫下幾筆才行。聽著耳畔這陣陣歡呼，有時我被弄得稀裡糊塗；偶爾清醒時我竟會懷疑，真正發瘋的莫不是我自己。」

由此也可以看出，愛因斯坦總是在自省、自律。有時他顯得無可奈何，只好自嘲、自責他本人似乎變成了瘋子、騙子、魔術師、催眠士、馬戲團小丑。他不想「像一條得了獎的牛那樣任人觀看，在數不清的大會和小會上發表演說」(E3, p. 444)，他不想做頭上有光環的象徵性的領頭羊，而只想做純潔無瑕的羊群中的一隻普通的羊。

　　有人可能認為，愛因斯坦淡泊名利，是因為找上門來的名利太多了。這話或許有一些道理。確實，在愛因斯坦熱達到高潮時，他寫信給朋友說：「隨著報刊的文章浪潮而來的，是諮詢、請柬和要求恐怖地淹沒了我，以致我夢見我好像在地獄裡受煎熬，而郵遞員這個魔鬼不斷地咆哮著，把一大堆新的信件向我頭上扔來，而舊信件我還沒有回答。……我現在無非是無生氣的反射運動的匯聚點。」❸❷「過分的頌揚，紛至沓來的信件，以及其他職務以外的義務，都在折磨我。」(E3, p. 443)然而，愛因斯坦棄絕名利出於真心和真誠，卻是不爭的事實。他絕不是裝腔作勢、故作姿態，更不是譁眾取寵、欲擒故縱。他在七十歲時寫下了久久埋藏在心靈深處的心聲：

　　　　做一個清醒明白的觀眾比做一個在燈光照耀下的演員要好。由於莫名其妙的理由，我被給予完全超過限度的過高評價。人類需要一些虛構的偶像，以做為世上現存的單調場所的光斑。我已經變成了這樣一個光斑。❸❸

愛因斯坦經常為他被世人當作聚焦的光斑而自省、自疚、自責，儘

❸❷　同❶❷，頁149。

❸❸　T. 費里斯：〈另一個愛因斯坦〉，《科學與哲學》(北京)，1984年第6輯，頁45–56。

管這不是他的過失和責任。他在回答一位學者詢問他對所獲得的名望有何看法時，十分嚴肅地說：「這好像是欺詐一樣。」❸這決不是什麼偉大謙虛，而是他的真實思想和情感的流露。要知道，真正的天才人物是極少虛榮的，而「半桶水」的人卻往往偏愛假裝「淌得很」。

愛因斯坦之所以輕忽名利，也是基於他的素樸的理性認識。他在悼念普朗克的文章中寫道：「一個以偉大創造性觀念造福於世界的人，不需要後人來贊揚。他的成就本身就已經給了他一個更高的報答。」(*E1*, p. 445)他也一針見血地指出：「企圖兼有智慧和權力，極少能獲得成功，即使成功，也不過是曇花一現。」❸「一個人抱怨別人奪取顯要地位，又學他們的樣子，他總是要出洋相的。」(*E3*, p. 121)愛因斯坦蔑視名利，也是因為他的銳利目光早就看穿了這個啼笑皆非的社會和追逐勢利的人群。他在一封致友人的信中這樣寫道：

> 你那位敬愛的叔本華曾經指出，在痛苦中忍受煎熬的人總是無法演出悲劇來，而是注定要陷入悲喜劇之中。誠哉斯言！我自己就常有這種感受。昨天被奉為偶像，今天遭人痛恨唾棄，明天被人遺忘，再過一天又被封為聖徒。只有靠幽默才能解脫。只要我們一息尚存，那就得千萬保持這種幽默。(*RS*, p. 71)

---

❸　A. Montagy：〈和愛因斯坦談話〉，《世界科學》(上海)，1986年第7期，頁48–50。

❸　引自(*E3*, p. 314)。這也許也是他謝絕出任以色列國總統的心理動機之一。

他還詛咒「這個社會是一所瘋人院，有了名望就有了一切。」(RS, p. 21) 不管外界的風浪和潮流如何變幻無常，愛因斯坦早有成竹在胸：「逃脫個人被稱讚腐壞的唯一道路是繼續工作。……工作，沒有別的辦法。」❸₆而「科學研究成功的必要條件是棄絕私利、忍耐、同志精神和樂於合作。」❸₇

我們已經涉及過愛因斯坦對金錢和物質享受的態度，他在行動中對人們瘋狂追求、倍加看重的錢財總是缺乏興趣。他到普林斯頓後不想拿高工資，並曾提議由他付給研究所不擬繼續聘任的一位同事的工資，理由是他的錢多於他的需要。洛克菲勒基金會在他七十壽辰時贈給他15000美元支票，他長期用作書籤而不去兌取。他平靜地說：「每一件財產都是一塊絆腳石」，「什麼東西我都可以放棄」(JNE, p. 207)。

愛因斯坦生活簡樸平實。這既是他強烈的心理嚮往，也是他實際的生活形式。他在年輕時就常說：「在我的餐廳裡只要有一張松木桌子、一條長板凳和幾張椅子就夠了。」(RS, p. 20)玻恩在柏林看到，愛因斯坦臥室的陳設極為簡單：床、床頭櫃、桌子、椅子、一把躺椅、一個書架和放在上面的用細繩捆好的抽印本。沒有桌布，沒有畫，沒有地毯。他外出講學時經常坐三等車，往往穿著舊衣服。他在回答玻恩提出的對於淡泊生活的看法時說：「付出較之接受更能直截了當地令我欣喜，我覺得自己並不重要，……」(JNE, p. 207)。為此，他對給予他的超過常人的待遇總是愧疚不安。1921年，

---

❸₆　G. Holton, *The Scientific Imagination: Case Studies*, Cambridge University Press, 1978, p. 278.

❸₇　同❶，頁56。

愛因斯坦和夫人在倫敦作短暫停留時，被安排在一幢闊氣的貴族宅邸中下榻。他被奢華的環境弄得很窘，當貼身僕人來侍候他的時候，他立即感到手足無措、驚慌失色。面對這個身著筆挺制服的石雕似的侍役，愛因斯坦轉身對愛爾莎說：「愛爾莎，你怎麼想？要是我們企圖逃跑，他們會允許我們出去嗎？」次日清晨，早起的愛因斯坦試圖拉開窗簾，但費了好大勁還是未能如願。愛爾莎讓丈夫喚僕役來幹，愛因斯坦說：「不用了，這太可怕了。」最後他們兩人合力才征服了窗簾。(*EZ*, pp. 205–206)1930年，他在赴美途中，就他所住的豪華睡艙在日記中寫道：「過分的、使勁的關心使我心神不安。由於受到如此之多的不必要的關照，我感到自己像是一個勞動的剝削者。」(*HPS*, p. 159)

生活儉樸甚或簡化日常生活，似乎已成為愛因斯坦的癖性和習慣。他穿著隨便，不拘小節，用他的話來說，「總是穿得邋裡邋遢，即使在參加聖餐儀式時也是如此」(*RS*, p. 27)。他穿衣是為了舒服或方便，而不是為了好看或炫耀，外表包裝對他來說除了麻煩累贅，此外別無其他意義。他甚至在生活中也追求簡單性。有人問他為什麼通常用普通的肥皂剃鬚而不用專門的乳劑時，他說：「兩種肥皂？那太複雜了。」❸他以此反對「把發明創造的能力用於製造一些使日常生活更為複雜的玩意兒」(*RS*, p. 23)。愛因斯坦生活節儉、穿著隨便，除了減少對外界的依賴和對同胞勞動果實的消耗外，也是他對上流社會的流俗和流弊的蔑視和無聲抗議。

愛因斯坦特別謙虛謹慎。蘭佐斯在給愛因斯坦的女兒發去的唁函中說：「很難想像一位如此謙遜的人竟離開了我們。他知道命運

---

❸　G. Holton, *Thematic Origins of Scientific Thought: Kepler to Einstein*, Harvard University Press, 1973, p. 366.

恩賜給他的獨特作用，他也知道自己的偉大。但是，正因為他的偉大是如此崇高，他才變得這樣謙遜，這不是什麼故作姿態，而是出自於他內心的需要。」(RS, pp. 99-100)據英費爾德回憶，愛因斯坦講自己的理論，從來不是為了譁眾取寵。他緩慢而有根據地發揮自己的思想，重複著最重要的論點。他從未設想，聽者的理解力極強或極差。他的講話如同自己說明自己的思想。「我做的這個，我多麼了不起！」──這樣的潛臺詞在愛因斯坦那裡根本不存在。他有時也誇獎自己的研究成果，但語氣卻像偶然拾到珍寶的孩童一樣❸❾。愛因斯坦不滿愛爾莎的自我欣賞和利用他的聲譽。據蘇聯物理學家約飛(A. Ф. Иоффе)說，愛因斯坦有一次和他一起在住宅附近的板凳上坐了整整一個小時，以避開妻子違背他的心願「請來」的一位拜訪者。只是在「危險」過去之後，他們才回家討論問題直到午夜❹❶。愛因斯坦向來不主張對他個人的成就作過高評價，他的深切的根據之一是：

> 我不主張讚揚任何事情。任何事情都是自始至終被那些我們完全無法控制的力量所決定的。人類、蔬菜或宇宙塵埃──我們都隨著一個遙遠的演奏者所演奏的一支神秘的曲子在跳舞。❹❶

愛因斯坦敢於當著學生的面說「這個我不知道」。　他在講課和

---

❸❾　同❶，頁203。

❹❶　同❸❷，頁190。

❹❶　A. 內斯：〈愛因斯坦、斯賓諾莎和上帝〉，陳恒六等譯，《自然科學哲學問題》(北京)，1986年第2期，頁30-33。

撰文中很少出錯，一旦有錯便立即承認和改正。1928年10月初，他給蘭佐斯提供了一個新類型的場方程，請蘭佐斯幫助求解。數天後，蘭佐斯得到了一個滿意的答案，請他過目。愛因斯坦看完後說：「對，很有趣，好極了。」沉默了一會兒，他急切地說：「但是，你沒有看見，我給你的是一個錯誤的方程。它完全錯了！」❷愛因斯坦生性嚴謹，不同意《自然科學》雜誌發表他在1927年3月一次講課的記錄稿。他在答覆雜誌編輯的請求時說：

> 我不同意發表講課內容，因為它的獨創性不夠。一個人應該嚴於解剖自己。如果他希望有人閱讀自己作品，他就應該把那些不重要的地方盡可能地全部刪除。(*RS*, p. 26)

在他的「微不足道的輕言細語都成了嘹亮的小號獨奏」的情勢下，他表示：「過去我從未想到我漫不經心說出的每一句話都會被人搶去記錄下來，不然我早就再往自己的殼裡鑽進一步了。」(*RS*, pp. 26–27)他指出一些科普書籍的作者和出版社，只知道用誑言譫語煽情和製造轟動效應。他尖銳地批評說：

> 大多數據說是為大眾創作的科普作品似乎只知一味聳人聽聞，而不是簡明扼要地向讀者介紹科學的基本目標和方式方法。一個有頭腦的人讀過一兩本這種書之後，就會從心底裡感到失望，他會得出這樣的結論：算我意志薄弱，就到此為止吧。另外，書中從頭到尾的描述絕大多數都採用那種危言

---

❷　I. Paul, *Science, Theology and Einstein*, Oxford University Press, New York, 1982, p. 109.

聳聽的筆調，這也只能使一個明智的讀者感到厭惡。(RS, p. 42)

愛因斯坦不可避免地經常收到大量自以為作出了具有重大意義的科學發現的來信和來稿，他有時對此實在感到難以忍受。他在1952年針對紐約一位藝術家的來信不乏幽默地批評說：「看來你肚子裡塞滿了這個國家知識分子中時髦一時的空洞言詞和觀點。如果我能成為一個獨裁者，那我一定要禁止使用這些莫名其妙的蠢話 (RS, p. 43)。

　　持之以恆也是愛因斯坦的優秀品格之一。為創建狹義相對論、廣義相對論和統一場論，他分別花費了十年、八年和四十年的時間和精力。試想一下，沒有堅如磐石的意志、堅定不移的毅力和堅持不懈的恆心，能行嗎？持之以恆的心理力量來自對所從事的事業的忘我獻身精神，也就是說必須全身心地投入，才能幹出真正第一流的業績。心猿意馬、朝秦暮楚不會成功，三天打魚、兩天曬網也不會奏效。愛因斯坦深諳此理，他在1938年給大音樂指揮家托斯卡尼尼(A. Toscanini, 1867–1957)寫了如下的獲獎賀詞：

　　　　只有把整個身心全部奉獻給自己事業的人才有希望成為名副其實的大師，因此大師的高超能力需要一個人的全部心血。托斯卡尼尼在他生活的各個方面都表明了這一點。(RS, p. 69)

也許正是出於這樣的理由，他對要求出成果的壓力，對知難而退的行為，對為晉升而激烈角逐都深表不滿或厭惡。他就爭奪普朗克在柏林大學的教授職位一事在寫給厄任費斯脫的信中說：「我沒有捲

進這場角逐真是謝天謝地，這樣我就不必同那些大腦袋瓜子們相互競爭了。我一向認為參加這樣的角逐是一種可怕的奴役，它同酷愛金錢和權勢一樣邪惡。」(RS, p. 58)

愛因斯坦一向堅持認為：「良好的性格和堅強的意志比聰明和博學更為重要。」❹「智慧並不產生於學歷，而是來自對知識的終生不懈的追求。」(RS, p. 44)他也深知：「如果一個人不滿足於只知道一些表面現象而要深入探索，這項工作就非常艱苦。」(RS, p. 45)但是，他知難而上，甘之如飴，以驚人的毅力構築一個個新的嘗試性的理論，又以驚人的氣度無私地推翻它們，以尋求更合適的場方程。這樣年復一年地向著一個目標奮鬥，當然不可能是充滿十足樂趣的智力工作，沒有持之以恆的精神是根本不行的。愛因斯坦總是以這樣的話自勉和互勉：「像上山的驢子一樣再堅持一下，你就達到目的地了。」(JNE, p. 125)他依據自己的親身體會深有感觸地寫道：

> 至於探索真理，我從自己不時撞入死胡同的痛苦的探索中認識到，在朝著了解真正有意義的事物方面每邁出一步，不管是多麼渺小的一步，都是難乎其難的。(RS, p. 23)

通脫幽默也許是愛因斯坦個性和人品中的一個最有趣、最有魅力的特徵。我們前面已多次涉及到，他以挖苦式的幽默憤世嫉俗和針砭時弊，就像莫札特的奏鳴曲一樣，以嬉笑的方式表現悲劇的世界，這是一種具有幽默感的真誠。針對烏耳姆市愛因斯坦街在納粹上臺和垮臺時的易名和復名，愛因斯坦覺得十分滑稽可笑。他說：「一個中性的名字，比如『風向標大街』可能更加符合德國人的政

---

❹　同❶，頁234。

治心理狀態，而且以後也就不必再改街名了。」 (*JNE*, p. 96)他也曾以自嘲式的幽默對待量子力學的爭論。他曾這樣說過：「當然，我可能是錯的；但是我也許贏得了犯錯誤的權利。」 這樣既（非一本正經地）堅持了自己的立場，又沖淡了外界無知的嘲笑。他常以幽默對某些不正當的行為表示不滿或批評。有一次，幾位女士請求欣賞他和朋友的音樂晚會，其中兩位姑娘整個晚會都在用毛線編織外套。她倆不時把鐵針和線團掉到地上，又令人不快地低語道歉。愛因斯坦受到干擾，精神極為煩亂，隨即停止演奏，把小提琴裝進盒子。兩位姑娘詫異地問道：「你已演奏完了？」愛因斯坦回答說：「是的，女士，我不認為我在你們編織時打擾你們是正當的。」 他也能以巧妙的通達式的幽默化解矛盾和衝突。愛因斯坦正派、隨和，專注工作，因而不會同人爭吵。在專利局時，有次有人無故尋釁，想挑起事端。他馬上拿起心愛的小提琴，拉起琴弦說：「我們還是演奏一下『韓德爾』❹吧！」(*JNE*, p. 137)因此，在某種程度上可以說，通脫幽默是愛因斯坦的一種處世智慧和生活藝術。

　　通脫幽默也充分反映出愛因斯坦親近和藹與平易隨和的性格，甚至有點「逗你玩兒」和惡作劇的味道。這樣一來，人們與他的距離一下子就拉近了──他不再被看作是板著面孔、高不可攀的偉人，而是人人都可接近和企及的普通人──一個和善慈祥的老頭或調皮淘氣的孩子。1920年，他給一個八歲的小女孩寄去一張詼諧逗趣的明信片，這樣描繪自己的模樣：

　　愛爾莎告訴我，你因為沒有見到愛因斯坦叔叔很不滿意。請

---

❹ 「韓德爾」(Handel)係雙關語：既是作曲家韓德爾的名字，又有爭吵、鬥毆之意。

允許我把自己的模樣告訴你：蒼白的臉，長長的頭髮，肚子
開始有點臟，另外走起路來顯得笨拙，嘴裡叼著一支雪茄——
如果湊巧有一支雪茄的話，口袋裡揣著筆，有時握在手裡。
但他既沒有贅肉，也不是羅圈腿，因此看上去還挺帥的呢——
再說他手上也不像醜八怪那樣長滿了毛。因而你沒有見到我
的確是一件憾事。(*RS*, p. 45)

1927年，德累斯頓有一位自稱為政治家和A. 阿德勒(Alfred Adler,
1870–1937)學派心理分析家的政府官員，聲稱他正在寫一部從心理
上分析重要的知名人物的著作，詢問愛因斯坦是否願意接受心理分
析。愛因斯坦在回絕時不無幽默、略帶揶揄地寫道：「非常遺憾，
我無法滿足你的要求，因為我只希望自己能留在沒有經過分析的黑
暗之中。」(*RS*, p. 37)

　　1946年，美國一艘貨船的總工程師給愛因斯坦寫來一封妙趣橫
生的信，告訴他該船在德國港口停留時，水手長和木匠發現一隻餓
得半死的小貓逃到船上。他們憐憫地把小貓收養起來，精心餵養和
照管。沒多久，小貓就長得胖乎乎的，歡蹦亂跳，對恩人感激不盡。
可是有一次，它抓破了逗牠玩的水手的皮膚，這位水手大叫大嚷說
小貓準是瘋了。水手長竭力為小貓的清白名聲辯護，他說如果這隻
小貓瘋了，那麼愛因斯坦也準是個瘋子，因為他也明智地離開德國
來到美國。於是，水手們正式給小貓取名為「阿爾伯特・愛因斯坦
教授」，他們是不知道「相對論」和「親戚」這兩個詞的區別的❹。
愛因斯坦迅即覆信如下：

----

❹　在英文中，「相對論」或「相對性」(relativity)乍看上去很像「親戚」
　　或「親屬」(kinship)的同義詞 relative。

非常感謝你那段友善而有趣的故事。我向那隻與我同名同姓的小貓致以最親切的問候，我還給牠捎來了我家那隻雄貓的問候，牠對這個故事也深感興趣，甚至還有些妒嫉。這是因為它自己的名字叫「老虎」，這名字和你們那隻小貓的名字不一樣，同愛因斯坦家族拉不上什麼親戚關係。

請接受我對你、對與我同名同姓的小貓的收養人以及對小貓的熱情問候，……(RS, pp. 85–86)

1952年，英國一所中學的「六年級協會」幾乎全體一致推選愛因斯坦擔任該協會的會長。他們寫信告訴愛因斯坦，這一職務並不要求他做什麼具體事，再說協會章程也沒有設立會長的條文，這次選舉可以認為是協會對愛因斯坦偉大工作的承認。愛因斯坦在回信中說：「做為一個曾經當過教員的人，我非常樂意地接受你們任命我擔任貴協會會長職務的決定，並為此感到自豪。儘管我已是個年老的吉普賽人，但老年本身就有一種愛體面的傾向，我也不例外。但是我不得不告訴諸位，對於你們事先未經我的同意就作出此項任命，本人略感困惑不解（但不是大惑不解）。」(RS, pp. 34–35)

請原諒我們冗長的敘述吧！愛因斯坦的這些軼事趣聞實在是太生動、太精彩了，他的通脫幽默的形象不是從中呼之欲出嗎？就連愛因斯坦的笑也是別有風味的，顯示出他的性格的另一面（如狂放不羈）。佩斯說：

有一回，我說笑話給愛因斯坦聽，他那種捧腹大笑是我有生以來未曾見過的。他很像一隻海豹在吼叫，笑得是那般快樂

和由衷。從那以後，我常常選個更逗趣的笑話留下來，等下次會面時講，讓他痛快地再笑上一遍。笑會使他臉上放光，看上去就像個剛搞成一次惡作劇的小伙子一樣。**46**

弗蘭克則議論道：對於周圍的人來說，他的大笑是快樂的源泉，並給他們增添了生氣。可是有時人們感到，它包含著對某些事情的不高興的批評成分**47**。

愛因斯坦的人格、人性和人品像他的科學理論和哲學思想一樣，也是一筆珍貴的文化遺產和無價的精神財富。愛因斯坦的形象高峻瑰偉，常使人有「高山安可仰，徒此揖清芬」**48**之嘆；愛因斯坦的形象又平易近人，亦使人有「水性能淡為吾友，竹解心虛即我師」**49**之感。愛因斯坦的深奧思想並不是人人都能完全理解和深入領悟的，但他的高風亮節卻是人人都可誠心學習和刻意仿效的。我們有理由確信，愛因斯坦的品德力量和熱忱，哪怕只有一小部分在世界的知識分子中間開花結果，二十一世紀的人類社會就會面臨一個比較光明的未來**50**。

---

46 同**4**，頁69。

47 E. H. Erikson, Psychoanalytic Reflections on Einstein's Centenary, 同**23**, pp. 151–173.

48 唐・李白：〈贈孟浩然〉。

49 唐・白居易：〈池上竹下作〉。

50 最後一句話是借用愛因斯坦悼念居里夫人的演講的結尾之意而寫的，參見(*E1*, p. 340)。作者在這裡想順便說明，數年前《參考消息》(北京)刊載了一篇譯文，最近據說在美國又出版了一部新著，利用愛因斯坦早年的一些書信或其他資料，把愛因斯坦描繪成一個忘恩負義、孤寡

無情、沽名釣譽的小人。我很懷疑作者的心理動機和寫作態度 —— 他們是不是故作驚人之筆呢？因為無論有什麼新材料發現，也無法動搖我們在本書中的對愛因斯坦的總看法，也無法醜化愛因斯坦的本來面目（至多只會在某些細節上有所修正）。 說穿了，那只不過是西方後現代反文化、反理性、反科學思潮的負面因素的反映而已（而後現代主義本來也是有其積極意義的）。 不用說，這並不意味著愛因斯坦不可批評，事實上我們在本書以及在《彭加勒》和《馬赫》中也提出過一些不同的看法，問題在於怎樣批評、如何估價。試想，假如愛因斯坦都不是好人了，世上還有好人嗎？那一兩個作者還是好人嗎？

後 記

世事滄桑知天命，
神離紅塵耳目清。
香茗一杯思絮遠，
任爾東南西北風。

——李醒民〈五十感懷〉

　　這首題記詩是我在歲逾「知天命」數月後寫下的，它凝聚了我
幾十年的生活經驗和人生體悟，也能比較準確地映現出我此刻的心
理情勢和思想情趣。它與我今年6月26日為自己的一本關於科學精
神和科學價值的著作❶所寫的下述片言一拍即合，無聲地奏出了我
的情愫和心曲：

　　哲學不是敲門磚和搖錢樹，因此我鄙棄政治化的官樣文章和商品化的文字
　　包裝。
　　遠離喧囂的塵世，躲開浮躁的人海，拒絕時尚的誘惑，保持心靈的高度寧
　　靜和絕對自由，為學術而學術，為思想而思想，按自己的思維邏輯和突發

---

❶　這本文集將由河北教育出版社（石家莊）出版。

靈感在觀念世界裡徜徉——這才是自由思想者的詩意的棲居和孤獨的美。

不用說，這樣的內心獨白（讀者不難看出，這顯然受到愛因斯坦的思想和品格的強烈影響）絕不意味著「兩耳不聞窗外事，一心只讀聖賢書」。中國的知識分子不管怎樣經磨歷劫，其骨子裡生來似乎就注入了古代士人（仁人）修齊治平的心理情結和先憂後樂的優良傳統——「位卑未敢忘憂國」❷。因此，在他們的人生中，「風聲、雨聲、讀書聲，聲聲入耳；家事、國事、天下事，事事關心。」❸尤其是在世紀之交這樣的歷史轉折和社會轉型時期，做為一個有責任感和使命感的正直學人，又怎能將國家的經濟市場化、政治民主化、文化多元化、社會世俗化、民族現代化置諸腦後，不聞不問？因此，我多年來出於良知和興趣，一直在做我應該做的事和我喜歡作的事，為中國的學術建設和思想啟蒙略盡微薄之力。儘管自覺才疏學淺、勢單力薄，外加命途多舛、時勢易變，未能盡如人願，但是可以告慰自己良心的是：我著書未為稻糧謀，立言沒敢隨風走。也許是對我的拳拳文心和孜孜潛心的酬答或補報，我的研究成果和學術觀點甚至在國際學術界也得到了一些承認❹，這多少使我稍覺

---

❷　宋・陸游：〈病起書懷〉。

❸　明・顧憲成題東林書院聯。

❹　例如，俄羅斯科學院哲學所的布洛夫(Буров)教授，社會科學院哲學教研室的別索諾夫 (Б.Н. Бессонов) 和彼得羅夫 (В. В. Петров) 教授在 1989 年當面肯定並支持我關於批判學派和《唯物主義和經驗批判主義》研究的觀點。美國約翰・霍普金斯大學高級國際研究學院的萊曼・米勒 (H. Lyman Miller) 教授在近著 Science and Dissent in Post-Mao China, The Politics of Knowledge, University of Washington Press, 1996, pp. 370中，引用了我的五篇研究論文，並用較多篇幅，對

寬慰。

　　最近一事使我感到十分突然和吃驚。10月31日晚，應沈昌文先生之邀赴東單小聚。席間，龐樸和孫長江先生告知在座諸位，傅偉勳(1933-1996)教授不幸於日前去世。聞此我頓時為之愕然。我情不自禁地想起與傅教授的最後一次交往。那是去年10月中旬，我在寄出《迪昂》書稿的同時，也給美國費城發了一封信，談及擬寫批判學派最後兩個人物皮爾遜和奧斯特瓦爾德的意願。傅教授在11月4日的回信中說：「醒民兄：10月11日來函敬悉。*Einstein*完成之後，請先撰寫*Pearson*，前書撰成之時，告訴我一下。我已決定退休，轉到臺北做事。從今以後一切聯絡請用上面南加州的自家永久地址為盼，因我不再返回東海岸。」今年8月31日，我赴「第六屆北京國際圖書博覽會」參觀，在臺北正中書局的展臺有幸看到傅偉勳❺和韋政通❻教授的學術自傳。儘管由於時間緊迫，只能稍稍瀏覽一下，但是傅教授書中的〈我與淋巴腺癌搏鬥的生死體驗〉一章卻深深地震撼了我的心靈——我因初次聞知此事而震驚，也為他的達觀胸懷和頑強精神而感佩不已。當時，我很想立即給他寫封信，表示慰問之意和心儀之情，但考慮到他是個諸事繁多的大忙人，真不忍心打擾他，於是便按下心中的欲望，想遵照他的囑咐在《愛因斯坦》完稿後再寫信。誰知他竟這麼早地離開了人間，怎能不使我扼腕嘆息。先生如今已乘鶴西去，但先生的生命的學問將長留天地，先生的學

我的有關學術觀點作了評價，詳見該書 pp. ix-x, 3, 65, 167, 181, 190-191, 198, 217, 220-223, 238, 247, 257, 263, 265, 366, 347。

❺　傅偉勳：《學問的生命與生命的學問》，正中書局（臺北），1994年第一版。

❻　韋政通：《思想的探險》，正中書局（臺北），1994年第一版。

問的生命將永保青春——「長江一曲年年水,應為先生萬古青」❼。我輩後學惟有視學術如生命,用生命來做學問,才能告慰先生的在天之靈。手撫先生的新著❽,不禁感慨繫之,誠不能自己了!

在書展看到韋政通教授的大作時,也想回家寫封信談談感想,何況林正弘教授7月中旬由臺北赴北京、太原參加學術會議時,還向我轉達了韋教授稱讚我已出版的幾部著作文筆優美。出於同樣的緣由,我也未寫信去打擾他。說起來,形成那樣的文筆並非一朝一夕之功,也沒有什麼捷徑可走。記得上小學時,我把語文課從頭至尾都能背誦,特別是高小的課本美文不少,有些至今還沒有忘卻。在高中時,我用了一兩年的課外時間,攻讀唐詩宋詞和《古文觀止》,許多篇章都能朗朗上口地背出來,古文的基礎就是在那個時候打的。大學兩三年,數理課程很重,基本無暇顧及所好。文革十年內亂,不讓讀書,不敢讀書,無心讀書,也無書可讀。1978年考取研究生,有時間和條件讀了,但是補外語、掙學分、作論文,一環套一環,還是沒有時間讀文學書。此後的十五年,翻譯、研究、寫作任務一大堆,也擠不出多少時間博覽群書。近兩三年,我才下了決心,晚上不幹正經事,雜七雜八地看一些書籍報刊。我真想封筆兩年,一心讀書,把書架上買來的書讀它一兩百本。不過,有一個好習慣我終始保留著,就是幾本工具書總是擺在案頭,碰到問題隨時查閱。

---

❼ 唐・崔塗:〈過長江賈島主簿舊廳〉。

❽ 大約一個月前,我在「風入松」書店買到《生命的學問》(浙江人民出版社,1996年4月第一版),又細讀了〈我與淋巴腺癌搏鬥的生死體驗〉, 深信先生一定能戰勝病魔,並為先生暗暗祝福,誰知⋯⋯。據說,先生當年在美求學和供職時曾是保釣英雄,這不能不使我對先生的人格和勇氣更添一層敬意。

在這裡，我想寄語海峽兩岸的青少年朋友，要提高你的文字修養和寫作水平，惟有多讀、多記、多背、多查，此外別無什麼靈丹妙藥，而且最好從中小學就注意做起。

我是按部就班研究和寫作的，既沒有夜貓子的癖好，也沒有打鳴雞的習性。有人說，白天工作干擾太多，只有深更半夜才是寫作的黃金時間。對此，我不以為然：在外邊少拉些關係，在內心保持恬靜的靈境，何擾之有？我雖說一年到頭從未有過什麼節假日，但每天上下午也只是幹六、七個小時正經事。因此，時間未荒廢，節奏並不快，這樣也無形中少了許多心理壓力。過去寫一本書時如重壓在身，寫完後如釋重負，現在這樣的感覺淡化多了，因為我已把寫作視為一種生活形式，就像平常過日子和過平常日子一樣。有這樣的平常心，什麼事情都不很難辦。

考慮到有關愛因斯坦的中文資料不少，我自己過去又做過諸多研究，寫了一批論著，原想夏初就能完稿。後來，由於搜集到較多的外文資料，一直拖到暮春（5月14日）才遲遲動筆。面對如此之多的新材料，我決定拋開原有的研究成果和寫作構架，另起爐灶，從而延緩了撰寫的進度。就這樣，除去中間開學術會議和看《迪昂》校樣的不到一個月時間，淨費時將近五個月，直至「草械械以疏葉，木蕭蕭以零殘」❾之時才擱筆。

半路出家修行，十五年的學術研究甘苦，也使我悟出了一些做學問基本路數：一是要盡可能多地掌握足夠的資料（第一手資料是立論的堅實基礎，第二手資料是熟悉語境和借鑑他人的重要源泉）。二是要開動腦筋，獨立而周密地分析思考，提出不同於前人的看法和見解。三是要細緻而縝密地釐清和梳理自己的思想，熟悉所積累

---

❾　晉・夏侯湛：〈寒苦謠〉。

的材料，擬定寫作綱目，把材料和觀點揉合起來，放在應有的位置上。四是要有一點靈性和才氣，下筆如有神，使敘述和議論生動鮮活。❿學術研究像爬山一樣，不下大力氣和苦功夫是很難攀上峰巔的；學術研究也像登頂一樣，只有站得高，才能一覽無餘，盡收美景於眼底。我在1968年9月19日寫的〈水調歌頭‧憶華山〉，也許能傳達我的上述體驗和心境，現不妨照錄如下──「嚶其鳴矣，以求友聲」⓫：

光陰荏苒去，
猶記太華山。
雄姿威震三省，
俯瞰古潼關。
萬仞奇峰競險，
勝似鏌鋣利劍，
欲刺九重天。
壯哉不老松，
騰空縈雲煙。

---

❿　關於這方面的材料，可詳見李醒民：〈自然辯證法研究的基本方法〉，
　　《大自然探索》（成都），第11卷（1992），第1期，頁29–32；李醒民：
　　〈自然辯證法研究者要有好學風〉，《自然辯證法研究》（北京），第
　　9卷(1993)，第10期，頁57–60；李醒民：〈革故鼎新，莫墮昔人紙堆
　　── 我的學術觀點和治學方法〉，《我的哲學思想 ── 當代中國部分哲
　　學家的學術自述》，韓民青等編，廣西人民出版社（南寧），1994年第
　　一版，頁454–469。
⓫　《詩經‧小雅‧伐木》。

千尺幢，
百尺峽，
庸夫嘆。
更有鷂子翻身，
獰獰尚心寒。
御風登臨絕頂，
遙見眾山小小，
黃水若帶然。
心蓄凌雲志，
無高不可攀。

李　醒　民

1996年11月8日煞筆於北京中關村

主要參考書目

專著

英文部分

〔1〕A. Moszkowski, *Einstein: The Searcher, His Work Explained from Diologues with Einstein*, Translated by H. L. Brose, Methuen & Co. Ltd., London, 1921.

〔2〕A. Reiser, *Albert Einstein, A Biographical Portrait*, Albert & Charles Boni, New York, 1931.

〔3〕A. Einstein, *The World as I See It*, Translated by A. Harris, Philosophical Library, New York, 1949.

〔4〕*Albert Einstein: Philosopher-Scientist*, Edited by P. A. Schilpp, Tudor Publishing Company, New York, 1949.

〔5〕A. Einstein, *Out of My Latter Years*, Philosophical Library, New York, 1950.

〔6〕A. Vallentin, *Einstein, A Biography*, Translated from the French by M. Budberg Weidenfeld and Nicolson, London, 1954.

〔7〕*Albert Einstein, His Influence on Physics, Philosophy and Politics*, P. C. Aichelburg and R. U. Sexl (eds.), Friedr. Viewey & Sohn, Braunschweig, 1979.

〔8〕A. P. French ed., *Einstein: A Centenary Volume*, Harvard University Press, 1979.

〔9〕A. I. Miller, *Albert Einstein's Special Theory of Relativity, Emergence (1905) and Early Interpretation (1905–1911)*, Addison-Wesley Publishing Company, Inc., 1981. 該書已由李醒民等於1985年譯出，至今尚未出版。

〔10〕A. Einstein, *Ideas and Opinions*, New Translations and Revisons by S. Bargmann, Crown Publishers, INC., 1982.

〔11〕*Albert Einstein, Historical and Cultural Perspectives*, Edited by G. Holton and Y. Elkana, Princeton University Press, 1982.

〔12〕A. I. Miller, *Imagery in Scientific Thought, Creating 20th-Century Physics*, Birkhäauser Boston Inc., 1984.

〔13〕A. J. Friedman and C. C. Donley, *Einstein, As Myth and Muse*, Cambridge University Press, 1985.

〔14〕A. Bucky, *The Private Albert Einstein*, Universal Press Syndicate Company, Cansas City, 1993.

〔15〕B. Hoffmann, with the Collaboration of H. Dukas, *Albert Einstein: Creator and Rebel*, Viking Press, New York, 1972.

〔16〕B. Gruber and R. S. Millman ed., *Symmetries in Science*, Plenum Press, New York and London, 1980.

〔17〕*Einstein Symposium Berlin*, Edited by H. Nelkowski etc., Springer-

Verlay, Berlin, 1979.

〔18〕*Einstein: the First Hundred Years*, Edited by M. Goldsmith etc., Pergamon Press, Oxford, 1980.

〔19〕*Einstein and the Humanities*, Edited by D. P. Ryan, Greenwood Press, New York, 1987.

〔20〕*Einstein in Context*, Edited by B. Beller etc., Cambridge University Press, 1993. 該書是雜誌*Science in Context*, 6 (1993), No. 1 中的論文之彙集。

〔21〕G. Holton, *Thematic Origins of Scientific Thought: Kepler to Einstein*, Harvard University Press, 1973.

〔22〕G. Holton, *The Scientific Imagination: Case Studies*, Cambridge University Press, 1978.

〔23〕H. Woolf ed., *Some Strangeness in the Proportion, A Centennial Symposium to Celebrate the Achievements of Albert Einstein*, Addison-Wesley Publishing Company, Inc., 1980.

〔24〕I. Paul, *Science, Theology and Einstein*, Oxford University Press, New York, 1982.

〔25〕L. Infeld, *Albert Einstein: His Work and Its Influence on Our World*, Revised Edition, Charles Scribner's Sons, New York, 1950.

〔26〕M. White and J. Gribbin, *Einstein*：*A Life in Science*, A Dutton Book, 1994.

〔27〕P. Frank, *Einstein: His Life and Times*, London, 1949.

〔28〕R. W. Clark, *Einstein: The Life and Times*, Thomas Y. Crowell Company, New York, 1971.

⑳ W. Cahn, *Einstein, A Pictoral Biography*, The Citade Press, New York, 1955.

中文部分

〔1〕《愛因斯坦文集》第一卷，許良英等編譯，商務印書館（北京），1977年第一版。

〔2〕《愛因斯坦文集》第三卷，許良英等編譯，商務印書館（北京），1979年第一版。

〔3〕《紀念愛因斯坦譯文集》， 趙中立、許良英編譯，上海科學技術出版社（上海），1979年第一版。

〔4〕K. 塞利希：《愛因斯坦》， 黑龍江大學俄語系翻譯組譯，黑龍江人民出版社（哈爾濱），1979年第一版。

〔5〕F. 赫爾內克：《愛因斯坦傳 》， 楊大偉譯，科學普及出版社（北京），1979年第一版。

〔6〕J. 伯恩斯坦：《阿爾伯特・愛因斯坦》，高耘田譯，科學出版社（北京），1980年第一版。

〔7〕李醒民：《激動人心的年代 —— 世紀之交物理學革命的歷史考察和哲學探討》， 四川人民出版社（成都），1983年第一版，1984年第二版。

〔8〕H. 杜卡絲、B. 霍夫曼：《愛因斯坦論人生》， 高志凱譯，世界知識出版社（北京），1984年第一版。

〔9〕Б. Г. 庫茲涅佐夫：《愛因斯坦傳 —— 生・死・不朽》，劉盛際譯，商務印書館（北京），1988年第一版。

〔10〕A. 佩斯： 《「上帝是微妙的……」 —— 愛因斯坦的科學與生平》，

陳崇光等譯，科學技術文獻出版社（北京），1988年第一版。

〔11〕広重徹：《物理學史》，李醒民譯，求實出版社（北京），1988年第一版。

〔12〕G. 霍耳頓：《科學思想史論》，許良英編，河北教育出版社（石家莊），1990年第一版。

〔13〕O. 內森、H. 諾登編：《巨人箴言錄：愛因斯坦論和平》（上冊），李醒民譯，湖南出版社（長沙），1992年第一版。

〔14〕O. 內森、H. 諾登編：《巨人箴言錄：愛因斯坦論和平》（下冊），劉新民譯，湖南出版社（長沙），1992年第一版。

〔15〕李醒民：《論狹義相對論的創立》，四川教育出版社（成都），1994年第一版。該書完稿於1984年。

〔16〕李醒民：《人類精神的又一峰巔 —— 愛因斯坦思想探微》，遼寧大學出版社（瀋陽），1996年第一版。該書初稿完成於1988年，1992年初擴充、重寫而成。

論文

英文部分

〔1〕A. Fine, Einstein's Realism, *Science and Reality*, Edited by J. T. Cushing, University of Notre Dame Press, 1984, pp. 106–133.

〔2〕A. Fine, Einstein's Interpretations of the Quantum Theory, *Science in Context*, 6 (1993), pp. 257–273.

〔3〕C. Hoefer, Einstein's Struggle for a Machian Gravitation Theory,

Stud. Hist. Phil. Sci., 25 (1994), pp. 287–335.

〔4〕D. Howard, Realism and Conventionalism in Einstein's Philosophy of Science: The Einstein-Schlick Correspondence, *Philosophia Naturalis*, 21 (1984), pp. 616–629.

〔5〕D. Howard, Einstein on Locality and Separability, *Stud. Hist. Phil. Sci.*, 16 (1985), pp. 171–201.

〔6〕D. Howard, Einstein and Duhem, *Synthese*, 83 (1990), pp. 363–384.

〔7〕D. Howard, "Nicht Sein Kann Was Nicht Sein" or the Prehistory of EPR, 1909–1935: Einstein's Early Worries about the Quantum Mechanics of Composite Systems, in *Sixty-two Years of Uncertainty: Historical Philosophical, Physical Inquiries into the Foundations of Quantum Physics*, A. Miller (ed.), New York: Plenum Publishing Corporation, 1990, pp. 61–111.

〔8〕D. Howard, Was Einstein Really a Realist? *Perspectives on Science*, 1 (1993), pp. 204–251.

〔9〕D. Howard, Einstein, Kant and the Origins of Logical Empiricism, in *Language, Logic, and the Structure of Scientific Theories*, Edited by W. Salmon and G. Wolters, University of Pittsburgh Press, 1994, pp. 45–105.

〔10〕D. Howard and J. D. Norton, Out of the Labyrinth? Einstein, Hertz, and the Göttingen Answer to the Hole Argument, pp. 30–62, 1994.此係論文作者寄給李醒民的複印件，出處未寫清楚。

〔11〕D. Howard, A Peek Behind the Veil of Maya: Einstein, Schopenhaur, and the Historical Background of the Conception of Space as a Ground for the Individuation of Physical Systems, pp. 1–75, 1996.

此係論文作者寄給李醒民的複印件，出處未寫清楚。

⑿ G. Wolters, Mach and Einstein in the Development of the Vienna Circle, *Acta Philosophica Fennica*, 52 (1992), pp. 14–32.

⒀ H. Goenner, The Reaction to Relativity Theory I: The Anti-Einstein Campain in Germany in 1920, *Science in Context*, 6 (1993), pp. 107–133.

⒁ J. Stachel, The Other Einstein: Einstein Contra Field Theory, *Science in Context*, 6 (1993), pp. 275–290.

⒂ M. Beller, Einstein and Bohr's Rhetoric of Complementarity, *Science in Context*, 6 (1993), pp. 241–255.

⒃ M. J. Klein, Einstein, *Dictionary of Scientific Biography*, Edited by C. C. Gillispie, New York, 1970–1977.

⒄ N. Maxwell, Induction and Scientific Realism: Einstein Versus van Fraassen Part One, Part Two, Part Three, *Brit. J. Phil. Sci.*, 44 (1993), pp. 61–79, pp. 81–101, pp. 275–305.

⒅ P. K. Feyeraband, Mach's Theory of Research and Its Relation to Einstein, *Stud. Hist. Phil. Sci.*, 15 (1984), pp. 1–22.

⒆ Y. Ben-Menahem, Struggling with Causality: Einstein's Case, *Science in Context*, 6 (1993), pp. 291–310.

中文部分

〔1〕許良英：〈愛因斯坦的唯理論思想和現代科學〉，《自然辯證法通訊》（北京），第6卷(1984)，第2期，頁10–17。

〔2〕許良英：〈一項宏偉的歷史工程——喜讀「愛因斯坦全集」第

一卷〉，《自然辯證法通訊》（北京），　第10卷(1988)，　第1期，頁58–63。

〔3〕李醒民：〈科學理論的評價標準〉，《哲學研究》（北京），　1985年第6期，頁29–35。

〔4〕李醒民：〈哲學是全部科學研究之母 —— 狹義相對論創立的認識論和方法論分析〉（上、下），《社會科學戰線》（長春），　1986年第2期，頁79–83；1986年第3期，頁127–132。

〔5〕李醒民：〈善於在對立的兩極保持必要的張力 —— 一種卓有成效的科學認識論和方法論準則〉，《中國社會科學》（北京），1986年第4期，頁143–156。

〔6〕李醒民：〈論愛因斯坦的經驗約定論思想〉，《自然辯證法通訊》（北京），第9卷(1987)，　第4期，頁12–20。

〔7〕李醒民：〈論愛因斯坦的綜合科學實在論思想〉，《中國社會科學》（北京），　1992年第6期，頁73–90。

〔8〕李醒民：〈走向科學理性論 —— 也論愛因斯坦的哲學歷程〉，《自然辯證法通訊》（北京），第15卷(1993)，第3期，頁1–9。

關於本書經常引用的參考書目在正文中的縮寫表示：

專著中文部分〔1〕 *E1*, 〔2〕 *E3*, 〔3〕 *JNE*, 〔8〕 *RS*, 〔9〕 *EZ*, 〔10〕 *SD*, 〔13〕 *HPS*, 〔14〕 *HPX*。

年 表

1879年　3月14日上午11:30生於德國烏耳姆(Ulm)市。

1880年　全家遷居慕尼黑。

1881年　妹妹瑪雅於11月18日出生。

1884年　羅盤引起驚奇感和好奇心。

　　　　進天主教小學讀書。

1885年　開始學習小提琴，直學到十三歲。

1889年　進入慕尼黑盧波伊爾德中學讀書(1889–1894)，對軍國主義教育感到窒息。

　　　　首次遇見醫科大學生塔爾邁，在其引導下開始讀通俗科學書籍，共同討論科學和哲學問題。

1890年　擺脫使他得到首次解放的宗教，決心投身科學。

1891年　閱讀「神聖的幾何學小書」，感到狂喜和驚奇。

　　　　開始自學高等數學，包括微積分。

1892年　開始讀康德的哲學著作。

1894年　舉家遷往意大利米蘭，他留下要繼續讀完中學。

1895年　春，隻身離開慕尼黑赴意大利，沿途旅行，放棄德國國籍。

　　　　秋，投考蘇黎世聯邦工大，未被錄取。

10月到瑞士阿勞州立中學補習功課。

寫成論文〈關於磁場中以太狀態的研究〉，開始思索時間和空間問題。

1896年　與房東女兒戀愛，持續不長時間便突然中止。

8月畢業於阿勞中學。

10月考入聯邦工大師範系，攻讀物理學。同班同學有米列娃、格羅斯曼等五人。在大學期間與米列娃相愛。

1897年　大學四年(1896–1900)大部分時間在實驗室，其餘大都用來自學物理大師的著作和有關哲學著作。

初識貝索，貝索建議他讀馬赫《力學史評》，從此終生結為莫逆之交。

1899年　正式申請瑞士公民權。

1900年　畢業後未被留校作助教，遂即失業。

12月13日完成論文〈由毛細管現象所得的推論〉，次年發表於《物理學年鑑》。

1901年　2月21日取得瑞士國籍。

多次找工作無結果，兩次任臨時代課教師。

在格羅斯曼父親幫助下，12月18日申請去伯爾尼專利局工作。

1902年　2月21日遷居伯爾尼。

6月16日被正式任命為專利局試用三級技術員，6月23日正式上班。堅持業餘科學研究。

發表〈關於熱平衡和熱力學第二定律的運動論〉，獨立提出熱力學的統計理論。

10月10日父親病故。

結識索洛文和哈比希特，創建「奧林匹亞科學院」，自學和討論科學和哲學大師的著作，接受了彭加勒的約定論思想。

1903年　　1月6日與米列娃結婚。

12月5日向伯爾尼自然科學研究會呈交論文〈電磁波理論〉。

1904年　　5月14日長子漢斯出世。

9月16日轉為專利局正式人員。

1905年　　3月17日完成光量子學說論文〈關於光的產生和轉化的一個啟發性觀點〉，載於《物理學年鑑》17卷。

4月30日完成博士論文〈分子大小的新測定法〉，7月論文被接受。

5月11日關於布朗運動的論文〈熱的分子運動論所要求的靜液體中懸浮粒子的運動〉被《物理學年鑑》接收。

6月30日狹義相對論論文〈論動體的電動力學〉被同一雜誌接收。

9月27日關於質能關係式的論文〈物體的慣性同它所含的能量有關嗎?〉也被接收。

12月19日〈關於布朗運動的理論〉也被接收。

1906年　　4月1日晉升為二級技術專家。

11月完成用量子論解決低溫固體比熱的論文。

1907年　　開始研究引力場理論，提出等效原理。

1908年　　2月28日第二次申請伯爾尼大學編外講師被認可。

1909年　　3月和10月完成兩篇關於黑體輻射論的論文，並在薩爾茨堡德國自然科學家協會第八十一次大會上宣讀。

7月8日接受日內瓦大學名譽博士。

7月6日向專利局辭職,10月8日成為蘇黎世大學副教授。

秋,在阿德勒的影響下讀迪昂著作,接受了整體論思想。

1910年　7月28日次子愛德華出世。

10月完成臨界乳光論文。

1911年　2月應洛倫茲邀請訪問萊頓大學。

3月移居布拉格,任布拉格德語大學教授。

6月預言光線經過太陽附近時彎曲,但計算有誤。

10月30日至11月3日出席第一屆索耳維會議。

1912年　2月厄任費斯脫來訪,二人結為摯友。

2月初被任命為蘇黎世聯邦工大教授,8月返回蘇黎世任職。

開始與格羅斯曼合作,探索廣義相對論。

1913年　春,普朗克和能斯特來訪,欲聘他擔任威廉皇帝物理研究所所長兼柏林大學教授,12月正式受聘。

7月3日被選為普魯士科學院院士,12月7日正式接受。

與格羅斯曼聯名發表〈廣義相對論綱要和引力論〉,提出引力度規場理論。

1914年　4月6日攜妻、兒遷居柏林,夏與妻分居。

10月拒絕在德國文化和學術名流為戰爭辯護的〈告文明世界宣言〉上簽字,而在與之針鋒相對的反戰聲明〈告歐洲人書〉上簽名。

1915年　3月寫信給羅曼・羅蘭,支持其反戰立場。

同德・哈斯合作做旋磁實驗,發現轉動磁效應。

11月提出廣義相對論引力方程的完整形式,並成功地解

　　　　　　釋了水星近日點進動。

1916年　　3月完成廣義相對論的集大成論文〈廣義相對論基礎〉，
　　　　　　後作為小冊子發行。

　　　　　　5月5日繼普朗克之後任德國物理學會會長。

　　　　　　6月發表關於引力波的第一篇論文。

　　　　　　八個月內發表三篇關於量子論的論文，提出受激輻射理
　　　　　　論，後成為激光技術的基礎。

1917年　　發表宇宙學開創性論文〈根據廣義相對論對宇宙學所作
　　　　　　的考查〉，引入宇宙項，提出有限無界宇宙假設。

　　　　　　患肝病、胃潰瘍、黃疸病和虛弱症，堂姐艾爾莎照料他，
　　　　　　並建立感情。

1918年　　2月發表引力波的第二篇論文。

　　　　　　熱烈擁護德國十一月革命，被學術界認為是「首要的社
　　　　　　會主義者」。

1919年　　2月14日同米列娃離婚，6月2日同艾爾莎結婚。

　　　　　　9月22日獲悉英國天文學家觀測日蝕的結果，11月6日消
　　　　　　息公布，世界為之震動，「愛因斯坦熱」持續升溫。

1920年　　2月在柏林大學講課時，反猶學生騷亂。

　　　　　　3月母親在家中去世。

　　　　　　8月和9月，德國發生了反相對論運動，他本人也受到惡
　　　　　　毒攻擊。

　　　　　　開始發表科學以外的文章。

1921年　　4月2日至5月30日，為給希伯萊大學籌資，與魏茨曼首
　　　　　　次訪美。

　　　　　　由美返回時於6月順訪英國，被選為皇家學會國外會員。

1922年　　1月完成統一場論第一篇論文。

3月至4月訪問法國，努力促使法德關係正常化，並公開
發表批評馬赫的講話。

5月參加國聯知識分子合作委員會。

10月8日啟程乘船赴日本訪問，途經科倫坡、新加坡、
香港、上海。途中獲悉獲1921年諾貝爾物理學獎。

1923年　　從日本返回時於2月2日到巴勒斯坦逗留。

11月受到法西斯威脅，到萊頓暫避。

1924年　　支持德布羅意物質波假設。

從統計漲落的分析中得出波和物質締合的獨立論證，提
出玻色─愛因斯坦統計法。

1925年　　5月至6月到南美洲旅行訪問。

1926年　　春，同海森伯討論量子力學哲學問題。

1927年　　10月參加第五屆索耳維會議，與玻爾就量子力學詮釋展
開論戰。

1928年　　2月或3月，因身體過度勞累而臥病不起，復原後一年內
身體仍很虛弱。

4月13日杜卡絲任私人秘書。

1929年　　2月發表〈關於統一場論〉。

3月五十歲生日時躲到郊外，以迴避祝壽和記者採訪。

4月24日公開表示「我信仰斯賓諾莎的上帝」。

首次訪問比利時皇室，與伊麗莎白王后建立友誼。

1930年　　7月同泰戈爾討論真理的客觀性等問題。

10月啟程赴美國加利福尼亞州理工學院講學。

發表〈我的世界觀〉、〈宗教和科學〉等文章。

1931年　　11月號召對日本實行經濟制裁，以制止其侵華。

12月再次赴加州講學。

1932年　　7月同弗洛伊德通信，討論戰爭心理根源問題。

10月被任命為普林斯頓高級研究所教授，起初打算在此和柏林各待一半時間。

12月第三次赴加州講學，從此再未回德國。

1933年　　1月30日納粹上臺，3月20日闖入他的卡普特夏季別墅搜查。

3月10日在帕薩迪那發表不回德國聲明，3月28日向普魯士科學院提出辭呈，並在比利時勒科克絮梅爾漁村避難。

7月改變絕對和平主義態度，號召各國備戰以反對納粹德國的侵略。

9月9日永遠離開歐洲大陸前往英國，10月17日到達普林斯頓定居。

《反戰鬥爭》（文集）出版。

1934年　　《我的世界觀》（文集）出版。

1935年　　5月發表EPR論文，認為量子力學對實在的描述是不完備的。

6月19日給薛定諤寫信，不滿意波多耳斯基執筆撰寫的EPR論文。

1936年　　開始同英費爾德和霍夫曼合作研究廣義相對論的運動問題。

12月20日艾爾莎病故。

發表〈物理學和實在〉、〈論教育〉。

1937年	3月至9月，與英費爾德合寫《物理學的進化》。
	4月向紐約支持西班牙民主政府的集會發去祝詞。
1938年	從廣義相對論場方程推導出運動方程。
1939年	瑪雅赴普林斯頓團聚，在此度過餘生。
	8月2日上書羅斯福總統,讓其注意原子能的軍事應用。
1940年	5月15日發表〈關於理論物理學基礎的考察〉。
	5月22日致電羅斯福，反對美國的孤立主義政策。
	10月1日正式加入美國國籍。
1941年	發表〈科學和宗教〉等文章。
1942年	10月25日向猶太人支持俄國戰爭救濟公會發表電話講演。
1943年	5月31日作美國海軍部科學顧問。
1944年	重抄狹義相對論手稿，以六百萬美元義賣，作為戰爭捐款。
	秋，支持羅斯福競選第四次連任總統。
1945年	4月退休，但仍繼續工作。
	連續發表關於原子戰爭、爭取和平、世界政府的言論。
1946年	1月抗議美國法西斯化的冷戰政策。
	5月出任原子科學家非常委員會主席。
	寫長篇〈自述〉，回顧科學探索和思想發展的道路。
1947年	9月發表給聯合國大會公開信，呼籲把聯合國組建為世界政府，受到蘇聯科學家批評，12月答辯。
1948年	抗議美國政府實行普遍軍事訓練。
	發表〈量子力學和實在〉。
	8月4日米列娃在蘇黎世去世。

12月發現在腹部有主動脈瘤。

1949年　1月寫〈對批評的回答〉，對《阿爾伯特・愛因斯坦：哲學家─科學家》一書中有關文章進行反批評，該書前面發表了德、英文對照的〈自述〉。

發表〈為什麼要社會主義〉。

1950年　2月13日發表電視講演，反對美國製造氫彈。

3月18日在遺囑上簽字。

《晚年集》出版。

1951年　6月瑪雅在長期癱瘓後去世。

9月原子科學家非常委員會解散。

1952年　11月謝絕出任以色列總統。

1953年　4月3日給舊友寫信〈奧林比亞科學院頌詞〉。

5月16日寫信號召美國知識分子反迫害、爭自由。

1954年　3月被麥卡錫分子斥為「美國敵人」。

5月發表支持奧本海默的聲明。

患溶血性貧血症。

1955年　2月至4月同羅素討論和平宣言，4月11日簽名。

4月3日同科恩討論科學史等問題。

4月13日在草擬對以色列的講話稿時腹痛，後診斷為主動脈破裂。

4月18日1:25逝世，下午4:00火化，骨灰秘密存放。

〔本年表依據 (E3, pp. 518–559)、(SD, pp. 635–652) 及其他有關材料編製〕

索 引

五　劃

六　劃

七　劃

八　劃

九　劃

十　劃

十一劃

十二劃

十三劃

十四劃

十五劃

十六劃

十七劃

十八劃

十九劃

世界哲學家叢書（一）

書　　　　　名	作　　　者	出　版　狀　況
孔　　　　　子	韋　政　通	已　　出　　版
孟　　　　　子	黃　俊　傑	已　　出　　版
老　　　　　子	劉　笑　敢	已　　出　　版
莊　　　　　子	吳　光　明	已　　出　　版
墨　　　　　子	王　讚　源	已　　出　　版
淮　　南　　子	李　　　增	已　　出　　版
董　　仲　　舒	韋　政　通	已　　出　　版
揚　　　　　雄	陳　福　濱	已　　出　　版
王　　　　　充	林　麗　雪	已　　出　　版
王　　　　　弼	林　麗　真	已　　出　　版
阮　　　　　籍	辛　　　旗	已　　出　　版
劉　　　　　勰	劉　綱　紀	已　　出　　版
周　　敦　　頤	陳　郁　夫	已　　出　　版
張　　　　　載	黃　秀　璣	已　　出　　版
李　　　　　覯	謝　善　元	已　　出　　版
楊　　　　　簡	鄭曉江　李承貴	已　　出　　版
王　　安　　石	王　明　蓀	已　　出　　版
程顥、程頤	李　日　章	已　　出　　版
胡　　　　　宏	王　立　新	已　　出　　版
朱　　　　　熹	陳　榮　捷	已　　出　　版
陸　　象　　山	曾　春　海	已　　出　　版
王　　廷　　相	葛　榮　晉	已　　出　　版
王　　陽　　明	秦　家　懿	已　　出　　版
方　　以　　智	劉　君　燦	已　　出　　版
朱　　舜　　水	李　甦　平	已　　出　　版

世界哲學家叢書（二）

書　　　　名	作　　者	出　版　狀　況
戴　　　　震	張　立　文	已　　出　　版
竺　道　生	陳　沛　然	已　　出　　版
慧　　　　遠	區　結　成	已　　出　　版
僧　　　　肇	李　潤　生	已　　出　　版
吉　　　　藏	楊　惠　南	已　　出　　版
法　　　　藏	方　立　天	已　　出　　版
惠　　　　能	楊　惠　南	已　　出　　版
宗　　　　密	冉　雲　華	已　　出　　版
湛　　　　然	賴　永　海	已　　出　　版
知　　　　禮	釋　慧　岳	已　　出　　版
嚴　　　　復	王　中　江	已　　出　　版
康　有　為	汪　榮　祖	排　　印　　中
章　太　炎	姜　義　華	已　　出　　版
熊　十　力	景　海　峰	已　　出　　版
梁　漱　溟	王　宗　昱	已　　出　　版
殷　海　光	章　　　清	已　　出　　版
金　岳　霖	胡　　　軍	已　　出　　版
張　東　蓀	張　耀　南	排　　印　　中
馮　友　蘭	殷　　　鼎	已　　出　　版
湯　用　彤	孫　尚　揚	已　　出　　版
賀　　　　麟	張　學　智	已　　出　　版
商　羯　羅	江　亦　麗	已　　出　　版
辨　　　　喜	馬　小　鶴	已　　出　　版
泰　戈　爾	宮　　　靜	已　　出　　版
奧羅賓多·高士	朱　明　忠	已　　出　　版

世界哲學家叢書（三）

書　　　　　名	作　　　者	出　版　狀　況
甘　　　　　地	馬　小　鶴	已　　出　　版
拉達克里希南	宮　　靜	已　　出　　版
李　栗　谷	宋　錫　球	已　　出　　版
道　　　　　元	傅　偉　勳	已　　出　　版
山　鹿　素　行	劉　梅　琴	已　　出　　版
山　崎　闇　齋	岡　田　武　彥	已　　出　　版
三　宅　尚　齋	海老田輝巳	已　　出　　版
貝　原　益　軒	岡　田　武　彥	已　　出　　版
石　田　梅　岩	李　甦　平	已　　出　　版
楠　本　端　山	岡　田　武　彥	已　　出　　版
吉　田　松　陰	山　口　宗　之	已　　出　　版
柏　　拉　　圖	傅　佩　榮	排　　印　　中
亞里斯多德	曾　仰　如	已　　出　　版
伊　壁　鳩　魯	楊　　適	已　　出　　版
柏　　羅　　丁	趙　敦　華	已　　出　　版
伊本・赫勒敦	馬　小　鶴	已　　出　　版
尼古拉・庫薩	李　秋　零	已　　出　　版
笛　　卡　　兒	孫　振　青	已　　出　　版
斯　賓　諾　莎	洪　漢　鼎	已　　出　　版
萊　布　尼　茨	陳　修　齋	已　　出　　版
托馬斯・霍布斯	余　麗　嫦	已　　出　　版
洛　　　　　克	謝　啓　武	已　　出　　版
巴　　克　　萊	蔡　信　安	已　　出　　版
休　　　　　謨	李　瑞　全	已　　出　　版
托馬斯・銳德	倪　培　民	已　　出　　版

世界哲學家叢書（四）

書　　　　　　名	作　　　　者	出　版　狀　況
伏　　爾　　泰	李　鳳　鳴	已　　出　　版
孟　德　斯　鳩	侯　鴻　勳	已　　出　　版
費　　希　　特	洪　漢　鼎	已　　出　　版
謝　　　　　林	鄧　安　慶	已　　出　　版
叔　　本　　華	鄧　安　慶	已　　出　　版
祁　　克　　果	陳　俊　輝	已　　出　　版
彭　　加　　勒	李　醒　民	已　　出　　版
馬　　　　　赫	李　醒　民	已　　出　　版
迪　　　　　昂	李　醒　民	已　　出　　版
恩　　格　　斯	李　步　樓	已　　出　　版
馬　　克　　思	洪　鐮　德	已　　出　　版
約　翰　彌　爾	張　明　貴	已　　出　　版
狄　　爾　　泰	張　旺　山	已　　出　　版
弗　洛　伊　德	陳　小　文	已　　出　　版
史　賓　格　勒	商　戈　令	已　　出　　版
雅　　斯　　培	黃　　　藿	已　　出　　版
胡　　塞　　爾	蔡　美　麗	已　　出　　版
馬克斯・謝勒	江　日　新	已　　出　　版
海　　德　　格	項　退　結	已　　出　　版
高　　達　　美	嚴　　　平	已　　出　　版
哈　伯　馬　斯	李　英　明	已　　出　　版
榮　　　　　格	劉　耀　中	已　　出　　版
皮　　亞　　傑	杜　麗　燕	已　　出　　版
索　洛　維　約　夫	徐　鳳　林	已　　出　　版
費　奧　多　洛　夫	徐　鳳　林	已　　出　　版

世界哲學家叢書（五）

書　　　　　名	作　　　者	出　版　狀　況
馬　　賽　　爾	陸　達　誠	已　　出　　版
布　拉　德　雷	張　家　龍	已　　出　　版
懷　　特　　海	陳　奎　德	已　　出　　版
愛　因　斯　坦	李　醒　民	已　　出　　版
玻　　　　　爾	戈　　革	已　　出　　版
弗　　雷　　格	王　　路	已　　出　　版
石　　里　　克	韓　林　合	已　　出　　版
維　根　斯　坦	范　光　棣	已　　出　　版
艾　　耶　　爾	張　家　龍	已　　出　　版
奧　　斯　　丁	劉　福　增	已　　出　　版
馮　·　賴　特	陳　　波	已　　出　　版
魯　　一　　士	黃　秀　璣	已　　出　　版
詹　　姆　　士	朱　建　民	排　　印　　中
蒯　　　　　因	陳　　波	已　　出　　版
庫　　　　　恩	吳　以　義	已　　出　　版
史　蒂　文　森	孫　偉　平	已　　出　　版
洛　　爾　　斯	石　元　康	已　　出　　版
喬　姆　斯　基	韓　林　合	已　　出　　版
馬　克　弗　森	許　國　賢	已　　出　　版
尼　　布　　爾	卓　新　平	已　　出　　版